攀枝花统计年鉴

PANZHIHUA STATISTICAL YEARBOOK

2001

（总第4期）

攀枝花统计局 编辑

中国统计出版社
China Statistics Press

(京)新登字 041 号
图书在版编目(CIP)数据
攀枝花统计年鉴.2001/攀枝花市统计局编.——北京:
中国统计出版社,2001.7
ISBN 7—5037—3552—X
Ⅰ.攀... Ⅱ.攀... Ⅲ.社会经济统计—统计资料
—攀枝花市—2001—年鉴 Ⅳ.C832.713—54
中国版本图书馆 CIP 数据核字(2001)第 029088 号

攀枝花统计年鉴-2001

作　　者　攀枝花市统计局
责任编辑　蔡启新
E-mail　yearbook@stats.gov.cn
出版发行　中国统计出版社
通信地址　北京西城三里河月坛南街 75 号　中国统计出版社　邮编:100826
电　　话　(010) 63262295
印　　刷　攀钢集团钢城企业总公司印刷工业公司
经　　销　新华书店
开　　本　787×1092 毫米/16 开本
字　　数　万字
印　　张
印　　数
版　　别　2001 年 8 月第 1 版
版　　次　2001 年 8 月第 1 次印刷
书　　号　ISBN 7—5037—3552—X/C.1924
定　　价　120 元

《攀枝花统计年鉴——2001》编辑委员会

《攀枝花统计年鉴——2001》编辑部

编　者　说　明

一、«攀枝花统计年鉴——2001»是一部全面反映攀枝花经济和社会发展情况的综合统计资料年刊。本书收录了全市和县、区2000年经济和社会各方面大量的统计数据,进一步充实了微观统计信息资料、国家和全省的主要统计数据。

二、«攀枝花统计年鉴——2001»共有三个部份内容,即:(一)特辑。(二)统计资料。分为1.行政区划、人口、自然状况;2.综合;3.社会发展概况;4.城市概况;5.从业人员和职工工资;6.固定资产投资;7.财政、税收、金融、保险;8.物价指数;9.人民生活;10.农业;11.工交、能源、邮电;12.建筑业;13.贸易业;14.教育、科技、文化;15.卫生、体育、广播电视及其它;16.县区概况;17.排行榜;18.统计分析选编。(三)附录。编辑了一部份全国性资料、攀枝花市与国内其它城市横向指标对比资料等。

三、本年鉴资料中所使用的度量衡单位均采用国际统一标准计量单位。

四、本年鉴的资料来源大部份来自我局年度统计报表、市城市社会经济调查队抽样调查资料。全省城市统计资料来自四川省统计局;全国性统计资料来自中国统计出版社公开出版的有关资料刊物。

五、统计资料所使用的价值量指标,除已注明的外,均以当年价格计算,发展速度则按可比价格计算。

六、本年鉴部分数据合计数或相对数由于取舍不同而产生的计算误差均未作机械调整。

七、本年鉴统计表中的符号说明

“...”表示数据不足本表最小单位数;

“空格”表示该项统计指标数据不详或无该项数据;

“#”表示其中的主要项(即未穷尽的数据指标);

“*”表示该表下有注解;

“-”表示该栏数据不填。

八、本年鉴部分数据如有与以前年份年鉴数据矛盾的,以本年鉴为准。

城市名片

市　　名:攀枝花市

中共市委书记:秦万祥

市　　长:张成明

长途区号:0812

城市概况:全市总人口103.01万人,非农业人口54.91万人,辖区总面积7434.4平方公里,辖3区2县,城市建成区面积42平方公里。

城市区位:位于川滇交界的金沙江与雅砻江汇合处,是长江上游第一城。北距成都749公里,南离昆明351公里,周边市地州有西昌、大理、丽江、楚雄。

主要经济指标:2000年国内生产总值114.52亿元,一、二、三次产业结构为6.9、68.6、24.5,地方财政收入6.90亿元,中央地方两级财政收入占GDP的13.1%,全社会固定资产投资33.51亿元,社会消费品零售额38.57亿元,出口创汇1.90亿美元。城镇居民可支配收入6732元、农民人均纯收入2439元。

支柱产业:冶金工业、能源工业、钒钛工业、建材工业、食品工业。

主要特色产品:生铁、钢、成品钢材、钒钛产品、原煤、发电量、水泥、糖、啤酒、中国攀枝花苴却砚、早市蔬菜、亚热带水果。

城市特色:移民城市、资源开发型城市、新兴工业城市。

INTERNET **网址**:http://www.pzh.sc.cei.gov.cn

E-Mail **信箱**:scpzh@sc.cei.gov.cn

从统计看 2000 年的攀枝花

攀枝花在全省的地位

年末总人口	103.01 万人	占全省 1.22%	居第 19 位
国内生产总值	114.52 亿元	占全省 2.85%	居第 16 位
粮食总产量	22.85 万吨	占全省 0.64%	居第 19 位
社会消费品零售总额	38.57 亿元	占全省 2.53%	居第 17 位
固定资产投资总额	33.51 亿元	占全省 2.38%	居第 13 位
财政收入	6.90 亿元	占全省 2.94%	居第 8 位

攀枝花的社会经济发展

年末总人口	103.01 万人	比 1990 年增长 13.38%
＃非农业人口	54.91 万人	比 1990 年增长 22.54%
国内生产总值	114.52 亿元	比 1990 年增长 1.62 倍
社会消费品零售总额	38.57 亿元	比 1990 年增长 3.13 倍
固定资产投资总额	33.51 亿元	比 1990 年增长 2.59 倍
地方财政收入	6.90 亿元	比 1990 年增长 4.32 倍
城乡居民储蓄余额	76.14 亿元	比 1990 年增长 8.88 倍
出口创汇	18977 万美元	比 1990 年增长 7.17 倍

主要平均指标

人均国内生产总值	11184 元	比 1990 年增长 1.27 倍
人均地方财政收入	674 元	比 1990 年增长 3.70 倍
农民人均纯收入	2439 元	比 1990 年增长 2.94 倍
城镇居民可支配收入	6732 元	比 1990 年增长 3.29 倍
人口密度	139 人/平方公里	比 1990 年增长 13.93%
平均每天出生人口	39 人	比 1990 年增长 25.81%
平均每天死亡人口	14 人	比 1990 年增长 7.69%
平均每天纯增加人口	33 人	比 1990 年增长 −0.86%

目　录

一、特辑

二、统计资料

(十八)统计分析选编

三、附　　录

攀枝花市行政区划图

图例
市政府驻地
区（县）政府驻地
乡（镇）政府驻地
省界
地区（市、自治州）界
县（区）界
乡（镇）界
公路
重要地物点海拔高程
比例尺：约1:70万
7.0KM
本图不作边界依据
经度
纬度
米易县
盐边县
西区
东区
仁和区
四川省凉山彝族自治州
盐源县
德昌县
会理县
云南省丽江地区
宁蒗彝族自治县
华坪县
永仁县
楚雄彝族自治州
穿洞子 4195.5M
青山 3592M
立史火普 3313M
天鹅抱蛋 2833M
北坡山 3447M
凤流山 2278M
光头坡 3395M
二滩坝基 1025M
978M
1000M
干坝塘江面 1015M
干树子 2467M
2514M
宝兴山
方山 2353M
师庄 937M

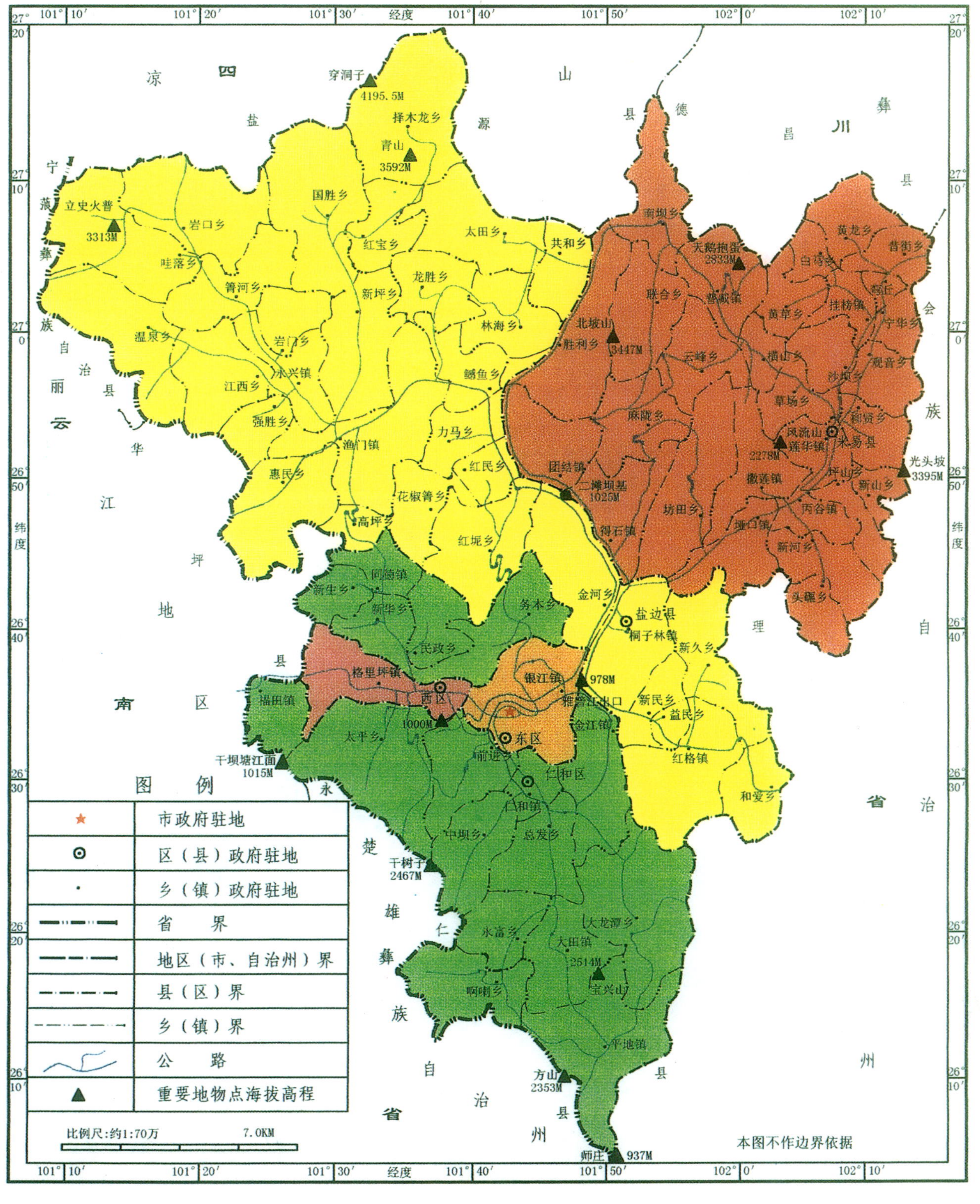

攀枝花市统计局

全市统计工作会议

二○○○年是"九五"计划的最后一年，也是实现第二步战略目标的关键年。市统计局在市委、市政府的正确领导和省统计局的具体指导下，始终坚持以邓小平理论和党的十五大精神为指针，坚持解放思想、实事求是的思想路线、发扬求真务实、勇于进取的工作作风，以提高数据质量为中心，以方法制度改革和法制建设为重点，以科技和人才为依托，积极推进各项统计改革和建设，切实提高统计服务质量，圆满完成了各项工作任务，充分发挥了统计的信息、咨询、监督整体功能，为全市国民经济持续、稳定、健康发展作出了积极贡献。

始终坚持以数据质量为中心，坚持综合治理，从思想作风建设、方法制度改革、加强执法检查、严格数据评估、强化基础工作等多方面着手，从源头抓起，建立健全统计调整信息网络，实行数据质量层层负责和评估认定制度，确保了主要统计数据的准确真实，确保了统计分析和信息的真实可靠、有效地实施了统计监督的职能。

积极协调、密切配合、认真组织开展了全国第五次人口普查等重大国情国力调查工作。第五次全国人口普查是在社会主义市场经济条件下的第一次最大规模的国情国力调查，为认真搞好全市第五次人口普查，市统计局同有关部门密切配合，认真开展了人口普查的各项准备工作，开展了专项试点、普查人员培训、户口整顿、调查摸底、物资准备等，全市共抽调7千多名普查人员投入普查工作，广泛宣传动员全社会支持普查工作，精心组织了普查登记、复查、检查验收、数据处理等工作，圆满完成了人口普查的阶段性工作任务。

全市统计年报工作会议

参加纪念建党八十周年文艺汇演，荣获一等奖

第五次全国人普新闻发布会

省人口普查领导小组副组长、省统计局局长夏代川在攀检查人普工作

人普宣传日活动

市长张成明、攀枝花军分区司令员何锡发率有关人员入户检查普查登记工作

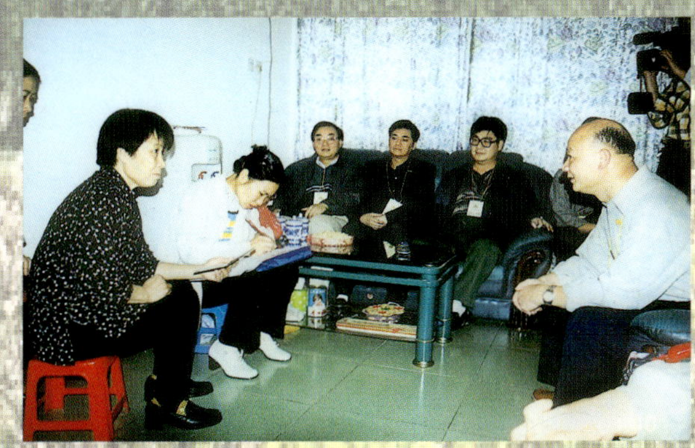

市委副书记赵世华、市长助理单荣与有关人员入户检查普查登记工作

第五人口普查通过检查验收

攀枝花市公安局

攀枝花市公安局党委书记、局长杨华

攀枝花市公安局在西部大开发热潮中，坚持以江泽民总书记“三个代表”重要思想为指导；以“三项教育”为契机；以“三个有利于”为标准，狠抓各项公安业务工作，全面推进了公安队伍建设，积极主动为经济建设、西部大开发提供优质服务，努力为经济建设和人民群众生活创造良好的治安环境。

为认真贯彻落实中央、省、市社会治安工作会议精神，切实解决攀枝花市社会治安突出问题，实现“为期两年社会治安明显进步”的目标，全市公安机关根据省公安厅的统一部署，全警动员，全力以赴，开展了声势浩大的严打整治“狂飙——A、B、C、D”行动。在“打黑除恶”专项斗争中，打掉了一批黑恶势力犯罪集团，人民群众拍手称快。在严打整治斗争中，各级公安机关以“打黑除恶”为龙头，狠抓大要案侦破工作，先后破获了“1·01”陶家渡抢劫邮政储蓄所案、“2·22”米易沙坝乡杀人案，“1·8”仁和务本乡爆炸杀人案等一批暴力恶性案件，狠狠打击了各类违法犯罪分子的嚣张气焰。在缉枪、治爆专项斗争中，收缴炸药8867.97公斤，雷管21264枚，导火索12153米等，集中销毁了近三年收缴的各类枪支7300余支，消除了社会隐患。攀枝花市公安局在以打击毒品犯罪为主要内容的“狂飙——C”行动中，加大侦查破案、查缉、堵源截流工作力度，摧毁了地下毒品交易场所和吸毒窝点，有效地遏制了毒品犯罪的发展蔓延。在重点地区治安整治工作中，各分县局遵照市局“重点治乱”工作要求，组织优势警力，对金江、攀密、炳草岗、格里坪等重点地区制定整治方案，对文化娱乐场所、出租房、旅站、车站等进行重点清查整治。通过整治，这些地区的偷盗、敲诈、打架斗殴、黄赌毒等违法活动得到了有效遏制。

攀枝花市公安局局党委成员在研究工作

为与国际接轨，人民警察99制式服装改为藏蓝色换装仪式。

攀枝花市公安局在二〇〇〇年，狠抓公安队伍正规化

四川省公安厅副厅长徐学元视察炳草岗派出所。

建设，努力提高公安队伍的素质。在领导干部“三讲”教育活动中，针对党性党风和工作中存在的突出问题，制定了整改方案，落实专人抓整改和学习，从而提高了市局领导干部尤其是班子成员的工作能力，增强了班子的凝聚力和战斗力。按照公安部的统一部署，在全局民警中开展了以“全心全意为人民服务的宗旨教育，实事求是的思想路线教育，严格、公正、文明执法的法制教育”为主要内容的“三项”教育，重点解决了公仆意识淡薄、特权思想严重、对待群众“冷、硬、横、推”及执法不严、执法不公等问题。通过三项教育，公安队伍整体素质有所提高，公众形象有所改观。根据省公安厅服务西部大开发的60条措施要求，按照促进开发，有利发展，方便群众，方便投资者的思路和在社会治安管理中依法管理、管活、管好的原则，进一步改革和调整了那些制约、束缚、有碍西部大开发的管理模式和工作方法，在治安、交通、消防、出入境管理等方面，相继推行了一系列有利于西部大开发、有利于招商引资、有利于方便群众的工作举措，为攀枝花市实现跨越式发展，为经济建设和西部大开发提供了优质高效服务。

新世纪中，攀枝花市公安队伍经过严打整治的战斗洗礼，正以崭新的姿态，崭新的面貌，去迎接西部大开发的高潮的到来!

四川省委书记周永康宣传严打整治狂飙-B行动开始!

严打整治“狂飙-C”行动中，市委政法委书记谢道全等领导到卡点上看望参战民警。

全省严打整治“狂飙-B”行动动员部署电话会议攀枝花分会场。主席台右一起：谢道全、张成明、周永康、秦万祥、华铁平、聂泽洪。

市委副书记华铁平、副市长聂泽洪看望在中心广场开展严打整治宣传活动的民警。

出动力量

攀枝花市公安局看守所荣获国家“一级看守所”称号。

攀枝花市民族事务委员会

主任：杨文富

攀枝花市民族事务委员会成立于一九八〇年，现有在职职工18人，内设办公室、民族事务处、民族经济处、文教处、市政府两项资金管理办公室、市民族干部培训学校等三处两室一校。攀枝花市民族事务委员会暨是主管全市民族事务的市政府组成部门，又是市委民族工作委员会的办事机构，其主要职责是：

一、贯彻执行党和政府关于民族工作的方针、政策，当好市委、市政府民族工作方面的参谋和助手。

二、组织开展民族理论、民族政策和民族问题等重大课题的调查研究，提出有关民族工作的方针、政策和发展战略；拟定有关民族事务管理的政策、规章；开展民族政策、法规的宣传教育并监督执行。

三、监督实施《民族区域自治法》等民族法律法规，监督办理少数民族权益保障事宜。

四、研究拟定协调民族关系的原则、方法，协调处理民族关系中的重大事宜，促进各民族间的平等团结、互相合作，维护社会稳定和国家统一；组织承办民族团结进步表彰活动。

五、分析民族地区经济运行情况，协助拟定我市民族地区改革开放、经济发展规划；研究提出民族地区经济发展的有关问题和特殊政策及措施；组织协调民族地区科技发展、对口支援、经济技术协作和民族贸易、民族特需用品的生产；研究提出少数民族和民族地区有关专项资金的分配与使用意见；配合承办民族地区扶贫开发事宜。

六、在国家有关方针、政策和专项规划指导下，研究少数民族和民族地区教育、文化、科技、卫生、计划生育、体育、新闻出版等方面的特殊问题并提出相关意见承办相应事务。

七、管理少数民族语言文字工作，指导少数民族语言的翻译、出版和民族古籍的搜集、整理、出版工作。

八、协助有关部门做好民族地区干部队伍建设的调查研究和少数民族干部的培养、教育和使用等工作；负责委机关和直属单位机构编制、人事管理及党群工作。

九、组织协调民族工作领域有关对外交流与合作，协助开展少数民族和民族地区对外宣传工作；办理居住境外的少数民族同胞有关回国探亲、旅游、定居和组织接待少数民族学习、参观、考察等事宜。

十、对市级有关部门和各县、区民族工作业务进行指导，加强同民族乡(镇)的联系。

十一、承办市委、市政府交办的其他事项。

地　址：炳草岗江南二路四村40号

邮　编：617000

电　话：3338827

职工大团圆

攀枝花市民族工作会议

手牵手，心连心，几多柔情在舞中

攀枝花市仁和区林业局

区林业局领导班子

公安林政执法人员整装待发

向荒山进军

仁和区二〇〇〇年度林业工作紧紧围绕省委、省政府提出的“绿山富民奔小康”的林业指导思想，认真贯彻仁和区委、区政府“抓住机遇，加快发展”的精神，认真抓好天然林资源保护工程、退耕还林试点工程，扎扎实实抓好森林防火，林政资源管理、森林植物检疫和森林病虫害防治工作，全面完成了年度的各项工作任务。

天然林资源保护工程共完成生态公益林营造330公顷，封山育林297公顷。退耕还林试点工程完成造林1667公顷，退一还二荒山造林867公顷。攀西农业综合开发营造农田防护林287公顷。四房植树100万株，义务植树30万株，育苗11公顷，均为计划的100%。森林防火当日扑灭率100%，森林受害率0.25‰，实现了连续12年无森林火灾的好成绩。森林病虫害监测率100%，防治率90%，成灾率为0，森林病虫害防治工作和植物检疫工作全面达标。森林资源管理步入法制化、规范化、制度化轨道。林业公安和林政资源全年共办理林业案件68件，其中刑事案件12件，依法逮捕法办11人，行政案件55件，治安案件1件。收缴木材520立方米，价值10万余元，收缴罚款、赃款、赔偿林木损失费6万余元，林区治安秩序明显好转。

仁和区专业森林消防队

退耕还林，重绘河山

攀枝花密地粮食储备库

攀枝花密地粮食储备库，始建于一九九八年十一月，一九九九年十一月竣工，二〇〇〇年十月首批中央储备粮装仓完毕。该粮库是四川省首批十六个新(扩)建粮库当中的一个，也是攀枝花市唯一的承储中央储备粮的现代化大型粮库。该粮库现有员工二十六名，具有大专以上学历的员工占百分之五十，平均年龄三十二岁，所有员工实行全员合同制。

粮库的仓型以高大平房仓为主，配置有现代化的储粮机械设备，建有一条铁路专用线。采用的主要储粮技术有粮情电子检测技术、机械通风技术、环流熏蒸技术，这些储粮新技术在国内也算是最先进的。同时粮库有一支年轻精干、素质较高、熟悉业务的职工队伍、粮库在抓管理、抓经营、抓效益等方面取得了良好的业绩，二〇〇〇年度被中国储备粮管理总公司成都分公司评为中央储备粮经营管理工作先进集体。

地　　址：攀枝花市东区下密地三村
邮政编码：617063
法　　人：陈仲钦
联 系 人：唐国军
电话号码：(0812)6680397

粮食储备库新貌

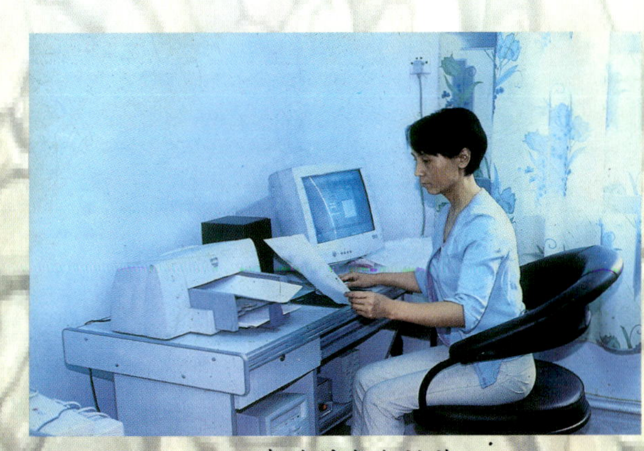

先进的办公设施

先进的控制检测设备

粮食储备库专用铁路

中国农业银行攀枝花市分行

中国农业银行攀枝花市分行于1979年12月成立。下设直属、炳草岗、仁和、大水井、盐边、米易6个支行，近60个储蓄营业机构，现有员工640余人。业务经营范围包括：人民币存款、贷款、结算，票据贴现，代收代付，代理保险，代理国债、金融债券发行、兑付，电话银行，信用卡业务，外汇存款、贷款，国际结算、汇兑，外汇票据承兑、贴现，省分行授权的外汇结汇、售汇、担保，以及资信调查、咨询、见证业务等。

农行攀枝花市分行始终遵循“创新发展，追求卓越”的兴行理念，建行二十多年来，在大力支持攀枝花市城乡经济发展的同时，自身业务经营得以不断发展壮大。截止2000年末，全行各项存款余额达17.32亿元，各项贷款余额达11.57亿元，营业网点全部实现电子化，开通了全国电子汇兑和多储种全省储蓄联网通存通兑和“95599”电话银行，发展信用卡特约商户40多家，现已初步发展为具有多品种、全方位、综合性金融服务功能的现代商业银行。

“信誉第一，客户至上，竭诚服务，高效廉洁，文明办行”是我们农行人的服务宗旨。在为攀枝花城乡经济和市民奉献优良服务的努力中，精神文明建设也取得了喜人成果。到2000年末，全市农行共创建总行级“青年文明号”1个，省分行级“青年文明号”6个，市分行级“青年文明号”25个。创建省级文明单位2个，市级文明标兵单位2个，市级文明单位2个。在新的千年里，攀枝花农行将以西部大开发为契机，为攀枝花城乡经济的发展和人民生活的改善继续不懈的努力，书写出更加灿烂的新篇章。

单位地址：炳草岗望江街
邮　　编：617000
电　　话：3334756

2000年3月5日，攀枝花市农行在市中心广场举办“庆建市35周年，促西部大开发”广场文艺演唱会，图为农行炳草岗支行自编自演的节目“赶酒”。

攀枝花市农行在中心广场开展的农行”金钥匙住房信贷业务宣传活动。

新建落成的中国农业银行攀枝花市分行综合办公楼

攀枝花市种子公司

正在推广的蔬菜品种——白菜

攀枝花市种子公司成立于80年代，经过二十年的风风雨雨，目前已成长为一个集经营水稻、玉米、蔬菜种子为主，其它农用物资为辅的综合性公司。

二十年的经营中，公司以自己优质的种子，良好的服务，在省内外及市内各乡村建立了良好的信誉。

随着我国加入WTO的临近，种子公司将面临着巨大的机遇和挑战，公司经理徐淑琴及全体员工对社会各界的支持深表谢意！同时承诺今后将继续以优质的种子，良好的信誉，最佳的售后服务，为我市农业发展贡献力量！

公司地址：人民街113号
经　　理：徐淑琴
联系电话：3333037
邮　　编：617000

正在推广的蔬菜品种——西兰花

正在推广的蔬菜品种——白花菜

正在推广的蔬菜品种——辣椒

四川省攀枝花市龍發商業有限責任公司

总经理：苏华群

四川省攀枝花市龙发商业有限责任公司，是攀枝花市最大一家以家电经营为主的商业企业。于1994年4月正式成立、注册资金为408万元整。本公司以家电经营、软件开发、广告设计、房产开发为主要发展形式。其建设目标是建设成攀枝花市一流的民营企业。公司现有员工169人，其中本科生48名。其余均为中专同等学历以上文化程度。

目前，公司通过入股、合资、独资等多种方式，以科技含量高、市场潜力大的项目为载体成立了三个下属实体，分别是龙发家电营销分公司、龙发开华发展有限公司和四川省智龙电子有限公司。

分公司主要项目有：

一、龙发家电营销分公司：分公司年销售额达0.88亿元人民币。主要从事彩电、冰箱、洗衣机、空调器、家庭影院等家用。在攀枝花市是康佳彩电、长虹彩电、海尔系列家电、荣事达洗衣机、松下洗衣机等的总代理商。公司以经营名牌家电为主要目标，配以专家性的营销员和上门服务的售后管理，在攀枝花市市民中形成了良好的信誉。家电营销分公司下设4个经营部，即龙发中心商场、龙发攀贸分场、龙发海尔专卖店、龙发康佳专卖店。

二、龙发开华发展有限公司：开华发展有限公司主要借助于家电营销公司在攀枝花市的消费群，立足攀枝花市高科技的开发。于2000年2月成立，销售额已达600万元整。以电脑经营和软件开发为主，其经营品牌有：实达电脑、清华同方电脑、方正电脑、海尔电脑、TCL电脑等。公司并于2000年6月成立龙发信息网站。同时，该网站对总公司、各分公司的信息及时汇总加以处理。

三、四川省智龙有限公司：该公司属在建项目，于2001年2月成立注册资金356万元人民币，主要从事家用小电器的开发和生产。为此，该公司已制定了一系列优惠政策来吸引海内外的企业、个人风险投资机构前来参股，我们相信在社会各界的关心支持下该公司会不断完善、不断创新。

总公司在管理上力求创新出效参照现代企业管理制度和美国哈佛企业管理制度，制定了三级管理模式即：总经理、副总经理、财务总监为一体的决策层参与总公司的事务决策：以部门经理、营销主管为一体的管理层严格执行决策层的各项规定。对本部门的各项事务进行组织管理：以营销员、内外勤人员等为一体的执行层。认真完成上级所规定的各项任务指标。

部门经理

凭着自己聚集的优秀的人才队伍和先进的管理理念以及全面的产品系列，我们龙发人相信在21世纪必能畅帆远航，一往无前！在新的世纪，我们龙发人将一如既往地秉承以人为本的理念，坚持“有所为，有所不为”的原则。

“真诚面对用户”

“竭诚为您服务”

地　　址：攀枝花市炳草岗二街房
邮政编码：617000
总 经 理：苏华群
电话号码：(0812)3345619
传　　真：(0812)3335151

攀枝花市林业局

省林业厅常务副厅长赵洪银视察指导我市林业工作

局长：聂平

攀枝花地处西南林区核心地带，是长江上游重要水源涵养区，在24.3万公顷天然林中，分布在水库库区、江河沿岸及源头地区的天然林有12万公顷，占天然林面积的49.4%，林业生态建设对当地及长江中下游的国土生态安全和经济社会的可持续发展具有举足轻重的作用。市林业局作为市政府主管林业行政的职能部门行使林业行政执法职能，负责林业生态环境建设和林业产业行业管理。从1998年9月1日开始，随着天然林保护工程的实施，全市停止对天然林采伐，现有森工队伍全部转入对森林的营造和管护，林业职工彻底实现了由砍树人到栽树人、森林管护人的转变，林业行业也全面转向了生态环境建设。攀枝花林业也因在保护森林发展林业的工作中，大胆实践，勇于开拓，行动果断，措施得力而被誉为天保工程的发源地和排头兵。

2000年，林业工作按市委、市政府年初的工作部署，以生态环境保护和建设为中心，通过天然林资源保护工程、退耕还林还草试点工程和市区视野区绿化

封山育林　恢复植被

工程等3大工程的实施，推动了全市林业工作的全面开展。围绕天然林资源保护工作，2000年森林三防体系继续得到加强。森林火灾受害森林面积仅7.73公顷，与1999年相比，火情下降48%，火场面积减少56%，受害面积减少92%;森林病虫害防治率99%，监测覆盖率100%，检疫率95%，森林病虫害得到有效控制；全市林业行政案件(含森林火灾、野生动植物、种子、造林、乱砍滥伐林木等案件)查处率达99.16%；重特大刑事案件侦破率达到了100%，破坏森林资源的违法犯罪行为得到了有效遏制。全年共完成造林2.096万公顷，其中：飞播造林0.467万公顷，天保工程人工造林0.497万公顷，退耕还林0.567万公顷，退一还二造林0.4万公顷，市区视野区造林509.7公顷，世行贷款用于贫困地区林业发展项目造林0.127万公顷；此外，完成封山育林0.947万公顷；森林采伐限额消耗控制在16.2万立方米，实现森林资源总生长量大于总消耗量46.4万立方米，据2000年森林资源年报统计，全市活立木总蓄积2806.06万立方米，现有林业用地54.1万公顷，占幅员总面积的 72.6%，其中有林地34.77万公顷，疏林地0.5万公顷，灌木林地8.3万公顷，无林地10.1万公顷，森林覆盖率达到57.98%;2000年10月经省林草覆盖绿化阶段目标考核领导小组考核，全市林草覆盖率77.4%，绿化栽植率94.6%，城区绿化率32.5%，城区人均公共绿地面积5平方米，各项绿化指标均达到了《四川省绿化条例》和《四川省绿化标准》的规定要求，全面实现了林草覆盖绿化阶段目标任务。

在新世纪来临之时，攀枝花市委市政府把“营造绿色屏障，建设秀美山川”作为实施西部大开发的战略目标之一。我市林业部门将继续把林业生态环境保护与建设工作作为全市林业系统的主要任务，按照科学规律合理规划，奋力拼搏，为实现百里钢城尽现秀美山川的宏伟目标作出新的贡献。

市林业局法人代表：聂　平
地　址：攀枝花市大河中路
电　话：0812-2260317

市林业局办公大楼

攀枝花市计划委员会

计委主任张国良

攀枝花市计划委员会是政府的综合经济管理部门。1993年独立运作以来，按照建立社会主义市场经济体制的要求，本着适应形势，转变职能，提高效率的原则，认真研究国家省里的重大方针政策，紧紧围绕市委、市政府的总体部署和工作重点，进一步强化对全市国民经济和社会发展的宏观调控职能，加强对全经济和社会发展战略、中长期发展规划及重大政策措施的研究制定，加强对全市经济运行态势的预测、监测和分析，加强对全市固定资产投资的调节和重点建设项目的管理，加强对新的经济增长点的培育，为“九五”计划和第二步战略目标的顺利实现作出了应有的贡献。

新的世纪已经到来，“十五”计划已经市六届人大四次会议审议通过。市计委将在市委、市政府的领导下，抓住国家实施西部大开发战略的良好机遇，认真研究政策，努力做好项目，积极争取省上和国家的支持，为我市经济实现跨越式发展，为第三步战略目标的顺利实现做出新的贡献。

市计委领导班子

经济发达的攀枝花市人民的后花园

仁　和　区

区委书记：张国民

区长：魏喜成

仁和区是七十年代新建的攀枝花市县级近郊区，地处攀西大裂谷，位于川滇黔资源金三角腹心地带。全区辖6镇、11乡、1个街道办事处。幅员面积1761平方公里，2000年末人口18.78万人。“九五”期间，仁和区国民经济和各项事业得到迅速发展，综合实力明显增强。2000年全区国内生产总值达14.43亿元（现价），农业总产值实现3.41亿元，粮食总产量71370吨，再创历史最好水平，蔬菜总产量13.9万吨，水果产量达1.32万吨，生猪出栏16.8万头，肉类总产量1.51万吨，家禽出栏54万只，禽蛋产量650吨，鲜牛奶产量1054吨，水产品产量1615吨，农民人均纯收入达2824元，比上年净增84元。到2000年末，全区16个乡镇基本实现小康目标。

“十五”期间，仁和区委、区政府坚决以邓小平理论和江泽民同志“三个代表”的重要思想为指导，紧扣发展主题，从生态环境切入，以结构调整为主线，以改革开放和科技教育为动力，以产业化经营为载体，以体制创新为前提，以市场为导向，加强第一产业，调整第二产业，大力发展第三产业。以红（葡萄酒）、绿（生物资源、中药材）、黑（煤炭、石墨、炭黑、冶金）、白（非金属）、高（高耗能）为发展重点，大力扶持龙头企业，积极培育市场，形成名酒、名药、名果、名菜等拳头产品。充分发挥区位优势，建设“二线三片”（渡仁线、渡金线、五十一片、仁和片、金江片）个体私营经济区。加快大黑山、岩神山风景观光和生态旅游建设步伐，规范“农家乐”经营，加快小城镇建设，努力把仁和建成山川秀美，环境优雅，经济发达的攀枝花市人民的后花园。

地　　址：攀枝花市仁和区仁和街
邮政编码：617061

新街夜景

优质水果基地

攀枝花市仁和区人民医院

院长：余明清

团结和谐　富于创新的领导班子

攀枝花市仁和区人民医院是一所县级综合医院，建立于一九七八年二月，虽然没有悠久的历史，但取得了办医的卓越成就。各临床和医技科室健全，具有完善的医疗设备设施和人民群众需求的医疗业务技术水平，有健全的监督激励机制和完善的医院管理体系，实现了医院管理的规范化、制度化、科学化。有一个团结和谐、富于创新的领导班子，带出了一支爱岗敬业、乐于奉献的职工队伍。长期坚持以病人为中心，以质量为院魂，全心全意为人民服务的宗旨，认真贯彻以病人为中心，以质量为重点，以群众得利为落脚点的办院方针，两个文明建设不断上新的台阶，建成了国家二级乙等医院和爱婴医院，取得了省文明医院、省文明单位、省卫生先进单位、市文明标兵单位、全心全意依靠职工办企（事）业先进单位、模范职工之家、征兵先进单位、道路安全管理先进单位、先进党支部、先进团支部、先进女工委员会、青年文明号等三十余项殊荣，两次获得四川省县级医院管理优秀奖，院长被两次评为四川省优秀县医院院长。跨进新世纪以来，该院把一切为病人，为了一切病人，为病人的一切，办好医院，取信社会，汇报人民作为一切工作的出发点和归宿，开拓进取，强化管理，服务于人民，服务于经济建设。

地　址：仁和区仁和镇仁和街红卫巷17-2号
电　话：2900661
邮　编：617061

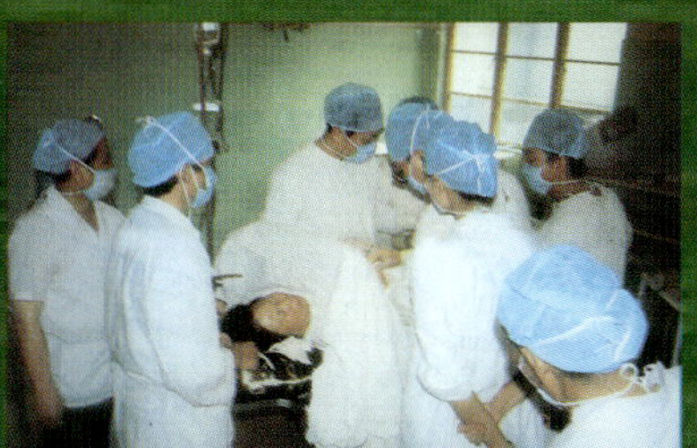

精心为患者做手术

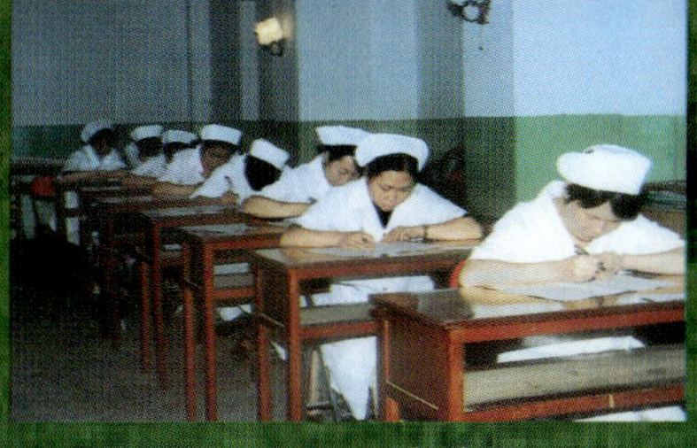

职工知识竞赛

医院全貌

四川攀枝花苏铁国家级自然保护区管理处

四川攀枝花苏铁国家级自然保护区是以保护攀枝花苏铁等珍稀濒危野生动植物及其自然生态环境为主的森林和野生动物类型自然保护区，是我国建立最早的苏铁类植物自然保护区。保护区总面积1358.3公顷，区内现有野生攀枝花苏铁23万余株，是我国乃至亚洲天然苏铁林分布纬度最北、面积最大、最集中、株数最多的苏铁类植物保护区。保护区共有各种野生植物248种，有鸟类、兽类野生动物10余种。除攀枝花苏铁外，还有栌菊木、龙棕、四川山鹧鸪、穿山甲、小灵猫、红腹锦鸡、红腹角锥等国家重点保护的野生动植物资源。保护区区划为核心区和实验区，核心区有格里坪核心区和民政核心区。

攀枝花苏铁国家级自然保护区管理处组建于1995年底，现有职工22人，平均年龄30岁左右，管理处下设办公室、资源管理科、科扬开发科、护林防火办公室、派出所等五个职能部门。到目前为止，已完成入山大门、科普区环形水泥步道、办公楼的修建，完成矿山迹地植被恢复20余公顷，营造生物防火隔离带100余亩，配备完善了必要的办公设备，编制完成保护区总体规划和基本建设可行性研究报告及其上报审批，委托完成保护区旅游规划设计，市政府还于1999年发布了《攀枝花苏铁自然保护区管理办法》。

今后，保护区管理处将进一步加大依法管理力度，切实抓好保护区现有自然资源的保护，在此基础上大力抓好科研和开发工作，变资源优势为经济优势，开放实验区，开展生态旅游，把保护区建成新的生态旅游热点，进一步积极争取国家、省、市的支持，完善基础设施，把保护区建成科学园地和天然实验场所，为国际国内的科技工作者提供一个天然的苏铁类植物科研基地。通过努力，力争五年初具规模，十年见成效。

悬崖峭壁上生长的攀枝花苏铁

法人代表：张洪祥

地　　址：攀枝花市西区河门口

电　　话：0812-5554812

邮　　编：617065

攀枝花苏铁雄花群

初开的攀枝花苏铁雄花

攀枝花市商业银行

董事长兼行长：邓崇定

攀枝花市商业银行是我市第一家具有独立法人资格的地方性股份制商业银行。经人民银行总行对其经营业绩、资产质量、内部管理等综合评审，被评为“一类银行”。获此殊荣的，全国100余家城市商业银行中只有十三家，西南云、贵、川三省城市商业银行中仅本行一家。

我行自1997年9月1日创立以来，始终坚持发展攀枝花经济、服务攀枝花人民的经营宗旨，以市场为导向，以效益为中心，以提高服务质量、完善服务功能为竞争手段，严格执行国家金融方针和政策法规，按照一级法人、分级经营的管理体制和商业银行的运行机制规范运作，各项业务稳健发展。截止2000年12月底，各项存款余额103,748万元，各项贷款余额82,335万元，分别较96年末增长233.14%和353.96%，不良贷款占比12.98%，实现税前利润1,421万元，保持了良好的成长性。

团结勤政廉洁务实的领导班子

当前，我行正以十五届五中全会精神为指针，伴随着祖国西部大开发伟大进程，凝聚智慧，开启思路，苦练内功，积累能量，力争在“十五”期间把我行建成一个规划适度、特色鲜明，具有一定竞争实力的城市商业银行，以更具开放的姿态，迎接挑战、冲刺新高。

地　　址：攀枝花市炳草岗商城宾馆八楼
邮　　编：617000
电话号码：（0812）3347919
传　　真：（0812）3347919

政府搭台　银校合作
市商行为攀大“专升本”提供贷款支持

鼎力支持本市经济建设

中国农业发展银行

攀枝花市分行

市领导关心发展银行的发展

中国农业发展银行攀枝花市分行是经营农业政策性金融的政策银行，办理全市政策性粮油购销企业的存贷款及结算业务。98年5月以来，市农发行坚持认真贯彻落实粮食流通体制改革的各项政策措施，“以封闭管理为中心不动摇，以加强内部管理为基础不动摇，以强化队伍建设为保障不动摇”，把收购资金封闭管理作为全行中心任务，坚持两个文明一起抓，以“文明单位创建”为载体，加强社会主义精神文明建设，开展了争创“文明处室”、争当“文明职工”和“五好家庭”活动，市分行获得“市级文明单位标兵”称号，被省监察厅等8厅局评为“粮改执法先进单位”，被中央金融纪工委驻成都金融系统纪检特派员办公室等评为“1999-2000年度纪检监察工作先进单位”。

行　长：陈树伦

副行长：曾淑贞　杨　辉

电　话：0812-3345601　　传　真：3345613

加强党风廉政建设，内强素质，外树形象。

开展反假币宣传，维护人民币信誉

加强与企业的沟通与合作

深入农村了解农业生产、农民生活情况

攀枝花市 天保工程示范苗圃

天保绿化苗木

天保苗圃大棚

该苗圃建于1999年，专门为全市天保工程建设提供优质苗木。苗圃位于盐边新县城，占地150亩。年生产苗木100万棵，苗圃除为天保工程提供造林苗本外，还可向社会各界提供园林绿化苗木、果树、盆景及承揽绿化工程，园林建筑设计施工。

苗圃还为人们提供餐饮娱乐及体育活动服务。

热情欢迎各界人士惠顾

天保苗圃办公楼

地　　址：盐边新县城橄榄小区
邮政编码：617100
联 系 人：董士富
电　　话：8657719

天保苗圃游泳池

天保造林苗木——刺桐

攀枝花市国家税务局

团结紧密的市局领导班子。
左起：吴先华(助理调研员)
冯　曦(助理调研员)
李红伟(党组成员、副局长)
王小明(党组书记、局长)
廖从军(党组成员、副局长)
王新全(党组成员、纪检组长)

市局局长王小明到企业调研

“九五”时期是我市税收事业全面发展的一个重要时期。全市国税系统在省国税局和市委、市政府领导下，以邓小平理论和江泽民同志“三个代表”重要思想为指导，坚决贯彻落实国务院“加强征管，堵塞漏洞，惩治腐败，清缴欠税”的税收工作方针，按照“带好队、收好税、执好法、服好务”的基本工作思路，全面加强征管，大力组织收入，狠抓队伍建设，税收工作迈上了四个新台阶。

以质量保收入，税收征管上了新台阶。“九五”期间，全市国税税收收入规模不断扩大。以增值税为主体的“两税”收入稳步增加，收入质量明显提高，税收宏观调控能力不断增强。五年来，全市国税系统共组织工商税收收入53.11亿元，年均增收4294万元，税收年增长率4.19%，为全市经济和社会发展提供了充足的财力保障。

以科技促发展，信息化建设上了新台阶。98年底，全市国税系统完成了市、县两级广域网的联接，实现了跨区县的远程通信；2000年金税工程逐步铺开，有效地打击了利用增值税专用发票进行偷、骗税的犯罪活动。目前，全市国税系统共投入运行计算机局域网7个，广域网联通点7个，上网运行工作站数270台，已将全市269户增值税一般纳税人纳入防伪税控开票系统，12500户纳税人纳入计算机管理，实现了税收征管由手工操作向现代化科学管理迈进的质的飞跃。

以转变作风促管理，服务水平上了新台阶。96年市国税局党组提出了“为改革开放大局服务、为攀枝花经济建设服务、为纳税人服务”的“三个服务”方针；2000年面对西部大开发，全系统立足于我市税收工作实际，开展了轰轰烈烈的“管理服务、工作服务、政策服务”三服务工程。通过五年的建设，全市国税系统广大干部职工转换了服务观念，以实际行动体现了国税人“服务在心、服务于行”的可贵精神。

以人为本，队伍建设上了新台阶。“九五”期间，全市国税系统按照“政治过硬、业务熟练、作风优良”的建设目标，以班子建设为龙头，以基层建设为重点，以党风廉政建设为重要保证，把文明行业创建作为队伍建设的重要载体，全面提高队伍建设水平，炼就了一支敢打硬仗，善打胜仗的坚强队伍。99年市国税局建成了省级最佳文明单位、全省国税系统“省职业道德建设十佳标兵单位”；全市国税系统获得了市地级文明行业称号；5个县区局、9个基层单位、6个办税服务厅也全部建成了文明单位，实现了文明创建“满堂红”。

2001年我局开展了征管、机构和人事制度“三位一体”的综合改革。这是继94年分税制改革后又一次重大的、深刻的、全面的变革。改革后我局新成立了稽查局、征收局、重点税源管理局、高耗能工业园区管理局、涉外（进出口）税收管理局等5个直属单位，市区(东区、西区、仁和区)国税局就地转换为地域性管理局，其稽查、征收职能分别调整到稽查局和征收局，从而在全系统形成了征收、管理、稽查三大系列，建立了“集中征收，一级稽查，分类管理”的新型征管模式，为新世纪全市国税工作的顺利开展奠定了坚实基础。

法人代表：王小明
地　　址：四川省攀枝花市炳草岗人民街4号
邮　　编：617000
电　　话：(0812)3334933
传　　真：(0812)3334931

代表全省国税系统向省委、省政府作文艺汇报演出

攀枝花市人民政府法制局

市长张成明（中）和市政府法制局局长王明永（左一）在法律咨询现场

组织承包召开“全市依法行政工作会议”。

攀枝花市人民政府法制局成立于1990年8月，是负责市政府法制工作的机构，下设办公室、法规处、行政执法监督处。其主要职责是审查、协调、修改市政府各部门及有关单位报送市政府审议的规范性文件草案和其他涉法文件草案，向市政府提交关于规范性文件草案审查结果的报告；依法开展对行政执法的监督工作，组织全市行政执法责任制工作；办理规范性文件备案审查；组织有关行政执法人员的资格认证培训工作；承办由市政府管辖的复议案件，受市长委托出庭应诉行政案件；办理公民、法人及其它组织向市政府申请赔偿的行政赔偿案件等，是市政府领导在法制工作方面的参谋和助手。10年来，经市政府法制局审查，市政府发布规范性文件120余件，其中“市政府令”41件。1993年以来，市政府法制局先后3次清理了市政府的有关文件，经过市政府批准明令废止与法律、法规、规章相悖的市政府规范性文件106件，保证了政府抽象行政行为的合法有效，基本上实现了行政执法人员持证执法。近年来，结合换发四川省行政执法证件工作，市政府法制局共举办全市（含区、县）的行政执法人员资格培训班30多期，培训行政执法人员4000余人。通过以上工作的开展，为攀枝花市依法行政工作奠定了良好的基础。

在中心广场举行《行政复议法》宣传咨询活动

举办《行政复议法》培训班

常务副市长聂泽洪（右三）和市政府法制局局长王明永（右二）在攀枝花仲裁委员会换届会上为仲裁员颁发聘书

四川移动通信公司攀枝花分公司

四川移动通信公司攀枝花分公司是一个非独立核算中央国营中型通信企业。现有正式员工101人，劳务员工94人，平均年龄30.77岁，是一支年轻化、专业化、具有创造力和敬业精神的员工队伍。公司实力雄厚：有总资产二亿多元，在全市区建有移动基站118个。目前，在全市拥有客户总数已突破10万户，普及率达到9%。

在全市区内攀枝花移动通信分公司共建有移动营业厅7个，有签约代办代销网点170余家，与工行形成了银企合作关系，广大客户可在全市70多个工行营业厅随时缴纳话费。主要开通了移动话音、主叫显示、呼叫转移、短消息、语音信箱、信息点播、IP电话、移动OICQ、全球呼、“手机呼”等多项业务。

公司李晓亭总经理(左)参加“5.17”电信日移动业务宣传活动。

训练有素、着装整洁的移动员工恭迎客户的到来。

宽畅明亮的移动营业厅欢迎广大客户的光临。

科技含量极高的计费中心里，技术人员正在紧张而有序地工作。

展望未来，攀枝花移动通信发展任重而道远，分公司将以创建攀枝花一流通信企业为长期奋斗目标，努力加强网络优质覆盖建设工作，在今后一年内计划新增建基站80个，实现主要公路干道、繁华居民住宅区、风景旅游点100%的优质无缝覆盖；“您的满意，是我真诚的心愿”，全力消除历史遗留的邮电垄断服务作风，把客户满意当成自己最高的服务宗旨，搞好各项服务工作，为社会各界提供更加优质的移动通信服务。

攀枝花市攀通汽车服务有限责任公司

上海大众汽车攀枝花特约维修站座落在渡口桥南纳拉河采石场，占地面积4500平方米，建筑面积2000平方米，总投资600余万元。我站设有维修主车间、副车间、总成修理室、预检室、检测室、技术培训室，配有微机管理系统、故障诊断检测仪、四轮定位仪、车身校正仪、喷漆烤漆房等设施，拥有上海大众汽车有限公司精心培训的维修各工种专业技术人员，完全按照上海大众汽车有限公司建站模式组建，是目前攀西地区唯一一家上海大众授权挂牌经营的特约维修站。

经营理念：真诚，追求，服务于大众。

业务范围：专业修理、电脑检测、配件销售、救急服务。

服务宗旨：精湛的技术、纯正的配件、可靠的质量、合理的价位、优质的服务

地　址：攀枝花市客运中心

站　长：张　斌

电话／传真：(0812)2247250

邮　编：617067

联系人：樊大川

电　话：(0812)2247247

E-mail:SVW2018@pzh-public.sc.cninfo.net.

上海大众汽车攀枝花特约维修站

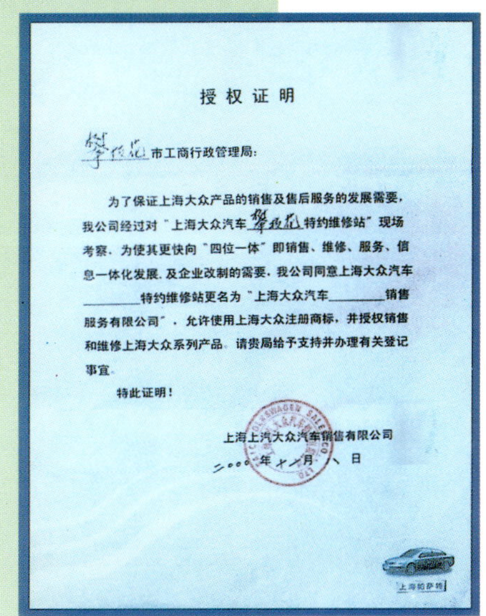

授权证明

攀枝花市工商行政管理局：

为了保证上海大众产品的销售及售后服务的发展需要，我公司经过对"上海大众汽车攀枝花特约维修站"现场考察，为使其更快向"四位一体"即销售、维修、服务、信息一体化发展，及企业改制的需要，我公司同意上海大众汽车______特约维修站更名为"上海大众汽车______销售服务有限公司"，允许使用上海大众注册商标，并授权销售和维修上海大众系列产品。请贵局给予支持并办理有关登记事宜。

特此证明！

上海上汽大众汽车销售有限公司

二〇〇〇年十一月八日

授权证明

上海大众汽车攀枝花特约维修站部份设备

上海大众汽车攀枝花特约维修站维修现场

攀枝花市仁和区良种猪场

场长:黄荣

仁和区良种猪场

在"九五"全市农场系统搞示范,促推广工作中成效显著 荣获

先进集体

攀枝花市农牧局

二00一年五月

仁和区良种猪场位于仁和区仁和镇上沙沟，距国道公路1.5公里，距市区15公里，土地面积270亩（其中果树基地55亩、鱼塘10亩、荒山150亩），有集约型种猪舍3栋700多平方米，库房1栋200平方米，固定资产85万元。本场于一九九〇年五月正式建立，属区农牧局主管的事业单位，现有职工13人（其中技术干部4人），有较强的技术力量和高素质的饲养管理人员。目前饲养有能繁母猪75头。种公猪5头、存栏仔猪160头。

仁和区良种猪场的前身是区畜牧站种猪饲养场，从一九八三年至今，主营业务一直是从事优良种猪的繁育与推广工作，一九九七年被定为全市的种猪生产定点场，担负着全市生猪品种改良所需的种公猪、种母猪的生产培育和发放工作，二〇〇〇年被市农牧局评为"优良种猪生产推广示范先进单位"。本场一直本着"一业为主，多种经营"的办场方针，积极发展多种经营。副业项目有种鸡生产、优质中晚熟芒果生产，目前正与区蔬菜站合作进行无公害蔬菜——象牙菜和山竹笋的生产项目。

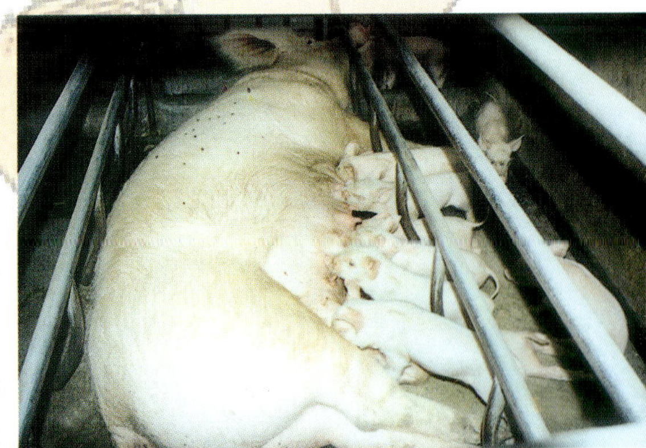

良种母猪

单位地址：仁和镇沙沟
邮　　编：617061
电　　话：2901238

无公害蔬菜——象牙菜

后备母猪

攀枝花市社会保险事业管理局

攀枝花市社会保险事业管理局是1986年根据国家劳动制度改革的需要成立的经办全市企业(含企业化管理的事业单位)职工社会保险业务的专门机构。直属市劳动局，现内设8个业务科室，共有职工42人。

我市从1986年10月起开展全市劳动合作制工人养老保险社会统筹，1987年10月开展全市国有企业固定职工养老保险社会统筹，并于1992年4月参加全省统筹，1995年元月开展全市集体企业职工养老保险社会统筹，1999年元月开展全市私营企业、个体工商户及其从业人员养老保险社会统筹。经过15年的发展，我市养老保险体系已初步建立并不断完善，已成为我市经济建设和社会发展的重要组成部分。

特别是近年来，养老保险工作以基本养老保险费征缴、个人帐户管理、基本养老金社会化发放和解决突发事件为重点，采取切实措施，精心组织，整体推动，狠抓落实，基础管理工作得到进一步加强，保障范围不断扩大，保障水平不断提高，基本养老金保证按月足额发放，离退休职工队伍基本稳定，养老保险工作取得较好成绩，为我市经济建设和社会发展做出了贡献。市社保局已连续三年在全省社保系统综合考核评比中名列前茅。工作受到了国家、省、市有关领导的充分肯定和广大企业职工特别是离退休人员的好评。

到2000年底，全市参加基本养老保险的在职职工为196406人，其中，国有企业158319人，集体企业22001人，事业单位6317人，私营企业986人，个体工商户828人，其他7955人。参加基本养老保险的离退休职工64088人，其中，国有企业48891人，集体企业11589人，自收自支事业单位3470人，其他138人。基本养老保险覆盖面达96%。2000年全市共应征集养老保险费27671万元，实际征集26595万元，征集率为96%。2000年度全市基本养老保险金发放为32795万元，并全部通过社会服务机构实行社会化发放，发放率100%。全市离退休人员的月平均基本养老金达474元。

目前，我市养老保险基金积金增加，支撑能力增强，抵御风险的能力提高。

攀枝花市国营林场总场

市国营林场总场是以营造生态公益林为主的全民事业单位，同时，结合实际积极发展红砖、花卉苗木、经济林等多种经营。目前，下设四个林场、苗木场、岔河页岩砖厂等八个基层单位。1998年实施天保工程以来，总场作为全市生态建设的主要队伍之一，已先后营造生态公益林7万余亩（其中市区视野区示范林4000亩）、封山育林50余万亩，为绿化攀枝花作出了一定贡献。

总场：岔河砖厂

岔河页岩砖厂是目前我市规模最大(年产普通砖4000万块)、现代化程度最高的红砖生产厂家，其烧结制品多次被省市质检部门评为优质产品，主导产品承重及非承重空心砖具有隔音、隔热、蓄湿、无放射性危害等特点，在市场上享有良好声誉。

总场：苗木场

总场：市区视野区示范造林地

总场：市区视野区示范造林

苗木场是从事绿化苗木、观赏花木生产的专业实体，同时承包园林绿化工程的规划设计与施工。该场各类花木品种齐全，专业技术过硬，售后服务好，多年来，承接了攀泰山庄、托利多公司、凤凰小区等多个绿化工程，受到用户一致好评。

联系电话：总场2901203　岔河砖厂6600310

苗木场 2900435

盐边县乡镇企业局

局长：陈远俊

团结务实的领导班子

盐边县位于四川省西南角，地处雅砻江、金沙江交汇处，高海拔低纬度，为攀枝花市郊县。全县辖4镇27乡，幅员面积3326.43平方公里，19个民族聚居，总人口19万。

盐边县乡镇企业在党的十一届三中全会后得到长足发展。县境内得天独厚的自然资源优势形成了乡镇企业以煤炭、冶金、化工、建筑建材为主，农副产品加工、餐饮服务为辅的6大产业。闻名中外的二滩电站库区周边丰富多彩的人文自然景观为开发旅游业创造了条件。

盐边县境内有各类乡镇企业4979户，从业人员15314人，乡镇企业创造产值已占全县工农业总产值61%，税收占54%，农民人均收入占19%，从业人员占农村劳动力总数的11%。

盐边县乡镇企业安宁工业园区，占地1500亩，总投资2450万元，其基本建设已初具规模。工业园区的创办，将为盐边乡镇企业在西部大开发中广泛地招商引资，为乡镇企业规模化发展，集约化经营创造更为宽松的硬件环境。

盐边县作为农业小县，乡镇企业已成为农民增收、财政增收的主要渠道和重要来源，成为县城国民经济的半壁河山。

新颖别致的办公大楼

中国农业银行 盐边县支行

中国农业银行盐边县支行成立于1951年4月，是攀枝花市最早的金融机构，辖11个营业单位，内设四部一室。全行在职职工111人，其中，具有中级以上职称的15人，大专以上文化36人，高级管理人员23人，县支行设党总支、5个党支部，党员49人。建行半个世纪来，在上级行党、政和县委、政府的正确领导下，盐边县农行在条件极为艰苦的贫困县无私奉献，奋力拚搏，艰苦创业，按照党和国家的方针、政策，在各个历史时期肩负着党和人民的重托，从农业、工业、商贸、乡镇企业、扶贫开发、移民搬迁、第三产业、股份制、民营化、个私经济发展等方面，全方位的给予了支持，促进了盐边县物质文明和精神文明建设的全面发展。随着金融体制的改革，农行承担的国家政策性业务与自身的经营性业务彻底分离，农行领导和管理40多年的农村信用社与农行脱离行政隶属关系。农行伴随着国家改革开放的矫健步伐，正打造着向真正意义上的国有商业银行大踏步迈进。

盐边农行在社会主义市场经济大潮中，正以崭新的经营理念，现代化的办公条件和服务手段，以市场为导向、以客户为中心、以效益为目标，依法从严治行，整合资产结构，扩大市场占有份额，做大做强各项存贷业业务。盐边农行办理的业务主要有机关团体存款、企事业单位存款、个体工商户存款、城乡居民储蓄存款和保证担保贷款、抵押担保贷款、质押担保贷款，票据承兑、贴现及各类个人消费贷款等业务，同时还办理代收代付、代理各类保险、投资理财、项目评估等中间业务。

盐边农行11个对外营业机构，现已实现全国农行储蓄通存通兑，单位、个人电子汇兑24小时农行网点资金到帐，农行金穗卡（电子货币）伴您走遍神州。盐边农行存贷规模7个亿，强大的资金实力，有力地支持了盐边城乡经济的全面发展。每年向国家上缴利税200余万元，因业绩突出，曾多次被省、市农行评为先进县支行。被省政府评为省级卫生先进单位，被省委、省政府命名为省级最佳文明单位。矗立于雅龙江畔、新县城中心的盐边县农行，在21世纪必将更加前卫辉煌。

年末总人口

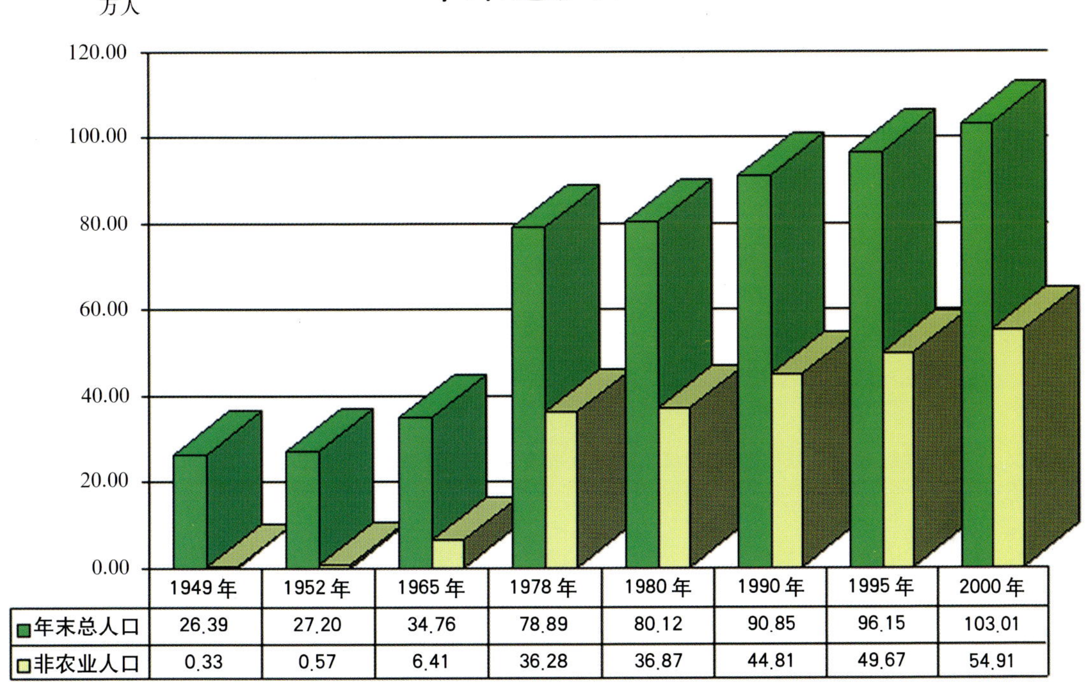

	1949年	1952年	1965年	1978年	1980年	1990年	1995年	2000年
年末总人口	26.39	27.20	34.76	78.89	80.12	90.85	96.15	103.01
非农业人口	0.33	0.57	6.41	36.28	36.87	44.81	49.67	54.91

社会从业人员及构成

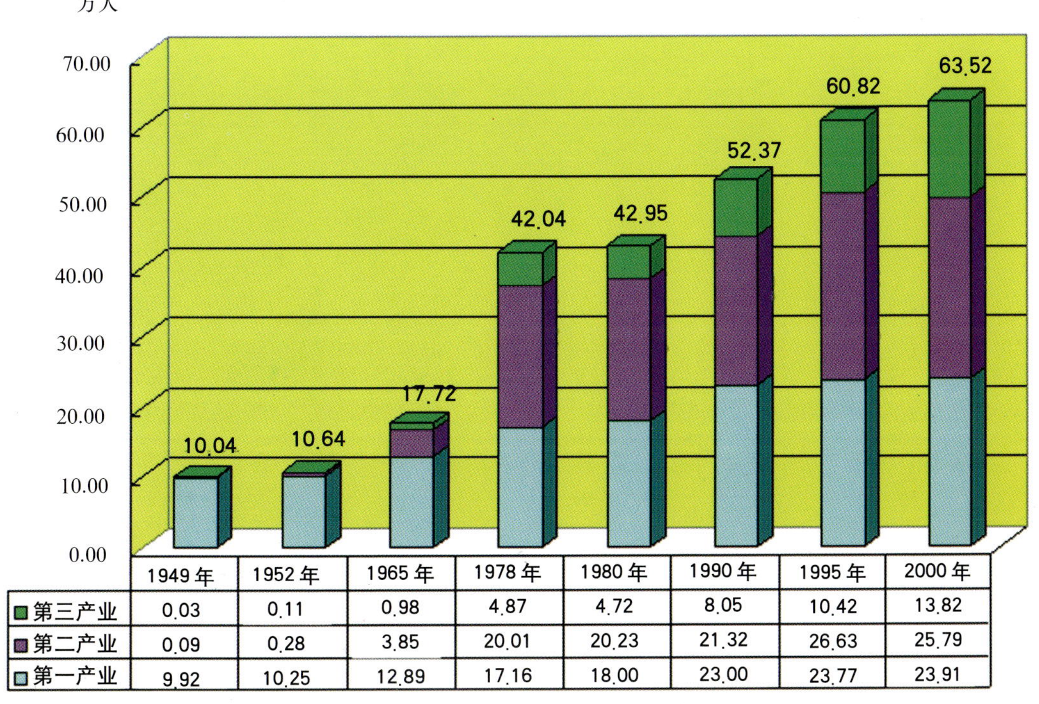

	1949年	1952年	1965年	1978年	1980年	1990年	1995年	2000年
第三产业	0.03	0.11	0.98	4.87	4.72	8.05	10.42	13.82
第二产业	0.09	0.28	3.85	20.01	20.23	21.32	26.63	25.79
第一产业	9.92	10.25	12.89	17.16	18.00	23.00	23.77	23.91

国内生产总值

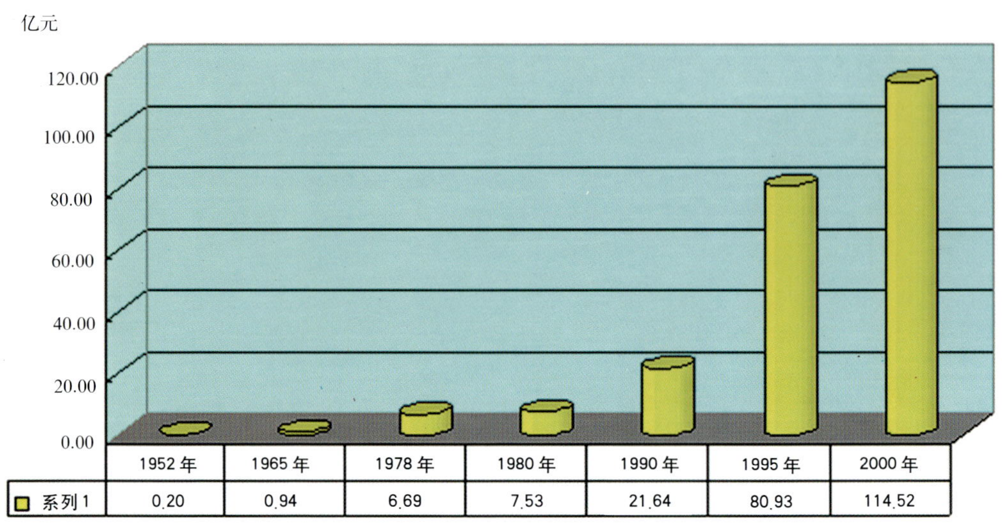

国内生产总值指数

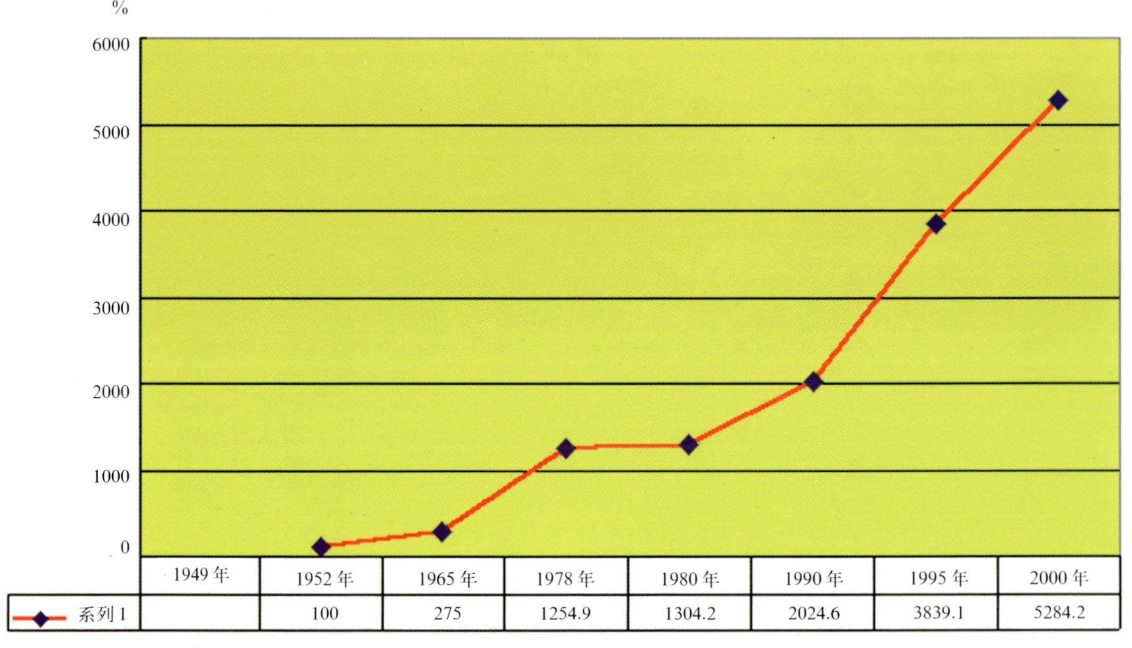

国内生产总值构成

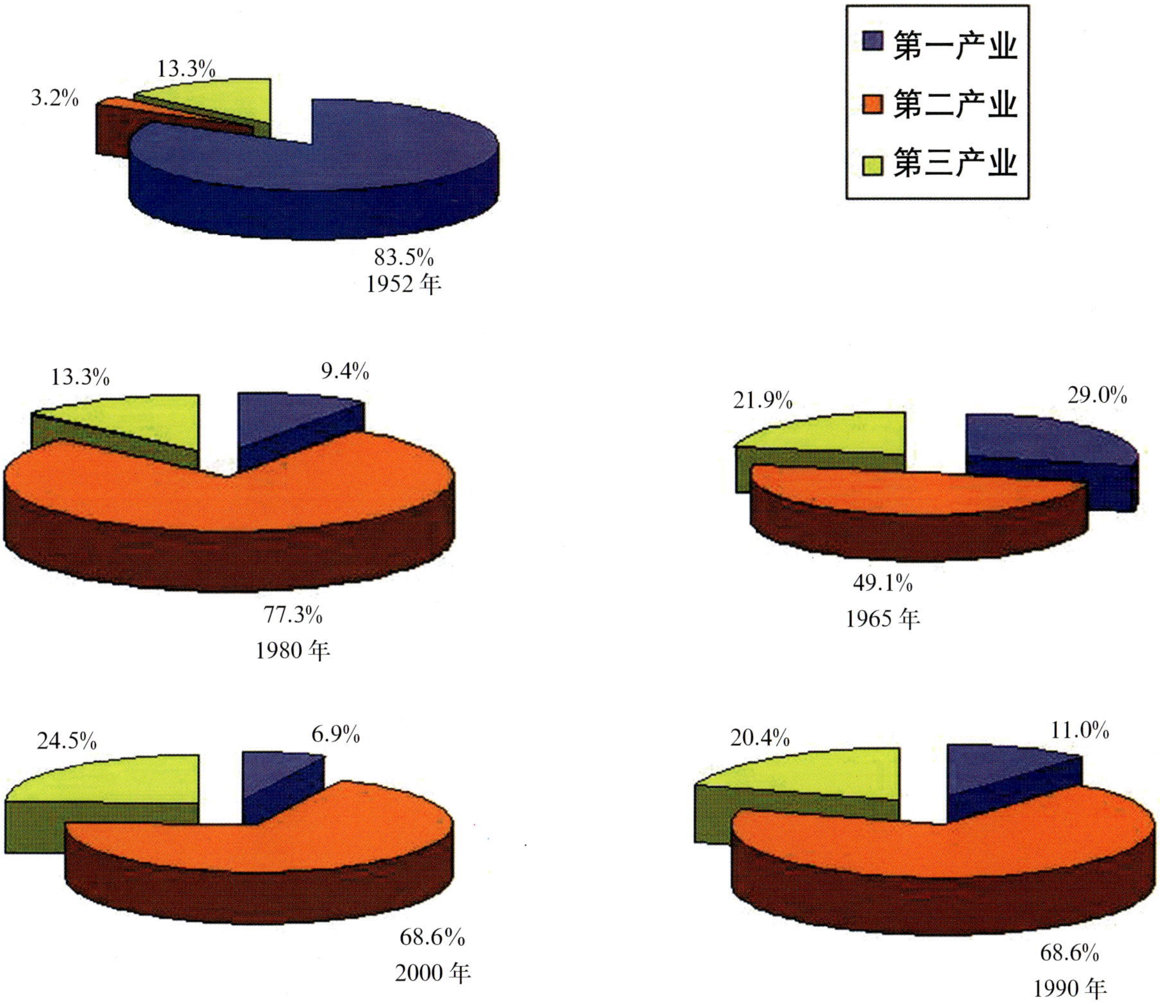

第一产业
第二产业
第三产业

13.3%
3.2%
83.5%
1952 年

13.3%
9.4%
77.3%
1980 年

21.9%
29.0%
49.1%
1965 年

24.5%
6.9%
68.6%
2000 年

20.4%
11.0%
68.6%
1990 年

工业总产值（现价）

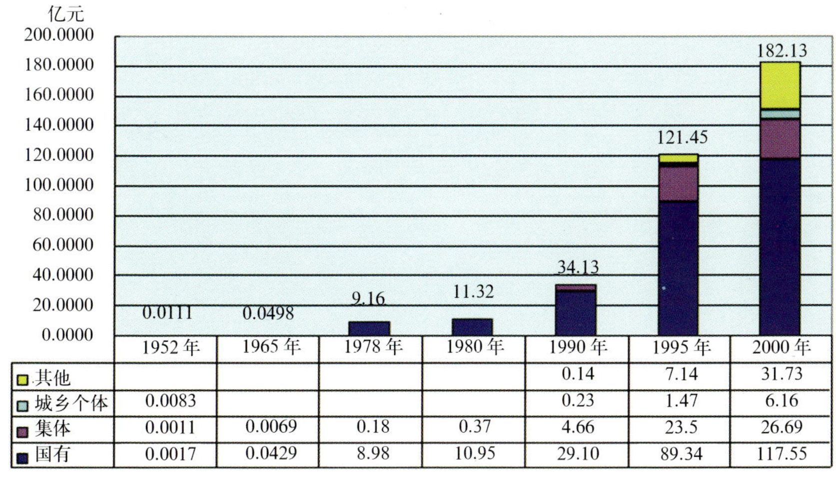

	1952 年	1965 年	1978 年	1980 年	1990 年	1995 年	2000 年
其他					0.14	7.14	31.73
城乡个体	0.0083				0.23	1.47	6.16
集体	0.0011	0.0069	0.18	0.37	4.66	23.5	26.69
国有	0.0017	0.0429	8.98	10.95	29.10	89.34	117.55

全部工业总产值指数

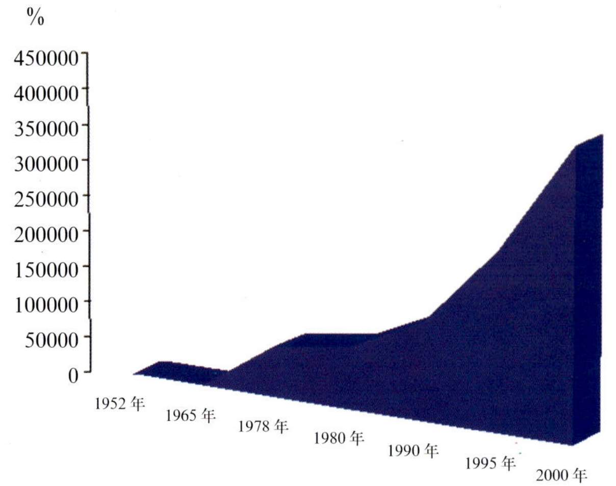

	1952 年	1965 年	1978 年	1980 年	1990 年	1995 年	2000 年
■系列 1	100	436.8	71529.3	86635	137394.4	252287.1	409171.9

农林牧渔业总产值指数

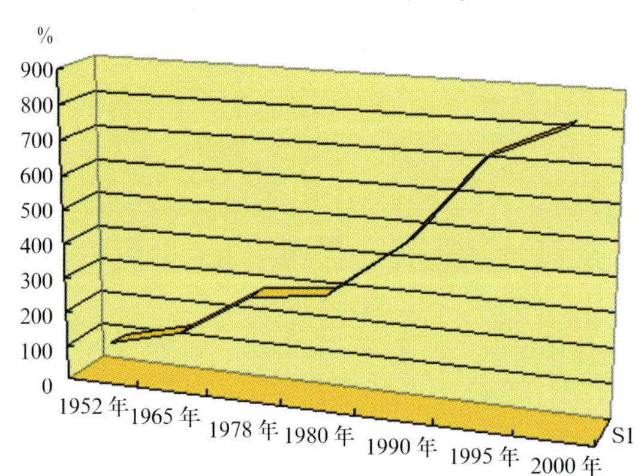

	1952 年	1965 年	1978 年	1980 年	1990 年	1995 年	2000 年
■系列 1	100	154.3	284.2	310.6	470.8	728.3	824.8

农林牧渔业总产值及构成（现价）

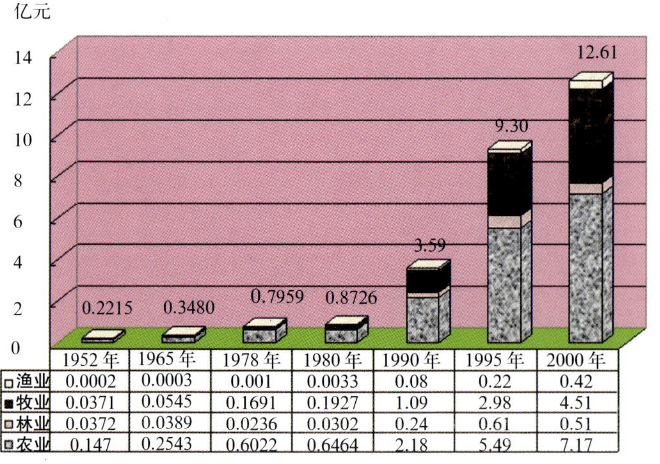

	1952 年	1965 年	1978 年	1980 年	1990 年	1995 年	2000 年
□渔业	0.0002	0.0003	0.001	0.0033	0.08	0.22	0.42
■牧业	0.0371	0.0545	0.1691	0.1927	1.09	2.98	4.51
■林业	0.0372	0.0389	0.0236	0.0302	0.24	0.61	0.51
■农业	0.147	0.2543	0.6022	0.6464	2.18	5.49	7.17

粮食产量

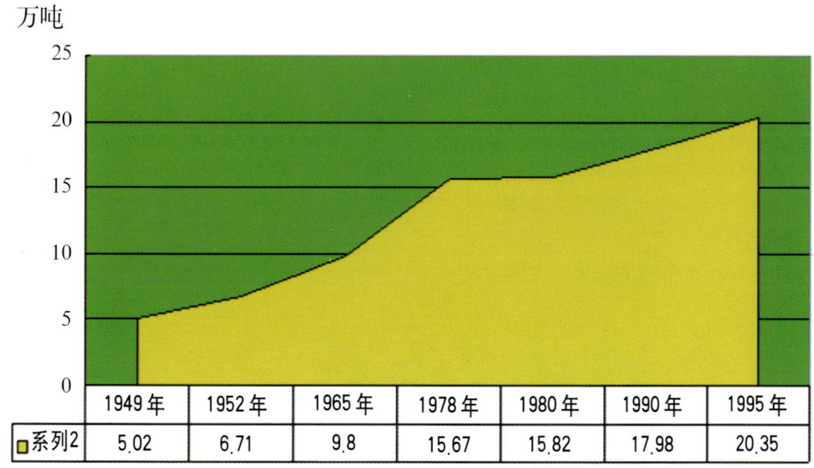

甘蔗产量

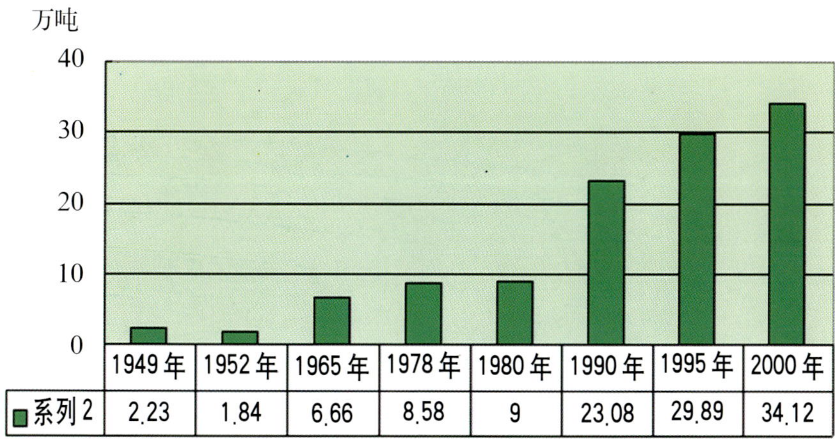

猪牛羊肉产量

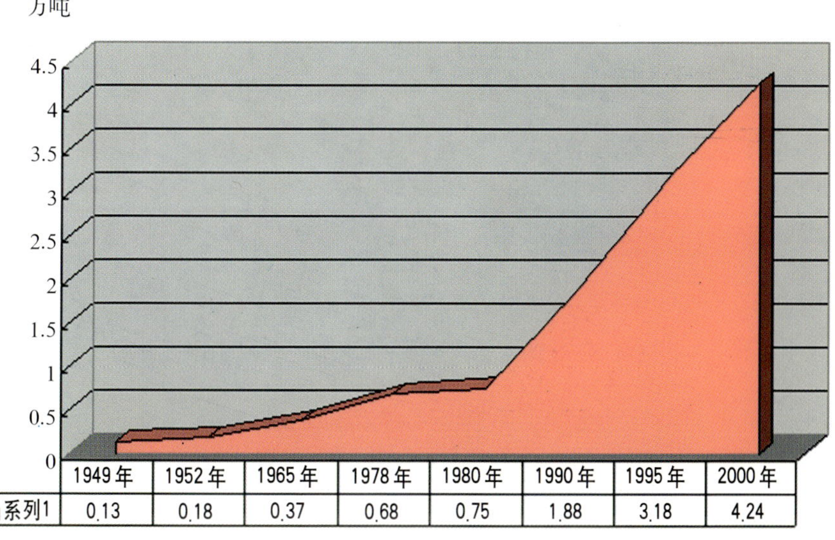

全社会固定资产投资

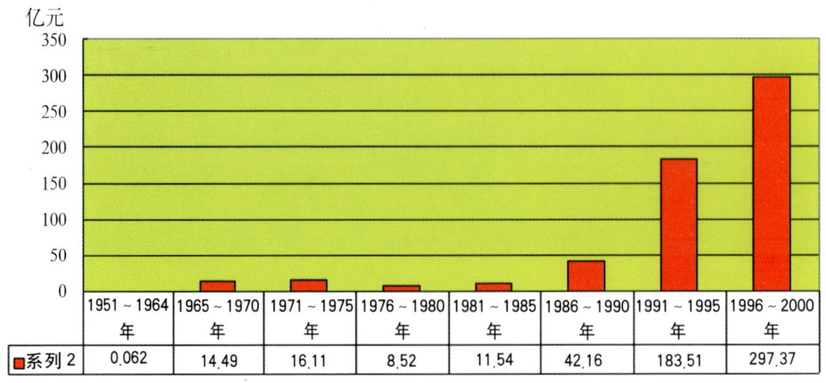

财政收支发展趋势

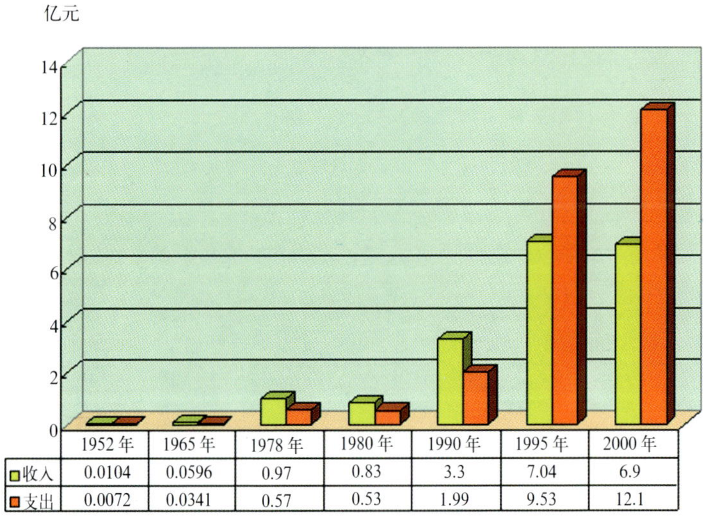

国家银行年末存贷款余额

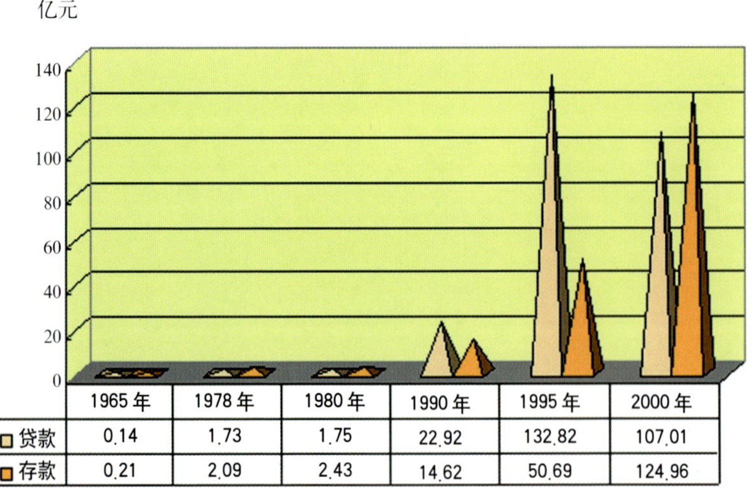

城乡居民储蓄存款余额

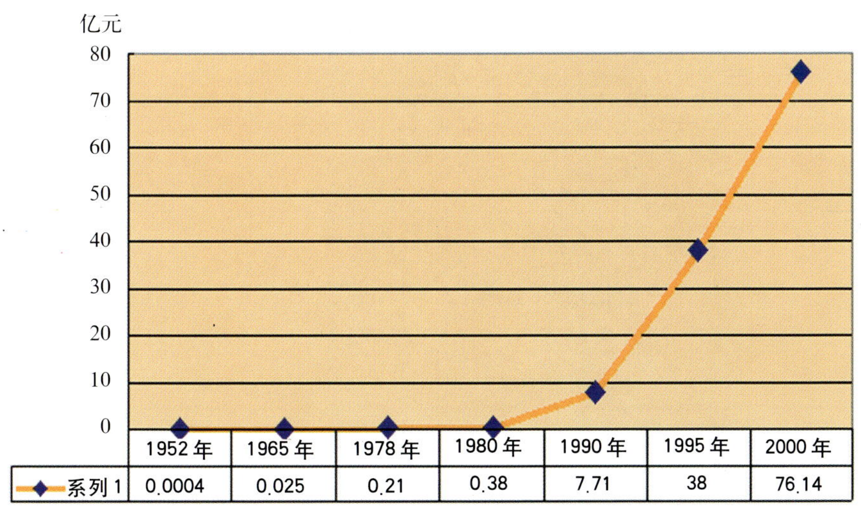

社会消费品零售总额

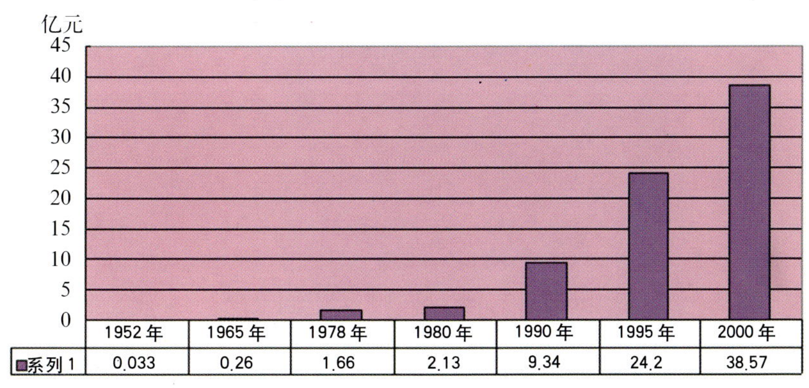

农民人均纯收入

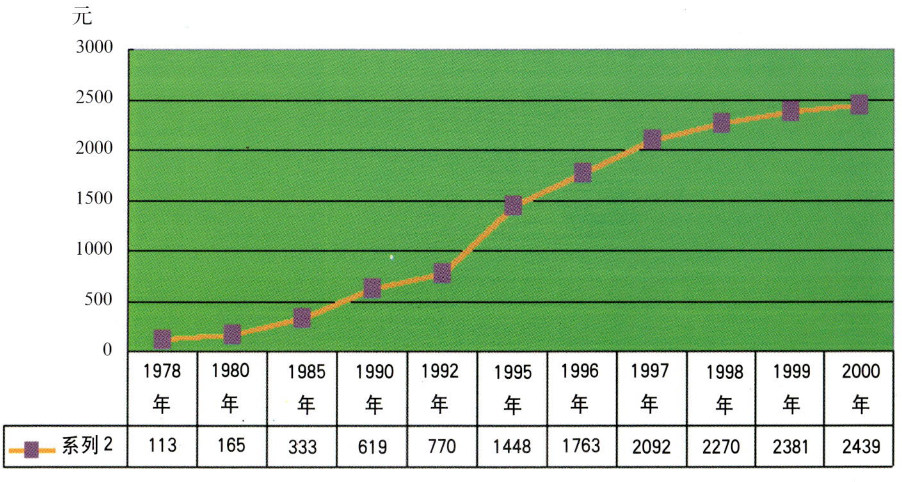

出口创汇

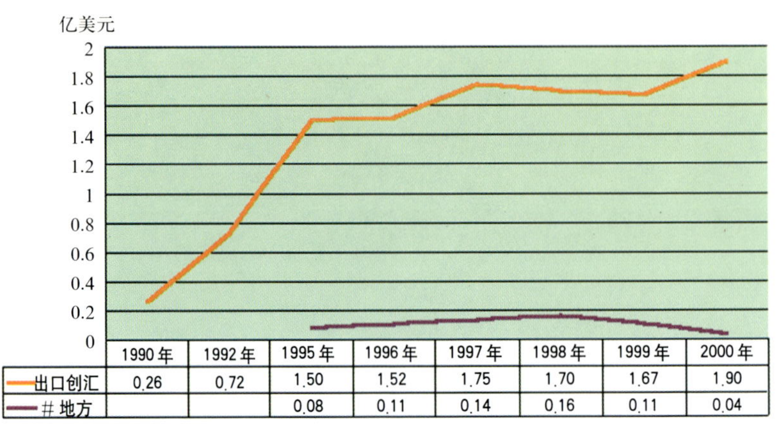

	1990 年	1992 年	1995 年	1996 年	1997 年	1998 年	1999 年	2000 年
出口创汇	0.26	0.72	1.50	1.52	1.75	1.70	1.67	1.90
# 地方			0.08	0.11	0.14	0.16	0.11	0.04

城市居民人均可支配收入及消费支出

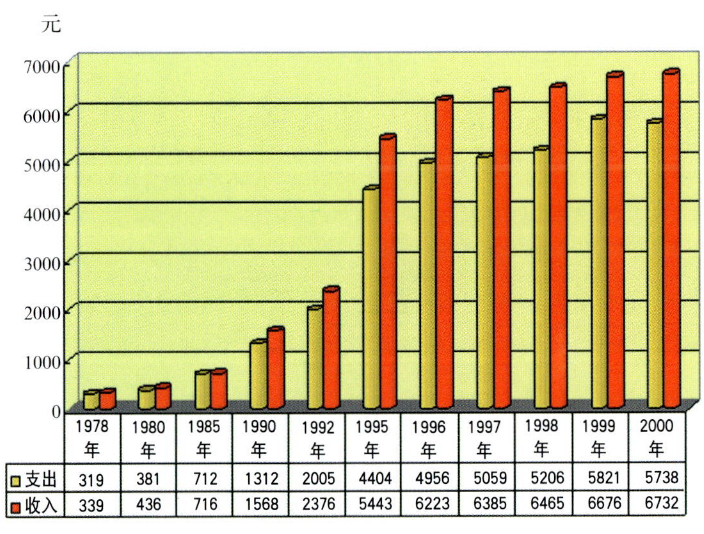

	1978 年	1980 年	1985 年	1990 年	1992 年	1995 年	1996 年	1997 年	1998 年	1999 年	2000 年
支出	319	381	712	1312	2005	4404	4956	5059	5206	5821	5738
收入	339	436	716	1568	2376	5443	6223	6385	6465	6676	6732

城市价格指数

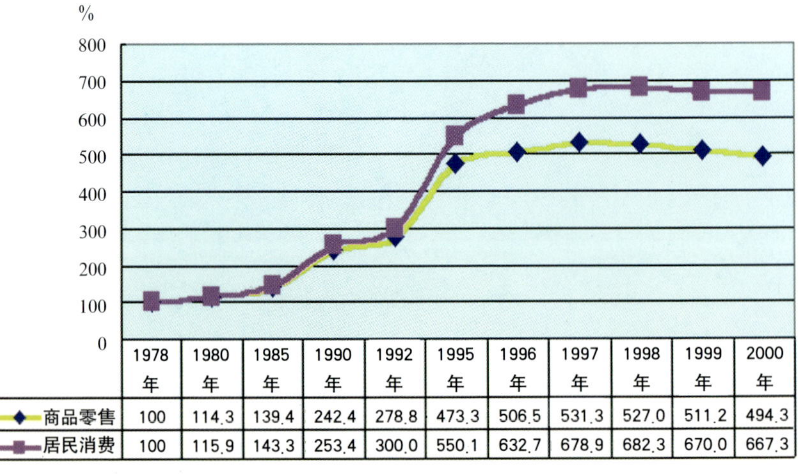

	1978 年	1980 年	1985 年	1990 年	1992 年	1995 年	1996 年	1997 年	1998 年	1999 年	2000 年
商品零售	100	114.3	139.4	242.4	278.8	473.3	506.5	531.3	527.0	511.2	494.3
居民消费	100	115.9	143.3	253.4	300.0	550.1	632.7	678.9	682.3	670.0	667.3

一　特　辑

SPECIAL COLLECTION

攀枝花市概况

攀枝花市是中国四川省辖市，是中国西南川滇交界处的经济中心，是长江流域经济带重要的能源、原材料基地，是中国西部最大的钢铁基地，是长江上游第一座新兴的工业城市，也是中国唯一以花命名的城市。

历史沿革 1965年2月5日，中共中央、国务院作出《关于成立攀枝花特区人民委员会的批复》。3月20日，攀枝花特区人民委员会正式成立。4月，国务院批复四川省人民委员会的请示，同意攀枝花特区对外改称渡口市，划定区域范围总面积1411.96平方公里，地跨金沙江两岸。1974年10月，经国务院批准将云南省永仁县的平地、大龙潭公社划归渡口市。

1978年7月，四川省决定将会理县的红格、新九、猛新三个公社和和爱公社的4个生产大队划归渡口市辖。

同年10月，四川省报经国务院批准，将西昌专区的米易县和盐边县划为渡口市辖县，市辖区域面积增至7434.4平方公里。1987年1月，经国务院批准更名为攀枝花市。

地理概貌 攀枝花市位于中国西南川滇交界部、金沙江与雅砻江汇合处，东经101°08′－－102°15′，北纬26°05′－－27°21′。东、北两面与四川省凉山彝族自治州的会理、德昌、盐源三县接壤，西、南两面与云南省的宁蒗、华坪、永仁三县为界。成昆铁路和川云西线国道公路纵贯全境，北距成都749公里，南接昆明351公里，是四川通往华南、东南亚沿边、沿海口岸的最近点，为“南方丝绸之路”上重要的交通枢纽和商贸物资集散地。攀枝花市地处攀西裂谷中南段，具有山高谷深、盆地交错的特点，相对高差3258.5米。河流属长江水系，境内有大小河流95条，分属于金沙江水系、雅砻江水系。气候属南亚热带－－北温带的多种气候类型，年平均气温为18.5℃－－20.4℃，是四川省年平均气温和总热量最高的地区，全年无霜期300天以上。

自然资源 全市有土地总面积74.34万公顷，其中：耕地面积3.16万公顷，林地面积47.57万公顷，草地荒山11.93万公顷，园地0.58万公顷，水域1.79万公顷。山地面积占土地面积的92%。境内水能资源丰沛，过境水量1102.03亿立方米，理论蕴藏量达492.9万千瓦，可开发量达到410.1万千瓦，年发电量可达271.5亿千瓦时。全市已建成地方小水电站225处，装机257台，装机容量5.63万千瓦，1999年建成的二滩水电站装机容量330万千瓦，是本世纪内中国投产的最大水电站。全市矿产资源得天独厚，已发现矿种47种，已探明储量的45种，矿产地490余处，其中大型、特大型矿床15个，中型矿床42个，累计探明钒钛磁铁矿石储量790415万吨，伴生的钛储量70491万吨、钒储量1670万吨，探明的钛资源占世界第一位，钒资源占全国第一位、世界第三位。

旅游资源 攀枝花市旅游资源分为三类：以群山、林海、险峡溶洞共存一地的自然景观。以布局奇巧，风光独特的微雕钢城和世界第3高坝的二滩水电站等城市景观；以民族风情为特色的人文景观。市内主要景点：有被林业部批准的二滩国家级森林公园和国务院批准的国家级苏铁自然保护区。有大黑山省级森林公园和米易望月楼省级文物保护单位。有三国蜀汉丞相诸葛亮率兵南征，渡金沙江的五月渡泸遗址和原始森林景区。还有龙潭溶洞、红格温泉等具有较高观赏价值的景点和鑫岛游乐城、攀枝花公园等现代休闲、娱乐中心。此外，攀枝花市也是外地游客到昆明、丽江、大理、泸沽湖的重要中转站和旅游通道。

行政区划与人口 攀枝花市辖三区、两个县，有78个乡镇，17个街道办事处，181个居民委员会。1999年末人口101.8万人，其中非农业人口54.22万人。城区人口

64.14万人,其中非农业人口49.49万人,全市人口密度为137人/平方公里。攀枝花是多民族聚居但以汉族为主的移民城市,截止1999年底少数民族人口有13.58万人,占总人口的13.34%,其中主要少数民族有:彝族、傈僳族、回族、苗族、纳西族、白族、满族、壮族等34个少数民族。

攀枝花市统计局
关于2000年国民经济和社会发展的统计公报

2000年,全市各族人民在市委、市政府的正确领导下,认真贯彻落实扩大内需、实施积极的财政政策和稳健的货币政策等一系列方针政策,努力加强社会主义精神文明建设,抓住西部大开发的历史机遇,解放思想,转变观念,坚定信心,求真务实,真抓实干,加快发展。全市经济稳步增长,主要社会经济目标基本实现,综合实力日益增强,各项社会事业全面进步。

一、综合

切实转变经济体制和经济增长方式,加强城市基础建设,加快中小企业民营化进程,推动全市经济健康发展,初步扭转了经济增长率连续两年下滑的局面,经济实力进一步增强,基本实现"九五"计划和"翻两番"战略目标。

据统计,全市国内生产总值(GDP)完成114.76亿元,按可比价计算,比上年增长7.0%。其中:第一产业增加值8.11亿元,增长3.0%;第二产业增加值78.54亿元,增长6.5%;第三产业增加值28.11亿元,增长9.7%。人均国内生产总值达到11207元,比上年增加500元,居全省第二位。

产业结构有所调整,第三产业加快发展。第三产业增加值占国内生产总值的比重为24.5%,比上年提高1.4个百分点;第一、第二产业增加值比重分别为7.1%、68.4%,比上年分别下降0.1和1.3个百分点。

国民经济和社会发展的总体情况是:经济增长速度逐季加快,工业生产快速增长,农业和农村经济稳步发展,投资降幅减缓,消费市场稳中趋活,外贸出口大幅上升,物价止跌趋稳,财政增收,金融运行平稳,各项社会事业全面发展。

国民经济和社会发展中存在的主要问题是:经济回升主要受政策性和外部因素影响,社会有效需求不足的矛盾尚未根本缓解,经济增长的内在活力不足;农民收入增长缓慢;固定资产投资再度缩小,对全市经济增长拉动作用下降;经济运行的质量和效益不高,国有企业脱困任务艰巨,再就业难度加大,部分群众生活仍比较困难。

二、农业

以增加农民收入为中心,加大农业综合开发力度,坚持面向市场调整结构,农业和农村经济保持良好的发展势头。

种植业结构进一步调整,经济作物和畜牧业持续增长,农林牧渔业生产取得全面丰收。粮食作物播种面积4.2万公顷,比上年减少1.5%,经济作物播种面积0.47万公顷,增长13.8%。粮食产量创历史最好水平,达到22.8万吨,全年共实现农林牧渔业总产值(不变价)6.70亿元,比上年增长3.9%。攀西农业综合开发、世行贷款安宁河流域农业资源开发和农村集镇建设取得新的进展。

主要农产品、畜牧业产品产量如下:

	单位	2000年	比上年±%
粮食	吨	228463	0.68
蔬菜	吨	326990	-6.9
甘蔗	吨	341239	20.9
蚕茧	吨	1095	13.1
水果	吨	29960	4.1
肉类	吨	45368	4.0
其中:猪牛羊肉	吨	42422	3.3
生猪出栏	头	518185	1.7
禽蛋	吨	1617	14.6

渔业生产快速发展。全市水产养殖面积1152公顷,水产品总量4858吨,比上年增产791吨,增长19.5%,其中:网箱养鱼产量719吨,比上年增产84.8%。

林业生产发展良好。认真贯彻中央"西部开发,生态先行"方针,积极实施天然林保护、退耕还林、市区视野区荒山绿化三大工程。全年完成造林2.1万公顷,其中,退耕还林0.57万公顷。完成封山育林0.95万公顷。森林采伐限额消耗控制在16.2万立方米,实现森林资源总生长量大于总消耗量46.4万立方米。森林火情下降48%,受害面积减少92%。

农业生产条件不断改善,农业机械化程度继续提高。年末农业机械总动力46.4万千瓦,同比增长9.7%。新增蓄引提水能力265万立万米,新增有效灌溉面积433公顷。农村用电量达到6787万千瓦时,增长13.1%,农用化肥施用量(折纯)1.86万吨,下降0.5%。

三、工业和建筑业

工业生产快速增长。2000年,围绕"调整结构、提高效益"的目标,积极推进国有企业改革,把改革、改造、改组、加强管理相结合,鼓励兼并、规范破产、减员增效、实行债转股。一批国有大中型企业重新焕发生机。攀钢(集团)公司、二滩水电开发公司,川投电冶公司等骨干企业增势强劲。全市工业生产速度明显加快,主要产品产量稳定增长。

全年完成工业增加值69.7亿元,比上年增长11%。国有及年销售收入在500万元以上的非国有工业企业共完成工业总产值(不变价)89.81亿元,增长20.1%。其中:中央工业完成65.28亿元,增长21.6%;地方工业完成24.53亿元,增长16.2%。国有工业完成62.67亿元,增长17.7%;集体工业完成12.56亿元,下降8.2%;股份制工业完成9.55亿元,增长31.3%。分轻重工业看,轻工业总产值2.66亿元,增长7.3%;重工业总产值87.15亿元,增长20.5%。

工业结构有所调整。一批不适应市场变化、污染严重、消耗高的"十五小"企业被关停并转。冶金行业总量控制取得积极进展,钢材价格回升,行业利润显著提高。

产销衔接状况明显改善。全年国有及规模以上工业产品销售率达到100%,比上年提高1.1个百分点。

主要工业产品产量如下:

	单位	2000年	比上年±%
铁矿石(原矿量)	万吨	991.85	-3.2
生铁	万吨	406.23	6.2
钢	万吨	362.53	8.4
成品钢材	万吨	272.91	8.8
钒渣(折合量)	万吨	13.91	3.5
原煤	万吨	503.76	5.1
焦炭	万吨	246.76	4.9
发电量	亿千瓦时	116.30	44.1
水泥	万吨	56	-31.7
机制糖	万吨	2.95	47.9
啤酒	万吨	3.14	-16.3
黄磷	万吨	3.20	327.1

工业经济效益有所改善。国有企业及年销售收入在500万元以上的独立核算非国有工业企业实现产品销售收入164.08亿元,增长24.1%。工业企业亏损面23.8%,比上年下降3个百分点,亏损企业亏损额下降8.7%,产成品存货减少13.8%。扣除二滩水电站亏损因素,全市工业实现利润3.34亿元。

工业经济效益综合指数66.6%。资金利税率2.32%,比上年上升1.2个百分点。总资产贡献率5.28%,比上年上升2.6个百分点。流动资金周转次数1.65次,上升0.39次。全员劳动生产率20728元/人,人均增加3167元。

建筑业生产下降。全社会建筑业增加值8.83亿元,比上年下降22.9%,部分建筑企业经营困难。

四、固定资产投资

固定资产投资下降。由于缺乏大型骨干项目,固定资产投资总规模缩小。全年完成全社会固定资产投资总额为33.51亿元,比上年减少9.27亿元,下降21.67%。按经济类型划分,国有及其他经济类型完成投资30.63亿元,下降25.0%;集体经济完成投资1.5亿元,增长61.3%;城乡居民个人投资完成1.38亿元,增长38%。按投资管理渠道分,基本建设完成投资19.13亿元,下降42.34%;更新改造完成投资6.37亿元,增长65.0%;房地产开发投资3.22亿元,增长84%;其他投资4.79亿元,增长20.05%。按投资来源划分,中央投资完成17.20亿元,下降45.1%;地方投资16.3亿元,增长42.7%。

城市建设成效显著。我市加快实施城市建设"五大工程",弄清线、晃桥水库、炳草岗大桥等一批市重点工程进展顺利。人民街改造如期完成,凤凰小区一期工程竣工,炳草岗垃圾处理厂投入使用,民用机场全面进入土石方施工阶段。

住宅建设速度放缓。全市住宅投资完成4.09亿元,下降34.1%,住宅施工面积113.25万平方米,下降12.5%,住宅竣工面积87.96万平方米,增长7.5%。

全市新增固定资产25.33亿元,下降72.33%。固定资产投资新增主要生产能力有:程控交换机安装能力2.06万线/年,城市公交车辆82辆,改建公路50公里。

五、交通运输和邮电通讯业

交通运输和邮电业进一步发展。全年完成交通运输和邮电通讯业增加值7.35亿元,比上年增长10.3%,占全部国内生产总值的比重为6.4%,提高0.7个百分点。

公路客运量1899万人次,比上年增长23.6%,客运周转量46200万人公里,增长15.8%。公路货运量1671万吨,比上年增长0.7%,货运周转量56705万吨公里,下降4.7%。铁路客运量150万人次,比上年下降3.2%,铁路货运量1466万吨,下降4%。

邮电通讯业保持较快增长。全市完成邮电业务总量4.37亿元,比上年增长59.5%,其中:邮政业务总量0.20亿元,增长25%,电信业务总量4.17亿元,增长61.6%。全市邮路总长度1180公里,农村投递线路1423公里。年末电话机用户为14.78万户,比上年增长34.2%。其中,城市电话用户为14.07万户,同比增长33.4%;农村电话用户0.71万户,增长53.5%。移动电话7.97万户,增长98.3%。互联网用户0.48万户,增长1.8倍。

六、贸易外经和市场物价

城乡消费市场稳中趋活。全年社会消费品零售总额38.6亿元,比上年增长8%,扣除物价因素,实际增长11.7%。其中:市区零售33.5亿元,增长7.3%;县的零售2.5亿元,增长16.2%;县以下的零售2.6亿元,增长10.7%。

非公有制经济贸易迅速发展,市场份额逐年上升。个体私营经济消费品零售额16.1亿元,占全市消费品零售额的41%,上升3个百分点。一批超市、连锁店、专卖店陆续登陆攀枝花。住房、教育、医疗、旅游、电信等新的消费热点正悄然兴起。

对外开放取得一定成绩。由于国内外经济快速增长以及鼓励出口等一系列政策的推动,外贸出口止跌回稳,并开始恢复性增长。全年出口创汇1.67亿美元,创历史最好水平。利用外资保持了一定规模,直接利用外资669万美元,增长1.3倍,完成对外工程承包营业额1505万美元,增长3.4倍。

旅游业进一步发展。全年接待入境旅游者715人次,旅游创汇35.35万美元,接待国内旅游者有所增加。一批重点景点建设步伐加快,红格温泉旅游开发区改扩建一期工程基本完成,正式对外营业,旅游支柱项目正在培育中。

市场物价保持较低水平,商品供应充足,消费者选择空间明显增大。城市居民消费价格总水平比上年下降0.4%,除服务项目上涨22.8%,居住价格持平外,粮食、肉禽及制品、医疗保健、交通和通讯工具等价格继续下降。

市场价格变动情况

类别及名称	(以99年为100)
城市居民消费价格指数	99.6
其中:食品	93.2
其中:粮食	82.0
肉禽及制品	91.6

医疗保健	99.2
交通和通讯工具	91.1
居住	100.0
服务项目	122.8
商品零售价格指数	96.7

七、财政金融和保险业

财政扭转收入下滑局面,财政收入实现了一定增长。各级财税部门积极贯彻"加强征管、堵塞漏洞、清缴欠税、惩治腐败"方针,取得明显成效。全市地方财政收入6.90亿元,同比增长9.7%,财政支出充分体现"保工资、保稳定、保运转、保重点"原则,有力促进全市社会经济事业发展。全年地方财政支出12.10亿元,同比增长3.4%。

金融体制改革继续深化,金融运行平稳。金融改革积极稳妥推进,金融秩序保持稳定。年末各类金融机构各项存款余额达到124.96亿元,比年初增长11.9%,各项贷款余额107.01亿元,比年初增长3.3%,全市银行现金净投放12.66亿元,比上年下降10.1%。保险事业加速发展。全年保费收入3.85亿元,增长1倍,全年赔款支出0.70亿元。证券市场在规范中发展。年末沪深股市开户达15.28万户,增长1.6倍,全年成交金额80亿元,增长77.8%。

八、科学技术和教育

科学技术事业继续发展。全市认真实施"科教兴攀"和"可持续发展"战略,突出高新技术产业、新的农业科技革命行动计划、社会发展领域科技、科技体制改革四个重点。全市共完成各类科技项目355项,获市级以上科技成果奖139项,其中:国家级奖2项,省部级奖8项。顺利完成"科教兴攀"双十亿工程。科技成果推广、转化加快,科技对经济增长的贡献日益明显。

教育事业稳步发展。全市有普通高等学校1所,中等专业学校6所,普通中小学649所,职业中学5所,技工学校5所,工读学校1所,聋哑学校1所。小学、中学、中专、大学在校学生达13.8万人,毕业学生2.6万人,专任教师0.9万人。

素质教育进一步加强,义务教育、扫盲教育全面推进。全市小学学龄儿童入学率达99.7%,文盲率由1999年的0.8%降低到0.66%。

成人教育取得一定成绩。年末有成人大中专学校4所,在校学生1.8万人,毕业0.4万人。乡镇成人文化技术学校77所。社会力量办学50所,比上年增加17所,教职工264人,在校学生3888人,毕业3363人。

高等教育招生大幅增长。全市被大中专院校录取的学生3604人,其中:专科以上院校录取2046人,增长32%,中专录取1558人。

九、文化、卫生和体育

文化、广播、电视事业蓬勃发展。群众文化、专业艺术进一步繁荣,文化基础设施建设进展良好,文化市场、新闻出版规范管理,具有攀枝花特色的文化艺术体系初步形成。

全市有群众艺术馆1个,文化馆5个,剧场影院11个,展览馆1个。湖光剧场建成投入使用,攀枝花影城开工兴建,公共图书馆3个,藏书52万册。专业艺术团体5个,观众30.5万人次,电影观众31.1万人次。一批优秀作品入围全国、全省评奖。

广播电视事业健康发展,村村通目标基本完成。全市已拥有卫星地面站2804座,增长25.5%,广播覆盖率91.8%、电视覆盖率93.7%,比上年分别提高1.4%和1.6%。新增CATV用户5千户,城市主干线实现光纤化。

卫生事业不断发展。医疗技术、预防保健水平有所提高,城乡医疗卫生条件进一步改善。全市共有卫生机构460个,其中:医院108个,卫生防疫站9个。妇幼保健站9个。医院卫生院卫生技术人员5306人。其中:医生2280人,护师、护士1991人。年末实有病床5525张,比上年增加97张。全市有农村卫生院77所,乡村医疗点375个。医院门诊总人次为152万人次。

体育事业再创佳绩。全年21支青少年运动队参加全省各类比赛共获得奖牌21枚。群众性体育活动和全民健身活动日益活跃。全市各级各类学校继续开展体育"达标"竞赛,达标率96.8%,比上年提高1.9个百分点。

十、就业与社会保障

城镇职工人数减少。城镇全部职工人数22.73万人,减少5.8%,全年职工工资总额22.59亿元,增长9.3%。

年末全市城镇登记失业率为3.7%。共安置城镇失业人员就业0.86万人,实现企业下岗职工再就业0.87万人。

社会保障制度改革继续深入。全市城镇已全部建立起最低生活保障制度,农村社会保障网络覆盖面为5%。离退休人员基本养老金和失业人员失业救济金按时足额发放,共有16万人次享受困难户社会救济,比上年增加5万人次。全市参加养老金社会统筹保险总人数达到27.8万人,增长5%。农村参加养老保险人数16.4万人。城镇建立起各种社区服务设施162处。

十一、人民生活与环境保护

城乡居民生活水平继续提高,总体上达到小康水平。城镇居民人均可支配收入6732元,比上年增长0.84%,扣除物价下降因素,实际增长1.24%。城镇居民人均消费支出5738元,下降1.03%。居民消费结构不断优化,食品性消费比重下降。

农产品价格持续下降,农民收入增长减缓。全年农民人均纯收入2439元,增长2.4%,考虑物价因素,实际增长1.8%。

年末城乡居民储蓄余额76.14亿元,比年初增加4.3亿元,增长6%,其中,城镇居民储蓄增加4.4亿元,农村居民储蓄减少0.08亿元。

城市生活条件有所改善。2000年,新增民用燃气用户3600户,新开4条公共汽车线路。

据抽样调查资料统计,年末城市人均居住面积8.4平方米,农村居民人均住房面积27.5平方米,5.3万户城市居民户已拥有房屋所有权。

环境保护和污染治理工作进一步加强。环保投入增大,全年环保投资经费6746万元,增长90%。当年竣工环境污染治理项目58个,对一批重点工业污染源进行了限期治理。工业废水排放总量2845万吨,比上年减少11%,工业氧化硫排放量比上年减少6%,排放达标率91%,工业固体废物综合利用率19%,比上年提高2个百分点,工业废气处理率83%。

注:⑴公报所列国内生产总值等指标为初步统计数。

⑵国内生产总值、增加值按当年价计算,增长速度按可比价计算。

⑶人口数据待第五次人口普查公报正式公布。

政府工作报告

——2001年2月21日在攀枝花市第六届人民代表大会第四次会议上

市长 张成明

各位代表：

我代表市人民政府，向大会报告政府工作，请予审议，并请列席会议的市政协委员和列席代表提出意见。

一、2000年及"九五"期间工作回顾

(一)2000年工作情况

2000年，在中共攀枝花市委的领导下，在市人大及其常委会的法律监督、工作监督和市政协的参政议政、民主监督下，市政府动员和组织全市各族人民，高举邓小平理论伟大旗帜，紧紧抓住西部大开发的历史机遇，解放思想，转变观念，克服困难，扎实工作，促进了经济持续发展、社会全面进步，保持了社会政治稳定，较好地完成了市六届人大三次会议确定的各项目标任务。

1.国民经济稳步发展

2000年，全市GDP达到114.76亿元，比上年增长7%。其中，第一产业增加值增长3%，第二产业增加值增长6.5%，第三产业增加值增长9.7%。

工业经济快速增长。在国家扩大内需和实施西部大开发战略的推动下，工业经济增长速度加快，运行质量提高。攀钢(集团)公司、二滩水电开发公司、川投电冶等龙头企业增势强劲，地方工业发展速度加快，集体经济、股份制经济快速发展。全市国有及年销售收入500万元以上非国有企业完成工业总产值156.33亿元，增长20.1%。随着国家宏观经济形势趋好，主要工业品市场价格回升，工业经济效益明显改善，扣除二滩水电站亏损因素，全年工业实现利润3.34亿元。

农村经济全面发展。认真贯彻落实党的农村工作政策，加大结构调整力度，农村经济保持良好发展势头。粮食总产量达22.85万吨，超过预期目标；肉类总产量4.54万吨，增长4%，蔬菜、水果、禽蛋、牛奶和水产品均有不同幅度的增产；乡镇企业在结构调整中保持较快发展，全年完成总产值50.58亿元，增长12.5%。天然林保护、市区视野区荒山造林绿化、退耕还林等工程顺利实施，提前完成全年造林绿化任务；攀西农业综合开发、世行贷款安宁河流域农业资源开发和农村集镇建设、能源建设取得新的成就。

重点建设进展顺利。全年全社会固足资产投资达33.27亿元，完成年计划的118.8%。其中基本建设投资完成19.12亿元，下降42.4%，更新改造投资完成6.37亿元，增长64.9%。房地产开发建设完成投资3.22亿元，增幅达83.8%。密地国家专储粮库已竣工投入使用，滨江大道一期工程实现初通，凤凰小区一期工程完工，人民街改造、红格温泉渡假区一期工程已竣工投入使用，弄清线、晃桥水库、炳草岗金沙江大桥等一批重点工程建设取得明显成效，交通状况、市容市貌有所改观。

第三产业加快发展。随着国家鼓励消费政策措施的逐步落实，消费环境有了较大改善，消费市场趋旺，全年实现社会消费品零售总额38.57亿元，增长8%。旅游业发展较快，全年共接待国内外游客101.28万人次，增长24.3%，旅游总收入达1.58亿元，增长28.5%；交通、邮政、电信、社区服务、中介服务及其它服务业稳步发展。

财税金融运行平稳。加大税收征管力度，努力增加财政收入，调整优化支出结构，保证了重点建设的资金需求，实现了财政收支滚动平衡，全市地方财政收入达6.9亿元，增长9.7%，财政支出达12.08亿元，增长3.2%。全市金融机构年末各项存款余额124.96亿元，贷款余额107.01亿元，各比年初增长11.9%和3.3%。保险业发展迅速，全年实现保费收入2.86亿元，增长39.5%。

人民生活继续改善。随着经济的发展，城

乡人民的物质文化生活水平有了新的提高。农村居民人均可支配收入达到2350元,增加39元,城市居民人均可支配收入达到6732元,比上年略有增长,年末城乡居民储蓄存款余额达到76.14亿元,增长6%,人居环境和医疗卫生、文化娱乐条件有新的改善。加大对移民地区、民族地区、贫困地区的扶持力度,年内又有2300余人越过温饱线,农村贫困人口温饱率稳定在95%以上;加强"两保"和再就业工作,积极开展送温暖活动,社会保障体系覆盖面进一步扩大,职工失业保险金、养老保险金按时足额发放,国有企业下岗职工和城市低收入居民的基本生活得到保障。

2.改革开放取得实效

各项改革继续深化。以建立现代企业制度为目标,部分国有大中型企业已完成公司制改造;以产权制度改革为核心、以民营化为目标的中小企业改革继续推进。目前,市属108户国有竞争性企业中的53户国有资本已退出,505户县(区)属企业中有490多户企业的国有资本已全部退出。"两保"和再就业工作有新的加强,国有企业下岗职工基本生活得到保障,离退休人员基本养老金和失业人员失业救济金均按时足额发放,社会化发放率达到100%。财税、投融资体制、科教文卫等各项改革进一步深化。

对外开放不断扩大。加强同周边地区的联系与合作,扩大了对外经济技术合作与交流;组团赴昆明和华东部分地区进行了学习考察,招商引资力度加大。全市共完成国内招商引资项目90个,协议引进资金16.58亿元,实际到位3.6亿元,增长104%,物资协作12.7亿元,完成目标任务的18倍。全市利用外资1513万美元,其中直接利用外资669万美元。全市新批外资企业5家。按海关统计,全年出口创汇达1.67亿美元,创历史最好水平。

3.社会事业健康发展

科教兴攀战略全面实施。顺利完成"科教兴攀"双十亿工程,实现产值24.8亿元,利税3.81亿元,超额完成省委、省政府下达的目标任务。全年完成科研项目365项,其中获市级以上科研成果奖54项。启动了"攀西优质农业科技示范区"工程;狠抓了高新技术产业化项目的实施和产业园区的建设;加大了企业技术创新和新产品的开发力度,攀钢氧化钒、超纯电子用钛白粉技术、高速钢轨、IF钢研制成功,光学戊醇全面进入工业试验阶段。教育资源配置进一步优化,攀枝花师范学校顺利并入市三中,市经济校与市一职中合并按计划推进,攀大专升本和攀钢冶金职工大学改制申办冶金职业技术学院进展顺利;积极推进素质教育,"普九"成果得到巩固,"普高"步伐继续加快,农村教育综合改革和职业技术教育有新的进展;高考升学率达72.7%,上升11.9个百分点。

其它社会事业继续发展。围绕建市35周年,开展了一系列群众性文体娱乐庆祝活动,成功举办了攀枝花第二届艺术节,专业文艺创作表演水平进一步提高,有部分作品和节目获得全国、全省奖励。加强文化市场建设和管理,文化市场秩序进一步规范。改造完善广播电视网络,市有线电视台开通数据广播业务;农村广播电视奔小康第三期工程圆满完成并通过省级验收。医药卫生改革稳步推进,社区医疗卫生服务健康发展,农村初级卫生保健得到巩固,中心医院改扩建工程进展顺利。重大疾病、传染病、地方病得到有效控制。环境保护工作得到加强,工业污染源达标排放工作步入全省前列。按照中央和省的统一部署,认真开展了第五次人口普查工作并取得阶段性成果。劳动、人事、统计、气象、审计、监察、工商、档案、质量技术监督、药品监督、律师、公证、民政、民族、宗教、人防、防震减灾、残联、老龄、妇女儿童、地方志编写及民兵预备役等工作等取得新的成绩。

4.社会政治保持稳定

民主法制建设继续加强。自觉接受市人大及其常委会的法律监督、工作监督和市政协的民主监督,加强与民主党派、工商联、无党派人士和人民团体的联系,注意发挥市政府决策咨询顾问和科技顾问团的作用,政府决策的民主化、科学化水平有新的提高。加强政府法制建设,坚持依法行政、从严治政,深入开展普法教育,依法治市工作取得新的进展。认真落实党风廉政建设责任制,加大反腐倡廉力度,领导干部廉洁自律、查处大案要案、纠正部门和行业不正之风三项工作取得新的阶段性成果。通过集中整顿市级机关作风,干部职工的思想作风、工作作风和精神面貌有了新的变化。

社会治安形势有所好转。继续实行社会治安综合治理责任制,坚持打防结合,抓基层,打基础,保安全,重点打击各类严重刑事犯罪和严重经济犯罪。对渡口桥南、二滩库区、攀钢、攀大等重点地区的社会治安秩序进行了集中整顿和综合治理,收到明显成效。认真贯彻落实党的民族、宗教政策,民族团结得到进一步巩固和加强。深入开展与"法轮功"邪教组织的斗争。妥善处理了各类突发事件,认真办理人民来信,加强了民事调解工作,为人民群众解决了一批热点、难点问题。通过上述工作,维护了全市社会政治稳定。

(二)"九五"期间工作回顾

"九五"期间,经过全市人民的共同努力,执著奋斗,努力克服宏观经济环境变化和我市经济进入调整期所带来的不利影响,完成了"九五"调整计划各项主要指标,胜利实现了我市现代化建设第二步战略目标。——经济实力有所增强。2000年与1995年相比,全市GDP增长38%,5年平均增长6.7%,比1980年翻两番。"九五"期间,全社会固定资产投资累计完成297.13亿元,比"八五"期间增长61.9%,特别是攀钢二期工程、二滩水电站、川投电冶的建成投产和一批重大技改项目的完成,使我市的资源优势得以进一步发挥,区域经济实力进一步增强,对外开放知名度进一步提高,使攀枝花工业基地建设迈上了一个新的台阶。——城乡建设成就突出。完成了城市总体规划修编工作并通过了国家和省的审批。道路交通条件明显改善,五年用于道路交通建设和管养的资金达9.29亿元,较"八五"增长82.8%。城市基础设施、公用设施和市政建设、住宅建设以及城市绿化美化快速推进,城市管理得到加强,市容市貌有较大改观。小城镇建设、农村能源建设成效显著,农民生活条件得到改善。——改革开放稳步推进。经济体制改革继续深化,市场在资源配置中的基础性作用有所增强。以建立现代企业制度为目标的国有大中型企业改革取得明显成效,基本实现"两个大多数"目标;地方中小企业改革进展加快,股份制改造取得积极进展,地方经济民营化步伐加大。社会保障体系初步建立,社会保障水平逐步提高。农村经济体制改革进一步巩固和完善,顺利完成了新一轮土地承包工作。对内对外开放继续扩大,与意大利特尔尼市、澳大利亚伍伦贡市及国内的云南省楚雄州缔结了友好关系,与四川大学、四川农业大学、成都理工大学等建立了全面合作关系,加强与周边地区和东南沿海经济发达地区的经济技术联合与协作,五年实际利用国外资金共3897万美元,利用国内资金7.47亿元,累计出口创汇8.53亿美元。——社会事业全面发展。科技发展成效显著,五年投入科研开发经费5.6亿元,较"八五"增长114%,共完成科技项目1863项,获市级以上科研成果奖267项,其中国家级5项、省部级65项,科技进步产生明显经济效益,五年间新增产值23.6亿元,较"八五"增长188%,科技进步对经济增长的贡献率由41%提高到48%。教育改革不断深化,教育事业长足发展,具有攀枝花特色的教育体系逐步完善,教育结构和布局趋于合理,教育质量和办学效益稳步提高。五年共投入各类教育经费6.35亿元,较"八五"增长86.7%,办学条件明显改善。全市提前一年完成了基本"普九"的历史任务,城区已普及高中阶段教育,普通高等教育实力增强,教育发展总体水平居于全省先进行列。文体卫生事业蓬勃发展,新建了一批文化基础设施,文化市场管理进一步规范,专业艺术创作与表演取得较好成绩。城乡医疗条件明显改善,医疗服务体系基本形成,率先在全省实现了城乡初保双达标。体育发展综合水平居全省先进行列。深入实施可持续发展战略,全面完成了人口控制目标,国土资源得到有效保护,环境保护力度进一步加大。——人民生活显著改善。到2000年,城乡居民储蓄存款余额达76.14亿元,比l995年增长100.3%;城市居民人均居住面积达8.45m^2,农村居民人均住房面积达27.49m^2,分别比1995年增长5.2%和47.8%。

各位代表,"九五"时期,我市经济和社会发展取得的显著成绩,是在中共攀枝花市委的领导下,全市人民克服困难、奋力拼搏的结果;是市人大及其常委会、市政协及各民主党派、无党派人士和社会各界监督、支持、帮助的结果。在此,我代表市人民政府,向全市各族人民、人大代表、政协委员、驻攀部队、武警官兵、公安干警、各民主党派和各界人士及一切关心支持攀枝花建设和发展的国内外朋友,表示衷心的感谢并致以崇高的敬意!

在肯定成绩的同时,我们也清醒地看到了存在的矛盾和问题。主要是:经济结构性矛盾仍较突出,结构调整的力度不大,企业和产品的市场竞争能力较弱,培育新经济增长点的力度不够,民营经济发展不快,经济发展速度较慢,经济实力不强;在重点建设中,运用市场机制不灵活,筹集建设资金不充足,城市综合服务功能不强;农业产业化进程缓慢,农产品流通渠道不畅,农民增收困难较多;社会就业压力加大;在社会治安、廉政建设等方面还存在一些群众不满意的问题。从政府自身工作看,思想解放的深度和观念更新的程度不够;政府职能和机关作风与"两个根本性转变"的要求还不相适应。对这些问题,我们将给予高度重视,并认真加以解决,以便在"十五"期间把我们的各项工作做得更好、更有成效。

二、"十五"期间的主要任务

"十五"时期是承前启后、继往开来、为实现我市现代化建设第三步战略目标打基础的重要时期,是我市经济结构调整期、经济体制完善期和适应加入WTO新形势的过渡期。市委六届八次全会,以党的十五届五中全会精神为指导,制定并通过了《关于制定攀枝花市国民经济和社会发展第十个五年计划的建议》。市政府根据市委的部署和《建议》精神,抓紧制定了《攀枝花市国民经济和社会发展第十个五年计划纲要》征求意见稿,在充分发扬民主、广泛征求意见、集思广益,达成共识的基础上,形成了《纲要(草案)》,并已提交这次人民代表大会,请连同《政府工作报告》一并审议。市政府将根据大会审议通过的《纲要》,认真组织实施,狠抓贯彻落实,努力实现攀枝花追赶型、跨越式发展,不负党的重托和人民的厚望。

(一)指导思想

"十五"期间,我市国民经济和社会发展的指导思想是:坚持以邓小平理论和党的基本路线为指导,努力实践江泽民同志"三个代表"的重要思想,以坚持可持续发展、建成特色经济强市、实现富民兴攀为总目标,解放思想,抓住机遇,紧紧围绕发展这一主题,以经济结构战略性调整为主线,以改革开放和科技进步为动力,把提高人民生活水平作为根本出发点,大力推进经济体制和经济增长方式的根本转变,坚持"两手抓,两手都要硬",促进国民经济跨越式发展和社会全面进步。

(二)奋斗目标

按照上述指导思想,"十五"期间,我市经济和社会发展的主要目标是:GDP年均增长10%,人均GDP继续名列全省前茅,经济结构战略性调整取得明显成效,经济增长质量和效益显著提高,为2010年GDP比2000年翻一番奠定坚实基础。国有企业建立现代企业制度取得重大进展,完善社会主义市场经济体制迈出实质性步伐,在更大范围内和更深程度上参与国内外经济合作与竞争;城市面貌有显著变化,基础设施承载能力明显增强,城市管理和服务水平进一步提高,生态建设和环境保护得到加强,科技教育加快发展,市民素质进一步提高,精神文明建设和民主法制建设取得明显进展;就业渠道拓宽,社会保障制度基本健全,城乡居民收入持续增加,物质文化生活进一步改善。

(三)主要工作

1.大力推进经济结构战略性调整

优化提升第二产业。按照高新技术产业化和传统产业高新技术化的要求,发展壮大钢铁等支柱产业,运用高新技术改造提升传统产业,加快发展高新技术产业,淘汰落后产业,逐步形成支柱产业多元化、名优特新产品系列化的产业和产品格局。以市场为导向,加快钢铁工业技术改造步伐,提升产品档次,增加品种规格,提高经济效益;加大钒钛等新材料的开发力度,努力把资源优势变为经济优势;充分发挥水电优势,拓展电力市场,加快建设高耗能工业园区,着力培育新的经济增长点;煤炭工业要在依法保护、合理开发、综合利用的基础上大力发展洁净煤技术,建设高产高效矿井;把高新技术产业放在优先发展的位置,发挥后发优势,推进生产力跨越式发展。

加快发展服务业。按照扩大总量、优化结构、拓宽领域、提高水平的总体要求,加快我市服务业发展。放宽市场准入条件,引入竞争机制,打破行业垄断经营,运用现代经营方式和服务技术改造传统服务业;积极发展金融、证券、保险、房地产、中介服务、社区服务等现代服务业。围绕自然生态这条主线,重点抓好红格温泉旅游度假区、大黑山森林公园、二滩风景名胜区等景点景区的开发建设和旅游基础设施建设,开发特色旅游商品,培养高素质的旅游服务队伍,形成规范的旅游服务机制,促进旅游业快速发展。规划建设一批有规模、上档次的商业服务设施,为繁荣城乡市场、搞活商贸流通创造良好的硬环境。重视和加强信息产业发展,加快信息网络工程建设,重点抓好基础电信网、宽带网和接入网的建设,扩大利用互联网,促进电信、电视、计算机三网合一,大力发展电子商务、电子政务和电子公务,提高社会普及信息知识和技能的程度。

切实加强第一产业。稳定党在农村的基本政策,稳定基本农田,稳定提高农业综合生产能力,坚决贯彻中央、省、市关于减轻农民负担的各项政策措施。以农民增收为目标,立足农业资源优势,面向市场,依靠科技,调整农产品结构,优化农产品质量,发展名优特产品;搞好农产品深度加工,提高农产品附加值;优化农业产业布局,充分发挥我市农业的比较优势,大力发展绿色食品、优质果菜等特色农业,走专业化生产、规模化经营、产业化发展之路;引导乡镇企业再创业;推进农业产业化经营,着力培育龙头企业,建立健全农业社会化服务体系,发展农产品流通中介组织;积极探索土地使用权合理流转机制;继续加大对农业的投入,加强农业基础设施建设,改善农业生产条件;加强农村能源建设;积极稳妥推进农村小集镇建设,加快转移农村富余劳动力。

2.加快基础设施建设

加大交通建设力度。基础设施抓关键,重中之重在交通。要以建立畅通、安全、便捷的现代化综合运输体系为目标,抓好对外大通道、城市主干道、县乡村公路建设。重点确保攀枝花民用机场按期投入营运,加快108国道高速公路(攀枝花段)建设,使攀枝花出口通道融入西南通江达海的大动脉。加强城市主干道建设与改造,形成市内快速通道。

加快能源建设步伐。抓好城乡电网建设与改造,重点抓好石板箐500千伏、凤凰110千伏、福田35千伏、总发35千伏变电站建设。加快农村电力体制改革,实现同网同价。建成炳草岗5万m^3煤气柜工程,提高民用燃气气化率。抓好煤炭资源的深部勘探、煤炭行业的结构调整和技术升级工作。

加强水利建设工作。坚持新建与挖潜结合、开源与节流并重、防洪与抗旱并举,在大力加强河域治理、抓好江河防堤工程和病险水库的除险加固、充分发挥现有水利设施作用的同时,规划建设一批新的水利工程,并抓好骨干水利工程的渠系配套建设,提高蓄引提水能力和抗灾能力;发展节水农业,提高水资源使用效益;改革水利管理体制,探索建立合理的水价形成机制。

3.切实加强生态环境保护和建设

以构筑"生态家园"、营造绿色屏障、建设秀美山川为目标,认真实施山水园林城市规划,着力抓好天然林保护、退耕还林还草、市区视野区绿化造林工程和沿江绿化工程,切实保护好森林公园和自然保护区。把合理利用资源与有效保护环境紧密结合起来,搞好地质环境保护和建设,坚决反对以破坏资源、牺牲环境为代价换取经济一时发展的错误行为,坚决禁止把工业污染由城市向农村转移;加强城市工业污染和生活污染防治,抓好城市生活垃圾处理、污水处理和废气治理,重点实施一批环保治理项目及"三废"综合利用项目,突出抓好机动车尾气治理,加大环保监督、监测和执法力度,进一步改善城市环境质量。大力发展环保产业。开展环保教育,提高全民环保意识。

实施可持续发展战略。坚持计划生育基本国策,稳定低生育水平,努力提高人口质量;严格执行基本农田保护制度,切实保护好现有耕地和林地;依法保护、合理开发利用自然资源,建立资源有偿开发利用制度,提高资源开发利用效益,实现资源、人口、环境的协调发展和可持续发展。

4.努力提高城市现代化水平

明确城市发展定位。城市是经济、社会发展的重要依托和载体,把城市规划好、建设好、管理好、经营好是政府的主要职责。要坚持以人为本,突出地方特色,把加强城市规划、建设和管理与改善人居环境、提高人民生活质量紧密结合起来,努力把攀枝花建成规模适度、结构合理、功能齐全、交通便捷、设施完备、综合功能强、环境质量好的现代化城市。

优化城市区域布局。按照科学规划、合理布局、规模适度、特色鲜明、注重实效的原则,抓好城市中心区的规划建设,重视片区规划和控制性详规的编制。根据城市各片区和各县(区)的区域特点,加快城市建设用地"退二进三"步伐,优化产业区域布局,形成各具区域特色的城市发展格局。

增强城市综合功能。高标准、高质量地拓展新城区,有计划、有步骤地改造老城区,搞好公用设施建设;加强城市社区建设,发挥社区功能;实现城市的净化、绿化和美化。

盘活城市土地资产。牢固树立土地国家所有、土地收益主要归国家所有的思想观念,运用市场法则盘活土地资产,大力推进土地招标拍卖工作;在由政府高度垄断土地一级市场的同时,规范土地二级市场,清理土地隐形交易,建立政府土地储备制度,实行新的土地供应机制。

营造城市良好环境。着力营造功能完善的基础设施环境,提高城市生态环境质量;加大城市公用事业和市政管理的改革力度,努力探索市场化经营的路子;突出抓好城镇户籍制度改革,完善配套改革;建立和完善符合城市经济、社会发展特点的行政管理体制,加快建设社区服务体系。

5.加快发展科技教育事业

大力促进科技创新。科技进步和创新,是加快经济结构调整,实现生产力跨越式发展的强大动力。充分发挥科技进步对我市经济和社会发展的推动作用,加快科学技术向现实生产力的转化。深化科技体制改革,加快科研院所向科技型企业的转制步伐,建立健全科技、知识创新体系,全面提高企业自主开发和创新能力,促进企业成为技术进步和创新的主体;鼓励和支持我市企业与市内外高校和科研单位联合,走科研、开发、生产和市场相结合的路子,坚持有所为、有所不为的方针,集中力量,重点攻关,在充分发挥攀枝花现有优势的同时,再创新的优势,努力实现钒钛新材料、高耗能工业、钢铁深加工、化学工业、生物工程等方面技术的新突破;抓好攀枝花高新技术产业园区建设,发挥其示范带动作用;加快运用高新技术改造传统产业的步伐,把我市的支柱产业、龙头企业和"拳头"产品做大、做精、做强,实现产业和产品结构的升级换代;改革科技投入体制,加大政府和全社会的科技投人,建立科技风险投资机制,稳定和充实科技人才队伍,促进高新技术及其产业的快速发展。

加快发展教育事业。把教育放在优先发展的战略地位,充分发挥教育对经济和社会发展的先导性、全局性作用。面向现代化、面向世界、面向未来,不断改革和完善办学管理体制、教学管理体制和运行机制。积极鼓励多种形式的社会办学,着力推进素质教育,注重培养创新精神和实践能力,促进学生德智体美全面发展。增加教育投入,提高教育现代化、信息化水平。优化教育结构,不断提升教师队伍的整体素质。积极推进幼儿教育社会化进程,继续巩固"普九"和扫盲成果,稳步发展农村高中阶段教育,大力发展各类职业技术教育和成人教育,把攀枝花大学办成以工为主、文理兼容的综合性本科大学,把攀钢冶金职工大学改制申办为高等职业技术学院,初步建立起终身教育体系。

加强人才队伍建设。努力营造尊重知识、尊重人才的良好社会氛围,通过体制创新和机制创新,创造和形成有利于人才脱颖而出的体制和机制;加快人才资源市场化配置的进程,调整优化人才的知识结构、年龄结构和分布结构;采取切实有效措施,稳定和使用好现有人才,着力培养和引进急需的高素质人才,把我市建成人才智力强市,为实施西部大开发战略、加快经济和社会发展提供强大的智力支持;更新用人观念,深化干部人事制度改革,努力建设高素质、职业化的企业经营管理者队伍、高层次的科技队伍和高素质、专业化的干部队伍。

6.加大改革开放力度

继续深化改革,推进制度创新。规范和完善公司法人治理结构,推动企业经营机制转换,建立起行之有效的激励机制和约束机制;加快骨干企业建立现代企业制度的步伐,继续放开搞活中小企业;进一步转变政府职能,逐步减少行政干预,加强指导和服务;调整和完善所有制结构,鼓励不同所有制企业之间的投资、融资、参股,建立健全市、县(区)各级国有资产管理、监督和营运体系;进一步发展和完善商品市场、要素市场,加强市场管理,为各级各类企业营造公平竞争、统一开放、规范有序的市场环境;支持、鼓励和引导非公有制经济健康发展,提高其在国民经济中的比重;完善社会保障制度,加快形成资金来源多元化、保障制度规范化、管理服务社会化的社会保障体系;继续深化财税、金融、投资等体制改革,完善经济调控体系;积极推进农村税费改革。

扩大对外开放,增强开放实效。抓住国家实施西部大开发战略的良好机遇,着力改善外商投资的软硬环境,充分发挥我市矿产、能源、光热等资源优势,扩大外商投资领域和直接利用外资比重,提高利用外资质量和效益;深化外贸体制改革,培育壮大出口创汇的主体企业和出口基地,优化出口商品结构,提高市场占有份额,巩固和扩大钢铁、钒钛、黄磷等拳头商品的出口规模。继续扩大对外工程承包和劳务输出,积极支持交通、建安企业对外拓展市场,求得发展。加大对内开放力度,完善招商引资政策,大力引进市外资金,鼓励能够发挥我市比较优势的对外投资,拓展对外经济技术合作的领域和途径,进一步增强开放实效。

7.努力提高人民物质文化生活水平

"十五"期间,人民生活要全面实现小康并向宽裕型小康迈进,必须在加快经济发展的基础上,不断增加城乡居民、特别是低收入者的收入。要深化收入分配制度改革,实行按劳分配与按生产要素分配相结合,鼓励资本、技术等生产要素参与收益分配;规范社会分配秩序,防止收入差距的过分扩大;要广开就业渠道,通过不断创造良好的经济和社会发展环境提供更多的就业岗位;要采取切实有效措施,促进农村经济的全面发展、农业效益的稳步提高和农民收入的稳定增长,尤其要加大对民族地区和移民地区的后期扶持力度,巩固扶贫攻坚成果,努力增加二滩移民和贫困乡村农民收入。要进一步加强城乡公共设施建设,搞好社区服务,发展卫生、体育、文化事业及其它服务业,努力提高城乡居民的整体生活质量。要重视和加强基层组织、社区组织建设,充分发挥其在城市管理、社会化服务、社会稳定等方面的作用。

全面完成“十五”计划目标，要在抓好物质文明建设的同时，切实加强社会主义精神文明建设和民主法制建设，繁荣各项社会事业，为加快经济发展、实现新的跨越提供强大精神动力、智力支持和良好的法制保障。

三、关于2001年的政府工作

各位代表！2001年是进入新世纪、实施“十五”计划的第一年，是我市加快经济发展、实现新的跨越的关键一年，也是深化体制改革、扩大对外开放的重要一年，做好今年的政府工作，意义十分重大。今年政府工作的总体要求是：以邓小平理论和党的基本路线为指导，按照“三个代表”的要求，认真贯彻落实党的十五大和十五届五中全会精神，抓住国家实施西部大开发战略的历史机遇，坚持以发展为主题，大力调整经济结构，全面推进体制创新和技术创新，进一步扩大对外开放，继续加快基础设施和生态环境建设，加强城市规划建设管理，不断提高人民生活水平，促进国民经济持续快速健康发展和社会全面进步，为实施“十五”计划开好头，为实现新的跨越奠定坚实基础。主要奋斗目标是：GDP增长9%，其中第一产业增加值增长4%，第二产业增加值增长10%，第三产业增加值增长9%；固定资产投资比上年下降16%；地方财政收入增长3.38%；社会消费品零售总额增长8%，居民消费价格指数102%；出口创汇下降10.2%；农民人均纯收入增加80元以上；人口自然增长率控制在10‰以内。

1.深化改革调整结构，促进工业快速增长

加大结构调整力度。按照有进有退、优胜劣汰、进而有为、退而有序、抓大要强、放小要活的要求，积极支持国有大企业的改革和发展，把优势企业做大、做强。进一步放开搞活中小企业，加强对中小企业提供信贷、信息、技术等方面的服务。积极鼓励、引导、支持地方企业与中央、省属国有大企业的联合与协作，实现优势互补，促进共同发展。依靠市场机制和必要的政策调控，坚决压缩和淘汰技术落后、质量不高、效益低下、浪费资源、污染环境的落后生产能力。要加快新经济增长点的培育。抓好高耗能工业园区和高新技术产业园区建设，营造良好的发展环境，吸引国内外企业到园区发展。加大所有制结构调整力度。推进企业股权多元化，降低国有企业比例和国有股比重。加快产品结构调整步伐，大力实施“名牌”战略，发展一批科技含量高、附加值高的拳头产品，形成规模，塑造品牌，增强市场竞争能力。从今年起，要在形成钢铁、钒钛、磷化工、煤化工、生物药业、特色农产品等六大系列品牌方面，迈出实质性步伐。调整和优化县(区)域经济布局，重视和支持县(区)域经济发展，不断增强县(区)域经济实力。

深化国有企业改革。以“三个有利于”为标准，在产权制度改革上下功夫，在实施民营化战略上下功夫，在分离企业办社会职能上下功夫，促进企业体制创新和机制创新。帮助国有大企业落实好国家和省业已出台的有关政策，巩固和扩大改革脱困成果。抓好煤业(集团)公司、金沙水泥公司、米易糖业公司等8户地方重点企业建立现代企业制度工作，促使其按《公司法》规范和完善法人治理结构；抓好煤业(集团)公司债转股的落实和米易糖业公司债转股的申报工作。继续深化产权制度改革，大力实施民营化战略，进一步加大兼并破产力度，巩固、提高、完善和扩大县(区)属企业、市属国有中小企业的改革成果。已组建的股份制、股份合作制企业要实行大户控股、经营者持大股，增大经营者的风险约束和责任约束。大力推进企业机制创新，按《公司法》要求建立科学的决策、执行、监督机制；推行企业干部聘用制、用工合同制和经营者年薪制，探索股权、期权奖励制度，建立对经营管理者、科技骨干人员的激励机制。加快社会保障制度改革，为深化改革创造条件。

促进企业技术进步。加强企业技术开发机构建设，积极开发新产品，提高企业技术创新能力。加快企业技术改造步伐，积极支持相关企业搞好1450mm热轧改造、1200mm冷轧

改造、轨梁改造、4万吨金红石钛白粉生产线和异戊醇生产线、木瓜酶生物产品开发、赛尔康戒毒产品开发、钢包调渣剂生产线、高碳石墨生产线、炭黑生产线环保技改等一批重点技改项目。大力发展以电子信息、生物工程等为代表的高新技术产业,重视扶持具有巨大市场发展潜力、技术起点高的中小型高新技术企业的发展。

强化协调服务工作。加强对工业的领导,切实搞好信息、市场、资金、原材料、电力、科技等方面的协调服务,全面清理整顿向企业的各类收费项目,坚持对重点企业的定点联系制度。支持企业开拓市场,扩大营销。帮助亏损企业抓好扭亏脱困工作。

2.以农民增收为目标,全面发展农村经济

调整优化农业结构。抓好种养业内部结构调整,发挥光热资源优势,努力增加适应市场需求的名优特新产品和高效经济作物的生产。加快发展畜牧业,重点发展草食型、节粮型畜禽,提高畜牧业在农业总产值中的比重。推进农业产业化进程,加强农产品商品基地建设,力争新建基地2万亩,重点抓好酿酒葡萄基地和剑麻基地建设,着力培育龙头企业,大力扶持和发展"公司带农户"、"五专带农户"等各种类型的产业化组织,从政策上、管理上加强服务。深化乡镇企业产权制度改革,促进乡镇企业体制创新、机制创新和管理创新,依靠科技进步,调整产业和产品结构,使企业上规模、上档次、上水平。继续抓好小城镇建设,并将其与发展乡镇企业、推进农业产业化和转移农村富余劳动力结合起来,以产业为支撑,科学规划,合理布局,稳步实施。鼓励有条件的乡镇加快农民新村建设,逐步提高农村城市化水平。

改善农业生产条件。加强农田水利基本建设,实施山水田林路综合治理。认真组织实施安宁河流域农业资源开发世行贷款项目和攀西农业综合开发第6期项目。大力改造中低产田土,年内完成治理水土流失面积$125km^2$,新增有效灌面1万亩。保质保量完成晃桥水库主体工程和胜利水库万亩支渠工程建设;加快高堰沟水库前期准备工作并力争年内开工建设;启动蚂蝗沟水库扩建、大竹河水库新建、跃进水库病害整治及调水工程等重点项目的前期准备工作。抓好农网改造,发展节水灌溉。继续抓好农村能源建设。着力加强生态环境保护和建设,继续实施天然林保护工程、退耕还林(草)工程和市区视野区荒山绿化工程。

加强农村服务体系建设。加快农业科技服务网络建设,逐步建立和完善科技创新体系、技术推广体系、农民教育培训体系,抓好农业技术攻关,大力推广农业新技术,加强对农民的实用技术培训。推进农业信息网络建设,为农民提供准确的科技和市场信息。强化市场服务体系建设,建立和完善粮油、果品、蔬菜、畜禽批发市场,规范市场行为。

稳妥推进农村税费改革。农村税费改革是减轻农民负担的治本之策,也是今年农业和农村工作的一项重要任务,必须切实加强领导,精心组织实施,确保改革成功。加强乡镇财政管理,搞好增收节支工作;禁止一切要农民出钱出物出工的达标升级活动,禁止向农民的乱收费、乱集资、乱罚款、乱摊派,切实减轻农民负担。

继续抓好扶贫攻坚工作。巩固扶贫、越温成果,深入开展对口扶贫帮乡,尤其要搞好因灾返贫农户的定点帮扶工作。坚持开发性扶贫,增强"造血"功能,真正把扶贫措施落实到村到户,注意解决饱而不稳、饱而不富的问题,帮助贫困户增产增收。把扶贫与治穷、治愚、治病结合起来,搞好教育扶贫和卫生扶贫。

3.加大城市建设力度,增强城市综合功能

高起点搞好城市规划。城市规划要以建设现代化城市为目标,既博采国内外众长,又体现攀枝花特色;要在城市总体规划的指导下,编制好控制性详规、修建性详规和专业规划,认真做好城市中心区的规划编制和重点地段的城市设计;要强化规划的约束力,保持规划的严肃性。

高标准抓好城市建设。加快交通基础设施建设。炳草岗大桥一期工程、炳清公路东风连接线、渡口大桥北线改造工程年内竣工通车;继续推进攀枝花机场建设;抓紧抓好渡金线一级路改造工程、甸渡路部分路段二级路改造工程、渡口桥替代桥和陶家渡新桥工程;开工建设108国道攀枝花境内北段改造工程,并做好南段改造的前期准备工作,达到立项要求。加强市政基础设施建设。启动金江水厂改扩建工程、市区供水管网改造工程,完成炳草岗5万m^3煤气柜异地改造工程和公交二、四路总站搬迁,加快垃圾无害化处理二、三期工程建设并力争年内投入使用,积极推进小区建设、旧城区改造、公园改扩建和城市亮化、绿化工程。

高效能加强城市管理。以机制灵活、运作高效、标本兼治、效能持久为目标,建立和完善两级政府(市、区)、三级管理(市、区、街道)、四级网络(市、区、街道、居委会)、高度统一、条块结合、分级负责、运转协调的城市综合管理体制。加强城监管理队伍建设,加大城市执法管理力度。深入开展创建文明城市、文明社区和争当文明市民活动,努力提高市民整体素质和城市文明程度。

4.积极发展非公有制经济,大力发展第三产业

放手发展非公有制经济。目前,我市非公有制经济比重较小,质量不高。因此,在量上要放手发展,在质上要引导提高,只要是国家允许的领域,都应鼓励非公有制经济积极进入、自由发展。进一步落实中央、省、市关于发展非公有制经济的各项政策,在制定规划、土地使用、项目审批、资金融通、信息咨询、证照办理等方面加大服务支持力度,打破部门封锁和行业垄断,严禁各种乱收费、乱摊派行为,为非公有制经济发展创造良好环境。对重点私营企业和个体私营经济示范区实行市级主要领导挂牌保护制度,引导从事商贸流通的个体私营企业向高档次、规模化方向发展,支持私营业主引进、开发科技含量高、附加值大、市场前景好的高新技术项目,提升产业层次。鼓励个体私营业主参与国有企业改革和城市基础设施建设,投资开发荒山荒地,发展现代农业。

大力发展第三产业。继续发展交通运输、邮电通讯、金融保险和房地产业。高度重视、规范发展信息产业,加强信息网络建设,扩大信息网络覆盖面。加快旅游基础设施和生态环境建设,重点抓好红格温泉旅游度假区二期改扩建工程、二滩国家森林公园菩萨岩景区一期工程、米易龙潭溶洞龙吟峡景点开发工程、大黑山森林公园的前期开发工程,主办好中国攀枝花国际长江漂流节;加强与周边地区的旅游合作,努力把旅游业培育成新的经济增长点。大力发展社区服务业,适应人民生活水平不断提高的需要。深化商贸流通体制改革,积极推行连锁、配送、特许经营、电子商务等现代营销方式,促进商贸流通业健康发展。

5.加强财税金融工作,支持全市经济发展

强化财税工作。继续深化财税体制改革,抓好农村税费改革工作,用好、用活、用足各种财税政策,大力培植新财源;坚持依法治税,强化税收征管,严厉打击各种偷、骗税,堵塞税收漏洞,确保财政收入稳定增长。优化支出结构,构建与市场经济体制相适应的公共财政支出框架,努力发挥财政资金的导向作用,确保农业、基础设施建设、科教、社会保障等重点支出;推进综合预算管理,逐步实行单位工资性及专项支出集中支付。继续加大财政监控力度,充分发挥财税的杠杆作用,努力促进经济发展。

做好金融工作。高度重视并充分发挥金融业在支持经济发展中的重要作用,继续深化金融体制改革,认真贯彻稳健的货币政策,用好用活金融资本。各金融机构要正确处理好防范金融风险与支持经济发展的关系,加大对地方经济发展的支持力度,调整优化信贷结构,确保国家支持基础设施建设、企业技术改造、“三有一不”企业流动资金贷款和有市场、有信誉的亏损企业封闭贷款等政策措施落到实处,积极主动搞好对各级各类企业和高新技术产业的信贷服务,积极开展住房信贷、消费信贷等金融新业务;要依法维护银行债权,督促企业认真履行信贷合同,引导企业与金融机构加强合作,促进银企共同发展。加强对银行业、证券业的监管,切实防范和化解金融风险。

6.扩大对外开放,发展外向型经济

坚持对内对外开放一齐抓,以扩大外贸出口和招商引资为重点,充分利用国内国外两种资源、两种资金、两个市场、两种技术,努力发展外向型经济,不断提高开放水平。

扩大对外经济贸易。推进外贸体制改革,鼓励外商投资企业、乡镇企业和个体私营企业发展出口业务,对重点出口企业实行分类指导,重点扶持;着力培植一批出口创汇型骨干企业,大力培育外贸优势产业,努力扩大钢铁、钒钛等产品出口,发展创汇农业,开放服务领域;不断开拓出口市场,优化出口产品结构。继续搞好对外工程承包和劳务输出。

提高招商引资实效。认真研究、制定和落实招商引资优惠政策,依法保护投资者的合法权益,搞好跟踪服务,切实帮助他们解决生产经营中的困难,为投资者营造良好的发展环境。按照产业导向和国际惯例,突出资源优势,建立招商引资项目库,加强项目储备和管理。鼓励和支持外来投资者参与我市国有企业改革、发展特色农业和高新技术产业。

加强经济技术协作。按照优势互补、互利互惠的原则,进一步加强我市与沿江沿海地区、川滇毗邻地区、国内友好城市和高等院校、科研院所的联合与协作,促进共同发展。继续办好对外“窗口”,加快建设攀枝花铁路二类口岸步伐,充分发挥涉外查验机构和驻外办事机构的作用;加强外事工作,扩大对外宣传,进一步提高攀枝花的知名度。

7.繁荣各项社会事业,推进社会全面进步

切实加强精神文明建设。始终不渝地坚持以马列主义、毛泽东思想、邓小平理论和江泽民同志“三个代表”的重要思想为指导,深入进行党的基本理论和基本路线教育,大力弘扬爱国主义、集体主义、社会主义精神,在全社会形成共同理想和精神支柱;努力建立适应社会主义市场经济发展的思想道德体系,大力倡导社会公德、家庭美德和职业道德,尤其要加强对青少年的思想政治和道德品质教育;加强科普宣传教育,反对封建迷信活动;广泛深入开展群众性精神文明创建活动,把我市的精神文明建设提高到一个新的水平。

深入实施科教兴攀战略。大力推进高新技术及其产业的发展,建立和完善技术创新体系。加快攀枝花钒钛资源综合利用重点项目的技术研究和转化进程,深度开发新型实用优质钢及钒钛系列产品;着力推进高新技术产业园区建设,启动实施“一园多区”示范工程;大力促进民营科技企业发展。发展农业科技,加快“攀西优质特色农业科技示范区”建设和攀枝花中药现代化科技产业基地建设,抓好农业生物技术、信息技术等农业高新技术的试点示范,重点抓好一批重大农业科技项目的组织实施。进一步加强科技交流与合作,落实好与中科院的科技合作,启动实施“科技成果孵化资金”扶持的重点科技项目。深化科技体制改革,建立科技创新激励机制,充分调动科技人员创新创业的积极性。高度重视、积极培养各级各类人才。继续巩固“普九”和扫盲成果,进一步解决农村初中辍学问题;在巩固城区普及高中阶段教育成果的基础上,积极稳步推动两县一区高中阶段教育的普及工作;深化教育改革,调整、优化教育资源配置,年内完成市经济校和市一职中的合并工作,力争攀大本科院校挂牌,推进攀钢冶金职工大学改制申办冶金职业技术学院工作;鼓励支持社会力量办学,抓好国有教育资源有偿用于民办基础教育试点;进一步推进农村教育综合改革,加大农科教结合力度;全面推进素质教育,努力提高教育教学质量和办学效益。

加快发展文化卫生体育等项事业。围绕

建党80周年,开展系列文化活动,繁荣艺术创作,力争多出精品;搞好文化下乡活动,丰富基层群众文化生活;加快文化基础设施建设,促进文化事业发展;继续加强文物保护和文化市场管理。以建立良好的竞争机制为核心,大力推进医药卫生体制改革,加强医药、医疗市场管理。完善城镇职工基本医疗保险制度,进一步搞好城市社区卫生服务,巩固和扩大农村初保成果,抓好地方病、传染病和重大疾病的防治。大力开展爱国卫生运动。抓好广播电视中心建设,巩固完善农村广播电视奔小康工程,扩大广播电视覆盖面。继续实施全民健身计划,提高体育竞技运动水平。继续搞好第五次人口普查工作。重视老龄人口和妇女、儿童工作,支持关心残疾人事业,切实做好民政、物价、气象、统计、审计、宗教、人防、侨务、保密、技术监督、药品监督、防震减灾、地方志编写等项工作。

坚持走可持续发展道路。继续认真贯彻落实三大基本国策,切实加强计划生育和国土资源保护工作,巩固环保“一控双达标”成果,改善城市环境质量,实现人口、资源、环境与经济社会的可持续发展。

8.加强民主法制建设,努力维护社会稳定

强化民主政治建设。依法接受人大及其常委会的法律监督和工作监督,自觉接受人民政协的民主监督和各民主党派、人民团体的社会监督。认真办理人大代表的建议、批评、意见和政协委员的提案,充分发挥科技顾问团等决策咨询机构的作用,促进政府决策的科学化、民主化、制度化。加强基层政权建设,完善基层民主制度,推行政务、厂务、村务公开,进一步扩大基层民主。

推进依法治市工作。坚持依法行政,依法管理经济、社会事务,努力提高各级政府领导及工作人员的法律素养,增强其法制观念,把政府的各项工作逐步纳入法制化轨道。认真落实行政执法责任制,加强行政执法监督检查工作,严格依法行政。大力开展全民普法教育,增强全民法律意识。加强基层法制建设,努力形成基层、行业全方位、多层次依法行政、依法管理的良好局面。

———努力维护社会稳定。积极探索新时期正确处理人民内部矛盾的新思路和新方法,抓好人民群众来信来访工作,加大依法治访力度,妥善处理各类突发事件。大力完善社会保障体系,稳步实施城镇职工医疗保险制度改革,努力拓宽就业安置渠道,继续巩固“两个确保”,认真搞好“三条保障线”的衔接、并轨工作,不断加大扶贫帮困力度,真心实意关心群众生活。进一步加大对二滩库区移民的后期扶持力度,切实改善移民的生产生活条件。认真落实党的民族、宗教政策。全面落实社会治安综合治理各项措施,认真开展打黑除恶专项斗争,严厉打击各种严重刑事犯罪和经济犯罪,坚决扫除黄赌毒等社会丑恶现象。加强对公共娱乐场所、城乡结合部、农村集贸市场、交通沿线等重点地区的集中整治。深入开展与“法轮功”等邪教组织的斗争。进一步做好隐蔽战线工作。通过上述工作,确保全市社会政治稳定。

深入开展国防教育,提高全民国防意识,加强民兵预备役工作和转业、复员、退伍军人的安置工作,进一步巩固军政、军民团结。

9.切实改进作风,狠抓工作落实

加强政府机关自身建设。认真学习马列主义、毛泽东思想、邓小平理论和江泽民“三个代表”的重要思想,牢固树立正确的世界观、人生观、价值观;加强市场经济理论、国际贸易规则和国际惯例的学习,增强对市场经济的驾驭能力和加入WTO后的应变能力。进一步巩固“三讲”教育成果,提高领导干部的政治素质和领导水平。深入开展“做人民满意的公务员”活动,提高公务员队伍的整体素质。按照中央和省的统一部署,切实搞好市、县(区)、乡政府机构改革,继续推进行政管理体制改革,建设“勤政、廉洁、务实、高效”的政府机关。

努力提高行政决策水平。行政决策要适应市场经济规律,符合人民群众的根本利益。

要建立健全依法决策、民主决策、科学决策机制，搞好决策前的调查研究、决策中的科学论证和决策后的跟踪反馈，提高决策水平，防止决策失误，避免工作损失。

切实改进机关工作作风。继续深化机关作风整顿，减少会议、减少文件、减少应酬，力戒形式主义、官僚主义，简化办事程序，提高工作效率。树立全局观念，密切协作，搞好配合，坚决反对推倭扯皮、相互掣肘现象。认真落实党风廉政建设责任制和领导干部任期经济责任审计制，严格执行《廉政准则》和反腐倡廉的各种规定，狠抓领导干部廉洁自律工作，坚决查处大案要案，切实纠正部门和行业不正之风。要坚持标本兼治方针，加大抓源头、抓治本的工作力度，建立健全监督约束机制，努力从源头上预防和治理腐败。坚持全心全意为人民服务的根本宗旨，心为民想，权为民用，利为民谋，身为民行，经常深入实际，倾听群众呼声，了解群众疾苦，努力为全市人民多办实事，多谋实利。

确保各项工作落到实处。今年的政府工作任务重，难度大，要圆满完成各项任务，必须集中精力抓大事，扑下身子抓落实。要在求深度、见实效上下功夫，切实抓好西部大开发各项目标的落实，经济工作各项任务的落实，改革开放各项政策的落实，社会稳定各项措施的落实及干部队伍建设各项要求的落实。继续实行目标管理责任制和领导干部重点工作责任制，强化目标管理，严格政务督查和奖惩制度。要深入基层，深入实际，注意研究解决经济和社会发展中的难点、热点问题，为改革和发展创造良好的社会环境。

各位代表！党的十五届五中全会为我们指明了前进的方向；中共攀枝花市委六届八次全委会描绘了我市在新世纪之初的宏伟蓝图。蓝图鼓舞人心，伟业催人奋进。面向新世纪，再创新辉煌，任重而道远。让我们更加紧密地团结在以江泽民同志为核心的党中央周围，高举邓小平理论的伟大旗帜，在省委、省政府和中共攀枝花市委的领导下，团结带领全市各族人民，抓住机遇，迎接挑战，振奋精神，开拓进取，为胜利实现“十五”计划、圆满完成今年各项任务而努力奋斗！

关于攀枝花市 2000 年国民经济和社会发展计划执行情况及 2001 年计划的报告

——2001 年 2 月 21 日在市六届人大第四次会议上

市计划委员会主任 张国良

各位代表：

我受市人民政府委托，向市六届人大第四次会议作《关于攀枝花市 2000 年国民经济和社会发展计划执行情况及 2001 年计划草案的报告》，请各位代表予以审议，并请列席会议的政协委员提出意见。

一、2000 年计划执行情况

2000 年，在国家拉动经济增长政策逐步发挥作用，宏观经济逐步趋好的形势下，我市经济增长幅度也出现了止跌回升的重要转机，计划执行情况良好。工业经济提速，农业平稳发展，重点建设继续推进，消费需求逐步回升，对外开放取得新的成就，财政收入增加，金融运行平稳，总体经济发展势头继续向好的方向转变。全年完成国内生产总值 114.76 亿元，同比增长 7%。其中：第一产业增加值 8.11 亿元，增长 3%；第二产业增加值 78.54 亿元，增长 6.5%；第三产业增加值 28.11 亿元，增长 9.7%。实现国内生产总值在 1980 年的基础上翻两番的目标，完成了调整后的“九五”计划。

1. 农村经济稳步发展，结构调整步伐加快。通过认真贯彻落实中央、省、市农业和农村经济工作的方针政策，加大结构调整力度，农村经济保持了良好的发展势头。粮食生产稳定增长，全年粮食总产量达 22.85 万吨，比上年增长 0.7%。出栏生猪 51.82 万头，同比增长 1.7%；肉类总产量 4.54 万吨，增长 4%；家禽、蛋、牛奶分别增长 23%、14.6%和 21.5%。天然林保护、退耕还林等工程顺利实施，超计划完成了全年造林绿化任务。攀西农业综合开发、安宁河流域农业开发项目取得新的成就。乡镇企业在调整中继续保持较快的发展势头，1－12 月完成总产值 50.58 亿元，同比增长 12.5%；实现利润 2.09 亿元，增长 23.8%。全市农民人均纯收入 2436 元，同比增长 2.3%，农村居民人均可支配收入 2350 元，增加 39 元。去年农业和农村经济工作的突出特点是，围绕农民增收目标，农业结构调整迈出了坚实的步伐。在种植业结构调整中，注意按市场需要发挥优势，推广栽培优质水稻、优质玉米、早春枇杷、晚熟优质芒果、早熟脐橙、酿酒葡萄等优良品种。养殖业中，南江黄羊、小尾寒羊、三元杂交猪等规模逐步扩大，小家禽和家庭特种养殖发展较快。农业结构调整，为今年及今后农民收入的增加创造了条件。

2. 工业经济快速增长，经济效益有所改善。在国家扩大内需和实施西部大开发战略的推动下，工业企业努力优化产品结构，开拓国内外市场，依靠科技进步提高质量降低消耗，促进了工业经济的快速增长和运行质量的改善。完成工业增加值 69.71 亿元，同比增长 11%，国有及年销售收入 500 万元以上非国有企业完成工业总产值 156.33 亿元，同比增长 20.1%。其中中央工业增长 21.6%，地方工业增长 16.2%。工业经济运行的特点：一是攀钢(集团)公司、二滩水电站、川投电冶等大中型企业是主要的增长点；二是地方工业发展速度加快，走出了上年生产持续下滑的阴影，增速止跌回升；三是各种所有制经济全面发展，国有工业保持了快速发展势头，集体工业扭转了一季度负增长的被动局面，发展速度加快；股份制工业继续快速增长，全年增长速度达 48.3%，成为经济发展的一支重要力量。四是工业经济效益有一定改善。由于宏观经济趋好，工业品出厂价格回升，以及企业经营管理的加强，不少企业经济效益状况有不同程度改善，扣除二滩水电站亏损因素，全市工业实现利润 3.34 亿元。五是企业两极分化日趋明显,优势企业盈利快速增加,困难企业效益日益下滑,差距呈拉大之势。

3.**投资继续下降,重点建设项目取得新的进展**。全市完成固定资产投资33.27亿元,同比下降22.2%。国有完成投资27.97亿元,同比下降27.3%,其中基本建设投资完成19.12亿元,下降42.4%,更新改造投资完成6.37亿元,增长64.9%。投资计划执行特点:一是基本建设投资继续下降。去年,无论中央还是地方重点建设项目的投资计划都有很大变化,给计划执行带来一定困难,但经各方共同努力,投资降幅逐季减缓,投资下降幅度控制在计划范围以内。二是房地产投资增势强劲。近年来我市房地产开发建设逐步升温,去年再创新高,增幅达到83.8%。三是更新改造成为新的投资增长点。大多数企业为了调整结构,提高自身装备水平和竞争力,纷纷加大技术改造力度,促进更新改造投资出现了少有的快速增长势头,中央和地方企业同比都有较大幅度增长。四是重点建设项目取得新的进展。密地国家粮库已经投入使用,人民街改造工程、凤凰小区一期工程、红格温泉度假区一期工程已竣工,重点路桥工程、天然林保护等都有新的进展。

4.**市场日趋活跃,服务业进一步发展**。随着国家鼓励消费措施的逐步落实,消费的软、硬环境都有了较大的改善,消费者的收入预期趋好,消费信心增强。消费市场稳中趋旺,消费品市场和生产资料市场运行情况良好,市场日趋活跃。全市实现社会消费品零售总额38.57亿元,同比增长8%。非公有制经济零售额继续保持两位数的快速增长势头,占消费品零售总额比重继续增加;国有、集体经济零售额同比继续减少,全年累计出现负增长。受"假日经济"的推动,餐饮业迅猛发展,增幅稳居各行业之首。

攀钢(集团)公司等企业抓住亚洲经济复苏的有利时机,努力开拓国际市场,拓展企业发展空间,成效显著,出口钢材(坯)同比大幅增加。按海关统计,全市出口创汇1.67亿美元,创历史最好水平,为全市经济增长做出了重要贡献。

去年我市物价一直在低价位运行,全年居民消费价格指数为99.6%,其中食品类价格指数为93.2%;社会商品零售价格指数为96.7%,物价指数低于计划预期目标。

5.**财税收入增长,金融运行平稳**。全市完成地方财政收入6.9亿元,同比增长9.7%,实现财政支出12.08亿元,同比增长3.2%。国税收入11.56亿元,同比增长26.8%;地税收入7.09亿元,同比增长4.8%。财税收入情况好于预期的原因:一是宏观经济趋好,企业生产经营状况有所好转,为财税收入稳步增长打下了基础,二是税务部门加强了征收管理,严格控制缓征税款,加大清理欠税力度,从而保证了税收任务的完成。

全市金融运行平稳正常。12月末,全市金融机构各项存款余额124.96亿元,比年初增长11.9%;各项贷款余额107.01亿元,比年初增长3.3%。基本情况是:第一,企业存款回升。12月末全市企业存款余额34.59亿元,比年初增加7.19亿元,增长26.2%。企业存款回升,表明企业资金状况好转,经营状况有一定改善。第二,储蓄增长缓慢,12月末城乡居民储蓄存款余额76.14亿元,比年初增长6%,农村居民储蓄下降1.4%。其原因主要是城乡居民收入增长缓慢,另外居民消费意识增强,居民金融投资进一步向股票、债券、保险市场倾斜也是储蓄缓慢增长的重要原因。第三,贷款投放增长乏力。1-12月全市贷款同比增幅明显下降。但金融部门运用多种货币政策工具支持经济发展成效显著,国有大中型企业资金,国家及地方重点建设资金基本得到满足。中小企业资金"封闭贷款"资金的落实仍然较难。

6.**对外开放向更深层次推进**。随着国家西部大开发战略的实施,我市抓住机遇,扩大开放,加强联合,招商引资,搞好协作,对外经济技术交流与协作取得新的成绩。去年我市先后组织了三次较大规模的党政代表团赴毗邻地市和东部地区考察学习、寻求合作,扩大了与外地的经济交流。市里还积极参加了协作区例会和招商引资、高新技术会等,取得新的成绩。全年共完成国内招商引资项目90个,协议引进资金16.58亿元,已经到位资金3.63亿元,外地企业在我市投资建设的高耗能工业、农业生物资源开发、房地产、公路建设等一批项目正在积极实施。

7.人民生活继续改善和提高。随着经济发展增长速度止跌回升,人民收入增加,生活继续改善。农民人均纯收入2436元,比上年增加55元,城镇居民人均可支配收入6732元,比上年增加56元。消费结构改善,消费领域进一步拓宽。社会保障体系覆盖面进一步扩大,全市基本养老金全部实现了社会化发放,职工失业保险金、养老保险金保证了按时足额发放。

8.科教兴攀战略深入实施,社会事业全面进步。全市科技兴攀"双十亿工程"实施顺利。2000年实施项目126个,其中成果推广90个,科技产业36个;实现产值24.8亿元,其中成果推广22.17亿元,科技产业2.63亿元。一批重要的科研成果在工农业生产中得到推广应用,为确保经济发展提供了有力的科技支撑,"双十亿工程"各项目标全面完成省上下达目标。教育事业全面发展。基础教育得到巩固和加强,教学质量稳步提高,高考上线人数和招生人数比上年有所增加;高等教育发展加快,攀枝花大学招生规模扩大,办学条件改善,"专升本"工作已通过省级专家评估。人口计划执行情况良好,年末人口控制在计划范围以内。文化、卫生、体育、广播电视等各项社会事业都得到新的发展。

(二)经济运行中的主要问题

去年全市国民经济发展情况平稳向好,超计划完成了预期目标。但我市经济发展速度与全国、全省比还有差距,经济增长的质量还需进一步提高。去年经济运行中存在的比较突出的问题是:

1.农业产业化进程缓慢,农民增收困难。由于诸多因素影响,全市农业结构调整缓慢,产业化进程滞后。去年由于农产品价格下降,农业气候对早春蔬菜造成严重损失,以及农产品结构调整缓慢等原因,造成农民增收困难。上半年农民收入三区略有增长,两县有所减少。下半年以来,情况有一定好转,但速度仍然不快,农民增收的后劲不足,没有实现增收的预期目标。

2.工业发展不平衡,部分企业生产经营困难。全市工业整体上保持了高速增长态势,但发展也不平衡。重工业生产一直保持了20%左右的速度高速增长,轻工业增速相对较低,比重工业低13个百分点。冶金、能源、化工等行业由于市场开拓有力,管理工作加强,改革步伐加快,出现了发展速度加快,效益有所改善的大好形势,而建筑材料、食品饮料等行业却出现了生产下降、效益下滑的局面。与国有大中型企业逐渐步入良性循环情况形成较大反差的是,地方中小企业生产经营状况仍没有根本好转,一些企业虽然恢复了生产,但历史包袱沉重,创新能力不强,生产经营仍然困难。

3.重点建设项目困难较多。由于中央企业投资计划调整,使去年初确定的目标产生了缺口,加上地方重点建设推进困难,为全年固定资产投资计划的完成带来很大压力。下半年由于地方尤其是民间投资的快速增长,全年投资超额完成了预期目标,但地方重点建设项目一直受建设资金、征地拆迁、施工组织等多种困难影响,一些项目还存在不同程度的欠计划进度情况。

二、2001年发展环境和条件分析

(一)经济发展环境

从目前国际国内经济发展的现状及趋势看,2001年经济发展的宏观经济环境将进一步趋好,有利于我市经济发展。世界经济全面复苏,步入新一轮经济增长周期。美国、欧元区经济预计将持续增长,亚洲经济全面复苏,已恢复到金融危机前水平。据国际货币基金组织预计,去年全球经济增长4.75%,,今年预计4.25%,世界市场扩容加快,各国资源流动加速,对我国经济发展十分有利。我国与周边国家的关系进一步改善,预计我国将在近期内加入WTO,中国将在更广泛、更深的层次融入世界经济,与全球的经济交流合作将更加密切。

今年国家将继续坚持扩大内需的方针,实行积极的财政政策,为经济的持续快速健康发展提供有力的政策支撑。国家实施西部大开发战略,出台了一系列西部大开发政策措施,在项目、资金、政策等方面对西部地区经济发展给予支持,为我市加快经济发展提供了新的机遇。今年我市经济发展将面临重要转机,一是连续三年的固定资产投资大幅下滑的局面将结束,影响经济增长最大的负面因素将基本消除,我市经济发展将走出低谷,进入正常轨道。二是去年我市经济增幅止跌回升,国有企业“两个大多数”目标的实现,为今年经济发展创造了好的条件。三是“九五”期间建成的一些重点建设项目将逐步发挥作用:二滩水电站的巨大生产能力将逐步发挥;川投电冶黄磷二期将建成投产;攀钢(集团)公司通过加快制度创新、科技创新,钒钛资源综合利用步伐加快,钢铁生产的产品结构、效益将继续得到改善;农业“两个开发”的效应将在农业和农村经济发展中逐步发挥。

今年经济发展还有一些不确定因素:一是占世界经济总量27%的美国经济受庞大的贸易赤字和股市泡沫的困绕,存在不稳定因素;二是国际石油价格的变动趋势及其影响还难以把握。三是我国加入WTO,从近期看,一些企业受到一定冲击难免。同时我市经济结构调整还不能适应经济发展要求,一些地方企业生产经营困难,下滑的势头还没有得到遏制,应引起我们高度重视。

(二)经济发展因素分析

第一产业:近年来我市农业综合开发加快,生产能力进一步提高,但受农产品相对过剩影响和加入WTO的冲击,今年我市农业将继续保持适度增长的走势,预计增幅在4%左右。

第二产业:工业。今年我市工业主要的新增因素有:(1)二滩水电站。2001年计划发电量为120亿千瓦时,比上年发电量净增约40亿千瓦时;销售电价比上年将有一定增加,预计二滩电站今年将新增销售收入13.6亿元。(2)攀钢钛白粉厂“六改十”工程。攀钢钛白粉厂“六改十”工程去年完工,今年将正常投入生产。目前钛白粉销售情况较好,预计钛白粉厂今年将新增销售收入4000万元。(3)黄磷二期工程。川投电冶公司黄磷二期工程去年已完工,今年将新增2.5万吨黄磷生产能力。从目前国内外市场情况看,今年川投电冶黄磷厂可望增加销售收入2亿元。(4)攀钢。国家“债转股”等政策得到落实,加上加强企业管理、加大技术改造等因素,企业的经济效益将会进一步好转,实现利润将有较大增加,将促进全市工业增加值的增长。建筑业。预计今年全市固定资产投资将比上年减少5.3亿元,减幅为近年来最少,结束连续3年固定资产投资大幅下降的格局,有利于经济保持正常的发展速度。预测第二产业今年增长速度将达到10%左右。

第三产业:邮电通信业在旺盛需求的推动下,将继续保持两位数的增速,金融、证券、保险业随着我市经济步入正常运行轨道,增速也将在10%左右。人民街改造和红格温泉旅游渡假区一期工程竣工投入使用,将推动旅游经济、假日经济的发展。商贸流通业、餐饮娱乐业继续保持活跃。房地产二级市场已经启动,中介及社区服务业发展加快。预测今年第三产业增速将在9%左右。

三、2001年计划安排意见

(一)总体要求

2001年经济工作的总体要求是:以邓小平理论为指导,按照“三个代表”的要求,认真贯彻党的十五届五中全会精神,抓住国家实施西部大开发机遇,坚持发展主题,大力调整经济结构,全面推进体制创新和技术创新,进一步扩大对外开放,加强城市规划建设管理,不断提高人民生活水平,促进国民经济持续快速健康发展和社会全面进步,为实施“十五”计划开好头,为实现新的跨越奠定坚实基础。

2001年计划安排要坚持发展这个主题。加快发展是实现"三步走"战略目标的要求,是我市经济发展实现新的跨越的迫切需要。2001年我市经济发展具备了加快发展的条件,我们要认真贯彻执行党的路线、方针、政策,积极进取,开拓创新,充分发挥各种有利条件和因素的作用,确保经济社会实现快速发展。

加快结构调整步伐。对经济结构进行战略性调整,是保持经济快速增长,提高经济效益,实现两个根本性转变的需要,是"十五"乃至更长一段时间经济发展的主旋律。2001年计划要以结构调整为主线,坚持在发展中调结构,以结构调整促发展。

创新是经济发展和结构调整的强大动力。要在观念创新的基础上,全面推进体制创新和科技创新。今年计划安排要把改革开放和技术创新放在突出位置,以更大的魄力和决心,深化改革,扩大开放,加快创新步伐,增强经济发展活力。

抓住实施西部大开发战略机遇。西部大开发战略是国家为了实现地区经济协调发展而采取的重大举措,在去年加强宣传,制定规划,出台政策的基础上,2001年将会迈出实质性的步伐。在今年的计划安排上要充分体现西部大开发战略,争取国家和省在项目和资金上的大力支持,促进经济的快速发展。

进一步提高人民生活水平。保持经济社会的协调发展,不断改善人民生活,是"三个代表"要求的最终体现,是处理好改革发展稳定关系的结合点。2001年的计划安排要坚持经济社会全面发展的原则,统筹安排各项社会事业和人民生活,努力扩大就业,增加人民收入,完善社会保障体系,促进经济社会的协调发展。

(二)预期目标

根据以上总体要求和对今年我市经济发展的各种因素的分析,2001年我市国民经济和社会发展的主要预期目标初步安排如下:

国内生产总值　125亿元　比上年增长9%,

其中:第一产业增长4%,

第二产业增长10%,

第三产业增长9%;

固定资产投资28亿元比上年下降16%;

地方财政收入　6.5亿元　同口径增长3.4%;

社会消费品零售总额　42亿元　比上年增长8%;

居民消费价格指数　102%

出口创汇　1.5亿美元　比上年下降10.1%;

农民人均纯收入比上年增加80元以上,城镇居民可支配收入比上年增长5%;

城镇登记失业率控制在4%以内;

人口自然增长率10‰,年末总人口控制在104.3万人以内。

(三)工作重点

1.调整和优化农业和农村经济结构,增加农民收入一要抓好种、养殖业结构调整。调整增产思路,通过提高单产,来增加总产;在保持粮食生产基本稳定的条件下,压缩普通粮食生产,扩大优质粮食生产;根据市场需求,调整经济作物面积,发展优质高效特色经济作物生产;抓住目前粮食富裕,肉类市场需求旺盛的机遇,大力发展畜牧业生产,提高畜牧业在农业经济结构中的比重,满足居民消费结构向宽裕型小康水平过渡的要求。二要抓好产品结构调整。实施名牌战略,依靠科技解决优质农产品产出率低的问题,扩大优质农副产品的生产。三要抓好区域布局调整。针对目前我市农业布局分散,不能形成规模效益的现状,各县区要从实际出发,对优势农产品生产进行区域性布局,规模化生产。四要大力推进农业产业化进程,重点抓好葡萄酒厂及酿酒葡萄基地建设,皂素、甾体药业开发及薯蓣剑麻基地建设,加快生物资源开发步伐,培育农村经济新增长点。五要深化农村改革。税费改革是保护农民合法权益,减轻农民负担的治本之策,要按照省上的部署,全面推进农村税费改革。

同时,稳步推进乡镇机构改革。要在稳定完善家庭承包经营的基础上,探索土地流转新机制,逐步放活农村土地经营权,促进农村劳动力转移,为农民增收提供更为广阔的空间。

2.加大工业结构调整力度,促进工业经济快速健康发展

攀枝花要实现经济结构的优化和经济发展新的跨越,关键在工业。今年我市工业经济要按照市委《关于实施西部大开发战略加快发展的意见》和"十五"计划提出的发展思路,突出抓好以下工作。

第一,抓好优势企业的发展,培育壮大支柱产业。攀钢、二滩、攀煤、川投电冶等大企业,其产值占全市限额以上工业经济总量的70%以上,是我市国民经济的支柱。全市方方面面要对这些企业的生产经营、企业改革、结构调整等给予大力支持,帮助落实好国家、省、市支持国有大中型企业发展的政策,促进其加快发展,带动全市经济的快速增长。

第二,加快高耗能工业园区和高新技术产业园区建设,培育新的经济增长点。把水电优势和矿产资源结合起来,建设钢铁、钒钛、电冶化工为主体的高速发展产业区,是推动我市经济结构调整、实现跨越式发展的重大举措。目前高耗能工业园区建设工作已经启动,电价这一关键问题已经解决。今年一要做好园区的基础设施建设,为企业进入园区创造良好条件;二要做好园区体制、管理方式、发展政策等方面的政策制定工作,用良好的政策环境吸引企业进入园区发展;三要做好招商引资工作,吸引国内外、省内外的企业到攀枝花发展高耗能工业。我市已经确定的电冶化工、高钛渣等高耗能项目要抓紧启动,争取今年开工建设。第三,加大技术改造力度,提高企业技术创新能力。技术改造是促进企业调整产品结构,技术升级的重要途径。要按照国家的产业政策和我市确定的发展重点选准项目,集中力量进行钢铁深加工、钒钛资源综合利用等方面的技术改造。攀钢的热轧、冷轧等改造项目要全部完工;轨梁改造,连铸技改等项目要加快建设。要抓紧确定一批新的技改项目,积极争取国家和省的支持。要加强技术改造资金的筹措,确保项目的顺利实施。

3.放手发展非公有制经济,调整所有制结构

非公有制经济是社会主义市场经济的一个重要的组成部分。目前我市非公有制经济总量小(约占全市GDP的6%),层次低,在量上要放手发展,在质上要引导提高。只要不是国家明令禁止的领域,都应让非公有制经济自由进入,不限比例、不限增长速度地发展。要抓紧落实市委、市政府发展非公有制经济的政策,在规划、土地使用、项目审批、资金融通、信息咨询、证照办理等方面加大服务支持力度,为非公有制经济发展创造良好环境。在产业导向上,要大力支持发展各种服务业,为人们的生产生活提供各个不同层次的服务;要引导从事商贸流通的个体私营业主向高档次、规模化方向发展;要重点支持私营业主引进、开发科技含量高、附加值大、市场前景好的高新技术项目,提升产业层次;要鼓励支持个体私营业主,抓住西部大开发机遇,投资开发荒山荒地,发展种、养殖业。今年我市非公有制经济的销售总额或营业收入,力争增长35%;交纳税金增长20%以上。

4.加快基础设施和生态环境建设,营造良好环境

基础设施发展滞后,仍然是我市经济社会发展的重要制约因素。今年要继续加快基础设施建设步伐,争取城市基础设施面貌有较大的改观。今年的主要任务是:继续加快攀枝花机场建设,确保完成2.5亿元投资,按计划保质保量推进工期。炳草岗大桥一期工程、弄清公路东风连接线、渡口大桥北线改造工程年内竣工通车。渡金线改造工程和甸渡路部分段改造工程全面开工建设。做好渡口桥替代桥和陶家渡新桥的有关工作。加快城市电网改造步伐,完成农村电网改造。启动金江水厂改扩建工程和市区供水管网改造工程。继续做好炳草岗5万立方米煤气柜异地改造工程和垃圾无害化处理二、三期工程。加快晃桥水库和胜利水库渠系配套建设。加快108国道高速公路攀枝花段的前期工作,尽早开工建设。

继续加大天然林保护、退耕还林还草和市区视野区荒山造林绿化工程建设,搞好生态区县建设,做好水土保持工作,防治水土流失和地质灾害,启动矿山地质环境恢复建设工程;加强工业污染治理,严格控制新污染源产生。促进生态效益和经济社会效益的统一。

5.加强城市建设,完善城市功能

为适应新形势的要求,对城市建设总体规划要进行充实完善,加强城市发展的调控和引导,使城市建设健康有序的进行。全面实施山水园林城市建设规划,加强城市标志性建筑、景点建设,加强城市绿化美化工作,使城市面貌进一步改观。要以创建文明卫生城市为目标,进一步理顺体制,加强城市管理,使城市整体形象进一步改观。要按照加强领导,理顺体制;完善设施,强化功能;示范带动,拓展服务的要求,加强社区建设。重点抓好社区服务业、社区医疗建设,为居民提供良好生活环境。同时抓好社区组织建设和社区政治建设,增强市民社区意识,公益事业意识,组织、引导社区居民依法管好社区和居民自己的事情。

6.加大对外开放力度,发展开放型经济

抓住西部大开发和我国加入WTO的契机,全面实施大开放战略,推进对外开放向更高层次、更宽领域和纵深化方向发展。外贸发展要努力实现市场拓展全球化,增长方式集约化。加强研究加入WTO后对我市经济的影响,熟悉世贸规则,制定应对措施,适应国际竞争。利用外资要在拓展领域、突出重点和加强产业导向的基础上,大胆探索新的方法,力争利用外资增长10%。招商引资的重点放在高耗能产业、钒钛资源综合利用、飞机场、路桥等基础设施建设,以及农业生物资源开发、高新技术开发、国企嫁接改造等行业上。要推进已达成协议的合作项目的实施,争取尽快取得实效。充分发挥我市水电资源和矿产资源优势,建好省级高耗能工业园区和高新技术园区,使之成为我市对外招商引资的重要窗口。要改善投资的软硬环境建设,尤其要在政策环境、服务环境、法制环境方面有所突破,增强投资者的信心。

7.推进体制和技术创新,增强经济活力

进一步推动改革开放,加快体制创新步伐。继续深化改革,推动国有企业战略性重组。切实解决部分企业改革不到位,产权不触动,法人治理结构不完善,经营机制没有真正转换等问题。要进一步规范公司法人治理结构,健全决策、执行和监督系统。抓住机制转换这一关键,进一步深化企业内部改革,建立职工能进能出,管理人员能上能下,收入能增能减,技术不断创新,国有资产保值增值的新机制。要建立规范的企业退出机制,淘汰一批落后生产力,促进生产要素的自由流动,使企业能够优胜劣汰,健康发展。继续通过改、转、租、售等多种形式,推进国有中小企业改革,增强企业活力。加强国有资产管理,逐步建立科学规范的监管机制。积极探索公有制的多种实现形式,适应社会生产力发展要求,鼓励各种所有制经济之间以不同方式加强经济联系,促进共同发展。要采取有效措施,支持非公有制经济尤其是科技型中小企业的健康发展。

不断健全和完善统一开放、竞争有序的市场体系。要放宽市场准入,开放市场,打破部门、行业垄断,加快公共资源进入市场的进程,充分发挥市场在配置资源和结构调整中的基础性作用。继续发展商品市场,重点培育和发展资本、产权、土地、技术、劳动力等要素市场。加快发展市场中介组织,加强市场监管,促进市场有序运行。

搞好行政管理体制和政府机构改革,进一步理顺各种关系,推进政府决策科学化、民主化,建立廉洁、勤政、务实的政府机构。加强公务员队伍建设,提高行政管理水平。减少对经济事务的行政审批,不直接干预企业的经营活动。政府职能主要转向制定计划和政策、培育市场、控制人口、调节分配、保护环境、建设城市等宏观调控和公共服务上。政府投资要从竞争性领域退出,更好的承担起增加公共产品和服务供给的职能。

8.全面实施科教兴攀战略,加快科技教育和人才开发。

提高科技综合实力和科技创新能力,争创科技新优势。一是继续建立健全企业技术创新机制,提高企业技术创新能力,加快运用高新技术改造传统产业步伐。做好"科技成果孵化资金"项目的启动工作,选好项目,落实企业,引入风险投资机制,争取在一季度开始实施。要创造条件,促进攀钢航空航天级合金、200公里/小时高速钢轨、硅烷偶联剂等项目建设。二是加大科技体制改革力度,力争完成科研机构向企业转制工作。要加快国家级钒钛研究中心建设步伐,今年上半年完成可研及项目申报工作,争取尽快建成。三是大力扶持中小科技型企业、民营科技企业发展。完善落实有关政策,积极争取"国家科技型中小企业创新基金"的支持,推动科技型中小企业、民营科技企业的发展。四是进一步办好高新技术开发区。五是着手建立科技推广网络,发挥科技中介机构在引进和推进科技成果转化中的作用。

把教育放在优先发展的战略地位。继续抓好"两基"成果的巩固和提高,推进教育体制改革,全面实施素质教育,培养学生的创新精神和社会实践能力,促进学生德、智、体、美全面发展。加快普及农村高中阶段教育步伐。努力办好幼儿教育。大力发展非义务教育。加强攀枝花大学专升本工作。完善成人教育培训体系。增加政府对教育的投入,保证教育经费稳步增长。

加强人才队伍建设,大力开发人力资源。进一步营造用好人才、吸引人才的良好环境,加快建立有利于各类人才脱颖而出、人尽其才的用人机制,广泛吸纳各类人才参与攀枝花的开发建设。重视对人才结构的调整,推进人才年龄结构、层次结构、行业分布结构和区域结构的合理分布。加强本地人才的培养,扩大与外界人才的交流,努力造就一批高学历、高素质、具有开拓进取精神的高质量人才队伍。

9.加快社会事业发展,提高人民生活水平

提高人民生活水平是社会主义的本质要求,是我们工作的出发点和归宿。在保持经济较快发展的同时,必须采取有力措施,努力增加居民收入,改善生产生活条件。今年农民人均纯收入要增加80元以上,城市居民可支配收入增长5%以上。要推进农业产业化进程,加快小城镇建设,发展农村第三产业,转移农村劳动力,增加农民收入。拓宽就业渠道,加大就业培训力度,妥善安置下岗职工和新增就业人员;加强社会保障体系建设,稳步推行城镇职工基本医疗保险制度,抓好养老、失业保险的扩面和清欠工作,确保养老、失业保险资金按时足额发放,社会发放面达到100%。

继续抓好计划生育工作,维持低生育水平,实现人口、经济的协调发展。发展卫生、体育事业,保障居民健康。加强精神文明建设,发展社会主义文化。加强民主法制建设,搞好社会治安综合治理,维护良好生产、生活和工作秩序。

各位代表,从新世纪开始,我市已进入全面实施西部大开发,加快建设特色经济强市的发展阶段。我们要高举邓小平理论伟大旗帜,在中共攀枝花市委的领导下,在市人大的监督帮助下,抓住机遇,开拓进取,突出重点,狠抓落实,努力实现国民经济持续快速健康发展,实现"十五"计划的良好开局。

关于攀枝花市2000年财政预算执行情况及2001年财政预算的报告

——2001年2月21日在攀枝花市第六届人民代表大会第四次会议上

市财政局局长 刘德顺

各位代表：

我受市人民政府委托，向大会报告《攀枝花市2000年财政预算执行情况及2001年财政预算(草案)》，请予审议。

一、2000年财政预算执行情况

2000年是全市财政克服困难，平稳发展的一年。在市委的领导下，在市人大及其常委会的监督支持下，各级财政认真贯彻落实党中央、国务院实施西部大开发的重大战略决策和积极的财政政策，积极制定并认真落实各项增收节支措施，财政收支预算执行情况良好。财政收入实现了一定增长，财政支出充分体现了保工资，保稳定，保运转，保重点的原则，有力的推进了全市经济建设及社会事业的发展。

(一)预算调整变动情况

市六届人大三次会议批准市本级财政收入预算为65,300万元，汇总县区年初预算后，全市财政收入预算为87,295万元。因执行川府发[2000]4号文《关于调整省与市地州财政管理体制通知》，市级收入预算按新体制口径调整为48,777万元，全市收入预算按新体制口径调整为65,055万元。在执行过程中，按省要求继续执行攀枝花矿务局国有企业计划亏损补贴调减收入预算2,063万元，市六届人大常委会第19次会议批准市本级调增收入预算4,000万元，汇总县(区)调增收入428万元，全市财政收入预算调整为67,420万元。其中：市级财政收入预算调整为50,714万元。

市六届人大三次会议批准市本级财政支出预算为64,299万元，汇总县区年初支出预算后全市财政支出预算为91,815万元。在执行过程中省追加我市专款19,316万元，省批复我市结转3,308万元；市六届人大常委会第19次会议批准市本级调增支出4,000万元，动用净结余2,000万元；因体制调整增加市级财力2,000万元，省补助“天保”财力1,574万元；汇总县区调增支出3,176万元，品迭县区年初结转1,729万元后全市财政支出预算调整为125,460万元。其中：市级支出预算调整为77,360万元。

(二)预算执行情况

据财政快报显示，2000年全市完成财政收入69,030万元(新体制口径，下同)，占调整预算的102.39%，同口径比增长9.70%，增收6,104万元；全市实现财政支出120,756万元，占调整预算的96.25%，同比增长3.15%，增支3,687万元。

市本级完成财政收入51,585万元，占调整预算的101.72%，同口径比增长12.07%，增收5,557万元。市本级实现财政支出75,753万元，占调整预算的97.92%，同比增长2.01%，增支1,492万元。

县(区)完成财政收入17,445万元，占调整预算的104.42%，同口径比增收547万元，增长3.24%；县(区)实现财政支出45,003万元，占调整预算的93.56%，同比增长5.13%，增支2,195万元。

全年财政收支初步平衡情况是：当年财政收入69,030万元，加：预计税收返还收入29,500万元，省结算补助1,195万元，“天保”补助1,574万元，省专项补助19,316万元，上年结转3,308万元，全市动用净结余及调入资金4,255万元(其中市级动用净结余2,000万元)；减：专项上解660万元，全年财政支出120,756万元，全市算总帐实现了滚动平衡并略有结余的目标。

(三)预算执行特点

财政收入下滑得以有效控制，收入均衡入库情况良好。

2000年由于受经济发展速度和多种减收因素的持续影响,全市财政仍处于低位运行之中。为圆满完成目标任务,各级财税部门继续贯彻"加强征管、堵塞漏洞、清缴欠税、惩治腐败"方针,加强收入目标责任制管理,从年初开始,按照促进度、保目标、争超收的工作要求,狠抓收入的及时、足额入库,并积极清收欠税,取得了明显成效。同时,进一步加强税务稽查、税收检查,加大对偷漏税款的查处力度,整顿税收征管秩序坚决纠正税收收入中的不良行为;对非税收入的管理,既严格执行国家政策法规,又坚持应收尽收,全年市级及各县区财政收入基本作到了均衡入库,保证了年初目标任务的顺利完成并实现了一定增收。

财政资金调度有序,重点支出基本得到保证。

各级财政部门充分发挥支出管理职能,挖潜力、促效益,通过有效运作,努力克服财政资金调度困难的矛盾,按照"四保"序列,积极调整支出结构,控制非生产性及各项竞争性领域的投入,集中财力,集中资金确保了工资按时集中支付,维护了社会稳定。同时,千方百计筹措资金,推进安宁河流域世行贷款项目及攀西农业资源综合开发项目的实施,继续管好、用好"天保"资金,顺利完成全年"退耕还林"工作计划;继续深化粮食流通体制改革,搞好"两保"及再就业工作;通过委托贷款及贴息等方式多方筹措资金,加大投入,推进全市重点工程建设。

收支矛盾依然突出,财政改革继续深化。

2000年全市财政收入实现了一定增长,新体制的贯彻执行也适当缓解了沉重的递增上解压力,但是,由于各项刚性增支、支持改革及重点投入大量增加,我市各级财政收支矛盾依然无法得到有效缓解,部分县区财政困难有所加剧,为克服困难,各级财政进一步加大了增收节支管理力度,同时,按照中央、省的部署,通过开展行政单位、部分事业单位直接支付工资、试编部门预算、广泛推行政府采购等支出管理改革工作,为继续深化财政支出改革、加强财政监督、缓解财政收支矛盾打下了基础。

二、2000年全市财政工作开展情况

2000年,全市各级财政以党的十五届三中、四中全会精神为指针,全面贯彻全市经济、财政工作会议精神,以完成各项财政目标任务为己任,外抓发展,内抓管理,齐心协力,克服各种矛盾和困难,确保了目标任务的圆满完成,努力开创财政工作新局面。

(一)充分发挥财政职能作用,支持和促进全市经济发展。

各级财政认真贯彻市委、市政府《关于实施西部大开发战略加快发展的意见》精神,切实树立全局观念,运用财税的宏观调控作用,支持和促进西部大开发战略的实施。继续实施积极的财政政策,通过精心的项目准备和有效的工作,积极争取中央、省专款补助资金,努力争取国债转贷、世行贷款资金,确保了中央调整收入分配政策和贯彻落实,通过支农资金、世行贷款配套资金的投入,加大了安宁河流域农业综合开发及攀西资源开发力度,同时通过贷款贴息、安排配套资金等方式积极筹措基本建设资金,支持重点建设项目的投入,推进了攀枝花飞机场、路桥等重点工程建设;通过企业挖革改资金、帮困资金、"两保"资金的安排和投入,有效地支持了地方企业和县区经济的发展,促进了后续财源建设,培育新的经济增长点;通过中央新增扶贫资金、"两项"资金的安排和投入,加大了对民族县区的扶贫扶持力度,有效控制了返贫现象,改善了贫困地区及民族地区的生产生活条件,促进了社会事业的发展。

(二)贯彻新的财政管理体制,促进财政收支平衡。

2000年省政府调整执行了省以下分税制财政体制,适当缓解了我市沉重的递增上解压力。市财政按照体制调整的有关规定,结合县区经济状况,制定并顺利实施了符合实际的市对县区财政体制调整方案,一方面充分调动县区发展经济、培植财源的积极性;另一方面加大了县区促收创收,调整支出结构、控制支出

的责任和动力,新的省以下分税制财政体制运行情况良好。各级财政部门继续巩固消赤成果,努力实现了当年收支滚动平衡。

(三)狠抓依法征管,应收尽收,压缩一般,确保重点。

各级财税部门正确认识和估价财税形势,以高度的责任感和使命感,强化税收征管,大力组织财政收入,严格控制缓征税款,基本作到了税收均衡入库;积极清收企业欠税,并防止了新欠发生;坚持既"抱西瓜",又"捡芝麻",在抓好主体税种征管的同时,开展了对漏征漏管户的税务稽查,为全年税收任务的完成和超收奠定了基础,加强了零散、小额和阶段性收入的征管,基本做到了应收尽收。加强了国有资产有偿出让收入管理,专项清理了市级单位的公房出租收入。对非税收入及预算外收入继续全面实行了收缴分离、规范管理,完善了征收办法,各项非税收入均较好地完成了年初预算任务。

在支出管理上,各级财政坚持总量平衡,调整结构,有保有压,有进有退,进一步加大了财政支出结构的调整力度,优先确保工资、基本运转经费、社会保障、帮困、再就业等事关全局和稳定的支出需要,保证了社会的稳定和各项工作的正常开展,同时集中财力支持各项改革及重点投入;进一步规范财政支出行为,强化预算安排及预算内外资金拨付的管理和约束。继续严格实行行政事业单位预算内外资金综合预算管理,加强专项资金管理,采取有效措施,控制"人、车、会、话"等支出的增长,加强了财务管理,努力提高了财政资金的使用效益。

(四)积极稳妥推进财政改革,维护社会稳定。

各级财政认真贯彻市委关于国有企业脱困、转换经营机制的政策精神,从政策制定、执行及资金安排上支持企业发展,努力争取中央、省技改贴息,推动企业科技创新和技术进步。继续搞好国有企业下岗职工基本生活保障、再就业、离退休人员"两费"的发放,加大财政预算安排和社会筹集资金的力度,加强社会保障资金管理,规范财务管理和会计核算制度。继续管好用好粮食风险基金,促进了粮食流通体制改革的进一步深化。

从2000年7月起,各级财政按照财政部的统一部署,对行政单位、有条件的事业单位进行了工资直发,为推动国库集中支付制度改革作了有效的尝试;市财政积极改革预算管理方式,选择了市教委、市科委、市农办、市农牧局、市社保局五个单位试编2001年部门预算;按照扩面增量、总结完善的要求,加大了政府采购力度,2000年市级实施三次政府采购,采购金额410万元,节约率达8%以上。同时,结合我市实际,制定了市级政府采购管理暂行办法,拟订了政府采购目录,进一步提高了政府采购的规范化运作水平。

(五)继续搞好国有资产管理。

各级财政紧紧围绕企业改革和建立现代企业制度这个中心,继续强化了以清产核资、资产评估、产权界定、产权登记、国有资产转让、国有股权管理为主要内容的国有资本金基础管理工作,维护了国有资本权益;促成了一批企业兼并破产,促进了国有资产的流动与重组,建立了国有中小企业的国有资本退出机制,有力地推动了国有企业改革;进一步深化了国有资产监管营运体系的改革,建立了国有资本出资人责任制度,落实了国有资本的授权经营,为国有大中型企业实现所有权与经营权的分离奠定了基础。

2000年全市财政较好的完成了各项目标任务,但我市财政运行中多年来形成的一些矛盾和问题并没有得到根本解决,一些新的矛盾和问题已经开始显露。

一是受多种因素的影响和制约,全市财政收入缺乏稳定增长的坚实基础。我市财政收入已连续几年低于全国、全省平均水平,可用财力增长较少,财政预算调控能力难以增强,全市财政仍未完全走出调整期。二是财政改革相对滞后,财政监管乏力。从总体上看,我市财政改革起步较晚,步子不够快,力度不够大,财政分配和管理还更多地沿用计划经济体制下的传统方法,支出管理比较薄弱,财政监管力度不够,重分配、轻管理的现象仍比较普遍。三是各级财力不均衡问题仍然突出。虽然去年调整了财政体制,市级在财力紧困的情况下对困难县区仍给予了一定的财力补助,但受经济发展水平的制约,部分县区财政形势依然十分严峻,自身克服困难的能力脆弱。四是各级政府均存在不同程度的债务负担,各种集资、借款及贷款、基金和地方非金融机构形成的金融风险已经和正在转化为财政风险。

面对这些矛盾和问题,各级财政将高度重视,不断通过深化改革,加快发展逐步予以克服和改进。

三、2001 年全市财政预算安排(草案)

根据全国、全省财政工作会议关于今年财政收支预算编制的总体要求和省、市经济工作的总体部署,2001 年全市财政预算的指导思想是:以江泽民总书记“三个代表”的重要思想和有关财税工作的重要讲话精神为指导,认真执行中央有关完善税制的规定,加强征管,确保财政收入的稳定增长。贯彻落实中央积极财政政策,抓住中央实施西部大开发战略的大好机遇,调整和优化财政支出结构,保证重点支出的需要。全面推进财政改革,坚持依法行政,强化财政监督,规范财经秩序。确保完成全年预算,实现收支滚动平衡,促进全市国民经济和社会事业实现健康发展。

财政收入预算安排的原则是:积极、稳妥、实事求是,并与经济增长相适应,做到应收尽收,坚决杜绝跑、冒、漏、滴和收入过程中的不良行为。

财政支出预算安排的原则是:按照建立公共财政框架的要求,安排好运转及稳定经费,通过调整支出结构,积极安排重点项目资金,运用财政贴息、业主负债等方式继续筹集建设资金,以改革促平衡,以改革求发展。具体序列为:确保工资的按时发放,加大社会保障及维护社会稳定所需投入,改进政府性筹资的措施及运作思路,建立投资筹资的新运作机制,尽力安排各项改革及中央、省有关配套支出,妥善安排教育、科技、农业等法定支出,维持综合性投入的稳定并力争保持适度增长,行有余力,再安排其他方面的支出。

根据上述预算的指导思想和收支预算安排原则,2001 年全市及市级收支预算安排如下:

(一)2001 年全市财政收支预算安排

根据市、县区初步编制的预算,全市 2001 年财政收入预算 65,122 万元,同口径比 2000 年初增长 3.38%(下同),其中一般预算收入 62,165 万元,增长 2.80%,基金预算收入 2,957 万元,增长 17.34%。根据《预算法》及现行体制计算,全市 2001 年财力为 99,235 万元,比 2000 年初增长 10.45%,按照以收定支的原则,全市 2001 年财政支出安排 99,235 万元,其中一般预算支出安排 96,278 万元,增长 9.54%,基金预算支出安排 2,957 万元,增长 51.64%。当年财政收支总量滚动平衡。

(二)2001 年市级财政收支预算安排

市级 2001 年财政收入预算 48,510 万元,增长 3.84%,其中一般预算收入 46,010 万元,增长 2.67%,基金预算收入 2,500 万元,增长 31.58%。

根据现行体制计算,市级财力为 71,135 万元,增长 10.63%,按照以收定支,收支平衡的原则,2001 年市级财政支出安排 71,135 万元,其中一般预算支出安排 68,635 万元,增长 9.29%,基金预算支出安排 2,500 万元,增长 66.67%。

四、统一思想、深化改革、突出重点,全面完成 2001 年的财政工作目标任务

2001 年是“十五”计划的第一年,完成好 2001 年全市财政工作,开好局,起好步,意义十分重大。各级财政部门将重点抓好以下工作:

(一)继续实施积极的财政政策,推进全市财政经济的发展。

经济是财政的基础,只有先发展经济,才能发展财政,建设财政,财政的建设与发展又

能推动经济发展。当前,我市正面临着追赶型跨越式发展的历史机遇,近期我们将在发展中加大财政支持的力度,三至五年后我们将会获得发展的收获。各级财政将按照市委的统一部署,转变观念,改进作风,充分运用财税政策,特别是西部大开发的优惠政策,积极配合有关部门推进我市实施大发展战略。一是认真研究并积极应用中央的财政政策,把握好政策导向,制定符合我市发展实际的财税政策及实施意见,吸引项目,吸引资金,吸引人才,努力创造发展的内外部条件;二是解放思想,调整思路,全面发挥财政资金的导向作用,采取业主负责,财政贴息及安排配套资金等方式,多方筹措建设资金,安排专项财政资金支持高科技园区、工业园区的启动,支持依托我市光热资源的生物工程、生态工程建设,支持旅游资源开发,培植新型财源;三是安排使用好企业挖潜改造资金,支持企业深化改革,加快资产的流动与重组,推动企业技术改造、技术创新和新产品开发营销工作,提高市场占有率和竞争力,巩固财源基础,支持第三产业和个体私营经济的发展,在政策执行,资金安排与管理上力争有新的思路、新的作为;四是安排使用好农业投入资金,加快农业综合开发,支持农村经济和农业事业的发展。

(二)推进财政改革,转换财政职能。

2001年是财政的改革年,各级财政将按照中央、省的部署,服从和服务于改革的大局,全面深化财政改革,以改革促发展。

一是推进农村税费改革。农村税费改革是党中央、国务院为减轻农民负担,规范农村分配关系而作出的重大决策,各级财政要积极配合有关部门,认真作好测算,争取中央、省的补助资金,并通过调整支出结构,建立对乡镇的转移支付制度,确保乡镇政府机关的正常运转,确保农村的稳定和发展;各级财政要研究实施改革的总体方案和各项配套政策,积极作好宣传动员工作,确保改革的如期启动和顺利实施。

二是积极推进国库集中支付制度的改革。在保持预算单位财务管理权基本不变的基础上,市级将清理预算单位的预算内外帐户,建立会计核算中心,全面规范行政事业单位的会计行为,保证会计信息的真实和完整,提高财政资金的使用效益,力争尽快在我市建立财政国库单一帐户体系。

三是全面推行部门预算管理改革。市级将完善试点单位部门预算管理,并力争从2001年起对行政事业单位全面推开,各县区也要积极试点,大胆工作,逐步推开,不断增强我市预算管理的完整性、科学性、准确性、严肃性、规范性。

四是推进乡镇财政改革。各级财政要进一步深化乡镇财政改革,全面实施乡镇综合财政预算管理,推行“零户统管”办法,建立县区对乡镇财政的转移支付制度,按照公共财政的基本原则规范乡镇财政基本范围,推行乡镇政务公开,强化乡镇财政监管,完善乡镇财政职能。要按照农村税费改革的要求,精简人员,提高人员素质,提高乡镇财政的公共服务水平,促进农业和农村经济的全面发展。

(三)努力增收节支,确保全年财政收支预算的完成。

各级财政将按照“比例适当、集散有度、收支合理、使用得当”的要求,搞好财政增收节支工作。在收入上继续贯彻“加强征管、堵塞漏洞、清缴欠税、惩治腐败”的方针,狠抓收入征管,依法治税,同时,认真执行中央完善税制的有关政策规定,健全收入机制,进一步加强非税收入的征管,努力作到应收尽收,确保财政收入实现稳定增长。在支出上大力调整和优化财政支出结构,积极构建公共财政框架。继续按照保工资、保稳定、保运转、保重点的序列,科学合理安排调度资金,全力维护社会稳定。进一步规范财政支出行为,继续贯彻“压、调、改、保”原则,对各种专项经费一律实行零基预算,从严从紧控制;压控接待费、会议费、出国经费、业务费、维修经费,力争比上年递减10%,切实体现过“紧日子”思想,强调财政支出的民主决策,坚持一支笔审批制度,是保证政府行使职能的需要，是努力确保改革和发展的需要。

（四）继续支持社会保障体系建设。

各级财政将在继续落实天然林保护、退耕还林还草以及建立粮食风险基金所需资金的足额到位的基础上，积极支持社会保障体系建设，努力提高社会保障支出在财政预算中的比例，认真稽核基本养老保险金缴费基数，确保基本养老保险费稳定增长。坚持按照“三三制”的原则筹集资金，确保国有企业下岗职工基本生活费的发放，积极支持完善城市居民最低生活保障制度工作，加强对社会保障支出的监督和管理，提高资金的使用效益，维护社会稳定。

（五）大胆探索，深化国有资产管理改革。

我们将按照“国家所有、分级管理、授权经营、分工监督”的原则，建立和完善国有资产监管、营运体系，规范资本营运，搞好授权经营，进一步理顺产权关系，落实经营责任。同时，继续加强基础管理，大力推进国有资产兼并重组和国有经济结构调整，积极探索城市资源的资产化管理，切实维护国有资产权益，防止国有资产流失。

（六）加大力度，强化财政监督管理。

各级财政将切实改变“重分配，轻监督；重收入监督，轻支出监督；重外部监督，轻内部监督”的现状，勇于监督，善于监督，正确处理监督与服务的关系，在服务中加强监督，在监督中搞好服务，在搞好普遍监督的同时，突出监督重点，提高财政监督质量。继续整顿收入秩序，确保各项收入的及时足额入库，狠抓支出流向，不断提高财政资金的使用效益；继续整顿会计工作秩序，规范会计基础管理工作，加大对违纪违规行为的查处力度，加强对会计中介机构的监管。进一步采取措施，对各种政府性负债进行认真清理，分清还款责任，落实还款资金来源，逐步清偿债务，努力化解债务风险。

（七）加强财政干部队伍建设。各级财政要继续以高度的使命感和责任感，按照全市机构改革的统一部署，进一步转变职能，讲政治，讲大局，讲改革，讲效率，切实改进工作作风，转变工作方式，提高服务质量。同时，认真组织实施科学、合理、规范的干部培训计划，提高财政干部的综合素质，充分利用计算机网络等现代化办公手段，提高工作效率和质量，尽快适应全市改革、发展、稳定大局和财政改革的需要。

各位代表，新世纪初的财政工作既光荣神圣，又任重道远，意义十分重大，我们将在市委的领导下，认真贯彻市人大通过的各项决议，强化管理，励精图治，为圆满完成新世纪第一年财政各项目标任务而努力奋斗！

二 统计资料

STATISTICAL DATA

1.行政区划 人口和自然资源

ADMINISTRATIVE DIVISION POPULATION AND NATURAL RESOURCES

1－1 行政区划一览

(2000 年)

市辖区县	区、县辖街道办事处		区、县辖镇		区、县辖乡	
名　称	个数	名　称	个数	名　称	个数	名　称
一、东区	10	大渡口　炳草岗 向阳村　弄弄坪 枣子坪　长寿路 攀枝花　密　地 南　山　倮　果	1	银江		
二、西区	6	清香坪　玉　泉 陶家渡　摩梭河 河门口　宝　鼎	1	格里坪		
三、仁和区	1	大河中路	6	仁和　同德 大田 平地 福田 金江	11	务本　民政　新华 永富　总发　新生 中坝　前进　啊喇(彝) 太平　大龙潭(彝)
四、米易县			8	攀莲 得石 丙谷 撒莲 挂榜 普威 垭口 团结	20	柳贤　草场　云峰(彝) 新河　头碾　麻陇(彝) 观音　昔街　白马(彝) 横山　黄草　黄龙(彝) 沙坝　坪山　胜利(彝) 宁华　南坝　联合(彝) 坊田　新山(傈僳)
五、盐边县			4	永兴 桐子林 渔门 红格	27	健康　新坪　岩口(彝) 鳡鱼　共和　红宝(苗) 江西　惠民　龙胜(彝) 金河　箐河　高坪(彝) 力马　新久　洼落(彝) 国胜　新民　林海(彝) 强胜　大田　红民(彝) 红坭　岩门(傈僳) 和爱(彝)　花椒箐(彝) 温泉(彝)　择木龙(彝)
合计	17		20		58	

注:全市民族乡镇 26 个。

1－2 人口及自然变动情况

年份	总人口（万人）	按农业非农业分		按性别分		自然变动			
		非农业人口	农业人口	男	女	平均人口(人)	出生率‰	死亡率‰	自然增长率‰
1965	34.76	6.41	28.35	19.36	15.40	322600	38.12	12.32	25.80
1966	40.85	11.52	29.33	21.89	18.96	378100	32.99	8.53	24.46
1967	42.35	12.04	30.31	22.80	19.55	416000	33.39	8.12	25.27
1968	45.18	13.59	31.59	24.48	20.70	437700	34.23	8.42	25.81
1969	49.68	16.24	33.44	27.78	21.90	474300	25.52	5.66	19.86
1970	56.05	21.37	34.68	32.20	23.85	528700	32.38	6.74	25.64
1971	60.33	24.60	35.73	35.57	24.76	581900	34.06	6.74	27.32
1972	64.30	27.28	37.02	37.04	27.26	623200	34.03	6.72	27.31
1973	67.57	28.82	38.75	38.82	28.75	659400	31.13	6.54	24.59
1974	71.20	30.66	40.54	41.57	29.63	693900	28.05	6.58	21.47
1975	73.08	31.96	41.12	42.46	30.62	721400	26.09	6.89	19.20
1976	75.56	33.74	41.82	43.74	31.82	743200	21.35	5.76	15.59
1977	78.46	36.04	42.42	44.68	33.78	770100	14.43	4.26	10.17
1978	78.89	36.28	42.61	45.04	33.85	786700	11.90	5.15	6.75
1979	79.81	36.08	43.01	45.29	34.52	793500	12.07	5.77	6.30
1980	80.12	36.87	43.25	45.25	34.87	799661	10.60	4.86	5.74
1981	80.91	37.08	43.83	45.39	35.52	805142	14.07	4.75	9.32
1982	81.35	37.17	44.18	45.40	35.95	811282	13.00	4.96	8.04
1983	81.70	37.57	44.13	45.48	36.22	815263	8.64	5.04	3.60
1984	82.68	38.50	44.18	45.79	36.89	821924	8.99	4.58	4.41
1985	84.91	40.99	43.92	46.64	38.27	837978	11.78	4.76	7.02
1986	84.77	40.19	44.58	46.17	38.60	848413	15.75	5.03	10.72
1987	86.45	41.33	45.12	47.01	39.44	856108	14.13	4.94	9.19
1988	87.88	42.58	45.30	47.66	40.22	871660	12.72	5.03	7.69
1989	89.62	44.08	45.54	48.41	41.21	887504	12.81	5.16	7.65
1990	90.85	44.81	46.04	48.95	41.90	902343	12.71	5.11	7.60
1991	91.72	45.49	46.23	49.30	42.42	912816	11.22	5.15	6.07
1992	92.63	46.69	45.94	49.59	43.04	921720	10.90	5.05	5.85
1993	93.43	47.24	46.19	49.93	43.50	930306	12.57	4.90	7.67
1994	94.10	47.72	46.38	49.85	44.25	937677	13.43	5.13	8.30
1995	96.15	49.67	46.48	50.77	45.38	951261	14.23	5.43	8.80
1996	97.82	51.18	46.64	51.50	46.32	969837	13.82	5.06	8.76
1997	98.93	52.18	46.75	51.89	47.04	983765	13.67	5.00	8.67
1998	100.51	53.48	47.03	52.75	47.76	997227	13.22	5.06	8.16
1999	101.80	54.22	47.58	53.31	48.49	1011535	12.77	5.03	7.74
2000	103.01	54.91	48.10	53.85	49.13	1024046	13.84	5.07	8.77

1－3　人口密度　土地面积

（2000年末）

	单位	全市	东区	西区	仁和区	米易县	盐边县
一、总户数	户	292438	84834	46890	54000	54546	52211
＃非农业户	户	166613	82175	43093	19834	11368	10143
二、总人口	人	1030127	304523	156348	187871	195862	185523
＃男	人	538789	163149	83103	97484	99489	95564
非农业人口	人	549134	295925	145625	59485	27476	20624
＃男	人	296097	159012	77963	32710	15024	11362
农业人口	人	480993	8598	10723	128386	168387	164899
＃男	人	242710	4137	5104	64766	84465	84202
三、出生率	‰	13.84	13.14	15.40	13.89	12.63	14.88
死亡率	‰	5.07	3.53	4.43	5.96	5.99	6.28
自然增长率	‰	8.77	9.61	10.97	7.93	6.64	8.60
非农业人口出生率	‰	13.68	13.02	15.04	15.71	11.06	11.28
非农业人口死亡率	‰	3.77	3.45	4.10	4.27	4.10	3.68
非农业人口自然增长率	‰	9.91	9.57	10.86	11.44	6.96	7.60
农业人口出生率	‰	14.01	17.19	20.29	13.07	12.89	15.32
农业人口死亡率	‰	6.56	6.43	7.80	6.74	6.30	6.61
农业人口自然增长率	‰	7.45	10.76	12.49	6.33	6.59	6.59
四、全市总面积　（平方公里）		7434.4	167	116.7	1720	2104.3	3326.4
＃耕地面积	公顷	31565	206	437	8437	11627	10858
人口密度　（人/平方公里）		139	1823	1340	109	93	56

1－4 自然资源

指标	单位	2000年
一、土地		
土地面积	平方公里	7434.4
#耕地	平方公里	317.81
耕地占土地面积	%	4.27
园地	平方公里	109.41
园地占土地面积	%	1.47
交通用地	平方公里	43.51
交通用地占土地面积	%	0.59
工矿及城市用地	平方公里	186.96
工矿及城市用地占土地面积	%	2.51
水域	平方公里	156.48
水域占土地面积	%	2.10
二、林木蓄积量		
活立木蓄积量	万立方米	2850.70
#用材林活立木蓄积量	万立方米	385.40
三、气候		
年平均气温	摄氏度	19.2－20.1
年降水量	毫米	832.1－1062.6
日照总时数	小时	2347.0－2512.3
四、水利资源		
市境内理论水能资源蕴藏量	万千瓦	492.9
可开发量	万千瓦	410.1
五、矿产资源保有量		
铁矿	亿吨	45.46
钒(V2O5)	万吨	1178.6
钛(TiO2)	亿吨	4.94
钪(Sc)	万吨	12.80
铬(Cr2O3)	万吨	810.05
镓(Gra)	万吨	11.10
镍(Ni)	万吨	149.42
钴(Co)	万吨	58.67
铜(Cu)	万吨	94.39
煤炭	亿吨	4.88
耐火粘土	万吨	1033
白云岩	万吨	7565
石灰岩	亿吨	2.94
大理石	万立方米	5700
石墨	万吨	1553.84
苴却砚原矿石	万吨	1200
花岗石	万立方米	5495

2. 综　　合

CENERAL SURVEY

2－1 国内生产总值

（按当年价格计算）

单位：万元

年份	国内生产总值	第一产业	第二产业	第三产业	人均国内生产总值（元）
1965	9438	2732	4637	2069	292
1966	17009	3066	11273	2670	449
1967	12690	2931	6535	3224	305
1968	10600	2612	4511	3477	242
1969	19210	2634	12683	3893	405
1970	32147	2908	23785	5454	608
1971	37983	3780	28472	5731	652
1972	34975	3614	25032	6329	561
1973	41443	3697	30608	7138	628
1974	40024	3635	29194	7195	577
1975	45518	3934	32841	8743	630
1976	39024	3750	26144	9130	525
1977	49612	4038	35753	9821	644
1978	66910	4624	51095	11191	851
1979	68002	4819	51728	11455	857
1980	75300	7077	58174	10049	942
1981	66785	6602	52631	7552	829
1982	75571	7843	56850	10878	932
1983	84115	7927	64183	12005	1032
1984	97348	10796	73359	13193	1184
1985	117717	11930	88251	17536	1405
1986	134925	12831	100757	21337	1590
1987	158038	15839	116419	25780	1846
1988	193905	18523	140811	34571	2224
1989	223415	21867	163644	37904	2517
1990	216420	23785	148530	44105	2399
1991	292331	25634	208373	58324	3203
1992	348955	28318	249735	70902	3786
1993	565188	35520	435663	94005	6075
1994	719001	47867	529183	141951	7667
1995	809314	63616	557377	188321	8508
1996	894596	69141	608413	217042	9225
1997	985476	75958	659671	249847	10017
1998	1049112	78932	734658	235522	10521
1999	1083057	78206	755147	249704	10707
2000	1145225	78799	785377	281049	11184

2-2 国内生产总值构成

（按当年价格计算） 单位:%

年份	国内生产总值	第一产业	第二产业	#工业	第三产业	#运输邮电业	#商业
1965	100	28.95	49.13		21.92		
1966	100	18.02	66.28		15.70		
1967	100	23.10	51.50		25.40		
1968	100	24.64	42.56		32.80		
1969	100	13.71	66.02		20.27		
1970	100	9.05	73.99		16.96		
1971	100	9.95	74.96		15.09		
1972	100	10.33	71.57		18.10		
1973	100	8.92	73.86		17.22		
1974	100	9.08	72.94		17.98		
1975	100	8.64	72.15		19.21		
1976	100	9.61	66.99		23.40		
1977	100	8.14	72.06		19.80		
1978	100	6.91	76.36	84.17	16.73	29.89	31.94
1979	100	7.09	76.09	87.13	16.82	30.72	32.96
1980	100	9.40	77.26	88.67	13.34	30.09	41.25
1981	100	9.89	78.81	87.73	11.30	31.63	36.76
1982	100	10.38	75.23	88.00	14.39	22.60	40.01
1983	100	9.42	76.30	88.00	14.28	21.67	38.13
1984	100	11.09	75.36	89.00	13.55	20.28	32.97
1985	100	10.13	74.97	89.37	14.90	16.56	29.04
1986	100	9.51	74.68	88.70	15.81	18.02	28.70
1987	100	10.02	76.67	87.25	16.31	15.55	26.12
1988	100	9.55	72.62	83.00	17.83	13.79	32.34
1989	100	9.79	73.25	84.27	16.96	18.45	25.44
1990	100	10.99	68.63	83.70	20.38	19.54	25.62
1991	100	8.77	71.28	80.58	19.95	22.74	25.80
1992	100	8.12	71.57	75.71	20.31	19.67	32.15
1993	100	6.28	77.08	80.62	16.64	19.05	34.18
1994	100	6.66	73.60	80.11	19.74	17.44	33.06
1995	100	7.86	68.87	76.24	23.27	20.22	31.40
1996	100	7.73	68.01	72.87	24.26	19.13	31.21
1997	100	7.71	66.94	73.45	25.35	18.92	31.30
1998	100	7.52	70.03	78.78	22.45	24.28	35.17
1999	100	7.22	69.72	86.18	23.06	24.90	34.02
2000	100	6.90	68.60	88.76	24.50	26.17	33.09

2－3 国内生产总值指数

（上年＝100） 单位：%

年份	国内生产总值	第一产业	第二产业	第三产业	人均国内生产总值
1965	100.0	100.0	100.0	100.0	100.0
1966	119.8	110.2	238.8	126.7	151.0
1967	73.5	94.2	57.1	118.9	66.9
1968	83.5	89.1	69.0	107.8	79.3
1969	182.0	101.2	282.5	112.4	167.9
1970	167.5	110.5	187.7	140.3	150.6
1971	123.1	129.8	126.3	104.9	119.8
1972	87.8	95.1	82.7	109.8	85.6
1973	117.5	101.5	121.3	111.9	110.8
1974	96.3	98.3	95.1	100.5	91.6
1975	113.3	107.6	112.1	121.1	108.8
1976	85.4	95.0	79.3	104.0	83.0
1977	136.8	107.7	151.2	107.6	122.6
1978	125.8	114.9	129.8	114.3	132.8
1979	101.3	103.9	101.0	101.6	100.4
1980	102.6	134.8	104.3	86.7	102.7
1981	88.7	94.2	90.5	78.3	87.4
1982	106.8	112.1	102.0	128.0	106.1
1983	108.1	98.1	109.6	107.0	107.5
1984	108.3	127.5	107.0	104.9	124.4
1985	106.9	94.7	112.3	91.0	118.3
1986	105.6	101.9	103.8	117.0	102.3
1987	108.9	108.1	108.1	113.1	107.9
1988	110.3	92.8	110.7	117.1	108.3
1989	106.2	105.5	107.2	102.5	104.3
1990	97.2	105.5	92.0	116.4	95.6
1991	120.4	107.9	121.1	125.0	119.0
1992	109.7	104.0	109.0	115.1	108.6
1993	117.6	107.1	119.8	115.0	116.5
1994	111.9	109.1	113.2	109.0	111.3
1995	109.1	109.9	108.4	111.3	105.8
1996	107.8	109.8	106.7	110.3	105.7
1997	109.4	103.2	109.8	110.3	107.8
1998	105.9	98.8	105.6	109.5	104.5
1999	103.3	101.3	101.7	109.4	101.8
2000	107.0	103.0	106.5	109.7	105.7

2-3 续表 单位:%

年份	国内生产总值				人均国内生产总值
	1965年=100	1970年=100	1978年=100	1980年=100	1965年=10
1965	100.0				100.0
1966	119.8				151.0
1967	88.1				101.0
1968	73.5				80.1
1969	133.8				134.5
1970	224.1	100.0			202.6
1971	275.9	123.1			242.7
1972	242.2	108.1			207.7
1973	284.6	127.0			230.2
1974	274.1	122.3			210.8
1975	310.5	138.6			229.4
1976	265.2	118.3			190.4
1977	362.7	161.9			233.4
1978	456.3	203.6	100.0		309.9
1979	462.3	206.3	101.3		311.2
1980	474.3	211.7	103.9	100.0	319.6
1981	420.7	187.7	92.2	88.7	279.3
1982	449.3	200.5	98.5	94.7	296.3
1983	485.7	216.7	106.4	102.4	318.6
1984	526.0	234.7	115.3	110.9	396.3
1985	562.3	250.9	123.2	118.6	468.8
1986	593.7	265.0	130.1	125.2	479.6
1987	646.6	288.6	141.7	136.3	517.5
1988	713.2	318.3	156.3	150.4	560.4
1989	757.4	338.0	166.0	159.7	584.5
1990	736.2	328.6	161.3	155.2	558.8
1991	886.4	395.6	194.3	186.9	665.0
1992	972.3	434.0	213.1	205.0	722.2
1993	1143.5	510.3	250.6	241.1	841.4
1994	1279.6	571.1	280.4	269.8	936.4
1995	1396.0	623.0	305.9	294.4	990.7
1996	1504.9	671.6	329.8	317.3	1047.2
1997	1646.3	734.8	360.8	347.1	1128.9
1998	1743.5	778.0	382.1	367.6	1179.7
1999	1801.0	803.7	394.7	379.7	1200.9
2000	1927.1	860.0	422.2	406.3	1269.2

2-4 国民生产总值构成项目

(2000 年) 单位:万元

	国民生产总值	国内生产总值				国外或地区外净要素收入
			第一产业	第二产业	第三产业	
增加值	1135698	1145225	78799	785377	281049	-9527
其中:劳动者报酬		519395	65243	329303	124849	-
固定资产折旧		257162	1495	208100	47567	-
生产税净额		215834	2414	170838	42582	-
其中:补贴		45545	9953	35592		-
营业盈余		152834	9647	77136	66051	-
按可比价计算						
2000 年	636017	641971	72706	454188	145077	-5954
1999 年	593614	599997	41463	426285	132249	-6383
2000 年为 1999 年的 %	107.1	107.0	103.0	106.5	109.7	93.3

2-5 按支出法计算的国内生产总值

单位:万元

	按当年价格计算		按可比价格计算		2000年为1999年%
	1999 年	2000 年	1999 年	2000 年	
国内生产总值	1083057	1145225	599997	641971	107.0
一 、最终消费	499702	507468	254115	260708	102.6
居民消费	459350	467343	229943	236667	102.9
农业居民	95593	99172	50138	51763	103.2
非农业居民	363757	368171	179805	184904	102.8
政府消费	40352	40125	24172	24041	99.5
二、资本形成总额	619137	654915	362470	389433	107.4
固定资产形成总额	467232	501757	253796	279238	110.0
存货增加	151905	153158	108674	110195	101.4
三、货物和服务净出口	-35782	-17158	-16588	-8170	49.3
出口	138610	142131	78190	80300	102.7
进口	174392	159289	94778	88470	93.3

2－6 按行业划分的资本形成总额

（2000 年按当年价格计算） 单位：万元

	1999 年	2000 年
固定资产形成总额	467232	501757
第一产业	5267	5296
1.农林牧渔业	5267	5296
第二产业	414993	449491
2.工业	385661	420073
采掘业	14806	14703
制造业	98279	98765
电力、煤气及水的生产和供应业	272576	306605
3.建筑业	29332	29418
第三产业	46972	46970
4.交通运输、仓储及邮电通信业	12318	12329
5.批发和零售贸易、餐饮业	9783	9781
6.金融保险业	9816	9840
7.房地产业	3527	3513
8.其他行业	11528	11507
存货增加	151905	153158
第一产业	126	127
1.农林牧渔业	126	127
第二产业	115029	116215
2.工业	95639	96489
3.建筑业	19390	19726
第三产业	36750	36816
4.交通运输、仓储及邮电通信业	2872	2881
5.批发和零售贸易、餐饮业	31505	31565
6.其他行业	2373	2370

2－7 国民总消费

（按当年价计算）

	单位	1999 年	2000 年
最终消费	万元	499702	507468
一、居民消费	万元	459350	467343
1.农村居民	万元	95593	99172
自给性消费	万元	31634	32617
商品性消费	万元	46807	47921
文化生活服务性消费	万元	10637	11634
住房及水电消费	万元	6515	7000
其中：住房消费	万元	5037	5634
2.城镇居民	万元	363757	368171
商品性消费	万元	282884	285097
文化生活服务性消费	万元	54706	55920
住房及水电消费	万元	26167	27154
其中：住房消费	万元	15343	16158
二、政府消费	万元	40352	40125

2－8　国民经济主要指标

指　标　名　称	计量单位	2000年	1999年	2000年比1999年±%
1.年末总人口	万人	103.01	101.80	1.19
2.国内生产总值(当年价)	亿元	114.52	108.31	7.0
#第三产业增加值	亿元	28.10	24.97	9.7
3.农林牧渔业总产值(90价)	亿元	6.70	6.45	3.88
主要农产品产量				
粮食	万吨	22.85	22.69	0.71
甘蔗	万吨	34.12	28.21	20.95
蔬菜	万吨	32.70	35.20	－7.10
水果	万吨	3.00	2.88	4.10
猪牛羊肉	万吨	4.22	4.11	3.25
水产品	吨	4585	4067	12.74
蚕茧	吨	1095	968	13.12
4.全部工业总产值(90价)	亿元	115.85	96.62	19.90
#国有及500万元以上非国有	亿元	90.15	75.15	19.96
主要工业产品产量				
钢	万吨	363	335	8.40
生铁	万吨	415	395	5.06
成品钢材	万吨	275	255	7.84
钒渣(折)	万吨	13.91	13.45	3.42
焦炭	万吨	297	281	5.69
原煤	万吨	619	626	－1.12
发电量	亿千瓦时	116.65	80.87	44.24
水泥	万吨	73	97	－24.74
糖	万吨	2.95	2.00	47.90
饮料酒	万吨	3.61	3.77	－4.24
5.社会消费品零售总额	亿元	38.57	35.71	8.01
6.全社会固定资产投资	亿元	33.51	42.78	－21.67
#基建	亿元	19.13	33.18	－42.34
技改	亿元	6.37	3.86	65.03
#国有	亿元	26.46	38.47	－31.22
在总计中:住宅	亿元	5.81	6.21	6.88
7.财政收入	亿元	6.90	8.66	
财政支出	亿元	12.10	11.70	3.42
8.出口创汇	万美元	18977	16662	13.89
#地方	万美元	1568	1054	－32.78
9. 邮电业务总量	万元	43683	27479	58.97
10.城市居民消费价格指数	%	100.5	98.2	下降1.8个百分点
城市商品零售价格指数	%	99.2	97.0	下降3个百分点
11.城市居民人均可支配收入	元	6732	6676	0.84
农民人均纯收入	元	2439	2381	2.43
12.人均国内生产总值(当年价)	元	11184	10707	5.68
13.人均财政收入	元	674	856	
14.人均期末储蓄存款余额	元	7392	7050	4.85

2-9　国民经济主要指标及平均发展速度

指标名称	计量单位	1990年	1992年	1995年	2000年	91-95年平均递增%	96-00年平均递增%
1.国内生产总值(当年价)	亿元	21.64	34.89	80.93	114.52	13.7	6.7
2.农林牧渔业总产值(90价)	亿元	3.83	4.38	5.61	6.70	7.9	3.6
3.全部工业总产值(90价)	亿元	38.17	47.89	70.14	113.51	12.9	10.1
#乡及乡以上工业	亿元	37.77	47.21	66.80	90.15	12.1	
4.全社会消费品零售总额	亿元	9.34	13.10	24.20	38.57	21.0	9.8
5.全社会固定资产投资	亿元	9.37	25.74	58.97	33.51	34.2	-10.7
6.财政收入	亿元	3.30	5.08	7.04	6.90	32.3	5.6
财政支出	亿元	1.99	3.23	9.53	12.10	36.8	4.9
7.出口创汇	万美元	2647	7235	14950	18977	41.4	4.9
#地方	万美元			707	404		-10.6
8.城市居民人均可支配收入	元	1568	2376	5443	6732	28.3	4.3
农村居民人均纯收入	元	619	770	1448	2439	18.5	11.0
9.人均国内生产总值	元	2399	3786	8508	11184	12.1	5.1
10.人均财政收入	元	366	551	740	674	30.9	4.1
11.人均期末储蓄存款余额	元	848	1493	3953	7392	36.1	13.3
12.城市居民消费价格指数	%	102.4	111.4	121.2	99.6	16.8	3.9
城市商品零售价格指数	%	100.9	108.7	119.0	96.7	14.3	0.9

注:"乡及乡以上工业"1999年为全部国有及年销售收入500万元以上非国有工业;财政收入速度按同口径计算。

2－10 国民经济主要比例关系

单位：%

	1985 年	1990 年	1992 年	1995 年	1997 年	2000 年
一、国内生产总值中三次产业比例	100	100	100	100	100	100
第一产业	10.1	11.0	8.1	7.8	7.7	6.9
第二产业	75.0	68.6	71.6	68.9	66.9	68.6
第三产业	14.9	20.4	20.3	23.3	25.4	24.5
二、工农业总产值中农轻重工业比例	100	100	100	100	100	100
农业	7.7	7.1	8.4	7.4	7.3	6.5
轻工业	7.2	10.6	7.8	7.2	5.5	3.8
重工业	85.1	82.3	83.8	85.4	87.2	89.7
三、工业总产值中轻重工业比例	100	100	100	100	100	100
轻工业	7.8	10.6	8.6	7.8	6.0	4.0
重工业	92.2	89.4	91.4	92.2	94.0	96.0
四、工业总产值中所有制性质比例	100	100	100	100	100	100
国有	92.5	83.7	82.6	58.8	58.7	64.5
集体	6.3	13.7	15.9	27.1	32.9	14.7
其他	1.2	2.6	1.5	14.1	8.4	20.8
五、工业总产值中中央和地方比例	100	100	100	100	100	100
中央	84.0	73.6	72.1	62.5	55.3	68.2
地方	16.0	26.4	27.9	37.5	44.7	31.8
六、固定资产投资额中结构比例	100	100	100	100	100	100
国有固定资产投资	90.6	94.3	97.7	94.7	96.1	79.0
#第一产业	1.5	0.6	0.7	0.6	0.3	0.1
第二产业	82.9	92.9	93.8	88.1	91.1	65.4
第三产业	15.6	6.5	5.5	11.3	8.6	34.5
七、财政收入占国内生产总值比例	16.2	15.2	14.6	16.6	16.9	13.1
八、农.林.牧.渔业总产值中结构比	100	100	100	100	100	100
农业	68.2	60.8	58.8	54.2	58.6	56.9
林业	6.9	6.6	6.5	10.4	7.4	4.1
牧业	23.8	30.3	32.2	33.3	31.1	35.7
渔业	1.1	2.3	2.5	2.1	2.9	3.3
九、人口比例	100	100	100	100	100	100
#农业人口	51.7	50.7	49.6	48.3	47.3	46.7
非农业人口	48.3	49.3	50.4	51.7	52.7	53.3
十、社会从业人员比例	100	100	100	100	100	100
第一产业	45.1	43.9	44.1	39.1	39.2	37.6
第二产业	41.1	40.7	43.6	43.8	43.5	40.6
第三产业	13.8	15.4	12.3	17.1	17.3	21.8

2－11 攀枝花市的一天

	计量单位	1992 年	1997 年	2000 年
一、生产				
国内生产总值(现价)	万元	956	2700	3138
财政收入	万元	139	273	189
工农业总产值(90 价)	万元	1432	2226	3294
#工业总产值	万元	1312	2135	3110
钢	吨	6581	8082	9932
生铁	万吨	0.78	0.98	1.14
成品钢材	吨	2726	5644	7523
钒渣(折)	吨	177	261	381
焦炭	吨	6089	7644	8141
发电量	万千瓦小时	700	892	3196
原煤	万吨	1.58	1.92	1.70
水泥	吨	1752	2904	2000
糖	吨	81	69	81
饮料酒	吨	65	98	99
二、消费				
社会消费品零售总额	万元	359	880	1057
城市居民人均消费支出	元	5.48	13.86	15.72
市区非农业居民人均消费量				
粮食	克	340	286	286
食用植物油	克	24	23	27
猪肉	克	82	85	93
牛羊肉	克	9	7	7
家禽	克	13	22	31
鲜蛋	克	25	32	30
鱼	克	17	18	20
食糖	克	5	5	6
卷烟	支	3	2	2
鲜瓜果	克	115	144	155
鲜菜	克	488	410	433
三、人口				
出生	人	28	37	39
死亡	人	13	13	14
结婚	对	25	35	27
离婚	对	2	3	6

2－12 工、农业总产值

单位:万元

	年份	工业总产值	轻工业	重工业	农林牧渔业总产值	农业	林业	牧业	渔业
按一九五七年不变价	1965	498	267	231	3724	2721	417	583	3
	1966	2507	476	2031	4225	2984	399	839	3
	1967	4161	417	3744	4078	2854	388	833	3
	1968	2821	384	2437	3676	2812	79	782	3
	1969	6136	445	5691	3749	2863	75	808	3
	1970	12678	707	11971	4175	3169	79	924	3
	1971	20904	735	20169	5610	4506	81	1020	3
按一九七0年不变价	1971	22594	902	21692	5610	4506	81	1020	3
	1972	28529	1812	26717	5266	4291	93	879	3
	1973	44554	2387	42167	5496	4306	70	1117	3
	1974	45974	3020	42954	5396	4169	98	1125	4
	1975	55714	3012	52702	5816	4599	105	1107	5
	1976	45825	3219	42606	5584	4354	74	1149	7
	1977	64415	4088	60327	6016	4600	204	1208	4
	1978	87981	5467	82514	6857	5372	201	1281	3
	1979	99533	5243	94290	7013	5380	199	1428	6
	1980	106561	5995	100566	7494	5766	258	1460	10
	1981	95397	6235	89162	7051	5339	193	1507	12
按一九八0年不变价	1981	111762	6477	105285	9339	6838	374	2105	22
	1982	117993	6920	111073	10215	7181	622	2379	33
	1983	127662	7852	119810	10671	7660	474	2497	40
	1984	140343	9153	131190	12772	9412	568	2743	49
	1985	146873	11692	135181	12219	8486	757	2917	59
	1986	156413	13933	142480	12332	8295	878	3065	94
	1987	167632	13968	153664	13263	8629	1039	3466	129
	1988	177810	19308	158502	13268	8262	1042	3804	160
	1989	190620	20972	169648	14028	8751	991	4104	182
	1990	197848	22609	175239	15043	9310	907	4629	197
按一九九0年不变价	1990	381663	35917	345746	38280	22977	3233	11556	514
	1991	436666	37524	399142	41442	24904	3977	11966	595
	1992	478923	40791	438132	43811	25234	3956	13995	626
	1993	542271	44835	497436	46307	25932	4367	15124	884
	1994	622151	38190	583961	50830	28366	4639	16842	983
	1995	701358	54784	646574	56094	30412	5841	18671	1170
	1996	725412	60776	664636	60449	32785	6229	20038	1397
	1997	812545	55445	757100	63943	34852	6157	21226	1708
	1998	864668	54650	810018	63500	34871	5026	21999	1604
	1999	966183	100881	865302	64496	36454	3709	22594	1739
	2000	1135148	69639	1069509	66991	37708	4027	23095	2161

2－13 主要经济指标历史资料

年份	年末总人口（万人）	国内生产总值(现价)（万元）	第一产业（万元）	第二产业（万元）	第三产业（万元）	人均国内生产总值(现价)（元）
1952	27.20	2038	1702	66	270	75
1957	29.55	2973	2126	190	657	101
1962	27.05	3082	1964	179	939	111
1965	34.76	9438	2732	4637	2069	292
1970	56.05	32147	2908	23785	5454	608
1975	73.08	45518	3934	32841	8743	630
1978	78.89	66910	4624	51095	11191	851
1980	80.12	75300	7077	58174	10049	942
1985	84.91	117717	11930	88251	17536	1405
1990	90.85	216420	23785	148530	44105	2399
1991	91.72	292331	25634	208373	58324	3203
1992	92.63	348955	28318	249735	70902	3786
1993	93.43	565188	35520	435663	94005	6075
1994	94.10	719001	47867	529183	141951	7667
1995	96.15	809314	63616	557377	188321	8508
1996	97.82	894596	69141	608413	217042	9225
1997	98.93	985476	75958	659671	249847	10017
1998	100.51	1049112	78932	734658	235522	10521
1999	101.80	1083057	78206	755147	249704	10707
2000	103.01	1145225	78799	785377	281049	11184

2-13 续表1

年份	国内生产总值指数 1952=100	#第一产业（%）	第二产业（%）	第三产业（%）	从业人员（万人）	第一产业（万人）	第二产业（万人）	第三产业（万人）
1952	100.0	100.0	100.0	100.0	10.64	10.25	0.28	0.11
1957	130.4	126.5	182.9	161.0	13.11	12.11	0.75	0.25
1962	129.6	122.5	191.5	193.6	11.61	10.48	0.82	0.31
1965	275.0	145.2	5215.2	305.9	17.72	12.89	3.85	0.98
1970	616.2	150.2	26018.0	783.3	31.84	16.20	13.62	2.02
1975	853.8	199.0	35142.3	1228.7	37.39	17.14	17.47	2.78
1978	1254.9	234.0	54692.7	1374.9	42.04	17.16	20.01	4.87
1980	1304.2	327.7	57614.9	1211.1	42.95	18.00	20.23	4.72
1985	1546.3	409.9	70041.9	1239.8	45.31	20.43	18.61	6.27
1990	2024.6	466.4	85804.7	2292.2	52.37	23.00	21.32	8.05
1991	2437.6	503.2	103909.5	2865.3	55.20	24.87	23.07	7.26
1992	2674.1	523.3	113261.4	3297.8	56.51	24.93	24.62	6.96
1993	3144.7	560.5	135687.1	3792.5	56.84	24.98	24.83	7.03
1994	3518.9	611.5	153597.8	4133.8	57.69	22.33	26.80	8.56
1995	3839.1	672.0	166500.1	4601.0	60.82	23.77	26.63	10.42
1996	4138.5	737.9	177655.6	5074.9	61.58	23.76	26.84	10.98
1997	4527.6	761.5	195065.8	5597.6	62.40	23.60	26.84	11.96
1998	4794.7	752.4	205989.5	6129.3	62.52	23.61	26.75	12.16
1999	4938.5	762.2	209491.3	6705.5	63.20	23.62	26.94	12.64
2000	5284.2	785.1	223108.3	7355.9	63.52	23.91	25.79	13.82

2-13 续表2

年份	职工人数（万人）	职工工资总额（万元）	财政收入（万元）	财政支出（万元）	固定资产投资总额（万元）	国有经济（万元）	集体经济（万元）	其他投资（万元）
1952	0.10	27	104	72	18	18	0	0
1957	0.44	114	197	137	69	69	0	0
1962	0.93	453	347	241	14	14	0	0
1965	5.76	2076	596	341	12666	12666	0	0
1970	17.01	9749	1974	2485	52213	52213	0	0
1975	22.19	13806	6377	3604	20121	20121	0	0
1978	25.21	17202	9721	5706	24617	24671	0	0
1980	25.17	22292	8347	5291	12211	12211	0	0
1985	24.68	33156	19067	9141	35420	32085	2666	669
1990	28.45	75592	32964	19903	93725	88338	3778	1609
1991	30.07	87988	42414	23987	175830	171085	2356	2389
1992	31.16	99901	50787	32319	257415	251919	3208	2288
1993	30.54	135907	94449	49848	362686	333207	24872	4607
1994	31.00	184304	60100	71278	449472	409135	22478	17859
1995	31.61	213425	70425	95286	589667	558456	17246	13965
1996	31.73	235762	89472	112682	725853	701789	11233	12831
1997	29.62	233630	99555	128993	801441	770313	16266	14862
1998	29.35	235709	99953	129519	683446	634642	10753	38051
1999	29.70	237022	86572	116982	427818	384650	9284	33884
2000	28.19	258154	69033	120998	335123	264629	15007	55487

2-13 续表3

年份	城乡居民储蓄存款余额（万元）	城镇居民（万元）	农村居民（万元）	居民人均消费水平（元/人）	农村居民消费水平（元/人）	城镇居民消费水平（元/人）
1952	4	4	0	43	41	94
1957	46	22	24	51	49	118
1962	56	39	17	71	64	155
1965	250	214	36	98	81	219
1970	681	609	72	146	91	245
1975	1407	1278	129	186	98	302
1978	2094	1930	164	223	102	343
1980	3804	3668	136	257	105	365
1985	17457	15231	2226	536	334	747
1990	77082	69170	7912	959	585	1345
1991	102610	91963	10647	1164	557	1785
1992	138317	123676	14641	1335	545	2124
1993	167952	150662	17290	1679	811	2939
1994	248232	224604	23628	2581	1114	4038
1995	380045	344019	36026	3191	1448	4852
1996	495954	448775	47179	3655	1755	5409
1997	547247	496682	50565	4323	2083	6348
1998	645246	590490	54756	4338	2052	6367
1999	717650	659395	58255	4541	2021	6755
2000	761403	703972	57431	4564	2073	6747

2－13 续表4

年份	全部工业总产值（现价）（万元）	国有工业（万元）	集体工业（万元）	城乡个体工业（万元）	其他工业（万元）
1952	111	17	11	83	0
1957	317	251	49	17	0
1962	335	279	56	0	0
1965	498	429	69	0	0
1970	12678	12550	128	0	0
1975	55714	54742	972	0	0
1978	91582	89820	1762	0	0
1980	113157	109498	3659	0	0
1985	165047	153312	10778	337	620
1990	341295	291045	46595	2304	1351
1991	449952	388794	56045	3501	1612
1992	536697	445996	83794	3410	3497
1993	1045771	863900	152900	7258	21713
1994	1256051	1005432	204300	3544	42775
1995	1214500	893381	234976	14708	71435
1996	1261826	874426	305440	17827	64133
1997	1372315	936310	312884	24235	98886
1998	1507902	954186	358889	48969	145858
1999	1618059	996083	240849	42296	338831
2000	1821308	1175514	266847	61638	317309

2-13 续表5

年份	全部工业总产值指数 1952=100	国有工业（%）	集体工业（%）	城乡个体工业（%）	农林牧渔业总产值（现价）（万元）	#农业（万元）	#林业（万元）	#牧业（万元
1952	100.0	100.0	100.0	100.00	2215	1470	372	371
1957	277.5	1435.3	418.1	21.70	2793	1960	377	454
1962	293.9	1595.2	477.8	0.00	2609	1816	368	423
1965	436.8	2452.8	588.7	0.00	3480	2543	389	545
1970	11121.1	71755.3	1092.2	0.00	3819	2899	72	845
1975	45295.9	289947.0	6864.4	0.00	5231	4137	95	995
1978	71529.3	457033.9	11956.2	0.00	7959	6022	236	1691
1980	86635.0	546160.0	24336.2	0.00	8726	6464	302	1927
1985	101995.1	615879.2	60519.8	316.40	16581	11305	1154	3940
1990	137394.4	756194.8	178375.6	1249.40	35880	21820	2366	10856
1991	157194.8	863181.2	206340.7	1637.8	38820	23968	2611	11302
1992	172274.5	908198.3	282958.8	1643.70	43576	25601	2847	14024
1993	195061.5	932522.4	427141.3	3498.50	53963	31216	3203	17910
1994	223795.3	1007950.4	560622.9	1708.30	69391	44270	3874	19422
1995	252287.1	1046180.9	666440.5	7089.60	93002	54907	6052	29793
1996	260939.6	984952.9	908012.6	4918.50	105858	61261	7947	33728
1997	292282.4	1095081.5	933533.6	7472.80	121973	71454	9017	37944
1998	311031.7	1157126.5	878246.2	13535.10	125407	72396	6654	43206
1999	348267.3	1221866.8	998446.4	11621.00	126425	74175	4890	43860
2000	409171.9	1438838.7	829718.2	27009.94	126117	71725	5109	45057

2-13 续表6

年份	农林牧渔业总产值指数(%)1952年=100	农业(%)	林业(%)	牧业(%)	耕地面积(万公顷)	粮食产量(万吨)	油料产量(万吨)	猪牛羊肉产量(万吨)
1952	100.00	100.00	100.00	100.00	3.15	6.71	0.04	0.18
1957	125.00	132.10	100.50	121.30	3.39	8.95	0.13	0.26
1962	115.70	121.30	97.30	112.10	3.15	8.23	0.06	0.24
1965	154.30	169.90	103.00	144.30	3.37	9.80	0.13	0.37
1970	173.00	197.80	19.50	228.70	3.25	11.69	0.08	0.44
1975	241.00	287.10	25.90	274.00	3.22	13.36	0.09	0.54
1978	284.20	335.30	49.60	317.10	3.17	15.67	0.11	0.68
1980	310.60	359.90	63.70	361.40	3.16	15.82	0.07	0.75
1985	382.40	413.50	96.40	517.20	3.13	16.14	0.09	1.23
1990	470.80	453.70	115.50	820.70	3.11	17.98	0.06	1.88
1991	509.69	491.75	142.08	849.82	3.11	18.40	0.06	2.01
1992	538.80	498.30	141.40	994.00	3.11	18.22	0.07	2.33
1993	569.50	512.10	156.10	1074.10	3.10	18.04	0.05	2.46
1994	625.10	560.20	165.80	1196.20	3.11	19.04	0.07	2.75
1995	728.30	632.90	257.20	1335.90	3.13	20.35	0.08	3.18
1996	766.90	664.40	255.50	1431.80	3.12	21.51	0.08	3.43
1997	786.40	688.20	220.10	1507.50	3.16	22.01	0.07	3.72
1998	781.00	688.60	179.60	1562.40	3.18	21.59	0.07	3.99
1999	794.06	723.03	132.56	1598.59	3.16	22.69	0.07	4.11
2000	824.78	747.90	143.93	1633.63	3.18	22.85	0.09	4.24

2-13 续表7

年份	猪年末头数（万头）	羊年末只数（万只）	大牲畜年末头数（万只）	社会消费品零售总额（万元）	国有经济（万元）	集体经济（万元）	私营经济（万元）	其他经济（万元）
1952	7.60	10.25	5.79	329	257	0	0	72
1957	9.41	12.98	6.58	820	655	134	0	31
1962	8.33	13.52	7.31	1158	869	168	0	121
1965	13.82	23.95	7.10	2546	2326	160	0	60
1970	16.83	31.88	8.70	9996	8852	1039	0	105
1975	22.48	36.79	10.20	13977	12096	1716	0	165
1978	27.17	39.12	10.86	16586	13797	2552	0	237
1980	28.08	39.55	11.08	21310	19008	1821	0	481
1985	36.29	37.23	12.84	38420	18486	14990	0	4944
1990	45.15	36.02	15.29	93437	38241	29415	0	25781
1991	45.77	31.87	15.50	107755	45985	30761	0	31009
1992	45.52	29.67	15.74	130963	57282	32532	0	41149
1993	45.53	29.27	15.66	160886	72886	32804	0	55196
1994	47.33	30.29	15.87	199365	85586	41020	0	72759
1995	50.88	31.86	16.45	242025	94540	53752	500	93233
1996	51.16	32.78	16.44	278400	110585	59685	531	107599
1997	51.72	33.68	16.87	321093	118435	57081	1450	144127
1998	52.91	34.14	16.94	345702	71118	77891	23485	173208
1999	53.50	33.84	16.38	357070	59257	52367	30690	214756
2000	52.54	33.96	16.24	385708	56810	50783	39556	238559

3. 社会发展概况

SURVEY OF SOCIAL DEVELOPMENT

3-1 社会发展概况

指标	计量单位	1998年实有数	1999年实有数	2000年实有数
一、环境				
1.人均耕地面积	平方米	319.1	316.2	310.4
2.市镇人均公共绿地面积	平方米	3.4	3.4	3.4
3.工业废水排放达标率	%	77.0	78.8	90.6
4.工业废气处理率	%	82.6	82.2	82.8
5.工业固体废物综合利用率	%	13.44	17.11	19.16
二、人口				
1.年末总人口	万人	100.5	101.8	103.0
2.年平均人口	万人	99.7	101.2	102.4
3.农业人口	万人	47.0	47.6	48.1
4.非农业人口	万人	53.5	54.2	54.9
5.出生率	‰	13.22	12.77	13.84
6.死亡率	‰	5.06	5.03	5.07
7.离婚人数	万人	0.4	0.5	0.4
8.平均预期寿命	岁	74.2	74.2	74.2
9.文盲率	%	15.6	15.3	7.87
10.人均受教育年数	年	7.8	7.8	7.8
11.总和生育率	个	1.4	1.4	1.4
三、经济基础				
1.国内生产总值	亿元	104.9	108.3	114.5
2.居民消费水平	元	4338	4541	4564
3.社会消费品零售总额	亿元	34.6	35.7	38.6
4.全社会固定资产投资额	亿元	63.3	42.8	33.5
5.地方财政收入	亿元	10.0	8.7	6.9
6.百元资金利税	元	3.34	0.14	2.68
7.社会劳动生产率	元/人	16795	17230	18071
8.第三产业增加值	亿元	23.6	25.0	28.1
四、居民生活				
1.城镇居民人均可支配收入	元	6465	6676	6732
2.农民家庭人均纯收入	元	2270	2381	2439
3.居民储蓄存款余额	亿元	64.5	71.8	76.1
4.市镇住宅人均使用面积	平方米	10.6	11.2	12.1
5.农村饮用自来水人口比重	%	11.54	11.4	10.6
6.城镇居民人均消费支出	元	5206	5821	5738
7.农村居民人均消费支出	元	1844	1746	1868

3-1 续表1

指标	计量单位	1998年实有数	1999年实有数	2000年实有数
五、劳动就业				
1.劳动力资源总数	万人	73.0	77.4	78.5
2.从业人员数	万人	62.5	63.2	63.5
3.农村从业人员数	万人	28.6	29.0	29.2
4.第三产业从业人员数	万人	12.2	12.6	13.8
5.全部职工人数	万人	29.4	29.7	28.2
6.女职工人数	万人	10.2	10.8	8.3
7.农村非农业从业人员数	万人	3.0	3.4	3.0
8.城镇从业人员数	万人	33.9	34.2	34.4
9.城镇失业人员数	万人	1.1	1.0	1.2
10.年末企业实有下岗职工人数	万人	1.1	1.2	0.5
11.城镇安置失业人员就业人数	万人	0.9	0.8	0.9
12.企业下岗职工再就业人数	人次	1.0	0.8	0.9
13.职工工伤伤亡人次数	人次	53	30	118
14.专业技术人员数	万人	6.3	5.5	5.6
15.离休、退休、退职人员数	万人	9.0	7.9	9.0
六、社会保障				
1.民政经费	万元	1724	1843	2133
2.职工福利费用	万元	26956	28775	31365
3.离休、退休、退职人员福利保险费用	万元	70681	60610	75466
4.社会救济对象人数	万人	4.9	10.0	7.8
5.各种社会福利院床位数	张	808	1548	961
6.享受救济困难户频次	人次	10628	47003	16014
7.福利企业职工人数	人	661	949	428
8.福利企业残疾职工人数	人	276	416	226
9.城镇社区服务设施数	个	1230	1326	193
10.基本养老保险的参保职工人数	万人	14	20	115
11.基本医疗保险的参保人数	万人	0	0	0
12.城镇居民最低生活保障网络覆盖面	%	67	100	100
13.农村社会保障网络覆盖面	%	21.79	21.79	21.79
七、卫生保健				
1.卫生经费	万元	10529	10255	9873
2.医生数	人	3010	3033	3703
3.医院床位数	张	4945	5070	5176
4.婴儿死亡率	‰	34.9	32.2	31.5
5.急性传染发病率	十万之一	671.35	868.37	628.90
6.孕产妇死亡率	‰	85.2	81.2	82.0

3-1 续表2

指标	计量单位	1998年实有数	1999年实有数	2000年实有数
八、教育科技				
1.教育经费总支出	万元	12180	11743	12875
2.科技活动经费	万元	1181779	153515	12597
3.学龄儿童入学数	%	99.5	99.5	99.7
4.小学生辍学人数	万人	0.1	0.4	0.0
5.初中学生辍学人数	万人		0.2	0.0
6.小学教师学历合格数	%	95.9	96.4	96.9
7.高中阶段中等职业技术教育学生数	万人	1.2	1.1	0.9
8.高中阶段中等学校学生数	万人	2.0	1.9	1.7
9.普通初中、小学学生数	万人	11.5	11.6	12.9
10.普通初中、小学女学生数	万人	5.5	5.5	5.7
11.从事科技活动人数	万人	0.6	1.0	1.0
12.企业研究与发展经费支出	万元	4950.7	5025.5	6104.6
13.企业产品销售额	万元	1182646	1307768	1452230
14.新产品销售率	%	10.27	9.74	4.67
九、文化体育				
1.文化体育经费	万元	3914	3379	2860
2.艺术表演场所数	个	7	7	7
3.体育场地数	个	615	615	615
4.公共图书馆藏书	万册	40.0	48.3	49.1
5.报纸发行数量	万份	2893.2	2461.1	2447.4
6.广播人口覆盖率	%	89.40	90.4	91.80
7.电视人口覆盖率	%	91.10	92.1	93.70
8.艺术演出观众人次	万人次	28.2	21.9	30.5
十、社会治安				
1.公检法支出占地方财政支出的比重	%	7.61	7.58	7.75
2.律师数	人	109	138	115
3.交通事故起数	起	169	914	4852
4.火灾损失额	万元	147	106	100
5.刑事案件立案数	件	2779	2997	5395
6.重大刑事案件立案数	件	1549	1712	1285
7.治安案件查处数	件	4062	3754	4327
8.刑事案件破案率	%	79.3	75.2	76.7

4. 城 市 概 况

GENERAL SURVEY OF CITIES

4－1 城市基本情况

(2000 年)

指 标 名 称	单位	全 市 (包括市辖县)	市 辖 区 (不包括市辖县)
一、人口、劳动力及土地面积			
年末总人口	万人	103.01	64.87
其中:非农业人口	万人	54.91	50.1
年平均人口	万人	102.40	64.51
暂住人口(一个月以上)	万人	2.8	2.52
年出生人口	人	14168	8968
年死亡人口	人	5197	2872
年末总户数	万户	29.25	18.57
年末单位从业人员数	万人	22.92	21.13
第一产业(农、林、牧、渔业)	万人	0.2	0.07
第二产业	万人	17.14	16.61
(1)采掘业	万人	3.29	3.07
(2)制造业	万人	10.88	10.67
(3)电煤水的生产和供应业	万人	0.57	0.5
(4)建筑业	万人	2.4	2.37
第三产业	万人	5.58	4.45
(1)地质勘查业、水利管理业	万人	0.08	0.06
(2)交通运输储及邮电通信业	万人	0.8	0.77
(3)批发和零售贸易、餐饮业	万人	0.87	0.72
(4)金融、保险业	万人	0.48	0.48
(5)房地产业	万人	0.04	0.04
(6)社会服务业	万人	0.47	0.43
(7)卫生体育和社会福利业	万人	0.48	0.36
(8)教育文化艺术广播电影	万人	1.09	0.66
(9)科研和综合技术服务业	万人	0.07	0.07
(10)国家政党机关和社团	万人	1.19	0.85
(11)其他行业	万人	0.01	0.01
城镇个体从业人员	人	22630	16078
年末城镇登记失业人员数	人	11528	9492
行政区域土地面积	平方公里	7434	2004
其中:建成区面积	平方公里		42
二、综合经济			
(一)国内生产总值(当年价格)	万元	1145225	933391
第一产业增加值	万元	78799	25454
第二产业增加值	万元	785377	682278
其中:工业增加值	万元	697123	605297
第三产业增加值	万元	281049	225659

4-1 续表1 (2000年)

指 标 名 称	单位	全 市（包括市辖县）	市 辖 区（不包括市辖县）
国内生产总值(90年不变价)	万元	641971	523231
㈡财政、金融、保险			
中央财政预算内收入	万元	128600	120059
地方财政预算内收入	万元	69033	63578
地方财政预算内支出	万元	120998	97577
其中:科学事业费支出	万元	1141	1087
教育事业费支出	万元	12875	8583
年末金融机构存款余额	万元	1249610	1094335
其中:城乡居民储蓄年末余额	万元	761403	656779
年末金融机构各项贷款余额	万元	1070124	877660
承保额	万元	2918911	2672293
保费	万元	38452	36519
已决赔款	万元	6989	6259
三、农业			
年末实有耕地面积	千公顷	32	
蔬菜产量	吨	326990	
水果产量	吨	29960	
肉类总产量	吨	45189	
奶类产量	吨	1359	
水产品产量	吨	4858	
四、工业			
国有及销售收入500万元以上的非国有工业经济指标			
工业企业数	个	67	49
内资企业	个	65	48
港、澳、台商投资企业	个	1	
外商投资企业	个	1	1
工业总产值(当年价)	万元	1564348	1371071
内资企业	万元	1541561	1369104
港、澳、台商投资企业	万元	20820	
外商投资企业	万元	1967	1967
从业人员年平均人数	万人	15.48	14.87
流动资产年平均余额	万元	1010401	897357
固定资产净值年平均余额	万元	3899255	1351707
产品销售收入	万元	1563763	1374107
其中:产品销售税金及附加	万元	15368	11437
本年应交增值税	万元	118095	91182

4-1 续表2 (2000年)

指 标 名 称	单位	全 市 (包括市辖县)	市 辖 区 (不包括市辖县)
利润总额	万元	-1837	53893
年销售收入500万元以下的非国有工业企业经济指标			
工业企业数	个	2909	1138
工业总产值(当年价)	万元	256960	210261
五、交通运输、邮电通信、电力			
铁路客运量	万人	150	
铁路货运量	万吨	1466	
境内铁路里程	公里	181	
民用汽车拥有量	辆	27027	
其中:私人汽车拥有量	辆	12589	
公路客运量	万人	1900	
公路货运量	万吨	1671	
境内公路里程	公里	989	
水运客运量	万人	27	
水运货运量	万吨	3	
民用航空货邮运量	吨		
民用航空客运量	人		
年末邮电局(所)数	处	184	82
邮电业务总量(1990年不变价)	万元	43683	40160
本地电话用户数	万户	14.78	13
年末移动电话用户数	户	79700	74730
国际互联网用户数	户	4756	4726
能源消费量	万吨	600	510
全年用电量	万千瓦时	258412	246718
其中:工业用电	万千瓦时	228619	220463
城乡居民生活用电	万千瓦时	18159	15232
六、贸易、外经、旅游			
批发零售贸易业商品销售总额	万元	162895	131204
限额以上批发零售贸易企业数	个	44	38
其中:零售业:			
按经营方式分组			
1.连锁商店	个		
2.非连锁商店	个	13	11
按零售业态分组			
1.百货商店	个	8	6
2.超级市场	个	2	2

4-1 续表3 (2000年)

指标名称	单位	全市（包括市辖县）	市辖区（不包括市辖县）
限额以上餐饮企业数	个	4	4
外国和港澳台地区在华直接投资			
当年新签项目(合同)个数	个	5	4
当年合同外资金额	万美元	669	669
当年实际使用外资金额	万美元	80	80
已投产(开业)企业数	个	11	10
从业人员数	人	2500	2230
国际旅游者人数	人	715	
外国人	人	643	
华侨	人		
港、澳、台同胞	人	72	
国际旅游收入	万美元	35	
七、固定资产投资			
固定资产投资完成额	万元	335123	296376
其中:住宅	万元	61110	60618
房地产开发投资完成额	万元	32221	32221
其中:住宅	万元	18219	18219
全年新增固定资产	万元	253271	229419
本年施工住宅面积	万平方米	113.25	109.25
本年竣工住宅面积	万平方米	87.96	83.64
商品房屋销售面积	万平方米	5.76	5.76
其中:销售给个人	万平方米	2.9	2.9
商品房屋空置面积	万平方米	1.55	1.55
商品房屋销售额	万元	11582	11582
其中:销售给个人	万元	7354	7354
八、教育、科技、文化、卫生			
学校数			
高等学校	所	1	1
中等专业学校	所	6	6
普通中学	所	80	57
小学	所	569	220
专任教师数			
高等学校	人	337	337
中等专业学校	人	615	615
普通中学	人	3647	2566
小学	人	4582	2565
在校学生数			
高等学校	人	2653	2653

4－1 续表4 (2000年)

指标名称	单位	全市(包括市辖县)	市辖区(不包括市辖县)
中等专业学校	人	6296	6296
普通中学	万人	4.71	3.25
小学	万人	8.17	4.25
成人高等教育学校在校学生数	人	1300	1300
各类专业技术人员数	万人	5.58	5.02
其中:中级技术职称以上	万人	1.76	1.66
从事科技活动人员数	人	10455	9406
剧场、影剧院数	个	11	9
公共图书馆图书藏量	千册、件	491	389
医院、卫生院数	个	108	41
医院、卫生院床位数	张	5176	4314
医生数	人	3703	3054
九、人民生活			
住宅建筑面积	万平方米		863
住宅使用面积	万平方米		604
居住人口(与面积口径一致)	万人		50.1
在岗职工平均人数	万人	23.19	21.37
在岗职工工资总额	万元	225912	210785
居民人均可支配收入	元		6732
居民人均消费支出	元		5738
其中:(1)食品	元		2418
(2)衣着用品	元		495
(3)家庭设备用品及服务	元		647
(4)医疗保健	元		3200
(5)交通和通讯	元		397
(6)娱乐教育、文化服务	元		740
(7)居住	元		489
每百户拥有空调机	台		12
每百户拥有电冰箱	台		98
每百户拥有家用电脑	台		6
居民消费价格指数(上年为100)			99.6
商品零售价格指数(上年为100)			96.7
职工保险福利费用总额	万元	31365	30699
年末离休、退休、退职人员数	万人	8.95	8.4
离退休退职人员保险福利费用	万元	75466	70690
社会福利院数	个	36	18
社会福利院床位数	张	961	445

4-1 续表5 (2000年)

指 标 名 称	计量单位	全 市（包括市辖县）	市 辖 区（不包括市辖县）
城镇社区服务设施数	个	193	193
居民最低生活保障人数	人	7297	4225
十、社会治安			
交通事故件数	件	4852	4360
刑事案件立案数	件	5395	4470
犯罪人数	人	1013	726
十一、市政公用事业			
年末实有铺装道路面积	万平方米		300
排水管道总长度	公里		329
供水综合生产能力	万吨/日		51
全年供水总量	万吨		12474
生活用水量	万吨		4459
用水人口	万人		51.25
其中:非农业用水人口	万人		46.15
煤气(人工天然气)供气总量	万平方米		109331
其中:家庭用量	万平方米		4565
用煤气人口	人		292200
液化石油气供气总量	吨		3466
其中:家庭用量	吨		3411
用液化气人口	人		92300
年末公共汽(电)车营运车辆数	辆		740
全年公共汽(电)车客运总量	万人次		9167
年末实有出租汽车数	辆		1890
园林绿地面积	公顷		1559
其中:公共绿地面积	公顷		170
建成区绿化覆盖面积	公顷		1684
环境污染治理投资额	万元		3569
工业废水排放总量	万吨		2586
工业废水处理排放达标量	万吨		1320
工业废水处理量	万吨		25841
工业废水处理回用量	万吨		24441
工业废水排放达标量	万吨		2333
工业二氧化硫去除量	吨		667
工业二氧化硫排放量	吨		67646
环境噪声达标面积	平方公里		24
生活垃圾粪便清运量	万吨		22
生活垃圾粪便无害化处理量	万吨		8

4－2 城市设施水平

(2000 年)

	计算单位	1999 年	2000 年
城市人口密度	人/平方公里	320	323
人均拥有两项城市维护建设资金	元	360.1	286.5
住宅：人均使用面积	平方米	11.2	12.1
人均居住面积	平方米	8.0	8.6
用水：人均日生活用量	升	270.1	238.4
用水普及率	%	90.7	92.1
每万人拥有交通车辆	标台	14.6	13.3
用气普及率	%	79.6	76.8
市政工程：			
人均拥有道路面积	平方米	6.0	6.0
排水管道密度	公里/平方公里	7.5	7.8
园林绿化：			
人均公共绿地面积	平方米	3.4	3.4
建成区绿化覆盖率	%	39.4	40.1
垃圾粪便无害化处理率	%	19.0	37.2

4－3 城市维护建设资金收支

单位:万元

	1999 年	2000 年
一、收入合计	17821	14354
两项城市维护资金	5702	6556
城市维护建设税	4501	5245
公共事业附加费	1201	1311
地方财政拨款	2475	853
其他	1045	1630
二、支出合计	18328	14447
用于城市维护建设	17589	13760
基建支出	8575	2131
维护支出	5882	7167
更改支出	3132	4462
偿还贷款	500	300
用于系统外支出	209	355
缴纳税费	30	32

4－4　城市规模、住房、房地产管理

(2000 年)

指标	计算单位	本市	指标	计算单位	本市
一、城市规模和建设用地			二、城市住房面积		
1.城市人口	万人	64.87	1.实有住房面积	万平方米	1491
#非农业人口	万人	50.10	#直管房	万平方米	11
2.城市面积	平方公里	2003.7	2.实有住宅建筑面积	万平方米	863
3.建成区面积	平方公里	42	#直管房	万平方米	6
4.城市用地面积	平方公里	41.5	3.实有住宅使用面积	万平方米	604.1
#居住用地	平方公里	11.3	4.实有住宅居住面积	万平方米	431.5
公共设施用地	平方公里	3.2	5.居住人口	万人	50.10
工业用地	平方公里	17.0	6.缺房户	户	3100
仓储用地	平方公里	1.3	7.解决缺房户	户	9650
对外交通用地	平方公里	4.4	8.本年房屋竣工建筑面积	万平方米	100.22
道路广场用地	平方公里	1.7	#住宅	万平方米	71.10
市镇公共设施用地	平方公里	1.3	9.本年房屋减少建筑面积	万平方米	
绿地	平方公里	1.2	#住宅	万平方米	
特殊用地	平方公里	0.1	10.危险住宅建筑面积	万平方米	0.1
			11.房租收入	万元	206
			12.年末职工人数	人	136

4－5　公用事业

(2000 年)

指标	计算单位	全社会		
			系统内	系统外
一、供水				
综合生产能力	万立方米/日	50.5	16.1	34.4
供水总量	万立方米	12474	3519	8955
#生产用量	万立方米	7346	1098	6248
生活用量	万立方米	4459	1752	2707
用水人口	万人	51.25	24.83	26.42
#非农业人口	万人	46.15	22.03	24.12
二、公共交通				
营运车辆	辆	740	397	343
标准营运车数	标台	668	428	240
营运线路长度	公里	315	315	
客运总量	万人次	9167	7665	1502
三、出租汽车	辆	1890	19	1871
四、城市燃气				
供气总量:煤气	万立方米	109381	2460	106871
液化石油气	吨	3466		3466
用气人口	万人	38.45	13.57	24.88

4-6 市政设施、园林绿化

（2000年）

指标	计算单位	全社会	系统内	系统外
道路长度	公里	377	24	353
道路面积	万平方米	300	15	284
人行道面积	万平方米	81	15	66
桥梁数	座	68	6	62
路灯盏数	盏	7065	4276	2789
排水管道长度	公里	329	35	294
污水年排放量	万平方米	8732	2463	6269
防洪堤长度	公里	4		4
绿化覆盖面积	公顷	1684	266	1418
#建成区面积	公顷	1684	266	1418
园林绿地面积	公顷	1559	232	1327
公共绿地面积	公顷	170	137	33
公园个数	个	7	5	2
公园面积	公顷	133	131	2
苗圃面积	公顷	26	2	24
游人量	万人次	106	82	24

4－7 城建系统内公用事业、企业情况

（2000 年）

指标	计算单位	1999 年	2000 年
一、自来水			
1.水厂个数	个	4	4
2.生产能力	万立方米/日	16.1	16.1
3.供水管道长度	公里	144	144
4.供水总量	万立方米	3407	3519
#生产用量	万立方米	1228	1098
生活用量	万立方米	1759	1752
5.用水人口	万人	23.8	24.8
6.工业总产值	万元	1842	4955
7.工业增加值	万元	2324	2314
8.利润总额	万元	166	82
9.年末职工人数	人	551	551
二、公共交通			
1.营运车辆	辆	361	397
2.标准营运车数	标台	406	428
3.营运线路网长度	公里	301	315
4.行驶里程	万车公里	1563	1730
5 客运总量	万人次	7317	7665
6.行车责任事故次数	次	29	23
7.行车责任事故死亡人数	人	5	0
8.利润总额	万元	262	－205
9.年末职工人数	人	1930	1922
三、煤气、天然气			
1.储气能力	万立方米	5	5
2.煤气管道长度	公里	180	189
3.供气总量	万立方米	2339	2460

4-7 续表 (2000年)

指标	计算单位	1999年	2000 年
#家庭用量	万立方米	1777	1781
4.用气户数	户	35984	39492
#家庭户	户	35766	39333
5.年末职工 人数	人	218	222
四、市政设施			
1.道路长度	公里	24	24
2.道路面积	万平方米	15	16
3.人行道面积	万平方米	15	15
4.排水管道长度	公里	34	35
5.污水年排放量	万立方米	2385	2463
6.路灯盏数	盏	4235	4276
7.年末职工人数	人	143	143
五、园林绿化			
1.绿化覆盖面积	公顷	266	266
2.园林绿地面积	公顷	230	232
3.公共绿地面积	公顷	135	137
4.公园面积	公顷	131	131
5.植树量	万株	48	45
六、环境卫生			
1.实际清扫面积	万平方米	106	106
2.生活垃圾清运量	万吨	9	10
3.粪便清运量	万吨	0.05	0.07
4.公共厕所	座	27	27
5.民办保洁队伍人数	人	447	392
6.环卫机械总数	台	32	33

4－8 ”三废”排放处理情况

(2000 年)

指标	计算单位	1999 年	2000 年
一、废水排放量	万吨	7832	6391.81
＃工业废水	万吨	3168	2844.81
＃工业废水排放达标量	万吨	2512	2576.37
工业废水中:镉	吨		
六价铬	吨	0.01	0.07
铅	吨		
砷	吨		
挥发酚	吨	1.63	1.30
氰化物	吨	0.52	0.39
石油类	吨	24.35	14.78
化学需氧量	吨	7812	2559.53
悬浮物	吨	4578	2387.92
硫化物	吨	0.27	0.23
二、工业废气排放量	亿标立方米	839	799.5
＃生产过程排放量	亿标立方米	511	487.8
三、工业烟尘排放量	万吨	5.0	1.23
工业粉尘去除量	万吨	58.4	54.6
四、工业固体废物产生量	万吨	1320	1392.81
工业固体废物处置量	万吨	0.6	5.02
工业固体废物综合利用量	万吨	226	266.87
＃冶练废渣	万吨	35.9	64.51
粉煤灰	万吨	6.4	16.50
炉渣	万吨	23.4	13.86
煤矸石	万吨	58.9	804.22
尾矿	万吨	32.8	289.96
其他	万吨	68.6	625.91
历年工业固体废物累计贮存量	万吨	17046	18140.37
工业固体废物占地面积	万平方米	159.5	211.47
五、工业锅炉	台/蒸吨	122/4032	94/3452.5
＃烟尘排放达标	座	114	87
六、工业炉窑	座	197	210
＃烟尘排放达标	座	146	192

5. 从 业 人 员 和 职 工 工 资

EMPLOYMENT AND WAGE

5－1 历年从业人员

单位：万人

年份	从业人员合计	第一产业	第二产业	第三产业	职工人数	国有	集体	其他
1965	17.72	12.89	3.85	0.98	5.76	4.97	0.79	
1966	22.92	13.57	8.01	1.34	10.38	9.52	0.86	
1967	23.98	14.15	8.44	1.39	10.95	10.01	0.94	
1968	26.17	14.83	9.87	1.47	12.50	11.48	1.02	
1969	28.66	15.63	11.29	1.74	14.26	13.15	1.11	
1970	31.84	16.20	13.62	2.02	17.01	15.81	1.20	
1971	33.61	16.04	15.17	2.40	18.97	17.66	1.31	
1972	34.82	16.39	15.88	2.55	19.99	18.56	1.43	
1973	35.58	16.64	16.34	2.60	20.66	19.11	1.55	
1974	36.39	17.14	16.55	2.70	21.04	19.43	1.61	
1975	37.39	17.14	17.47	2.78	22.19	20.44	1.75	
1976	39.83	17.21	19.01	3.61	23.26	21.40	1.86	
1977	40.38	17.17	19.40	3.81	23.78	21.88	1.90	
1978	42.04	17.16	20.01	4.87	25.21	23.03	2.18	
1979	42.39	17.28	20.01	5.10	25.37	22.55	2.82	
1980	42.95	18.00	20.23	4.72	25.17	22.48	2.69	
1981	41.34	18.73	17.89	4.72	22.77	20.48	2.29	
1982	42.48	19.24	18.07	5.17	23.37	20.88	2.49	
1983	43.63	20.02	18.01	5.60	23.55	20.93	2.62	
1984	43.62	19.98	18.06	5.58	23.63	20.97	2.66	
1985	45.31	20.43	18.61	6.27	24.68	21.61	3.07	
1986	46.64	21.27	18.93	6.44	25.24	21.99	3.25	
1987	48.13	21.70	19.65	6.78	26.22	22.65	3.57	
1988	49.22	22.02	20.07	7.13	26.84	23.10	3.74	
1989	50.65	22.53	20.85	7.27	27.75	23.77	3.98	
1990	52.37	23.00	21.32	8.05	28.45	24.25	4.20	
1991	55.20	24.87	23.07	7.26	30.07	25.16	4.91	
1992	56.51	24.93	24.62	6.96	31.16	25.38	5.78	
1993	56.84	24.98	24.83	7.03	30.54	25.11	5.31	0.12
1994	57.69	22.33	26.80	8.56	31.00	23.53	6.69	0.78
1995	60.82	23.77	26.63	10.42	31.61	24.74	6.10	0.77
1996	61.58	23.76	26.84	10.98	31.73	24.78	6.24	0.71
1997	62.40	23.60	26.84	11.96	29.62	22.94	5.74	0.94
1998	62.52	23.61	26.75	12.16	29.35	22.93	5.03	1.39
1999	63.20	23.62	26.94	12.64	29.70	23.67	4.69	1.34
2000	63.52	23.91	25.79	13.82	28.19	22.74	4.13	1.31

5－2 历年工资总额及平均工资

年份	工资总额（万元）			
	合计	国有	集体	其他
1965	2075.50	1809.85	265.65	
1966	4675.51	4363.63	311.88	
1967	6112.35	5775.41	336.94	
1968	6733.73	6373.01	360.72	
1969	7873.16	7434.26	438.90	
1970	9749.26	9200.24	549.02	
1971	11156.88	10591.86	565.02	
1972	12337.39	11723.14	614.25	
1973	12617.01	11971.73	645.28	
1974	13266.54	12512.39	764.15	
1975	13806.20	12996.44	809.76	
1976	14456.46	13622.05	834.41	
1977	14964.44	14110.08	854.36	
1978	17202.31	16379.81	822.50	
1979	19314.14	18169.62	1144.52	
1980	22291.75	21055.21	1236.54	
1981	22985.40	21808.50	1176.90	
1982	22264.00	20850.80	1413.20	
1983	23437.50	21834.70	1602.80	
1984	29213.40	27296.30	1917.10	
1985	33155.67	30622.72	2492.95	
1986	40975.40	38124.40	2851.20	
1987	45971.60	42324.50	3647.10	
1988	58057.10	53268.30	4770.80	
1989	67273.40	61452.80	5820.60	
1990	75591.50	68833.50	6758.00	
1991	87987.80	78534.00	9444.80	
1992	99900.70	87971.10	11929.60	
1993	135907.4	117534.00	17637.70	669.70
1994	184304.0	151638.20	27858.90	4806.90
1995	213425.2	178066.00	30486.50	4872.70
1996	235761.7	197909.00	32925.70	4927.00
1997	233630.3	191981.40	35257.10	6391.80
1998	235708.8	192938.60	33862.90	8907.30
1999	237022.3	201127.40	26411.10	9483.80
2000	258154.2	220979.70	27573.30	9601.20

5-2 续表

年份	平均工资（元）			
	合计	国有	集体	其他
1965	361	364	344	
1966	578	602	371	
1967	572	591	366	
1968	573	593	361	
1969	587	604	399	
1970	621	635	457	
1971	620	633	452	
1972	634	647	455	
1973	621	636	436	
1974	637	649	493	
1975	640	651	500	
1976	636	651	462	
1977	635	652	449	
1978	700	723	403	
1979	772	807	458	
1980	888	940	459	
1981	960	1007	517	
1982	970	1015	588	
1983	1004	1049	636	
1984	1257	1322	738	
1985	1374	1450	835	
1986	1663	1772	911	
1987	1807	1920	1075	
1988	2216	2360	1317	
1989	2490	2643	1547	
1990	2738	2934	1630	
1991	3007	3203	1994	
1992	3269	4787	3443	
1993	4558	4667	3328	5492
1994	6015	6524	4168	6704
1995	6955	7405	5191	6384
1996	7610	8145	5483	7276
1997	7736	8241	5846	7302
1998	8036	8395	6763	6642
1999	7923	8416	5711	6815
2000	8991	9497	6676	7293

5-3 单位从业人员

(2000 年)　　　　单位:个 人

行业	单位数	单位从业人员年末人数	单位从业人员平均人数	#在岗职工	离开本单位仍保留关系职工平均数
总计	1813	229214	233902	231850	53679
其中:国有控股	322	157496	162346	161103	47011
Ⅰ、国有经济单位合计	1109	182435	187090	185664	45815
一、按隶属关系分组					
1.中央	130	105539	108001	107077	31051
2.省、自治区、直辖市	15	21827	22534	22534	5995
3.地区	321	35684	37114	36819	8295
4.县及县以下	642	19335	19378	19171	463
5.其他	1	50	63	63	11
二、按企业、事业、机关分组					
1.企业	241	147631	152480	151467	45510
(1)中央	121	104585	107056	106132	30947
(2)省、自治区、直辖市	3	21225	21934	21934	5995
(3)地区	68	18768	20346	20270	8187
(4)县及县以下	48	3003	3081	3068	370
(5)其他	1	50	63	63	11
2.事业	437	22924	22920	22603	240
(1)中央	1	306	306	306	104
(2)省、自治区、直辖市	6	88	86	86	
(3)地区	151	12493	12469	12273	57
(4)县及县以下	279	10037	10059	9938	79
3.机关	431	11880	11690	11594	65
(1)中央	8	648	639	639	
(2)省、自治区、直辖市	6	514	514	514	
(3)地区	102	4423	4299	4276	51
(4)县及县以下	315	6295	6238	6165	14
三、按国民经济行业分组					
(一)农、林、牧、渔业	37	1941	1958	1932	85
1.农业	1	51	52	52	
2.林业	18	1299	1297	1297	1
3.畜牧业	2	81	81	81	2
4.农、林、牧、渔服务业	16	510	528	502	82
(二)采掘业	4	23050	23672	23672	6127
1.煤炭采选业	2	22149	22768	22768	6075
2.非金属矿采选业	1	56	56	56	
3.木材及竹材采运业	1	845	848	848	52

5-3 续表1 (2000年) 单位:个、人

	单位数	单位从业人员年末人数	单位从业人员平均人数	#在岗职工	离开本单位仍保留关系职工平均数
(三)制造业	27	83906	83366	83347	25814
1.食品加工业	5	75	88	88	210
2.饮料制造业	1	13	13	13	
3.纺织业	1	159	161	161	33
4.木材加工及竹、藤、棕、草制品业	1	208	225	225	53
5.印刷业、记录媒介的复制	1	209	214	213	78
6.橡胶制品业	1	330	330	330	115
7.非金属矿物制品业	1	140	149	149	
8.黑色金属冶炼及压延加工业	2	81667	81053	81053	23478
9.普通机械制造业	13	785	803	785	1659
10.交通运输设备制造业	1	320	330	330	188
(四)电力、煤气及水的生产和供应业	6	4404	4365	4365	759
1.电力、蒸汽、热水的生产和供应业	3	3631	3608	3608	689
2.煤气生产和供应业	1	229	227	227	
3.自来水的生产和供应业	2	544	530	530	70
(五)建筑业	12	21244	24881	24835	9724
1.土木工程建筑业	11	20007	23657	23611	9367
2.线路、管道和设备安装业	1	1237	1224	1224	357
(六)地质勘查业、水利管理业	9	770	768	744	113
1.地质勘查业	2	507	512	512	112
2.水利管理业	7	263	256	232	1
(七)交通运输、仓储及邮电通信业	27	7314	7796	7573	1767
1.铁路运输业	2	2367	2411	2411	237
2.公路运输业	5	1605	1979	1979	1481
3.水上运输业	1	10	10	10	
4.交通运输辅助业	8	1625	1631	1630	
5.其他交通运输业	1	13	13	13	
6.仓储业	1	41	41	41	6
7.邮电通信业	9	1653	1711	1489	43
(八)批发和零售贸易、餐饮业	69	3240	3834	3791	1201
1.食品、饮料、烟草和家庭用品批发业	24	1409	1795	1762	448
2.能源、材料和机械电子设备批发业	9	594	663	663	264
3.其他批发业	5	85	80	71	5
4.零售业	27	723	805	805	254
5.餐饮业	4	429	491	490	230
(九)金融、保险业	101	3942	4027	3347	16
1.金融业	82	3352	3355	3134	16

5-3 续表2　　(2000年)　　单位:个、人

	单位数	单位从业人员年末人数	单位从业人员平均人数	#在岗职工	离开本单位仍保留关系职工平均数
2.保险业	19	590	672	213	
(十)房地产业	9	346	343	341	
1.房地产开发与经营业	3	111	108	106	
2.房地产管理业	5	233	233	233	
3.房地产代理与经纪业	1	2	2	2	
(十一)社会服务业	47	4407	4386	4378	99
1.公共设施服务业	21	3287	3271	3267	51
2.居民服务业	4	142	96	96	
3.旅馆业	5	709	750	749	3
4.旅游业	3	45	45	45	
5.信息、咨询服务业	8	101	101	98	
6.其他社会服务业	6	123	123	123	45
(十二)卫生、体育和社会福利业	84	4343	4322	4144	13
1.卫生	54	3984	3966	3789	9
2.体育	6	98	97	97	
3.社会福利保障业	24	261	259	258	4
(十三)教育、文化艺术及广播电影电视业	210	10902	10939	10865	30
1.教育	169	9473	9502	9442	
其中:(1)普通高等教育	1	657	660	660	
(2)普通中学	47	3146	3148	3142	
(3)小学校	91	4426	4452	4399	
2.文化艺术业	32	1033	1040	1026	29
3.广播电影电视业	9	396	397	397	1
(十四)科学研究和综合技术服务业	29	658	655	648	2
1.科学研究业	2	121	123	123	
(1)自然科学研究	2	121	123	123	
2.综合技术服务业	27	537	532	525	2
(1)气象	6	88	86	86	
(2)地震	1	2	2	2	
(4)技术监督	5	78	78	78	1
(6)环境保护	2	67	67	67	
(7)技术推广和科技交流服务业	4	25	25	25	
(8)工程设计业	4	250	247	241	
(9)其他综合技术服务业	5	27	27	26	1
(十五)国家机关、政党机关和社会团体	431	11880	11690	11594	65
其中:国家机关	373	10985	10831	10747	57
政党机关	36	765	727	715	6
(十六)其他行业	7	88	88	88	
其中:企业管理机构	4	54	54	54	

5-3 续表3 (2000年) 单位:个、人

	单位数	单位从业人员年末人数	单位从业人员平均人数	#在岗职工	离开本单位仍保留关系职工平均数
Ⅱ、城镇集体经济单位合计	593	35989	35923	35477	5571
一、按企业、事业、机关分组					
1.企业	506	35383	35382	34937	5569
2.事业	87	606	541	540	2
二、按国民经济行业分组					
(一)农、林、牧、渔业	28	85	85	85	
1.农、林、牧、渔服务业	28	85	85	85	
(二)采掘业	32	9713	9120	9073	26
1.煤炭采选业	23	9512	8922	8875	26
2.黑色金属矿采选业	8	181	181	181	
3.非金属矿采选业	1	20	17	17	
(三)制造业	164	17954	18181	18129	4718
1.食品制造业	2	20	16	16	
2.饮料制造业	6	59	57	52	
3.服装及其他纤维制品制造业	5	62	62	61	151
4.皮革、毛皮、羽绒及其制品业	2	63	63	63	
5.木材加工及竹、藤、棕、草制品业	9	161	155	154	2
6.家具制造业	2	41	41	41	12
7.造纸及纸制品业	1	37	37	34	17
8.印刷业、记录媒介的复制	8	188	170	169	117
9.石油加工及炼焦业	1	79	79	79	
10.化学原料及化学制品制造业	18	721	655	644	6
11.橡胶制品业	2	38	38	38	
12.塑料制品业	3	36	36	36	36
13.非金属矿物制品业	19	457	470	468	11
14.黑色金属冶炼及压延加工业	32	626	540	536	1
15.金属制品业	15	14496	14894	14892	4331
16.普通机械制造业	11	308	312	311	23
17.专用设备制造业	4	35	35	35	
18.交通运输设备制造业	8	205	199	199	
19.电气机械及器材制造业	9	198	198	198	
20.其他制造业	7	124	124	103	11
(四)电力、煤气及水的生产和供应业	1	47	48	48	
1.电力、蒸汽、热水的生产和供应业	1	47	48	48	
(五)建筑业	33	2596	2622	2496	272
1.土木工程建筑业	20	2055	2095	1988	272

5-3 续表4 (2000年) 单位:个、人

	单位数	单位从业人员年末人数	单位从业人员平均人数	#在岗职工	离开本单位仍保留关系职工平均数
2.线路、管道和设备安装业	11	506	493	475	
3.建筑物的装修装饰业	2	35	34	33	
(六)交通运输、仓储及邮电通信业	4	654	687	674	
1.公路运输业	2	392	425	412	
2.交通运输辅助业	2	262	262	262	
(七)批发和零售贸易、餐饮业	201	3682	3976	3875	552
1.食品、饮料、烟草和家庭用品批发业	15	215	237	236	2
2.能源、材料和机械电子设备批发业	27	280	461	455	
3.其他批发业	9	215	255	255	8
4.零售业	135	2776	2830	2738	542
5.餐饮业	15	196	193	191	
(八)金融、保险业	57	537	537	455	
1.金融业	57	537	537	455	
(九)社会服务业	16	264	275	251	1
1.居民服务业	1	11	11	11	
2.旅馆业	8	159	169	149	1
3.娱乐服务业	5	37	37	37	
4.信息、咨询服务业	1	9	10	6	
5.其他社会服务业	1	48	48	48	
(十)卫生、体育和社会福利业	55	430	365	364	2
1.卫生	55	430	365	364	2
(十一)国家机关、政党机关和社会团体	1	3	3	3	
(十二)其他行业	1	24	24	24	
其中:企业管理机构	1	24	24	24	
Ⅲ、其他各种经济类型单位合计	111	10790	10889	10709	2293
一、按登记注册类型分组					
(一)内资	107	10209	10325	10167	2264
1.股份合作	18	1355	1352	1320	158
2.联营	1	38	38	38	
集体联营	1	38	38	38	
3.有限责任公司	44	2298	2384	2373	256
4.股份有限公司	44	6518	6551	6436	1850
(二)港、澳、台商投资	2	278	276	266	
(三)外商投资	2	303	288	276	29
二、按企业、事业分组					
1.企业	111	10790	10889	10709	2293
三、按国民经济行业分组					

5-3 续表5 (2000年) 单位:个、人

	单位数	单位从业人员年末人数	单位从业人员平均人数	#在岗职工	离开本单位仍保留关系职工平均数
(一)采掘业	1	133	133	126	9
1.黑色金属矿采选业	1	133	133	126	9
(二) 制造业	29	6939	6929	6900	1429
1.食品加工业	3	1152	1130	1130	46
2.食品制造业	2	47	47	47	4
3.饮料制造业	2	960	963	963	69
4.纺织业	1	35	35	35	2
5.皮革、毛皮、羽绒及其制品业	1	58	61	61	6
6.印刷业、记录媒介的复制	1	18	20	20	
7.化学原料及化学制品制造业	3	440	431	416	8
8.医药制造业	1	173	173	173	62
9.非金属矿物制品业	4	3450	3498	3498	1173
10.黑色金属冶炼及压延加工业	4	182	182	182	14
11.金属制品业	4	216	198	196	7
12.普通机械制造业	1	74	76	76	26
13.专用设备制造业	1	47	43	43	12
14.仪器仪表及文化、办公用机械制造业	1	87	72	60	
(三) 电力、煤气及水的生产和供应业	4	1214	1213	1212	18
1.电力、蒸汽、热水的生产和供应业	3	1187	1186	1185	6
2.自来水的生产和供应业	1	27	27	27	12
(四)建筑业	5	213	217	217	12
1.土木工程建筑业	4	188	192	192	12
2.建筑物的装修装饰业	1	25	25	25	
(五)交通运输、仓储及邮电通信业	2	62	62	62	27
1.公路运输业	1	24	24	24	27
2.交通运输辅助业	1	38	38	38	
(六)批发和零售贸易、餐饮业	51	1822	1932	1908	747
1.食品、饮料、烟草和家庭用品批发业	3	69	69	69	
2.能源、材料和机械电子设备批发业	12	399	426	410	9
3.其他批发业	9	168	148	145	18
4.零售业	27	1186	1289	1284	720
(七)金融、保险业	16	347	343	225	
1.金融业	15	291	289	201	
2.保险业	1	56	54	24	
(八)社会服务业	2	40	40	39	47
1.公共设施服务业	1	10	10	10	47
2.旅游业	1	30	30	29	
(九)其他行业	1	20	20	20	4

5－4 单位从业人员劳动报酬

（2000年）

单位：千元

	单位从业人员劳动报酬	#在岗职工工资总额	离开本单位仍保留劳动关系职工的生活费
总　　计	2273408	2259118	308134
其中：国有控股	1697564	1686760	279909
Ⅰ、国有经济单位合计	1935673	1924289	274124
一、按隶属关系分组			
1.中央	1306795	1297843	239686
2.省、自治区、直辖市	180944	180944	14410
3.地区	281935	280704	19052
4.县及县以下	165548	164347	968
5.其他	451	451	8
二、按企业、事业、机关分组			
1.企业	1603232	1593927	272958
(1)中央	1294495	1285543	239474
(2)省、自治区、直辖市	172800	172800	14410
(3)地区	114774	114565	18310
(4)县及县以下	20712	20568	756
(5)其他	451	451	8
2.事业	217909	216360	616
(1)中央	2299	2299	212
(2)省、自治区、直辖市	831	831	
(3)地区	125848	124936	270
(4)县及县以下	88931	88294	134
3.机关	114532	114002	550
(1)中央	10001	10001	
(2)省、自治区、直辖市	7313	7313	
(3)地区	41313	41203	472
(4)县及县以下	55905	55485	78
三、按国民经济行业分组			
(一)农、林、牧、渔业	14120	14052	158
1.农业	440	440	
2.林业	9079	9079	3
3.畜牧业	609	609	14
4.农、林、牧、渔服务业	3992	3924	141
(二)采掘业	184615	184615	14260
1.煤炭采选业	178640	178640	14242
2.非金属矿采选业	228	228	
3.木材及竹材采运业	5747	5747	18

5-4 续表1 (2000年) 单位:千元

	单位从业人员劳动报酬	#在岗职工工资总额	离开本单位仍保留劳动关系职工的生活费
(三)制造业	1052983	1052901	219510
1.食品加工业	405	405	435
2.饮料制造业	60	60	
3.纺织业	1020	1020	87
4.木材加工及竹、藤、棕、草制品业	2753	2753	530
5.印刷业、记录媒介的复制	1816	1815	122
6.橡胶制品业	1719	1719	279
7.非金属矿物制品业	893	893	
8.黑色金属冶炼及压延加工业	1039044	1039044	215788
9.普通机械制造业	4113	4032	1609
10.交通运输设备制造业	1160	1160	660
(四)电力、煤气及水的生产和供应业	69780	69780	6110
1.电力、蒸汽、热水的生产和供应业	61036	61036	5452
2.煤气生产和供应业	2552	2552	
3.自来水的生产和供应业	6192	6192	658
(五)建筑业	143879	143678	23429
1.土木工程建筑业	139735	139534	23148
2.线路、管道和设备安装业	4144	4144	281
(六)地质勘查业、水利管理业	6298	6059	212
1.地质勘查业	3925	3925	212
2.水利管理业	2373	2134	
(七)交通运输、仓储及邮电通信业	68613	67319	5486
1.铁路运输业	25391	25391	2252
2.公路运输业	8891	8891	2708
3.水上运输业	120	120	
4.交通运输辅助业	12476	12470	
5.其他交通运输业	168	168	
6.仓储业	531	531	72
7.邮电通信业	21036	19748	454
(八)批发和零售贸易、餐饮业	27639	27467	3839
1.食品、饮料、烟草和家庭用品批发业	12666	12620	1233
2.能源、材料和机械电子设备批发业	6016	6016	1635
3.其他批发业	752	631	14
4.零售业	5181	5181	555
5.餐饮业	3024	3019	402
(九)金融、保险业	54150	46601	60
1.金融业	45690	44245	60
2.保险业	8460	2356	

5-4 续表2 (2000年) 单位:千元

	单位从业人员劳动报酬	#在岗职工工资总额	离开本单位仍保留劳动关系职工的生活费
(十)房地产业	3947	3938	
1.房地产开发与经营业	993	984	
2.房地产管理业	2942	2942	
3.房地产代理与经纪业	12	12	
(十一)社会服务业	34928	34890	259
1.公共设施服务业	26890	26876	171
2.居民服务业	1024	1024	
3.旅馆业	4551	4547	
4.旅游业	408	408	
5.信息、咨询服务业	1200	1180	
6.其他社会服务业	855	855	88
(十二)卫生、体育和社会福利业	49422	48649	10
1.卫生	45480	44710	
2.体育	994	994	
3.社会福利保障业	2948	2945	10
(十三)教育、文化艺术及广播电影电视业	101744	101360	223
1.教育	85674	85399	
其中:(1)普通高等教育	5753	5753	
(2)普通中学	27853	27823	
(3)小学校	38051	37836	
2.文化艺术业	11626	11517	223
3.广播电影电视业	4444	4444	
(十四)科学研究和综合技术服务业	8062	8017	18
1.科学研究业	1047	1047	
(1)自然科学研究	1047	1047	
2.综合技术服务业	7015	6970	18
(1)气象	831	831	
(2)地震	15	15	
(3)技术监督	862	862	10
(4)环境保护	1070	1070	
(5)技术推广和科技交流服务业	302	302	
(6)工程设计业	3606	3564	
(7)其他综合技术服务业	329	326	8
(十五)国家机关、政党机关和社会团体	114532	114002	550
其中:国家机关	104983	104499	475
政党机关	7183	7137	55
(十六)其他行业	961	961	
其中:企业管理机构	599	599	

5-4 续表3 (2000年) 单位:千元

	单位从业人员劳动报酬	#在岗职工工资总额	离开本单位仍保留劳动关系职工的生活费
Ⅱ、城镇集体经济单位合计	249700	247987	26033
一、按企业、事业、机关分组			
1.企业	245083	243378	26023
2.事业	4617	4609	10
二、按国民经济行业分组			
(一)农、林、牧、渔业	153	153	
1.农、林、牧、渔服务业	153	153	
(二)采掘业	38125	37962	36
1.煤炭采选业	37162	36999	36
2.黑色金属矿采选业	831	831	
3.非金属矿采选业	132	132	
(三)制造业	155659	155412	22902
1.食品制造业	81	81	
2.饮料制造业	406	362	
3.服装及其他纤维制品制造业	371	366	46
4.皮革、毛皮、羽绒及其制品业	236	236	
5.木材加工及竹、藤、棕、草制品业	1018	1011	2
6.家具制造业	191	191	16
7.造纸及纸制品业	250	231	
8.印刷业、记录媒介的复制	970	961	6
9.石油加工及炼焦业	582	582	
10.化学原料及化学制品制造业	4566	4493	12
11.橡胶制品业	210	210	
12.塑料制品业	143	143	
13.非金属矿物制品业	3447	3447	
14.黑色金属冶炼及压延加工业	3204	3165	
15.金属制品业	135260	135239	22774
16.普通机械制造业	1474	1469	40
17.专用设备制造业	232	232	
18.交通运输设备制造业	1062	1062	
19.电气机械及器材制造业	1435	1435	
20.其他制造业	521	496	6
(四)电力、煤气及水的生产和供应业	457	457	
1.电力、蒸汽、热水的生产和供应业	457	457	
(五)建筑业	18444	17961	1166
1.土木工程建筑业	13468	13091	1166
2.线路、管道和设备安装业	4610	4504	
3.建筑物的装修装饰业	366	366	

.从业人员和职工工资.

5-4 续表4 (2000年) 单位:千元

	单位从业人员劳动报酬	#在岗职工工资总额	离开本单位仍保留劳动关系职工的生活费
(六)交通运输、仓储及邮电通信业	4681	4567	
1.公路运输业	3751	3637	
2.交通运输辅助业	930	930	
(七)批发和零售贸易、餐饮业	20867	20530	1919
1.食品、饮料、烟草和家庭用品批发业	1476	1469	2
2.能源、材料和机械电子设备批发业	2385	2349	
3.其他批发业	1387	1387	19
4.零售业	14337	14055	1898
5.餐饮业	1282	1270	
(八)金融、保险业	5961	5651	
1.金融业	5961	5651	
(九)社会服务业	1275	1224	
1.居民服务业	75	75	
2.旅馆业	630	599	
3.娱乐服务业	220	220	
4.信息、咨询服务业	105	85	
5.其他社会服务业	245	245	
(十)卫生、体育和社会福利业	3826	3818	10
1.卫生	3826	3818	10
(十一)国家机关、政党机关和社会团体	30	30	
(十二)其他行业	222	222	
其中:企业管理机构	222	222	
Ⅲ、其他各种经济类型单位合计	88035	86842	7977
一、按登记注册类型分组			
(一)内资	81357	80366	7893
1.股份合作	11649	11537	144
2.联营	321	321	
集体联营	321	321	
3.有限责任公司	19226	19164	364
4.股份有限公司	50161	49344	7385
(二)港、澳、台商投资	4972	4822	
(三)外商投资	1706	1654	84
一、按企业、事业分组			
1.企业	88035	86842	7977
二、按国民经济行业分组			
(一)采掘业	673	656	
1.黑色金属矿采选业	673	656	

5－4 续表5 (2000年) 单位:千元

	单位从业人员劳动报酬	#在岗职工工资总额	离开本单位仍保留劳动关系职工的生活费
(二)制造业	57402	57139	6947
1.食品加工业	10990	10990	209
2.食品制造业	297	297	
3.饮料制造业	7113	7113	124
4.纺织业	285	285	3
5.皮革、毛皮、羽绒及其制品业	158	158	18
6.印刷业、记录媒介的复制	93	93	
7.化学原料及化学制品制造业	6484	6279	31
8.医药制造业	1300	1300	100
9.非金属矿物制品业	26825	26825	6349
10.黑色金属冶炼及压延加工业	1112	1112	17
11.金属制品业	972	966	15
12.普通机械制造业	495	495	43
13.专用设备制造业	350	350	38
14.仪器仪表及文化、办公用机械制造业	928	876	
(三)电力、煤气及水的生产和供应业	15105	15081	60
1.电力、蒸汽、热水的生产和供应业	14661	14637	56
2.自来水的生产和供应业	444	444	4
(四)建筑业	1145	1145	30
1.土木工程建筑业	975	975	30
2.建筑物的装修装饰业	170	170	
(五)交通运输、仓储及邮电通信业	621	621	
1.公路运输业	300	300	
2.交通运输辅助业	321	321	
(六)批发和零售贸易、餐饮业	9485	9381	940
1.食品、饮料、烟草和家庭用品批发业	244	244	
2.能源、材料和机械电子设备批发业	3597	3535	
3.其他批发业	664	646	25
4.零售业	4980	4956	915
(七)金融、保险业	3306	2526	
1.金融业	3033	2355	
2.保险业	273	171	
(八)社会服务业	186	181	
1.公共设施服务业	60	60	
2.旅游业	126	121	
(九)其他行业	112	112	

5－5 职工人数及构成

(2000年)　　单位:人

	在岗职工	#专业技术人员	#女性	职工按用工期限分		离开本单位仍保留劳动关系的职工	#内部退养职工
				长期	临时		
总计	227307	58396	23346	220339	6968	52664	31330
其中:国有控股	156286	39171	14975	154928	1358	46202	27744
Ⅰ、国有经济单位合计	181097	52144	20999	178275	2822	45013	27094
一、按隶属关系分组							
1.中央	104660	28220	10905	104070	590	30648	22904
2.省、自治区、直辖市	21827	4597	1817	21827		6001	1279
3.地区	35389	10313	4433	33998	1391	7898	2816
4.县及县以下	19171	9001	3842	18340	831	456	93
5.其他	50	13	2	40	10	10	2
二、按企业、事业、机关分组							
1.企业	146660	37038	14218	145805	855	44698	26986
(1)中央	103706	28122	10877	103129	577	30544	22863
(2)省、自治区、直辖市	21225	4522	1787	21225		6001	1279
(3)地区	18689	3826	1333	18432	257	7789	2764
(4)县及县以下	2990	555	219	2979	11	354	78
(5)其他	50	13	2	40	10	10	2
2.事业	22645	13845	6352	21009	1636	252	76
(1)中央	306	98	28	306		104	41
(2)省、自治区、直辖市	88	75	30	88			
(3)地区	12299	6277	3039	11338	961	60	26
(4)县及县以下	9952	7395	3255	9277	675	88	9
3.机关	11792	1261	429	11461	331	63	32
(1)中央	648			635	13		
(2)省、自治区、直辖市	514			514			
(3)地区	4401	210	61	4228	173	49	26
(4)县及县以下	6229	1051	368	6084	145	14	6
三、按国民经济行业分组							
(一)农、林、牧、渔业	1936	479	192	1676	260	94	9
1.农业	51	6	2	51			
2.林业	1299	278	101	1103	196	1	
3.畜牧业	81	25	18	63	18	2	2
4.农、林、牧、渔服务业	505	170	71	459	46	91	7
(二)采掘业	23050	4761	1860	23046	4	6123	1225
1.煤炭采选业	22149	4621	1821	22149		6074	1222
2.非金属矿采选业	56	21	6	56			
3.木材及竹材采运业	845	119	33	841	4	49	3

5-5 续表1　　(2000年)　　单位:人

	在岗职工	#专业技术人员	#女性	职工按用工期限分		离开本单位仍保留劳动关系的职工	#内部退养职工
				长期	临时		
(三)制造业	83884	21205	7964	83874	10	24529	22121
1.食品加工业	75	19	7	75		216	16
2.饮料制造业	13			10	3		
3.纺织业	159	30	12	159		29	19
4.木材加工及竹、藤、棕、草制品业	208	43	16	208		41	41
5.印刷业、记录媒介的复制	208	35	14	201	7	73	22
6.橡胶制品业	330	67	17	330		107	30
7.非金属矿物制品业	140	3	1	140			
8.黑色金属冶炼及压延加工业	81667	20789	7825	81667		22252	21721
9.普通机械制造业	764	135	41	764		1629	186
10.交通运输设备制造业	320	84	31	320		182	86
(四)电力、煤气及水的生产和供应业	4404	1128	367	4398	6	750	742
1.电力、蒸汽、热水的生产和供应业	3631	993	306	3631		680	672
2.煤气生产和供应业	229	46	27	223	6		
3.自来水的生产和供应业	544	89	34	544		70	70
(五)建筑业	21198	6240	2358	20942	256	10085	1512
1.土木工程建筑业	19961	5931	2251	19705	256	9807	1402
2.线路、管道和设备安装业	1237	309	107	1237		278	110
(六)地质勘查业、水利管理业	746	334	108	730	16	112	41
1.地质勘查业	507	256	84	507		111	41
2.水利管理业	239	78	24	223	16	1	
(七)交通运输、仓储及邮电通信业	7095	907	405	7015	80	2034	770
1.铁路运输业	2367	130	42	2367		250	232
2.公路运输业	1605	288	157	1605		1647	413
3.水上运输业	10	5	2	10			
4.交通运输辅助业	1625	245	89	1625			
5.其他交通运输业	13	3	2	13			
6.仓储业	41	10	5	41		6	6
7.邮电通信业	1434	226	108	1354	80	131	119
(八)批发和零售贸易、餐饮业	3197	754	299	3022	175	1046	545
1.食品饮料、烟草和家庭用品批发业	1376	347	132	1234	142	283	187
2.能源、材料和机械电子设备批发业	594	125	43	594		256	206
3.其他批发业	76	23	7	54	22	5	2
4.零售业	723	206	87	723		257	67
5.餐饮业	428	53	30	417	11	245	83
(九)金融、保险业	3304	2011	944	2963	341	34	34
1.金融业	3111	1850	888	2770	341	34	34
2.保险业	193	161	56	193			

5-5 续表2 (2000年) 单位:人

	在岗职工	#专业技术人员	#女性	职工按用工期限分		离开本单位仍保留劳动关系的职工	#内部退养职工
				长期	临时		
(十)房地产业	344	195	42	321	23		
1.房地产开发与经营业	109	70	26	109			
2.房地产管理业	233	124	15	210	23		
3.房地产代理与经纪业	2	1	1	2			
(十一)社会服务业	4399	676	313	3972	427	94	38
1.公共设施服务业	3283	532	256	2995	288	51	33
2.居民服务业	142	5	1	140	2		
3.旅馆业	708	59	30	616	92	3	
4.旅游业	45	18	8	44	1		
5.信息、咨询服务业	98	47	13	98			
6.其他社会服务业	123	15	5	79	44	40	5
(十二)卫生、体育和社会福利业	4167	3119	1892	3792	375	12	
1.卫生	3809	3001	1860	3438	371	9	
2.体育	98	48	13	98			
3.社会福利保障业	260	70	19	256	4	3	
(十三)文教、艺术及广播电影电视业	10842	8569	3655	10325	517	35	24
1.教育	9426	7781	3369	8936	490	1	
其中:(1)普通高等教育	657	428	128	587	70		
(2)普通中学	3140	2660	1104	2995	145		
(3)小学校	4386	3906	1788	4156	230	1	
2.文化艺术业	1020	574	237	1018	2	33	24
3.广播电影电视业	396	214	49	371	25	1	
(十四)科学研究和综合技术服务业	651	497	167	650	1	2	1
1.科学研究业	121	68	24	121			
(1)自然科学研究	121	68	24	121			
2.综合技术服务业	530	429	143	529	1	2	1
(1)	88	75	30	88			
(2)地震	2	1	1	2			
(3)技术监督	78	55	10	78		1	
(4)环境保护	67	56	27	67			
(5)技术推广和科技交流服务业	25	18	9	25			
(6)工程设计业	244	202	61	243	1		
(7)其他综合技术服务业	26	22	5	26			1
(十五)国家机关、政党机关和社会团体	11792	1261	429	11461	331	63	32
其中:国家机关	10908	1192	408	10589	319	56	25
政党机关	754	50	15	742	12	5	5
(十六)其他行业	88	8	4	88			
其中:企业管理机构	54	4	1	54			

5－5 续表3 (2000年) 单位:人

	在岗职工	#专业技术人员	#女性	职工按用工期限分 长期	临时	离开本单位仍保留劳动关系的职工	#内部退养职工
Ⅱ、城镇集体经济单位合计	35625	4555	1796	32081	3544	5347	3222
一、按企业、事业、机关分组							
1.企业	35020	4023	1618	31495	3525	5342	3222
2.事业	605	532	178	586	19	5	
二、按国民经济行业分组							
(一)农、林、牧、渔业	85	85	13	85			
1.农、林、牧、渔服务业	85	85	13	85			
(二)采掘业	9700	463	211	7736	1964	26	6
1.煤炭采选业	9499	452	210	7555	1944	26	6
2.黑色金属矿采选业	181	11	1	161	20		
3.非金属矿采选业	20			20			
(三)制造业	17904	2273	880	17226	678	4509	2829
1.食品制造业	20	1	1	20			
2.饮料制造业	54	10	3	35	19		
3.服装及其他纤维制品制造业	61	11	7	61		150	
4.皮革、毛皮、羽绒及其制品业	63	7	3	58	5		
5.木材加工及竹、藤、棕、草制品业	160	14	3	157	3	2	
6.家具制造业	41	2	1	41		15	
7.造纸及纸制品业	34	4		20	14	17	
8.印刷业、记录媒介的复制	187	19	10	187		117	29
9.石油加工及炼焦业	79	1	1	79			
10.化学原料及化学制品制造业	711	64	19	405	306	6	6
11.橡胶制品业	38	5	1	38			
12.塑料制品业	36	6	4	34	2	36	
13.非金属矿物制品业	455	29	8	419	36	11	6
14.黑色金属冶炼及压延加工业	622	31	7	577	45	1	
15.金属制品业	14494	1964	781	14432	62	4086	2769
16.普通机械制造业	308	39	7	238	70	46	19
17.专用设备制造业	35	9	1	25	10		
18.交通运输设备制造业	205	25	8	193	12		
19.电气机械及器材制造业	198	16		155	43		
20.其他制造业	103	16	15	52	51	22	
(四)电力、煤气及水的生产和供应业	47	25	10	47			
1.电力、蒸汽、热水的生产和供应业	47	25	10	47			
(五)建筑业	2510	524	148	1932	578	263	154
1.土木工程建筑业	1987	401	98	1423	564	263	154
2.线路、管道和设备安装业	488	106	42	479	9		
3.建筑物的装修装饰业	35	17	8	30	5		

5-5 续表4　　　　(2000年)　　　　单位:人

	在岗职工	#专业技术人员	#女性	职工按用工期限分 长期	职工按用工期限分 临时	离开本单位仍保留劳动关系的职工	#内部退养职工
(六)交通运输、仓储及邮电通信业	644			602	42		
1.公路运输业	382			380	2		
2.交通运输辅助业	262			222	40		
(七)批发和零售贸易、餐饮业	3583	484	286	3344	239	543	233
1.食品饮料、烟草和家庭用品批发业	214	7	2	159	55	2	1
2.能源、材料和机械电子设备批发业	274	41	12	260	14		
3.其他批发业	215	59	12	214	1	8	2
4.零售业	2686	365	253	2537	149	533	230
5.餐饮业	194	12	7	174	20		
(八)金融、保险业	455	266	87	455			
1.金融业	455	266	87	455			
(九)社会服务业	241	3	1	217	24	1	
1.居民服务业	11	3	1	11			
2.旅馆业	139			116	23	1	
3.娱乐服务业	37			36	1		
4.信息、咨询服务业	6			6			
5.其他社会服务业	48			48			
(十)卫生、体育和社会福利业	429	422	154	410	19	5	
1.卫生	429	422	154	410	19	5	
(十一)国家机关、政党机关和社会团体	3			3			
(十二)其他行业	24	10	6	24			
其中:企业管理机构	24	10	6	24			
Ⅲ、其他各种经济类型单位合计	10585	1697	551	9983	602	2304	1014
一、按登记注册类型分组							
(一)内资	10027	1624	541	9460	567	2275	985
1.股份合作	1320	230	53	1305	15	160	16
2.联营	38			38			
集体联营	38			38			
3.有限责任公司	2287	358	148	1986	301	256	85
4.股份有限公司	6382	1036	340	6131	251	1859	884
(二)港、澳、台商投资	268	45	3	268			
(三)外商投资	290	28	7	255	35	29	29
二、按企业、事业分组							
1.企业	10585	1697	551	9983	602	2304	1014
三、按国民经济行业分组							
(一)采掘业	126	5	2	126		9	
1.黑色金属矿采选业	126	5	2	126		9	

5-5 续表5 (2000年) 单位:人

	在岗职工	#专业技术人员	#女性	职工按用工期限分 长期	临时	离开本单位仍保留劳动关系的职工	#内部退养职工
(二)制造业	6910	1133	350	6535	375	1450	777
1.食品加工业	1152	225	74	999	153	41	5
2.食品制造业	47	15	6	47		4	
3.饮料制造业	960	90	38	810	150	65	35
4.纺织业	35	29	10	35			
5.皮革、毛皮、羽绒及其制品业	58			58		6	6
6.印刷业、记录媒介的复制	18	2		18			
7.化学原料及化学制品制造业	425	103	19	420	5	8	4
8.医药制造业	173	25	9	173		62	38
9.非金属矿物制品业	3450	599	185	3450		1204	672
10.黑色金属冶炼及压延加工业	182	10	3	152	30	11	1
11.金属制品业	215	8	1	213	2	7	4
12.普通机械制造业	74	4		74		30	
13.专用设备制造业	47	5		47		12	12
14.仪器仪表及文化办公用机械制造业	74	18	5	39	35		
(三)电力、煤气及水的生产和供应业	1213	218	61	1206	7	18	3
1.电力、蒸汽、热水的生产和供应业	1186	213	58	1182	4	6	3
2.自来水的生产和供应业	27	5	3	24	3	12	
(四)建筑业	213	48	14	150	63	12	9
1.土木工程建筑业	188	31	13	143	45	12	9
2.建筑物的装修装饰业	25	17	1	7	18		
(五)交通运输、仓储及邮电通信业	62	2	2	62		27	
1.公路运输业	24	2	2	24		27	
2.交通运输辅助业	38			38			
(六)批发和零售贸易、餐饮业	1798	259	114	1641	157	737	225
1.食品饮料、烟草和家庭用品批发业	69	3	3	57	12		
2.能源、材料和机械电子设备批发业	384	130	54	372	12	9	
3.其他批发业	165	25	11	42	123	18	4
4.零售业	1180	101	46	1170	10	710	221
(七)金融、保险业	204	32	8	204			
1.金融业	180	18	6	180			
2.保险业	24	14	2	24			
(八)社会服务业	39			39		47	
1.公共设施服务业	10			10		47	
2.旅游业	29			29			
(九)其他行业	20			20		4	

5－6 职工工资总额及构成

（2000年）　　单位：千元

	在岗职工工资总额	离开本单位仍保留劳动关系职工的生活费	#内部退养职工
总　计	2259118	308134	274921
其中：国有控股	1686760	279909	251668
Ⅰ、国有经济单位合计	1924289	274124	247296
一、按隶属关系分组			
1.中央	1297843	239686	226053
2.省、自治区、直辖市	180944	14410	6814
3.地区	280704	19052	13847
4.县及县以下	164347	968	574
5.其他	451	8	8
二、按企业、事业、机关分组			
1.企业	1593927	272958	246499
(1)中央	1285543	239474	225841
(2)省、自治区、直辖市	172800	14410	6814
(3)地区	114565	18310	13409
(4)县及县以下	20568	756	427
(5)其他	451	8	8
2.事业	216360	616	523
(1)中央	2299	212	212
(2)省、自治区、直辖市	831		
(3)地区	124936	270	227
(4)县及县以下	88294	134	84
3.机关	114002	550	274
(1)中央	10001		
(2)省、自治区、直辖市	7313		
(3)地区	41203	472	211
(4)县及县以下	55485	78	63
三、按国民经济行业分组			
(一)农、林、牧、渔业	14052	158	84
1.农业	440		
2.林业	9079	3	
3.畜牧业	609	14	14
4.农、林、牧、渔服务业	3924	141	70
(二)采掘业	184615	14260	6443
1.煤炭采选业	178640	14242	6432
2.非金属矿采选业	228		
3.木材及竹材采运业	5747	18	11

5-6 续表1 (2000年) 单位:千元

	在岗职工工资总额	离开本单位仍保留劳动关系职工的生活费	#内部退养职工
(三)制造业	1052901	219510	217594
1.食品加工业	405	435	35
2.饮料制造业	60		
3.纺织业	1020	87	85
4.木材加工及竹、藤、棕、草制品业	2753	530	530
5.印刷业、记录媒介的复制	1815	122	122
6.橡胶制品业	1719	279	100
7.非金属矿物制品业	893		
8.黑色金属冶炼及压延加工业	1039044	215788	215788
9.普通机械制造业	4032	1609	542
10.交通运输设备制造业	1160	660	392
(四)电力、煤气及水的生产和供应业	69780	6110	6110
1.电力、蒸汽、热水的生产和供应业	61036	5452	5452
2.煤气生产和供应业	2552		
3.自来水的生产和供应业	6192	658	658
(五)建筑业	143678	23429	8210
1.土木工程建筑业	139534	23148	7929
2.线路、管道和设备安装业	4144	281	281
(六)地质勘查业、水利管理业	6059	212	212
1.地质勘查业	3925	212	212
2.水利管理业	2134		
(七)交通运输、仓储及邮电通信业	67319	5486	4783
1.铁路运输业	25391	2252	2239
2.公路运输业	8891	2708	2102
3.水上运输业	120		
4.交通运输辅助业	12470		
5.其他交通运输业	168		
6.仓储业	531	72	72
7.邮电通信业	19748	454	370
(八)批发和零售贸易、餐饮业	27467	3839	3144
1.食品、饮料、烟草和家庭用品批发业	12620	1233	750
2.能源、材料和机械电子设备批发业	6016	1635	1635
3.其他批发业	631	14	14
4.零售业	5181	555	343
5.餐饮业	3019	402	402
(九)金融、保险业	46601	60	60
1.金融业	44245	60	60
2.保险业	2356		

5-6 续表2 (2000年) 单位:千元

	在岗职工工资总额	离开本单位仍保留劳动关系职工的生活费	#内部退养职工
(十)房地产业	3938		
1.房地产开发与经营业	984		
2.房地产管理业	2942		
3.房地产代理与经纪业	12		
(十一)社会服务业	34890	259	173
1.公共设施服务业	26876	171	164
2.居民服务业	1024		
3.旅馆业	4547		
4.旅游业	408		
5.信息、咨询服务业	1180		
6.其他社会服务业	855	88	9
(十二)卫生、体育和社会福利业	48649	10	
1.卫生	44710		
2.体育	994		
3.社会福利保障业	2945	10	
(十三)教育、文化艺术及广播电影电视业	101360	223	201
1.教育	85399		
其中:(1)普通高等教育	5733		
(2)普通中学	27823		
(3)小学校	37836		
2.文化艺术业	11517	223	201
3.广播电影电视业	4444		
(十四)科学研究和综合技术服务业	8017	18	8
1.科学研究业	1047		
(1)自然科学研究	1047		
2.综合技术服务业	6970	18	8
(1)气象	831		
(2)地震	15		
(3)技术监督	862	10	
(4)环境保护	1070		
(5)技术推广和科技交流服务业	302		
(6)工程设计业	3564		
(7)其他综合技术服务业	326	8	8
(十五)国家机关、政党机关和社会团体	114002	550	274
其中:国家机关	104499	475	199
政党机关	7137	55	55
(十六)其他行业	961		
其中:企业管理机构	599		

5－6 续表3　(2000年)　单位:千元

	在岗职工工资总额	离开本单位仍保留劳动关系职工的生活费	#内部退养职工
Ⅱ、城镇集体经济单位合计	247987	26033	21709
一、按企业、事业、机关分组			
1.企业	243378	26023	21709
2.事业	4609	10	
二、按国民经济行业分组			
(一)农、林、牧、渔业	153		
1.农、林、牧、渔服务业	153		
(二)采掘业	37962	36	22
1.煤炭采选业	36999	36	22
2.黑色金属矿采选业	831		
3.非金属矿采选业	132		
(三)制造业	155412	22902	19443
1.食品制造业	81		
2.饮料制造业	362		
3.服装及其他纤维制品制造业	366	46	
4.皮革、毛皮、羽绒及其制品业	236		
5.木材加工及竹、藤、棕、草制品业	1011	2	
6.家具制造业	191	16	
7.造纸及纸制品业	231		
8.印刷业、记录媒介的复制	961	6	6
9.石油加工及炼焦业	582		
10.化学原料及化学制品制造业	4493	12	12
11.橡胶制品业	210		
12.塑料制品业	143		
13.非金属矿物制品业	3447		
14.黑色金属冶炼及压延加工业	3165		
15.金属制品业	135239	22774	19389
16.普通机械制造业	1469	40	36
17.专用设备制造业	232		
18.交通运输设备制造业	1062		
19.电气机械及器材制造业	1435		
20.其他制造业	496	6	
(四)电力、煤气及水的生产和供应业	457		
1.电力、蒸汽、热水的生产和供应业	457		
(五)建筑业	17961	1166	933
1.土木工程建筑业	13091	1166	933
2.线路、管道和设备安装业	4504		
3.建筑物的装修装饰业	366		

5-6 续表4 (2000年) 单位:千元

	在岗职工工资总额	离开本单位仍保留劳动关系职工的生活费	#内部退养职工
(六)交通运输、仓储及邮电通信业	4567		
2.公路运输业	3637		
6.交通运输辅助业	930		
(七)批发和零售贸易、餐饮业	20530	1919	1311
1.食品、饮料、烟草和家庭用品批发业	1469	2	2
2.能源、材料和机械电子设备批发业	2349		
3.其他批发业	1387	19	11
4.零售业	14055	1898	1298
5.餐饮业	1270		
(八)金融、保险业	5651		
1.金融业	5651		
(九)社会服务业	1224		
1.居民服务业	75		
2.旅馆业	599		
3.娱乐服务业	220		
3.信息、咨询服务业	85		
4.其他社会服务业	245		
(十)卫生、体育和社会福利业	3818	10	
1.卫生	3818	10	
(十一)国家机关、政党机关和社会团体	30		
(十二)其他行业	222		
其中:企业管理机构	222		
Ⅲ、其他各种经济类型单位合计	86842	7977	5916
一、按登记注册类型分组			
(一)内资	80366	7893	5832
1.股份合作	11537	144	72
2.联营	321		
集体联营	321		
3.有限责任公司	19164	364	238
4.股份有限公司	49344	7385	5522
(二)港、澳、台商投资	4822		
(三)外商投资	1654	84	84
二、按企业、事业分组			
1.企业	86842	7977	5916
三、按国民经济行业分组			
(一)采掘业	656		
1.黑色金属矿采选业	656		

5-6 续表5　(2000年)　单位:千元

	在岗职工工资总额	离开本单位仍保留劳动关系职工的生活费	#内部退养职工
(二)制造业	57139	6947	5088
1.食品加工业	10990	209	199
2.食品制造业	297		
3.饮料制造业	7113	124	94
4.纺织业	285	3	
5.皮革、毛皮、羽绒及其制品业	158	18	18
6.印刷业、记录媒介的复制	93		
7.化学原料及化学制品制造业	6279	31	14
8.医药制造业	1300	100	100
9.非金属矿物制品业	26825	6349	4601
10.黑色金属冶炼及压延加工业	1112	17	9
11.金属制品业	966	15	15
12.普通机械制造业	495	43	
13.专用设备制造业	350	38	38
14.仪器仪表及文化、办公用机械制造	876		
(三)电力、煤气及水的生产和供应业	15081	60	56
1.电力、蒸汽、热水的生产和供应业	14637	56	56
2.自来水的生产和供应业	444	4	
(四)建筑业	1145	30	20
1.土木工程建筑业	975	30	20
2.建筑物的装修装饰业	170		
(五)交通运输、仓储及邮电通信业	621		
1.公路运输业	300		
2.交通运输辅助业	321		
(六)批发和零售贸易、餐饮业	9381	940	752
1.食品、饮料、烟草和家庭用品批发业	244		
2.能源、材料和机械电子设备批发业	3535		
3.其他批发业	646	25	8
4.零售业	4956	915	744
(七)金融、保险业	2526		
1.金融业	2355		
2.保险业	171		
(八)社会服务业	181		
1.公共设施服务业	60		
2.旅游业	121		
(九)其他行业	112		

5-7 职工平均工资

(2000年)

单位:元

	职工平均工资	在岗职工平均工资	离开本单位仍保留劳动关系职工的平均生活费
总　计	8991	9744	5740
其中:国有控股	9450	10470	5954
Ⅰ、国有经济单位合计	9497	10364	5983
一、按隶属关系分组			
1.中央	11131	12121	7719
2.省、自治区、直辖市	6848	8030	2404
3.地区	6644	7624	2297
4.县及县以下	8420	8573	2091
5.其他	6203	7159	727
二、按企业、事业、机关分组			
1.企业	9478	10523	5998
(1)中央	11125	12113	7738
(2)省、自治区、直辖市	6703	7878	2404
(3)地区	4669	5652	2236
(4)县及县以下	6202	6704	2043
(5)其他	6203	7159	727
2.事业	9499	9572	2567
(1)中央	6124	7513	2038
(2)省、自治区、直辖市	9663	9663	
(3)地区	10155	10180	4737
(4)县及县以下	8828	8884	1696
(5)其他			
3.机关	9825	9833	8462
(1)中央	15651	15651	
(2)省、自治区、直辖市	14228	14228	
(3)地区	9631	9636	9255
(4)县及县以下	8992	9000	5571
三、按国民经济行业分组			
(一)农、林、牧、渔业	7045	7273	1859
1.农业	8462	8462	
2.林业	6997	7000	3000
3.畜牧业	7506	7519	7000
4.农、林、牧、渔服务业	6961	7817	1720
(二)采掘业	6674	7799	2327
1.煤炭采选业	6687	7846	2344
2.非金属矿采选业	4071	4071	
3.木材及竹材采运业	6406	6777	346

5-7 续表1 (2000年) 单位:元

	职工平均工资	在岗职工平均工资	离开本单位仍保留劳动关系职工的平均生活费
(三)制造业	11656	12633	8504
1.食品加工业	2819	4602	2071
2.饮料制造业	4615	4615	
3.纺织业	5706	6335	2636
4.木材加工及竹、藤、棕、草制品业	11809	12236	10000
5.印刷业、记录媒介的复制	6656	8521	1564
6.橡胶制品业	4490	5209	2426
7.非金属矿物制品业	5993	5993	
8.黑色金属冶炼及压延加工业	12004	12819	9191
9.普通机械制造业	2308	5136	970
10.交通运输设备制造业	3514	3515	3511
(四)电力、煤气及水的生产和供应业	14811	15986	8050
1.电力、蒸汽、热水的生产和供应业	15473	16917	7913
2.煤气生产和供应业	11242	11242	
3.自来水的生产和供应业	11417	11683	9400
(五)建筑业	4835	5785	2409
1.土木工程建筑业	4933	5910	2471
2.线路、管道和设备安装业	2799	3386	787
(六)地质勘查业、水利管理业	7317	8144	1876
1.地质勘查业	6630	7666	1893
2.水利管理业	9159	9198	
(七)交通运输、仓储及邮电通信业	7795	8889	3105
1.铁路运输业	10439	10531	9502
2.公路运输业	3352	4493	1828
4.水上运输业	12000	12000	
6.交通运输辅助业	7650	7650	
7.其他交通运输业	12923	12923	
8.仓储业	12830	12951	12000
9.邮电通信业	13187	13263	10558
(八)批发和零售贸易、餐饮业	6271	7245	3197
1.食品、饮料、烟草和家庭用品批发业	6268	7162	2752
2.能源、材料和机械电子设备批发业	8254	9074	6193
3.其他批发业	8487	8887	2800
4.零售业	5416	6436	2185
6.餐饮业	4751	6161	1748
(九)金融、保险业	13875	13923	3750
1.金融业	14065	14118	3750
2.保险业	11061	11061	

5-7 续表2 (2000年) 单位:元

	职工平均工资	在岗职工平均工资	离开本单位仍保留劳动关系职工的平均生活费
(十)房地产业	11548	11548	
1.房地产开发与经营业	9283	9283	
2.房地产管理业	12627	12627	
3.房地产代理与经纪业	6000	6000	
(十一)社会服务业	7851	7969	2616
1.公共设施服务业	8152	8227	3353
2.居民服务业	10667	10667	
3.旅馆业	6047	6071	
4.旅游业	9067	9067	
5.信息、咨询服务业	12041	12041	
6.其他社会服务业	5613	6951	1956
(十二)卫生、体育和社会福利业	11705	11740	769
1.卫生	11772	11800	
2.体育	10247	10247	
3.社会福利保障业	11279	11415	2500
(十三)教育、文化艺术及广播电影电视业	9324	9329	7433
1.教育	9045	9045	
其中:(1)普通高等教育	8717	8717	
(2)普通中学	8855	8855	
(3)小学校	8601	8601	
2.文化艺术业	11128	11225	7690
3.广播电影电视业	11166	11194	
(十四)科学研究和综合技术服务业	12362	12372	9000
1.科学研究业	8512	8512	
(1)自然科学研究	8512	8512	
2.综合技术服务业	13260	13276	9000
(1)气象	9663	9663	
(2)地震	7500	7500	
(4)技术监督	11038	11051	10000
(6)环境保护	15970	15970	
(7)技术推广和科技交流服务业	12080	12080	
(8)工程设计业	14788	14788	
(9)其他综合技术服务业	12370	12538	8000
(十五)国家机关、政党机关和社会团体	9825	9833	8462
其中:国家机关	9716	9724	8333
政党机关	9975	9982	9167
(十六)其他行业	10920	10920	
其中:企业管理机构	11093	11093	
Ⅱ、城镇集体经济单位合计	6676	6990	4673

5-7 续表3 (2000年) 单位:元

	职工平均工资	在岗职工平均工资	离开本单位仍保留劳动关系职工的平均生活费
一、按企业、事业、机关分组			
1.企业	6651	6966	4673
2.事业	8522	8535	5000
二、按国民经济行业分组			
(一)农、林、牧、渔业	1800	1800	
1.农、林、牧、渔服务业	1800	1800	
(二)采掘业	4176	4184	1385
1.煤炭采选业	4161	4169	1385
2.黑色金属矿采选业	4591	4591	
3.非金属矿采选业	7765	7765	
(三)制造业	7805	8573	4854
1.食品制造业	5063	5063	
2.饮料制造业	6962	6962	
3.服装及其他纤维制品制造业	1943	6000	305
4.皮革、毛皮、羽绒及其制品业	3746	3746	
5.木材加工及竹、藤、棕、草制品业	6494	6565	1000
6.家具制造业	3906	4659	1333
7.造纸及纸制品业	4529	6794	
8.印刷业、记录媒介的复制	3381	5686	51
9.文教体育用品制造业			
10.石油加工及炼焦业	7367	7367	
11.化学原料及化学制品制造业	6931	6977	2000
12.橡胶制品业	5526	5526	
13.塑料制品业	1986	3972	
14.非金属矿物制品业	7196	7365	
15.黑色金属冶炼及压延加工业	5894	5905	
16.金属制品业	8220	9081	5258
17.普通机械制造业	4518	4723	1739
18.专用设备制造业	6629	6629	
19.交通运输设备制造业	5337	5337	
20.电气机械及器材制造业	7247	7247	
21.其他制造业	4404	4816	545
(四)电力、煤气及水的生产和供应业	9521	9521	
1.电力、蒸汽、热水的生产和供应业	9521	9521	
(五)建筑业	6910	7196	4287
1.土木工程建筑业	6308	6585	4287
2.线路、管道和设备安装业	9482	9482	
3.建筑物的装修装饰业	11091	11091	

5-7 续表4 (2000年) 单位:元

	职工平均工资	在岗职工平均工资	离开本单位仍保留劳动关系职工的平均生活费
(六)交通运输、仓储及邮电通信业	6776	6776	
1.公路运输业	8828	8828	
2.交通运输辅助业	3550	3550	
(七)批发和零售贸易、餐饮业	5071	5298	3476
1.食品、饮料、烟草和家庭用品批发业	6181	6225	1000
2.能源、材料和机械电子设备批发业	5163	5163	
3.其他批发业	5346	5439	2375
4.零售业	4864	5133	3502
5.餐饮业	6649	6649	
(八)金融、保险业	12420	12420	
1.金融业	12420	12420	
(九)社会服务业	4857	4876	
1.居民服务业	6818	6818	
2.旅馆业	3993	4020	
3.娱乐服务业	5946	5946	
4.信息、咨询服务业	14167	14167	
5.其他社会服务业	5104	5104	
(十)卫生、体育和社会福利业	10459	10489	5000
1.卫生	10459	10489	5000
(十一)国家机关、政党机关和社会团体	10000	10000	
(十二)其他行业	9250	9250	
其中:企业管理机构	9250	9250	
Ⅲ、其他各种经济类型单位合计	7293	8109	3479
一、按登记注册类型分组			
(一)内资	7100	7905	3486
1.股份合作	7903	8740	911
2.联营	8447	8447	
其中:集体联营	8447	8447	
3.有限责任公司	7428	8076	1422
4.股份有限公司	6846	7667	3992
(二)港、澳、台商投资	18128	18128	
(三)外商投资	5698	5993	2897
二、按企业、事业分组			
1.企业	7293	8109	3479
三、按国民经济行业分组			
(一)采掘业	4859	5206	
1.黑色金属矿采选业	4859	5206	

5-7 续表5　　(2000年)　　单位:元

	职工平均工资	在岗职工平均工资	离开本单位仍保留劳动关系职工的平均生活费
(二)制造业	7694	8281	4861
1.食品加工业	9523	9726	4543
2.食品制造业	5824	6319	
3.饮料制造业	7013	7386	1797
4.纺织业	7784	8143	1500
5.皮革、毛皮、羽绒及其制品业	2627	2590	3000
6.印刷业、记录媒介的复制	4650	4650	
7.化学原料及化学制品制造业	14882	15094	3875
8.医药制造业	5957	7514	1613
9.非金属矿物制品业	7102	7669	5413
10.黑色金属冶炼及压延加工业	5760	6110	1214
11.有色金属冶炼及压延加工业			
12.金属制品业	4833	4929	2143
13.普通机械制造业	5275	6513	1654
14.专用设备制造业	7055	8140	3167
15.仪器仪表及文化、办公用机械制造业	14600	14600	
(三)电力、煤气及水的生产和供应业	12310	12443	3333
1.电力、蒸汽、热水的生产和供应业	12337	12352	9333
2.自来水的生产和供应业	11487	16444	333
(四)建筑业	5131	5276	2500
1.土木工程建筑业	4926	5078	2500
2.建筑物的装修装饰业	6800	6800	
(五)交通运输、仓储及邮电通信业	6978	10016	
1.公路运输业	5882	12500	
2.交通运输辅助业	8447	8447	
(六)批发和零售贸易、餐饮业	3887	4917	1258
1.食品、饮料、烟草和家庭用品批发业	3536	3536	
2.能源、材料和机械电子设备批发业	8437	8622	
3.其他批发业	4117	4455	1389
4.零售业	2930	3860	1271
(七)金融、保险业	11227	11227	
1.金融业	11716	11716	
2.保险业	7125	7125	
(八)社会服务业	2105	4641	
1.公共设施服务业	1053	6000	
2.旅游业	4172	4172	
(九)其他行业	4667	5600	

5－8　单位从业人员变动情况

（2000 年）

单位：人

	本年增加人数							
	合计	从农村招收	从城镇招收	录用的复员转业军人	录用的大、中专、技工学校毕业生	调入	＃由外省自治区直辖市调入	其它
总　计	5522	1063	400	276	1968	1352	21	463
一、国有经济单位	4348	533	132	265	1810	1266	20	342
按企业、事业、机关分组								
1.企业	2614	376	57	191	1182	588	12	220
(1)中央	2241	348	38	165	999	529	12	162
(2)省、自治区、直辖市	97		2	12	27	2		54
(3)地区	260	20	17	14	151	54		4
(4)县及县以下	16	8			5	3		
2.事业	1210	118	55	33	467	451	7	86
(1)中央	2				2			
(2)省、自治区、直辖市	6				2	4		
(3)地区	744	2	29	24	322	289	3	78
(4)县及县以下	458	116	26	9	141	158	4	8
3.机关	524	39	20	41	161	227	1	36
(1)中央	14	5	2	2	5			
(2)省、自治区、直辖市	3			3				
(3)地区	178			28	76	65	1	9
(4)县及县以下	329	34	18	8	80	162		27
二、城镇集体经济单位	716	366	221	4	31	67	1	27
其中：企业	715	366	221	4	31	66	1	27
三、其他各种经济类型单位	458	164	47	7	127	19		94

5-8 续表1 (2000年) 单位:人

	本年减少人数							
	合计	离退休 退休职	开除除名 辞退	终止解除 合同	离开本单位 扔保留劳动 关系的职工	调出	#调到外省 自治区 直辖市	其它
总计	21180	5795	1959	4131	7132	1368	125	795
一、国有经济单位	14006	4632	712	2241	4791	935	123	695
按企业、事业、机关分组								
1.企业	12430	3877	614	2160	4748	488	113	543
(1)中央	6276	1527	488	715	2876	294	107	376
(2)省、自治区、直辖市	1603	720	32	169	557	53		72
(3)地区	3990	1519	67	1090	1099	132	6	83
(4)县及县以下	540	99	27	186	208	8		12
(5)其他	21	12			8	1		
2.事业	1120	613	38	40	31	300	8	98
(1)中央	3			2		1		
(2)省、自治区、直辖市	2	1				1		
(3)地区	604	390	9	13	28	143	7	21
(4)县及县以下	511	222	29	25	3	155	1	77
3.机关	456	142	60	41	12	147	2	54
(1)中央	1					1		
(2)省、自治区、直辖市	18	10		7				1
(3)地区	114	77	5	6	8	17	1	1
(4)县及县以下	323	55	55	28	4	129	1	52
二、城镇集体经济单位	5137	726	742	1650	1526	419	1	74
其中:企业	5110	722	742	1629	1526	417	1	74
三、其他各种经济类型单位	2037	437	505	240	815	14	1	26

6. 固 定 资 产 投 资

INVESTMENT IN FIXED ASSETS

6－1 历年全社会固定资产投资

单位:万元

年 份	固定资产投资总额	国有经济单位	#基本建设	#更新改造	集体经济单位	#农村	其他经济单位	个体经济	#农村
1965	12666	12666	12666						
1966	29027	29027	29027						
1967	13377	13377	13377						
1968	9304	9304	9304						
1969	28273	28273	28273						
1970	52213	52213	52213						
1971	52575	52575	52575						
1972	34871	34871	34871						
1973	29758	29758	29758						
1974	23729	23729	23729						
1975	20121	20121	20121						
1976	14089	14089	14089						
1977	16791	16791	16791						
1978	24617	24617	24617						
1979	17530	17530	17530						
1980	12211	12211	12211						
1981	8640	8640	8640						
1982	19655	18969	10588	8381	294	150		392	392
1983	25003	24358	11102	13256	226	186		419	419
1984	26680	24838	11629	13209	1323	1026		519	519
1985	35420	32085	15738	16347	2666	1102		669	669
1986	44811	40102	20956	14616	3276	1194		1433	795
1987	73163	67177	47624	13942	4009	706		1977	1947
1988	100837	96930	72823	19027	2570	524		1337	1270
1989	109111	105097	72797	22066	2412	724		1602	1514
1990	93725	88338	63147	18120	3778	931		1609	1568
1991	175830	171085	142940	19989	2356	1207		2389	2301
1992	257415	251919	215187	24964	3208	1873		2288	2200
1993	362686	333207	278005	33335	24872	8444	95	4512	4441
1994	449472	409135	330362	47976	22478	14372	12138	5721	5117
1995	589667	558456	476153	55478	17246	8889	3162	10803	9703
1996	725853	701789	642618	36621	11233	5337	4799	8032	6416
1997	801441	770313	699091	55143	16266	8092	6469	8393	7467
1998	683446	634642	575446	57768	10753	4941	28926	9125	6861
1999	427818	384650	319364	37459	9284	6910	22371	11513	7774
2000	335123	264629	185016	50765	15007	9641	39986	15501	8479
合计	5736948	5377511	4594348	558462	153257	76249	117946	88234	69852

6－1　续表　　单位：万元

年 份	全社会固定资产投资资金来源					国有经济单位固定资产投资				
	国家预算内资金	国内贷款	利用外资	自筹资金	其他资金	第一产业	第二产业	#工业	第三产业	#运输邮电业
1965	12625			41		248	8 805	6 208	3 613	3 037
1966	28896			131		387	25 579	16 502	3 061	2 405
1967	13305			72		277	10 998	9 095	2 102	1 656
1968	9272			32		57	8 211	6 486	1 036	675
1969	28245			28		77	25 215	22 162	2 981	1 876
1970	51477			736		222	49 326	46 595	2 665	1 345
1971	51059			1516		209	50 128	48 435	2 238	520
1972	32915			1956		244	32 564	30 222	2 063	455
1973	27941			1817		203	27 033	25 130	2 522	615
1974	22883			846		218	21 160	18 005	2 351	187
1975	18224			1897		370	17 549	15 297	2 202	70
1976	13507			582		484	12 021	10 576	1 584	129
1977	15930			861		529	14 139	11 646	2 123	54
1978	22909			1708		694	21 204	18 248	2 719	173
1979	15223			2307		477	13 550	10 832	3 503	401
1980	6474			5628	109	253	8 494	8 130	3 464	232
1981	1470			7026	144	81	5 683	5 530	2 876	71
1982	10445	24		9186		152	14 163	13 323	4 654	267
1983	17824	62		7054	63	192	20 259	19 326	3 907	367
1984	18426	652		7602		215	20 916	20 099	3 707	416
1985	18832	963		15625		466	26 590	24 415	5 029	366
1986	15041	6032		23266	472	184	34 986	33 548	4 932	905
1987	2767	11613	15000	33804	9979	488	61 311	60 565	5 378	147
1988	3369	24309	29000	43128	1031	353	90 589	89 857	5 988	1 132
1989	4937	28400	21193	52788	1793	174	98 332	97 950	6 591	1 065
1990	9762	30442	6726	35431	11364	522	82 062	81 292	5 754	323
1991	6686	93344	28650	30691	16459	705	160 837	160 008	9 543	711
1992	13965	117264	36000	87386	2800	1 723	236 250	233 975	13 946	2 528
1993	13576	143362	61942	136975	3779	1 830	280 564	276 214	50 813	16 927
1994	12571	214647	60319	99757	44921	2 633	360 378	354 237	46 124	8 943
1995	31930	244626	97200	115353	62695	3 449	491 837	488 710	63 170	9 676
1996	24704	373521	104121	102004	117385	3 050	639 797	637 603	58 942	9 963
1997	41122	366358	171747	100022	102401	2 154	701 467	697 552	66 692	17 254
1998	10419	251799	126285	70856	138931	1 168	551 883	545 330	81 591	43 493
1999	8239	157895	33359	90880	94138	3 220	305 395	304 292	76 035	27 583
2000	10676	38976	21570	132485	90829	663	170 923	167 700	93 043	38 641
合计	647646	2104289	813112	1221477	699293	28 371	4 700 198	4 615 095	648 942	194 608

6－2 固定资产投资

(2000 年)

指　标　名　称	总　计	#地方	基本建设	#地方
一.个数(个)				
本年施工项目个数	320	246	183	162
#本年新开工	179	135	73	66
本年投产项目个数	225	172	119	107
二.投资额和新增固定资产(万元)				
计划总投资	3508572	404797	3227557	297645
#本年新开工项目计划投资	170034	59497	73981	59497
实际需要的总投资	3511508	403707	3222627	296013
自开始建设至本年底累计完成投资	3223204	212079	3035371	135853
自开始建设至本年底累计新增固定资产	2995738	80397	2936110	58295
本年底未完工程累计投资	203186	107402	91174	69471
本年计划投资	325766	140009	224628	90416
本年完成投资	279440	111972	191325	70566
#住宅	33760	13578	33349	13167
按构成分:				
1.建筑工程	122821	75323	100945	64182
2.安装工程	19145	7185	10594	218
3.设备工器具购置	60571	20885	12711	719
#购置旧设备	50	50	0	0
4.其他费用	76903	8579	67075	5447
#旧建筑物购置费	65	65	0	0
土地购置费	224	224	175	175
更新改造设备、工器具购置中用于更新的设备	7876	7876	0	0
更新改造本年完成投资用途				
增产	17108	15257	0	0
节约能源	1630	60	0	0
其他节约	0	0	0	0
增加品种	0	0	0	0
提高产品质量	13846	3801	0	0
三废治理	841	824	0	0
其他	30300	6783	0	0
本年新增固定资产	201815	71719	164930	53074

6－2 续表1 (2000年)

指标名称	总计	#地方	基本建设	#地方
三、房屋建筑面积(平方米)				
本年施工房屋面积	870040	588500	806568	525028
# 住宅	553398	309447	545978	302027
本年竣工房屋面积	628309	393959	595311	360961
# 住宅	452086	240067	445498	233479
本年竣工房屋价值(万元)	69735	45774	67325	43364
# 住宅	43961	23227	43490	22756
四、投资资金(财务)来源(万元)				
(一)本年资金来源合计	253342	110175	167315	70857
1.上年末结余资金	2648	2453	2037	1892
2.本年资金来源小计	250694	107722	165278	68965
(1)国家预算内资金	7760	7760	6045	6045
(2)国内贷款	34765	20166	16422	5654
(3)债券	5120	5120	5120	5120
(4)利用外资	21450	5450	21450	5450
#外商直接投资	0	0	0	0
对外借款	21450	5450	21450	5450
#统借统还	20901	4901	20901	4901
(5)自筹资金	119644	55329	58670	37183
①中央各部门自筹	489	489	480	480
②省自筹	694	294	661	261
③地（市）自筹	26042	26042	23385	23385
④县自筹	2961	2929	1493	1461
⑤企事业单位自有资金	89458	25575	32651	11596
#发行股票	0	0	0	0
(6)其他资金来源	61955	13897	57571	9513
#集资	55097	7039	53949	5891
(二)本年各项应付款合计	39820	15500	35192	10872
#工程款	38845	14525	34667	10347
设备、器材款	975	975	525	525
五.补充资料（万元）				
1、实收资本合计	2050	2050	0	0

6-2 续表2 (2000年)

指标名称	更新改造	#地方	其他投资	#地方	#城镇集体	#地方
一.个数(个)						
本年施工项目个数	112	60	25	24	11	11
#本年新开工	92	55	14	14	7	7
本年投产项目个数	92	51	14	14	10	10
二.投资额和新增固定资产(万元)						
计划总投资	206595	53361	74420	53791	6572	6572
#本年新开工项目计划投资	96053					
实际需要的总投资	213564	53361	75317	54333	7114	7114
累计完成投资	129469	38846	58364	37380	6743	6743
累计新增固定资产	48552	11380	11076	10722	6743	6743
本年底未完工程累计投资	65757	12306	46255	25625		
本年计划投资	74596	32760	26542	16833	5612	5612
本年完成投资	63670	26670	24445	14736	5366	5366
#住宅			411	411	302	302
按构成分:						
1.建筑工程	14281	4313	7595	6828	3038	3038
2.安装工程	7733	6563	818	404	65	65
3.设备工器具购置	35793	14998	12067	5168	2263	2263
#购置旧设备			50	50	50	50
4.其他费用	5863	796	3965	2336		
#旧建筑物购置费	65	65				
土地购置费	37	37	12	12		
更新改造设备、工器具购置中用于更新的设备	7876	7876				
更新改造本年完成投资用途						
增产	17108	15257				
节约能源	1630	60				
其他节约						
增加品种						
提高产品质量	13846	3801				
三废治理	841	824				
其他	30245	6728	55	55	55	55
本年新增固定资产	27015	9129	9870	9516	5546	5546

6-2 续表3 (2000年)

指标名称	更新改造	#地方	其他投资	#地方	#城镇集体	#地方
三、房屋建筑面积(平方米)						
本年施工房屋面积	20169	20169	43303	43303	30330	30330
# 住宅			7420	7420	5346	5346
本年竣工房屋面积			32998	32998	30330	30330
# 住宅			6588	6588	5346	5346
本年竣工房屋价值(万元)			2410	2410	2232	2232
# 住宅			471	471	387	387
四、投资资金(财务)来源(万元)						
(一)、本年资金来源合计	62684	25684	23343	13634	5366	5366
1.上年末结余资金	481	481	130	80		
2.本年资金来源小计	62203	25203	23213	13554	5366	5366
(1)国家预算内资金	1484	1484	231	231		
(2)国内贷款	17163	13332	1180	1180		
(3)债券						
(4)利用外资						
#外商直接投资						
对外借款						
#统借统还						
(5)自筹资金	42198	9029	18776	9117	3269	3269
①中央各部门自筹			9	9		
②省自筹			33	33		
③地(市) 自筹	123	123	2534	2534		
④县自筹	786	786	682	682	50	50
⑤企事业单位自有资金	41289	8120	15518	5859	3219	3219
#发行股票						
(6) 其他资金来源	1358	1358	3026	3026	2097	2097
#集资			1148	1148	297	297
(二)、本年各项应付款合计	3250	3250	1378	1378	180	180
#工程款	2950	2950	1228	1228	60	60
设备、器材款	300	300	150	150	120	120

6－3 固定资产投资完成情况

(2000 年)

单位:万元

指标名称	总计	基本建设	更新改造	其他投资	#城镇集体
总计	279440	191325	63670	24445	5366
(一) 按登记注册类型分					
内资	271140	191325	55370	24445	5366
1.国有	252188	185016	50765	16407	
2.集体	5366			5366	5366
3.股份合作	207			207	
4.国有独资公司	6039	6039			
5.其他有限责任公司	5534	144	4605	785	
6.股份有限公司	126	126			
7.私营个体	1680			1680	
港澳台商投资	8300		8300		
1.合资经营	8300		8300		
(二) 按隶属关系分					
1. 中央	167468	120759	37000	9709	
2. 地方	111972	70566	26670	14736	5366
(1)省(自治区、直辖市)	19043	2003	15829	1211	
(2)地区(州、盟、省辖市)	59350	50960	4655	3735	180
(3)县(旗、县级市)	28420	17423	6186	4811	2527
(4)其他	5159	180		4979	2659
(三) 按建设性质分					
1.新建	135872	131525		4347	1850
2.扩建	31625	19000	10769	1856	507
3.改建	72779	7602	50936	14241	1904
4.单纯建造生活设施	33355	32250		1105	1105
5.迁建	948	948			
6.单纯购置	4861		1965	2896	
(四) 按项目规模分					
1.基建大中型	97136	97136			
2.基建小型	94189	94189			
3.更改限上项目	11157		11157		
4.其他	52513		52513		
(五) 按建设阶段分					
1.本年正式施工	202482	191325	11157		

6-3 续表1 (2000年) 单位:万元

行业	总计	基本建设	更新改造	其他投资
按国民经济行业门类分	279440	191325	63670	24445
(一)农、林、牧、渔业	1482	663		819
# 农业	1077	258		819
林业	405	405		
(二)采掘业	12233		1077	11156
煤炭采选业	2228		1077	1151
黑色金属矿采选业	10005			10005
(三)制造业	46818	81	42929	3808
饮料制造业	1400		1400	
服装及其他纤维制品制造业	180			180
木材加工及竹、藤、棕、草制品业	60		60	
印刷业	55	55		
石油加工及炼焦业	500			500
化学原料及化学制品制造业	8507		8300	207
塑料制品业	62			62
非金属矿物制品业	81	26		55
黑色金属冶炼及压延加工业	35828		33169	2659
专用设备制造业	145			145
(四)电力、煤气及水的生产和供应业	112105	101293	10726	86
电力、蒸汽、热水的生产和供应业	110725	100253	10472	
煤气生产和供应业	65		65	
自来水的生产和供应业	1315	1040	189	86
(五)建筑业	3223	1653		1570
土木工程建筑业	3012	1653		1359
建筑物的装修装饰业	211			211
(六)地质勘查业、水利管理业	5195	5145		50
水利管理业	5195	5145		50

6-3 续表2 (2000年) 单位:万元

行业	总计	基本建设	更新改造	其他投资
(七)交通运输、仓储及邮电通信业	38641	29973	7074	1594
公路运输业	17930	16336		1594
航空运输业	10136	10136		
交通运输辅助业	2107	2107		
邮电通信业	8468	1394	7074	
(八)批发和零售贸易、餐饮业	4630	2190		2440
食品、饮料、烟草和家庭用品批发商业	50	50		
能源、材料和机械电子设备批发业	1018	378		640
零售业	2562	1762		800
餐饮业	1000			1000
(九)金融、保险业	5755	5341		414
金融业	5755	5341		414
(十)房地产业	16560	16560		
房地产管理业	16560	16560		
(十一)社会服务业	8404	7282	1122	
公共设施服务业	6149	5027	1122	
居民服务业	73	73		
旅馆业	1862	1862		
旅游业	100	100		
其他社会服务业	220	220		
(十二)卫生、体育和社会福利业	4277	2607		1670
卫生	4277	2607		1670
(十三)教育、文化艺术及广播电影电视业	6189	5447	742	
教育	5371	4629	742	
文化艺术业	740	740		
广播电影电视业	78	78		
(十四)国家机关、政党机关和社会团体	13691	12853		838
国家机关	12832	11994		838
政党机关	10	10		
社会团体	849	849		
(十六)其他行业	237	237		

6－4 房地产开发投资

(2000年)

指 标	总 计	内 资	国 有	国有独资公司	其他有限责任公司	私营股份有限公司
企业(单位)个数(个)	24	24	11	2	10	1
计划总投资(万元)	99077	99077	26824	45000	25453	1800
实际需要的总投资	105827	105827	29974	45000	27653	3200
累计完成投资	61148	61148	21297	17626	19355	2870
累计新增固定资产	28025	28025	14556	6607	5012	1850
未完工程累计投资	33123	33123	6741	11019	14343	1020
本年计划投资	36983	36983	15088	9128	11267	1500
本年完成投资	32221	32221	12441	9128	8982	1670
＃ 商品房建设投资额	20658	20658	5087	7340	7211	1020
土地开发投资额	2772	2772	132	1788	852	
按构成分:						
1. 建筑工程	27607	27607	9754	8858	7475	1520
2. 安装工程	1095	1095	1095			
3. 设备工器具购置	1243	1243	960		283	
4. 其他费用	2276	2276	632	270	1224	150
＃ 土地购置费	2037	2037	628	170	1089	150
按工程用途分:						
1. 住宅	18219	18219	8403	4108	5058	650
＃安居工程	10102	10102	5494	4108	500	
2. 办公楼	2001	2001	1121		10	870
3. 商业营业用房	8295	8295	1425	3232	3638	
4. 其他	3706	3706	1492	1788	276	150
本年新增固定资产	28025	28025	14556	6607	5012	1850
土地开发(平方米)						
本年完成开发土地面积	26939	26939	4745	16000	6194	
正在开发的土地面积	15119	15119	2518		12601	
待开发土地面积	1922	1922			1922	
本年购置土地面积	39979	39979	27208	400	11183	1188
＃直接从国家购置	7304	7304	4863		1253	1188
本年转让土地面积	2300	2300		2300		
本年新开工土地开发面积	39648	39648	4853	16000	18795	
资金来源(万元)						
一、本年资金来源合计	29807	29807	10692	8741	9074	1300
1、上年末结余资金	4307	4307	751		3256	300
2、本年资金来源小计	25500	25500	9941	8741	5818	1000
(1)国家预算内资金	300	300	300			
(2)国内贷款	3570	3570	200	2500	570	300

6-4 续表1　　(2000年)　　单位:万元

指　　标	总　计	内　资	国　有	国　有 独资公司	其他有限 责任公司	私营股份 有限公司
(5)自筹资金	8249	8249	4141		3908	200
＃自有资金	3800	3800	367		3433	
(6)其他资金来源	13381	13381	5300	6241	1340	500
＃ 集资	2091	2091	547		1208	336
定金及预收款	6539	6539	4696	1843		
二、本年各项应付款合计	3979	3979	2084	387	1138	370
＃ 工程款	3125	3125	1725	387	1013	
其他指标						
竣工房屋住宅套数合计(套)	1595	1595	921	332	244	98
＃安居工程套数	1033	1033	617	332	84	
拆迁还建竣工房屋面积(平方米)	25244	25244		25244		
统建代建竣工房屋面积(平方米)	107279	107279	70489		21682	15108
年平均从业人员数　(人)	1856	1856	1544	44	251	17
年末从业人员数　(人)	905	905	617	48	223	17
全年从业人员劳动报酬(万元)	1380	1380	1060	57	243	20
空置面积中:						
＃ 空置一年以下(平方米)	15150	15150	9379		5771	
空置一年以上(含一年)	340	340	340			
开发经营情况						
一、实收资本合计(万元)	26711	26711	14329	5600	6282	500
＃ 国家资本	930	930			930	
二、年末资产负债情况						
资产总计	90381	90381	46805	28706	13544	1326
固定资产累计折旧	4356	4356	684	15	3655	2
＃ 本年折旧	231	231	192	9	28	2
负债总计	66705	66705	36178	23754	5953	820
所有者权益合计	23676	23676	10627	4952	7591	506
三、损益情况						
1、经营收入总计	16358	16358	13698	1128	1295	237
(2)商品房屋销售收入	11258	11258	8936	1128	998	196
＃ 销售给个人	7162	7162	6727	111	324	
商品住宅销售收入	7195	7195	5069	1128	998	
＃ 销售给个人	3435	3435	3000	111	324	
(3)房屋出租收入	1046	1046	890		156	
(4)其他收入	4054	4054	3872		141	41
2、(1)经营成本	14514	14514	11948	1128	1199	239
(2)销售费用	114	114	69	45		
(3)经营税金及附加	721	721	533	129	45	14
(4)其他业务利润	356	356	299		16	41
(5)管理费用及财务费用	1437	1437	1019	115	287	16
(6)投资收益及营业外收入	-135	-135	-145		10	
(7)营业外支出	182	182	166	13	3	
3、利润总额	-389	-389	117	-302	-213	9

6-4 续表2 (2000年)

指标名称	资质等级			
	二级	三级	四级	其他
企业(单位)个数(个)	1	9	13	1
计划总投资(万元)	2000	65660	28917	2500
实际需要的总投资	2000	68660	31967	3200
自开始建设累计完成投资	1190	34334	25489	135
自开始建设累计新增固定资产	270	21379	6376	
未完工程累计投资	920	12955	19113	135
本年计划投资	1030	21430	12853	1670
本年完成投资	1030	21076	9980	135
# 商品房建设投资额	370	13473	6815	
土地开发投资额		2668	65	39
按构成分:				
1. 建筑工程	530	17966	9111	
2. 安装工程		1000	95	
3. 设备工器具购置		960	283	
4. 其他费用	500	1150	491	135
# 土地购置费	500	1046	491	
按工程用途分:				
1. 住宅	370	11159	6690	
# 安居工程		9033	1069	
2. 办公楼	160	620	1221	
3. 商业营业用房		6722	1573	
4. 其他	500	2575	496	135
本年新增固定资产	270	21379	6376	
土地开发(平方米)				
本年完成开发土地面积		24594	2345	
正在开发的土地面积		2518		12601
待开发土地面积		669	1253	
本年购置土地面积	22345	9781	7853	
其中:直接从国家购置		2518	4786	
本年转让土地面积		2300		
本年新开工土地开发面积		24702	2345	12601
资金来源(万元)				
一、本年资金来源合计	1200	19100	9057	450
1、上年末结余资金		2551	1756	
2、本年资金来源小计	1200	16549	7301	450
(1)国家预算内资金			300	
(2)国内贷款	200	2870	500	
(5)自筹资金	1000	3557	3242	450

6-4 续表3 (2000年) 单位:万元

指标名称	资质等级			
	二级	三级	四级	其他
# 自有资金		783	2567	450
(6)其他资金来源		10122	3259	
# 集资		479	1612	
定金及预收款		5245	1294	
二、本年各项应付款合计		1976	2003	
#工程款		1617	1508	
其他指标				
竣工房屋住宅套数合计(套)	28	1110	457	
#安居工程套数		860	173	
拆迁还建竣工房屋面积(平方米)		25244		
统建代建竣工房屋面积(平方米)		50915	56364	
年平均从业人员数(人)	67	1357	417	15
年末从业人员数(人)	56	437	396	16
全年从业人员劳动报酬(万元)	80	924	357	19
空置面积中:				
#空置一年以下(平方米)		13842	1308	
空置一年以上(含一年)	340			
开发经营情况(万元)				
一、实收资本合计	303	14025	11883	500
#国家资本			480	450
二、年末资产负债情况				
资产总计	8761	62495	18640	485
固定资产累计折旧	76	3909	355	16
#本年折旧	13	153	67	-2
负债总计	8266	48091	10314	34
所有者权益合计	495	14404	8326	451
三、损益情况				
1.经营收入总计	605	11780	3943	30
(1)商品房屋销售收入	337	8425	2496	
#销售给个人	269	5539	1354	
商品住宅销售收入	337	4558	2300	
#销售给个人	269	1812	1354	
(2)房屋出租收入	268	322	456	
(3)其他收入		3033	991	30
2.(1)经营成本	276	11105	3106	27
(2)销售费用		112	2	
(3)经营税金及附加	34	488	198	1
(4)其他业务利润	1	286	67	2
(5)管理费用及财务费用	296	640	467	34
(6)投资收益及营业外收入	46	-200	19	
(7)营业外支出	21	17	143	1
3.利润总额	25	-496	113	-31

6-4 续表4 (2000年)

指标名称	隶属关系			
	中央	地区	县	其他
企业(单位)个数(个)	3	11	3	7
计划总投资(万元)	10300	65235	950	22592
实际需要的总投资	11000	68385	950	25492
自开始建设累计完成投资	7062	33196	950	19940
自开始建设累计新增固定资产	6263	16100	950	4712
未完工程累计投资	799	17096		15228
本年计划投资	6097	19427	950	10509
本年完成投资	4562	16769	950	9940
# 商品房建设投资额	4360	8067		8231
土地开发投资额	106	1788	65	813
按构成分:				
1.建筑工程	2400	15999	790	8418
2.安装工程	1000		95	
3.设备工器具购置	960			283
4.其他费用	202	770	65	1239
#土地购置费	63	670	65	1239
按工程用途分:				
1.住宅	1640	10879	569	5131
#安居工程		9533	569	
2.办公楼	620	360	141	880
3.商业营业用房	1390	3242	25	3638
4.其他	912	2288	215	291
本年新增固定资产	6263	16100	950	4712
土地开发(平方米)				
本年完成开发土地面积	2400	16000	2345	6194
正在开发的土地面积	15119			
本年购置土地面积	2518	22745	2345	12371
其中:直接从国家购置	2518		2345	2441
本年转让土地面积		2300		
本年新开工土地开发面积	15109	16000	2345	6194
资金来源(万元)				
一、本年资金来源合计	4518	15421	805	9063
1.上年末结余资金	704	256		3347
2.本年资金来源小计	3814	15165	805	5716
(1)国家预算内资金		300		
(2)国内贷款		2700		870
(5)自筹资金	450	4661		3138
#自有资金	450	712		2638

6-4 续表5 (2000年) 单位:万元

指 标 名 称	隶属关系			
	中央	地区	县	其他
(6)其他资金来源	3364	7504	805	1708
# 集资		547		1544
定金及预收款	3364	2370	805	
二、本年各项应付款合计	359	1967	145	1508
#工程款		1967	145	1013
其他指标				
竣工房屋住宅套数合计(套)	180	1158	89	168
#安居工程套数		944	89	
拆迁还建竣工房屋面积(平方米)		25244		
统建代建竣工房屋面积(平方米)		79071	13100	15108
年平均从业人员数 (人)	1026	483	193	154
年末从业人员数 (人)	164	403	193	145
全年从业人员劳动报酬(万元)	625	473	120	162
空置面积中:				
#空置一年以下(平方米)	9379	1308		4463
空置一年以上(含一年)		340		
开发经营情况(万元)				
一、实收资本合计	4588	15230	1827	5066
# 国家资本	450	480		
二、年末资产负债情况				
资产总计	22156	53597	2669	11959
固定资产累计折旧	162	506	121	3567
# 本年折旧	14	173	18	26
负债总计	17682	42534	1147	5342
所有者权益合计	4474	11063	1522	6617
三、损益情况				
1.经营收入总计	7387	6767	819	1385
(1)土地转让收入				
(2)商品房屋销售收入	7048	3016		1194
# 销售给个人	5428	1410		324
商品住宅销售收入	3181	3016		998
# 销售给个人	1701	1410		324
(3)房屋出租收入	272	540	84	150
(4)其他收入	67	3211	735	41
2.(1)经营成本	6789	5845	560	1320
(2)销售费用	67	47		
(3)经营税金及附加	337	285	45	54
(4)其他业务利润	241	74		41
(5)管理费用及财务费用	319	708	191	219
(6)投资收益及营业外收入	-200	65		
(7)营业外支出	4	176		2
3.利润总额	-88	-155	23	-169

6－5 房地产开发建筑面积

(2000 年)　　单位:平方米

	施工面积	＃新开工	竣工面积	竣工房屋价值(万元)
房屋建筑面积合计	509897	187705	229459	23081
按用途分:				
1.住宅	330649	104746	179062	17263
＃安居工程	184736	59546	104443	8997
2.办公楼	31041	24275	5226	471
3.商业营业用房	132307	50684	37271	4447
4.其它	15900	8000	7900	900

6－6 房地产开发销售面积

(2000 年)　　单位:平方米

	实际销售	预售	空置	出租	实际销售额(万元
房屋面积合计	57571	3873	15490	51324	11582
＃个人	28952	1498		20160	7354
1.住宅	50080	3873	10232	910	7715
＃安居工程	8530				1128
个人	21461	1498		910	3487
2.办公楼			2376	9098	
3.商业营业用房	7303		2262	41316	3814
4.其他	188		620		53

6－7　农村集体固定资产投资

(2000年)　　单位:万元

	本年施工项目个数(个)	本年新开工项目个数(个)	本年投产项目个数(个)	计划总投资(万元)	本年新增固定资产(万元)
总　计	146	132	137	12666	9610
一、按建设性质分					
(1) 新　建	67	61	62	9284	6562
(2) 扩　建	30	27	29	1992	1713
(3) 改　建	32	28	31	977	928
(4) 其　他	17	16	15	413	407
二、按国民经济行业分					
1.　农、林、牧、渔业	69	66	65	2953	2285
2. 采掘业	2	2	2	170	170
(1) 煤炭采选业	1	1	1	20	20
(2) 非金属矿采选业	1	1	1	150	150
3. 制造业	8	8	8	5647	3422
(1) 石油加工及炼焦业	1	1	1	5000	3000
(2) 专用设备制造业	1	1	1	141	141
(3) 交通运输制造业	6	6	6	506	281
4. 电力煤气及水的生产和供应业	6	6	6	413	413
(1) 电力、蒸汽、热水生产和供应业	6	6	6	413	413
5. 建筑业	5	0	5	265	135
6. 地质勘查业、水利管理业	31	30	27	1857	1851
7. 交通运输、仓储及邮电通信业	2	0	2	30	30
8. 社会服务业	4	3	3	967	965
9. 卫生、体育和社会福利业	2	2	2	45	45
10. 教育、文化艺术及广播电影电视业	9	9	9	97	97
11. 国家机关、政党机关和社会团体	8	6	8	222	197

6-7 续表1 (2000年) 单位:万元

	本年完成投资					
	合计	#住宅	建筑工程	安装工程	设备购置	其他
总计	9641	289	6266	1034	501	1840
一、按建设性质分						
(1) 新建	6567	71	4291	834	157	1285
(2) 扩建	1718		1279	11	293	135
(3) 改建	949	218	601	187	10	151
(4) 其他	407		95	2	41	269
二、按国民经济行业分						
1. 农、林、牧、渔业	2314	208	930	223	15	1146
2 采掘业	170		116		54	
(1) 煤炭采选业	20		10		10	
(2) 非金属矿采选业	150		106		44	
3. 制造业	3422		2675	600	141	6
(1) 石油加工及炼焦业	3000		2400	600		
(2) 专用设备制造业	141				141	
(3) 交通运输制造业	281		275			6
4. 电力煤气及水的生产和供应业	413			11	96	306
(1) 电力、蒸汽、热水生产和供应业	413			11	96	306
5. 建筑业	135		135			
6. 地质勘查业、水利管理业	1851	15	1147	199	137	368
7. 交通运输、仓储及邮电通信业	30				30	
8. 社会服务业	967		965			2
9. 卫生、体育和社会福利业	45	10	45			
10. 教育、文化艺术及广播电影电视业	97		97			
11. 国家机关、政党机关和社会团体	197	56	156	1	28	12

6-7 续表2 (2000年) 单位:万元

	本年固定资产投资资金来源						
	小计	国家资金	国内贷款	引进外资	自筹资金	群众集资	其他资金
总计	9641	2616	641	120	4592	919	753
一、按建设性质分							
(1) 新建	6567	1304	310	120	3633	669	531
(2) 扩建	1718	584	331		684	96	23
(3) 改建	949	517			237	106	89
(4) 其他	407	211			38	48	110
二、按国民经济行业分							
1. 农、林、牧、渔业	2314	1607	10		255	251	191
2. 采掘业	170				150		20
(1) 煤炭采选业	20						20
(2) 非金属矿采选业	150				150		
3. 制造业	3422	125	123		3055	1	118
(1) 石油加工及炼焦业	3000				3000		
(2) 专用设备制造业	141		123		18		
(3) 交通运输制造业	281	125			37	1	118
4. 电力煤气及水的生产和供应业	413	335				2	76
(1) 电力、蒸汽、热水生产和供应业	413	335				2	76
5. 建筑业	135			120	15		
6. 地质勘查业、水利管理业	1851	395	308		214	663	271
7. 交通运输、仓储及邮电通信业	30				30		
8. 社会服务业	967		200		747		20
9. 卫生、体育和社会福利业	45	24			10		11
10. 教育、文化艺术及广播电影电视业	97	55			31	2	9
11. 国家机关、政党机关和社会团体	197	75			85		37

6-7 续表 3 (2000 年) 单位:万元

	房屋建筑面积(平方米)			
	施工面积	# 住宅	竣工面积	# 住宅
总 计	21299	4010	19736	4010
一、按建设性质分				
(1) 新 建	17317	2930	15754	2930
(2) 扩 建	1190	100	1190	100
(3) 改 建	2792	980	2792	980
(4) 其 他				
二、按国民经济行业分				
1. 农、林、牧、渔业	1600	800	1600	800
2. 采掘业				
(1) 煤炭采选业				
(2) 非金属矿采选业				
3. 制造业	11700	1700	11700	1700
(1) 石油加工及炼焦业	11700	1700	11700	1700
(2) 专用设备制造业				
(3) 交通运输制造业				
4. 电力煤气及水的生产和供应业				
(1) 电力、蒸汽、热水生产和供应业				
5. 建筑业	2170		607	
6. 地质勘查业、水利管理业	850	300	850	300
7. 交通运输、仓储及邮电通信业				
8. 社会服务业				
9. 卫生、体育和社会福利业	895	180	895	180
10. 教育、文化艺术及广播电影电视业	1944	100	1944	100
11. 国家机关、政党机关和社会团体	2140	930	2140	930

6-8 城镇和工矿区私人建房情况

	城镇工矿区个数(个)	本年竣工房屋建筑面积(平方米)		本年竣工房屋价值(万元)		建房户数(户)
		合计	#住宅	合计	#住宅	
总计	6	92637	55778	5342	2897	510
# 农业户建房		27196	25994	1409	1329	287
1、县城	4	78126	41568	4671	2256	199
# 农业户建房		18336	17134	1048	968	87
2、镇	1	8300	8300	344	344	183
# 农业户建房		8300	8300	344	344	183
3、工矿区	1	6211	5910	327	297	128
# 农业户建房		560	560	17	17	17

6-9 农村私人投资情况

(2000年)

	合计	东区	西区	仁和	米易	盐边
私人投资(户)						
合计	5220	76	68	2207	1554	1315
#建房	2270	75	68	691	909	527
私人建房面积(平方米)						
合计	219198	20080	10505	63433	79079	46101
#住宅	188658	19170	10430	52557	65492	41009
私人建房投资(万元)						
合计	6543	1250	521	1728	2096	948
#住宅	5945	1178	516	1605	1801	845
私人建房造价(元/平方米)						
合计	1861	622	496	272	265	206
#住宅	1895	614	495	305	275	206
建造和购置房屋以外的生产性固定资产投资(万元)	1936	24	0	578	1105	229
农村私人投资合计(万元)	8479	1274	521	2306	3201	1177

6-10 固定资产新增生产能力和效益

(2000 年)

能力名称（或效益名称）	计量单位	总计	基本建设	更新改造	其他投资
铁矿石成品矿	万吨/年	11.20			11.20
程控交换机	万线/年	2.06		2.06	
改建公路	公里	50.00	50.00		
一级公路	公里	30.00	30.00		
二级公路	公里	20.00	20.00		
水库容量	亿立方米	0.18	0.18		
有效灌溉面积	万亩	0.48	0.48		
小学校:学生席位	个	310	310		
建筑面积	平方米	1300	1300		
医院病床	张	65	65		
城市公共交通车辆购置	辆	82		82	

6-11 基本建设投资效果分析

(2000 年)

	子项	母项	百分比(%)
一、固定资产	新增固定资产(万元)	投资完成额(万元)	交付使用率
全市	164930	191325	86.20
#中央	111856	120759	92.63
地方	53074	70566	75.21
二、未完工程	年末未完工程累计完成投资(万元)	投资完成额(万元)	占用率
全市	91174	191325	47.65
#中央	21703	120759	17.97
地方	69471	70566	98.45
三、房屋面积	竣工面积(平方米)	施工面积(平方米)	竣工率
全市	595311	806568	73.81
#中央	234350	281540	83.24
地方	360961	525028	68.75

7. 财政　税收　金融　保险

PUNLIC FINANCE TAX BANKING INSURANCE

7－1 财政、信贷、现金收支及居民储蓄

单位:万元

年 份	财政收支		银行信贷		现 金 收 支			城乡居民储蓄余额
	收入	支出	存款	贷款	现金收入	现金支出	投放	
1965	596	341	2067	1422	2923	3715	792	250
1966	784	1219	4252	4837	6344	7971	1627	377
1967	981	982	5363	6607	9045	11438	2393	520
1968	629	870	6684	7121	8197	11470	3273	752
1969	1189	2819	10161	8047	9450	13631	4181	679
1970	1974	2485	14692	7913	11128	14498	3370	681
1971	3350	2794	13442	14334	12706	16259	3553	862
1972	3497	4896	12748	16226	14136	17922	3786	1031
1973	4512	3429	13443	18028	14682	18161	3479	1102
1974	5250	3760	14749	14516	15070	18465	3395	1272
1975	6377	3604	18716	17070	15442	18317	2875	1407
1976	5298	4072	18271	15365	15590	18759	3169	1574
1977	7061	3684	20519	16417	16772	19065	2293	1779
1978	9721	5706	20850	17250	18778	21583	2805	2094
1979	8458	5886	19283	18936	22120	25514	3394	2840
1980	8347	5291	24295	17456	27038	31382	4344	3804
1981	8557	5532	31230	19282	29465	34424	4959	5505
1982	10610	5218	34383	17068	30930	34905	3975	7027
1983	12748	6553	35615	19829	35383	40395	5012	9255
1984	13851	8194	56176	34938	45564	53973	8409	13522
1985	19067	9141	50703	40278	62625	71238	8613	17457
1986	23894	12872	70112	64972	71542	82442	10900	24908
1987	26042	15114	94019	97597	91613	105327	13714	33365
1988	30970	16139	103009	106684	146652	169500	22848	43274
1989	36092	19562	117700	143207	153953	179409	25456	57532
1990	32964	19903	146159	229191	176210	209199	32989	77082
1991	42414	23987	201786	402476	213548	259804	46256	102610
1992	50787	32319	265705	539338	313199	383777	70578	138317
1993	94449	49848	304571	742746	539645	647052	107407	167952
1994	60100	71278	363345	999211	749191	899424	150233	248232
1995	70425	95286	506880	1328170	880789	1027286	146497	380045
1996	89472	112682	674158	1760780	1144347	1293419	149072	495954
1997	99555	128993	743175	2145184	1356252	1529957	173705	547247
1998	99953	129519	1049382	1169470	1557596	1667662	110065	645246
1999	86572	116982	1115807	1222668	1880785	2011922	131137	717650
2000	69033	120998	1249610	1070124	1776906	1880263	103357	761403

注:因税制改革,增值税上划比例不同,出现财政收入起伏。1998 年以前银行信贷额为国家银行数,1998 年起为全市金融机构数,二滩贷款单列,不包括在贷款总额中。

7－2 财政收入情况

(2000 年)　　　　单位:万元

	合　计	市　级	东　区	西　区	仁和区	米易县	盐边县
财政收入合计	69033	51586	5719	2581	3692	3576	1879
1.基金收入	2582	1979	9	21	200	312	61
2.一般预算收入	66451	49607	5710	2560	3492	3264	1818
#增值税	13407	9936	1400	706	622	453	290
营业税	9339	4530	2092	436	1052	865	364
个得税	3376	1750	647	231	314	319	115
资源税	12538	12201	28	51	70	70	118
房产税	2453	1929	279	43	54	120	28
印花税	486	380	64	17	11	7	7
城镇土地使用税	641	579	14	3	11	29	5
土地增值税	41	41					
契税	146	54			17	49	26
城镇维护建设税	9631	9117			267	149	98
车船使用税	182	62	54	6	38	11	11
屠宰税	188		31	27	60	30	40
筵席税							
农业税	665		4	5	181	288	187
农业特产税	411		3		102	192	114
牧业税							
耕地占用税	55			33	17	4	1
企业所得税	3484	968	932	769	367	252	196
外商和外国企业所得税							
国有资产经营收益	65				15	50	
国企计划亏损补贴	－2143	－2063			－10		－70
行政性收费收入	1456	1301	8	24	54	22	47
罚没收入	1772	1007	135	195	79	208	148
土地有偿使用收入							
专项收入	5955	5555	11	13	161	131	84
其他收入	2303	2260	8	1	10	15	9
附:国家税务局税收收入	115578	90260	9268	6664	4182	3043	2161
#两税收入	93344	68851	9268	6664	3937	2823	1801
#中央级	89682						
地方级	20525						
县区级	5371						
地方税务局税收收入	70913	39922	16433	5008	3966	3585	1999
#税收收入	63644	35924	14894	4183	3575	3312	1756

7－3　财政支出情况

(2000 年)　　单位:万元

	合计	市级	东区	西区	仁和区	米易县	盐边县
财政决算支出	120998	75612	6927	5231	11807	11596	9825
基金支出	2909	2003	11	19	507	327	42
一般预算支出	118089	73609	6916	5212	11300	11269	9783
一、生产性支出	23828	15029	1820	1358	2481	2116	1024
1.基本建设支出	10974	7916	819	870	1043	175	151
2.企业挖潜改造资金	7278	6294	561	135	82	114	92
3.简易建筑费							
4.科技三项费用	855	612	13	100	56	49	25
5.流动资金							
6.支援农村生产支出	2446	204	335	174	639	885	209
7.农业综合开发支出	2275	3	92	79	661	893	547
二、专项及其他支出	20668	14582	884	686	1359	1140	2017
1.城市维护费	6489	5572	225	312	168	96	116
2.政策性补贴支出	1528	1107	12	10	200	133	66
3.支援不发达地区支出	1739	265	50	15	256	295	858
5.土地开发建设支出							
6.专项支出	4275	3715	118	31	117	121	173
7.其他支出	6637	3923	479	318	618	495	804
三、各项事业费支出	73593	43998	4212	3168	7460	8013	6742
1.农林水利部门事业费	3375	1434	62	87	589	580	623
2.工交部门事业费	435	295	46	5	30	41	18
3.流通部门事业费	367	209		12	31	61	54
4.文体广播事业费	2860	1954	67	62	221	249	307
5.教育事业费	12875	4613	740	716	2514	2458	1834
6.科学事业费	1141	1072	1		14	40	14
7.卫生经费	9873	7283	277	204	760	554	795
8.税务财政审计等事业费	5019	3762	191	237	274	267	288
9.抚恤和社会福利事业费	1711	522	195	138	236	298	322
10.行政事业单位离退休经费	10689	6507	498	314	1150	1284	936
11.社会保障补助支出	3138	2701	238	52	29	74	44
12.国防支出	107		29	30	28	8	12
13.行政管理费	12109	5727	1459	998	1324	1571	1030
14.外交外事支出	204	204					
15.武警部队支出	534	505	3		8	8	10
16.公检法司支出	9156	7210	406	313	252	520	455

7－4 金融机构信贷收支情况

（2000 年） 单位:万元

资产项目	期末余额	比年初增减
资金运用总计	1232166	159198
一、各项贷款	1070124	40244
1.短期贷款	589998	85710
(1)工业贷款	356013	47684
(2)商业贷款	77089	4708
#农副产品贷款	28378	2104
(3)建筑业贷款	31838	8658
(4)农业贷款	36753	7807
(5)乡镇企业贷款	26469	－311
(6)三资企业贷款	3992	1300
(7)私营及个体贷款	1401	467
(8)其它短期贷款	56443	15397
2.中期流动资金贷款	179261	2072
3.中长期贷款	220035	－50369
(1)基本建设贷款	167759	－37291
(2)技术改造贷款	31145	－ 821
(3)其它中长期贷款	21131	－4866
4.信托贷款		
5.融资租赁		
6.委托贷款	63094	1762
7.逾期类贷款	17735	1069
8.代理开发银行贷款		
二、国家投资债券贷款	7350	
三、有价证券及投资	134616	11886
四、证券业务占款	2115	611
五、委托投资	2815	－650
六、金银占款	38	7
七、外汇占款	196	3916
八、库存现金	14912	－3791
资金来源总计	1232166	159198
一、各项存款	1249610	133309
1.企业存款	345897	71861
①活期存款	294876	65775
②定期存款	51021	608
2.机关团体存款	34724	1720
3.财政存款	6455	2105
4.储蓄存款	761403	43248
①活期储蓄	195561	41289
②定期储蓄	565842	1958
5.农业存款	22637	4910
6.信托存款		
7.委托存款	49650	2830
8.其它存款	28843	6636
二、金融债券	13	5
三、国家投资债券		
四、证券业务款项	2186	690
五、所有者权益	39380	－8850
#实收资本	41399	11156
#当年结益	－2897	－4339
六、其它	－59023	－31325

7－5 国家银行现金收支情况

(2000 年) 单位：万元

收入项目	本年累计数	支出项目	本年累计数
一、商品销售收入	205298	一、工资性支出	283681
二、服务业收入	115646	1.国家工资及奖金支出	203147
三、税款收入	8898	2.国家对个人其他支出	42509
四、城乡个体经营收入	24230	3.部队存款支出	2092
五、储蓄存款收入	1277147	4.其他单位工资性支出	35933
六、其它金融机构收入	20237	二、农副产品采购支出	16213
七、居民归还贷款收入	1982	三、工矿及其它产品采购支出	10619
八、汇兑收入	56730	四、行政企事业管理费支出	148559
九、有价证券收入	3622	五、城乡个体经营支出	51390
十、其他收入	63116	六、储蓄存款支出	1283612
#兑换外币收入	260	七、其他金融机构支出	8865
		八、居民提取贷款支出	2183
		九、汇兑支出	13775
		十、有价证券支出	3484
		十一、其他支出	57882
		#兑换外币支出	234
		投放（+）回笼(－)	103357
收入合计	1776906	支出合计	1880263

7－6　保险业务情况

（2000 年）　　单位：万元

类　　别	承保金额	保费收入	赔款支出
总　　计	3338096	23275	6989
一、财产险	2243850	12258	6007
1. 中保财产险	1567425	10078	4828
＃企业财产险	1105460	2621	1260
货运险	332425	982	373
机动车及第三者责任险	129348	6468	3189
2. 太保财产险	368024	1502	800
＃企业财产险	14899	325	38
货运险	174199	362	250
机动车险	41826	798	465
3. 平安财产险	308401	678	379
二、人身险	1094246	11017	982
1. 中保人身险	666377	7311	589
＃意外伤害险	215013	299	104
人身保险	27703	6627	214
2. 太保人身险	385923	2020	334
＃意外伤害险	257012	201	108
人身保险	61719	1819	226
3. 平安人身险	41946	1686	59

8. 物　　价

PRICE INDICES

8-1 历年物价指数

年 份	上 年=100		以 1978 年=100	
	城市商品零售价格指数	城市居民消费价格指数	城市商品零售价格指数	城市居民消费价格指数
1978			100.0	100.0
1979	105.5	105.8	105.5	105.8
1980	108.3	109.5	114.3	115.9
1981	101.9	102.8	116.4	119.1
1982	102.4	102.2	119.2	121.7
1983	100.7	101.2	120.1	123.2
1984	103.8	104.9	124.6	129.2
1985	111.9	110.9	139.4	143.3
1986	106.9	106.6	149.1	152.8
1987	109.0	109.1	162.5	166.7
1988	122.8	121.9	199.5	203.2
1989	120.4	121.8	240.2	247.4
1990	100.9	102.4	242.4	253.4
1991	105.8	106.3	256.5	269.3
1992	108.7	111.4	278.8	300.0
1993	119.9	122.0	334.2	366.1
1994	119.0	124.0	397.8	453.9
1995	119.0	121.2	473.3	550.1
1996	107.0	115.0	506.5	632.7
1997	104.9	107.3	531.3	678.9
1998	99.2	100.5	527.0	682.3
1999	97.0	98.2	511.2	670.0
2000	96.7	99.6	494.3	667.3

8－2 城市居民消费价格指数

(以上年价格为100)

类　别	指　数	类　别	指　数
居民消费价格总指数	99.6	3.鞋袜帽及其他衣着类	100.4
一、食品	93.2	(1)鞋类	100.0
1.粮食	82.0	(2)袜子	100.0
(1)细粮	81.8	(3)帽子	0.0
(2)粗粮	89.2	(4)其他衣着	108.4
2.淀粉及薯类	89.5	三、家庭设备及用品	99.1
3.干豆类及豆制品	88.3	1.耐用消费品	98.1
4.油脂类	82.9	(1)家具	100.0
5.肉禽及其制品	91.6	(2)家庭设备	97.3
6.蛋类	82.0	2. 室内装饰品	100.0
7.水产品类	95.8	3. 床上用品	100.0
8.菜类	97.4	4. 家庭日用杂品	100.0
(1)鲜菜	97.6	5. 其他日用品	100.1
(2)干菜	89.1	四、医疗保健	99.2
(3)菜制品	109.6	1. 医疗器具及保健用品	105.6
9.调味品	110.8	2. 中药材及中成药	101.5
10.糖类	98.1	3. 西药	97.1
(1)食糖	101.3	五、交通和通讯工具	91.1
(2)糖果	96.7	1. 交通工具	100.0
11.烟草类	88.8	2. 通讯工具	88.8
12.酒和饮料	99.2	六、娱乐教育文化用品	99.2
13.干鲜瓜果类	94.4	1.文娱用耐用消费品	92.0
(1)鲜果	93.8	2.教材及参考书	118.8
(2)干果	97.9	3.文化娱乐用品	100.7
14.糕点类	98.1	(1)文娱用品	100.0
15.奶及奶制品	98.1	(2)报纸杂志	101.6
16.其他食品	92.8	七、居住	100.0
17.饮食业	106.8	1.住房	100.0
(1)主食	101.0	(1)建筑材料	100.0
(2)炒菜	110.3	(2)房租	100.0
(3)地方小吃	98.7	2. 水、电、燃料	100.1
二、衣着类	100.1	八、服务项目	122.8
1.服装	100.0	1. 电讯费	104.9
2.衣着材料	100.0	2. 邮费	108.3
(1)棉布	100.0	3. 交通费	100.0
(2)棉花化纤混纺	100.0	4. 洗理美容费	104.5
(3)化纤布	100.0	5. 文娱费	104.2
(4)呢绒	100.0	6. 学杂保育费	152.2
(5)绸缎	100.0	7. 修理及其他服务费	100.0
(6)毛线	100.0	8. 医疗保健服务	104.3

8－3 城市商品零售价格指数

(以上年价格为100)

类　别	指　数	类　别	指　数
商品零售价格总指数	96.7	5.绸缎	100.0
一、食品类	92.9	6.其他纺织品	100.0
1.粮食	83.0	五、中、西药品类	100.5
(1)细粮	82.1	1.中药	103.4
(2)粗粮	90.8	2.西药	97.5
2.油脂类	83.5	3.医疗用品	107.8
3.肉禽蛋	89.7	六化妆品类	100.0
4.水产品	94.4	七、书报、杂志类	106.8
5.鲜菜	96.7	八、文化体育用品类	100.0
6.干菜	88.9	1.文化用品	100.0
7.鲜果	95.9	2.体育用品	100.0
8.干果	97.4	九、日用品类	100.0
9.其他食品类	100.4	1.一般日用品	100.0
(1)调味品	109.9	2.家具类	100.0
(2)食糖	101.3	3.日用杂品	100.0
(3)糖果	95.9	十、家用电器类	94.2
(4)糕点	97.9	十一、首饰类	100.5
(5)奶及奶制品	98.1	十二、燃料类	111.9
(6)罐头	92.5	十三、建筑装璜材料	102.0
10.饮食业	106.5	十四、机电产品类	98.7
(1)主食	100.5		
(2)炒菜	109.3		
(3)地方小吃	98.7		
二、饮料、烟酒等	94.8		
1.饮料	99.2		
2.烟酒	93.5		
三、服装、鞋帽类	100.3		
1.服装	100.0		
2.鞋	100.0		
3.其他衣着	102.7		
四、纺织品类	100.0		
1.棉布	100.0		
2.棉花化纤混纺布	100.0		
3.化纤布	100.0		
4.呢绒	100.0		

8-4 城市农贸市场农产品成交价格指数

(以上年价格为100)

类 别	指 数
农产品成交价格指数	90.3
1.粮食	81.9
(1)细粮	80.1
(2)粗粮	91.8
2.油脂类	88.0
3.肉禽蛋	89.8
4.水产品	99.7
5.鲜菜	92.2
6.干菜	86.5
7.鲜果	92.0
8.干果	96.8

8-5 农业生产资料价格指数

(以上年价格为100)

类 别	指 数
农业生产资料价格指数	92.4
一、小农具	81.2
二、饲料	90.3
三、幼禽家畜	0.0
四、大牲畜	0.0
五、半机械化农具	0.0
六、机械化农具	92.0
七、化学肥料	89.4
八、农药及农药械	93.8
1.化学农药	94.7
2.农药械	84.3
九、农用机油	124.7
十、其他	89.7

8-6 固定资产投资价格指数

(以上年价格为100)

项 目	指 数
总计	94.4
一、按构成分	
建筑安装工程	104.9
设备、工器具购置	65.1
其他费用	96.9

9. 人 民 生 活

PEOPLE'S LIVELIHOOD

9－1 居民生活

年份	城市居民家庭平均每人每年(元)				农村居民家庭平均每人每年(元)				
	全部收入	可支配收入	消费性支出	＃食品	总收入	总支出	生活消费支出	＃食品	纯收入
1978	348	339	319	197	158	132	106	81	113
1979	430	414	354	216	178	165	120	89	138
1980	452	436	381	230	201	178	140	98	165
1981	477	457	409	241	227	199	152	103	184
1982	500	477	428	259	256	221	160	109	196
1983	526	502	440	262	289	263	169	114	207
1984	654	643	527	304	388	340	212	139	274
1985	725	716	712	356	480	461	300	205	333
1986	889	880	745	430	481	439	301	199	341
1987	973	964	876	490	554	523	345	237	384
1988	1221	1210	1091	596	682	675	453	313	459
1989	1365	1343	1200	701	829	815	518	342	550
1990	1581	1568	1312	738	945	856	533	350	619
1991	1908	1897	1621	910	1039	970	622	376	688
1992	2392	2376	2005	1089	1163	1076	680	425	770
1993	3118	3106	2493	1361	1258	1186	735	463	826
1994	4547	4523	3628	1904	1914	1816	1018	674	1122
1995	5481	5443	4404	2358	2456	2339	1295	792	1448
1996	6274	6223	4956	2503	2871	2787	1625	1050	1763
1997	6431	6385	5059	2472	3178	3004	1894	1234	2092
1998	6520	6465	5206	2512	3384	2981	1844	1113	2270
1999	6734	6676	5821	2452	3442	2798	1746	1098	2381
2000	6791	6732	5738	2418	3665	3106	1868	992	2439

9－2 城市住户基本情况

(2000 年)

	单位	总平均	最低收入户	#困难户	低收入户	中等偏下户	中等收入户	中等偏上户	高收入户	最高收入户
调查户数	户	200	20	10	20	40	40	40	20	20
按月平均家庭人口数	人	602.32	63.50	34.00	64.83	127.49	124.17	122.59	47.58	52.16
(一)有收入者人数	人	408.24	30.00	13.00	39.50	74.99	92.33	90.00	39.42	42.00
1.就业人口数	人	310.06	23.75	10.00	30.75	56.90	62.33	74.17	30.16	32.00
⑴ 国有经济单位职工人数	人	264.64	20.08	8.00	18.00	48.24	54.33	67.25	27.16	29.58
⑵ 城镇集体经济单位职工人数	人	21.42	2.00	2.00	5.25	4.83	4.00	3.92	1.00	0.42
⑶其他各种经济类型单位职工人数	人	5.00			1.00			2.00		2.00
⑷个体经营者人数	人	5.66			1.83	0.83	1.00	2.00		
⑸个体被雇者人数	人	9.09	1.42		3.67	2.00	1.00	1.00		
⑹离退休再就业者人数	人	2.00					2.00			
⑺其他就业者人数	人	2.25	0.25		1.00	1.00				
2.离退休者人数	人	95.10	5.00	3.00	7.75	18.09	30.00	15.00	9.26	10.00
3.其他有收入者人数	人	3.08	1.25		1.00			0.83		
(二)无收入者人数	人	194.08	33.50	21.00	25.33	52.50	31.84	32.59	8.16	10.16
附：平均每一就业者负担人数(包括就业者本人)	人	1.94	2.67	3.40	2.11	2.24	1.99	1.65	1.58	1.63
就业面	%	51.48	37.40	29.41	47.43	44.63	50.20	66.50	63.39	61.35
期末家庭人口数	人	603.00	63.00	34.00	65.00	129.00	126.00	120.00	49.00	51.00
附：非家庭人口用饭人数	人	16.81	0.24	0.16	0.17	2.33	0.08	1.33	2.83	9.83

9－3 城市住户家庭平均每人现金收支情况

(2000 年)

单位:元

	总平均	最低收入户	#困难户	低收入户	中等偏下户
一、期初手存现金	121.15	42.23	25.87	83.97	115.72
二、可支配收入	6731.52	2177.55	1784.66	3180.06	4729.12
三、现金收入	8611.55	2825.32	2647.43	3578.09	5692.45
(一)实际收入	6790.93	2234.85	1841.10	3224.02	4777.41
1.国有经济单位职工收入	4487.74	1244.31	957.51	1926.44	2870.11
⑴工资性收入	4021.51	1184.99	884.44	1809.65	2650.51
⑵非工资性收入	466.23	59.32	73.07	116.79	219.60
2.城镇集体单位职工收入	166.54	44.41	82.94	251.40	187.06
⑴工资性收入	163.98	44.41	82.94	241.16	186.75
⑵非工资性收入	2.56			10.24	0.31
3.其他类型单位职工收入	84.67	1.26		94.40	
4.个体经营者的净收益	51.36			30.85	9.41
5.个体被雇者收入	57.58	35.73		174.42	103.54
6.离退休再就业者收入	23.58				
7.其他就业者收入	6.23	14.17		13.88	15.30
8.其他劳动收入	112.86	237.29	206.29	14.36	105.24
9.财产性收入	240.14	149.95	140.98	161.49	184.98
(1)利息	34.30	1.08	2.01	1.59	14.72
(2)红利	8.23			12.96	7.29
(3)其它财产租金收入	197.61	148.87	138.97	146.94	162.97
10.转移性收入	1556.26	470.53	427.83	556.47	1301.77
(1)离退休金	1250.01	285.05	274.04	398.76	1093.03
(2)价格补贴	1.96				
(3)赡养收入	46.54	28.03	25.88	22.21	74.91
(4)赠送收入	122.46	67.24	56.76	33.32	66.98
(5)亲友搭伙费	50.51	13.39	20.59	6.94	18.83
(6)记帐补贴	49.23	43.65	40.35	43.81	44.47
(7)出售财物收入	3.49	2.80		4.77	3.32
(8)其　他	32.06	30.37	10.21	46.66	0.23
11 家庭副业生产收入	3.97	37.30	25.55	0.31	
(二)借贷收入	1820.62	590.47	806.33	354.07	915.04
1.提取储蓄存款	1506.42	417.17	556.19	262.22	833.69
2.提取储金会款					
3.借入款	120.19	147.09	207.06	87.15	53.34
4.收回借出款	101.64	24.72	40.29	4.63	21.18
5.收回储蓄性保险本金	85.33				6.83
6.兑售有价证券	5.11				
7.购置房屋从银行贷款					
8.其他借贷收入	1.93	1.49	2.79	0.07	

9-3 续表1　(2000年)　单位:元

	总平均	最低收入户	#困难户	低收入户	中等偏下户
四、现金支出	8433.85	2747.63	2574.16	3496.96	5549.56
(一)实际支出	6628.30	2544.92	2373.27	3226.02	4687.25
1.消费性支出	5737.60	2418.83	2292.28	2969.97	4104.24
(1)食品支出	2417.77	1345.55	1218.10	1721.97	2084.36
(2)衣着支出	494.79	148.45	119.23	216.58	329.61
(3)设备用品及服务	646.85	83.74	97.35	67.78	150.94
(4)医疗保健	320.45	151.12	122.82	169.40	293.94
(5)交通和通讯	396.66	87.46	73.33	134.13	254.92
(6)娱乐文教服务	739.83	133.16	146.27	231.83	469.48
(7)居住	489.10	418.55	469.39	352.25	413.65
(8)杂项商品和服务	232.15	50.80	45.79	76.03	107.34
2.非消费性支出	887.97	112.45	64.90	255.90	579.23
(1)贷款利息					
(2)个人所得税	7.44				0.03
(3)其他各种税金	6.41	1.39		8.98	0.64
(4)各种非储蓄性保险支出	131.09	31.07	30.49	53.66	90.41
(5)赡养支出	278.42	33.54		38.56	160.17
(6)赠送支出	353.90	44.76	32.35	128.79	187.46
(7)购房与建房支出	95.75			15.27	131.79
(8)其他非消费性支出	14.96	1.69	2.06	10.64	8.73
3.家庭副业生产支出	2.73	13.64	16.09	0.15	3.78
(二)借贷支出	1805.55	202.71	200.89	270.94	862.31
1.存入储蓄款	1302.03	102.36	127.94	176.46	579.05
2.存入储金会款	4.14	7.50	8.12	0.37	3.51
3.归还借款	29.55	36.22	33.82	20.25	10.20
4.借出款	47.98	23.62			12.94
5.储蓄性保险支出	136.36	12.66	8.18	33.94	49.81
6.购买有价证券	189.97			3.08	156.87
7.预购					
8.归还购买住房贷款					
9.其他借贷支出	95.52	20.35	22.83	37.04	49.93
五、期末手存现金	298.85	119.93	99.14	165.10	258.60

9－3 续表2　　　　(2000年)　　　　单位:元

	中等收入户	中等偏上户	高收入户	最高收入户
一、期初手存现金	138.36	116.80	215.46	159.93
二、可支配收入	6499.57	8394.90	10357.78	14918.95
三、现金收入	7891.33	10490.37	14337.70	21122.27
(一)实际收入	6557.38	8448.62	10437.07	15026.34
1.国有经济单位职工收入	3820.35	6473.43	6675.92	10499.37
①工资性收入	3732.39	5880.30	5819.67	8254.16
②非工资性收入	87.96	593.13	856.25	2245.21
2.城镇集体单位职工收入	195.26	216.62	30.69	97.53
①工资性收入	190.43	216.62	30.69	92.93
②非工资性收入	4.83			4.60
3.其他类型单位职工收入		127.47		559.34
4.个体经营者的净收益	11.40		553.17	
5.个体被雇者收入	21.80	42.42		
6.离退休再就者收入	103.89		.	24.92
7.其他就业者收入				
8.其他劳动收入	65.56	106.21	155.54	191.81
9.财产性收入	225.07	215.23	371.33	557.28
①利息	22.97	20.21	66.48	193.95
②红利	8.02	0.39	0.67	40.49
③其它财产租金收入	194.08	194.63	304.18	322.84
10.转移性收入	2114.05	1267.24	2650.42	3096.09
①离退休金	1905.66	1011.32	1973.63	2206.63
②价格补贴		3.92		13.42
③赡养收入	51.54	17.37	124.00	15.91
④赠送收入	98.73	124.80	330.60	297.24
⑤亲友搭伙费	0.80	27.90	155.53	302.92
⑥记帐补贴	52.56	47.56	62.04	58.76
⑦出售财物收入	4.76	0.85		9.49
⑧其　他		33.52	4.62	191.72
11.家庭副业生产收入				
(二)借贷收入	1333.95	2041.75	3900.63	6095.93
1.提取储蓄存款	1175.42	1863.65	3088.84	4528.14
2.提取储金会款				
3.借入款	89.39	81.57	231.19	354.68
4.收回借出款	68.45	62	224.88	572.28
5.收回储蓄性保险本金		8.16	355.72	624.97
6.兑售有价证券		25.12		
7.购置房屋从银行贷款				
8.其他借贷收入	0.69	1.25		15.86

9-3 续表3　(2000年)　单位:元

	中等收入户	中等偏上户	高收入户	最高收入户
四、现金支出	7672.01	10284.83	14156.61	20785.29
(一)实际支出	6373.80	8061.23	11530.71	13338.68
1.消费性支出	5474.65	6881.27	10185.84	11090.53
①食品支出	2555.56	2711.84	3330.00	3551.60
②衣着支出	509.36	675.87	708.40	1010.82
③设备用品及服务	309.52	831.55	2797.40	1671.47
④医疗保健	347.47	367.33	559.53	386.58
⑤交通和通讯	414.23	562.60	662.05	771.88
⑥娱乐文教服务	668.96	859.10	1066.99	2360.50
⑦居住	430.31	518.03	749.70	763.74
⑧杂项商品和服务	239.24	354.95	311.77	573.94
2.非消费性支出	898.54	1178.24	1344.87	2248.15
①贷款利息				
②个人所得税	4.64	4.45	17.25	48.63
③其他各种税金	2.72	5.28	15.44	26.59
④各种非储蓄性保险支出	121.88	189.99	228.45	243.23
⑤赡养支出	246.60	472.84	588.06	500
⑥赠送支出	432.18	487.49	465.87	814.40
⑦购房与建房支出	78.18			578.47
⑧其他非消费支出	12.34	18.19	29.80	36.83
3.家庭副业生产支出	0.61	1.72		
(二)借贷支出	1298.21	2223.60	2625.90	7446.61
1.存入储蓄款	1020.74	1604.28	2128.06	5134.39
2.存入储金会款	0.55	3.91	21.02	
3.归还借款	8.05	4.08	16.81	203.22
4.借出款	43.89	104.01		144.75
5.储蓄性保险支出	129.90	212.97	277.53	332.37
6.购买有价证券	32.21	155.55	2.44	1361.96
7.预购				
8.归还购买住房贷款				
9.其他借贷支出	62.87	138.80	180.04	269.92
五、期末手存现金	357.68	322.34	396.55	496.92

9-4 城市住户家庭平均每人全年消费主要食品

(2000年)

	单位	总平均	最低收入户	低收入户	#困难户	中等偏下户	中等收入户	中等偏上户	高收入户	最高收入户
粮食	公斤	104.32	94.99	106.26	88.29	106.26	103.94	98.81	114.55	112.99
	元	329.26	234.19	313.63	228.56	300.60	318.25	351.52	421.60	424.15
食用植物油	公斤	9.81	9.06	9.46	6.46	8.63	11.55	9.82	9.95	8.36
	元	79.79	68.57	74.16	49.16	64.95	95.43	83.36	83.87	78.04
猪肉	公斤	33.80	23.40	31.31	19.39	31.45	34.69	34.55	39.21	44.00
	元	327.82	212.05	286.46	170.43	300.70	337.21	343.82	398.37	446.64
牛、羊肉	公斤	2.37	1.47	2.05	1.67	1.74	2.49	3.01	3.23	2.81
	元	21.48	13.02	18.28	15.61	15.17	22.47	28.00	30.07	25.48
家禽	公斤	11.36	5.30	7.27	4.92	10.50	11.01	11.75	18.18	19.97
	元	165.44	62.26	97.29	55.66	144.50	156.77	184.88	277.56	310.77
鲜蛋	公斤	11.09	7.37	7.86	6.51	9.48	13.29	12.10	13.87	12.62
	元	66.63	42.95	45.19	37.30	56.76	79.60	73.23	84.49	79.63
鱼	公斤	7.15	3.13	4.80	2.77	6.48	8.29	8.50	10.00	7.81
	元	71.60	27.94	42.77	25.42	63.84	83.66	87.24	106.49	80.64
鲜菜	公斤	158.09	108.51	121.08	106.61	153.93	149.65	168.16	236.51	194.07
	元	298.78	176.86	203.41	164.18	283.23	287.33	322.87	496.67	386.20
食糖	公斤	2.33	1.91	2.37	2.38	2.21	2.83	1.84	3.51	1.49
	元	10.08	7.77	9.68	9.70	9.36	12.32	8.61	15.04	6.96
糖果	公斤	0.87	0.39	0.59	0.47	0.72	0.85	1.08	0.88	1.82
	元	19.62	6.61	9.35	6.88	13.72	19.42	22.55	24.41	55.37
卷烟	盒	58.53	65.35	47.47	75.11	53.67	72.58	53.19	41.64	60.70
	元	223.59	137.24	150.94	148.72	192.14	294.67	230.87	186.56	330.83
白酒	公斤	4.42	6.90	2.58	5.61	4.32	6.07	3.56	3.67	1.51
	元	58.22	35.45	24.99	27.31	42.22	93.66	64.20	78.92	41.93
啤酒	公斤	13.02	4.46	6.37	5.41	14.83	17.30	14.18	13.81	12.12
	元	38.81	12.14	17.59	14.60	41.24	52.41	43.67	43.90	40.49
茶叶	公斤	0.52	0.49	0.59	0.33	0.54	0.58	0.35	0.54	0.49
	元	21.37	17.11	18.11	11.01	19.28	23.63	17.91	30.15	28.46
鲜瓜果及制品	公斤	56.43	27.37	41.51	16.95	51.75	52.91	66.53	87.32	78.21
	元	165.90	69.52	102.11	33.90	138.18	155.56	209.55	277.66	259.65
坚果及果仁	公斤	3.03	2.36	2.27	3.10	3.10	2.50	2.95	4.68	4.44
	元	18.41	12.43	12.43	14.56	16.50	14.15	19.66	28.99	36.44
糕点	公斤	2.75	1.48	2.15	0.82	2.02	2.95	3.54	2.72	4.59
	元	39.55	17.86	25.40	8.63	25.63	40.14	52.38	48.81	82.05
鲜奶	公斤	4.89	1.24	0.35	2.38	2.39	2.83	4.70	21.15	12.96
	元	22.56	6.09	1.82	11.71	11.13	12.58	21.90	97.50	59.23

9－5 城市住户家庭平均每人全年购买非食品

(2000年)

	单位	总平均	最低收入户	低收入户	#困难户	中等偏下户	中等收入户	中等偏上户	高收入户	最高收入户
男士服装	件	2.05	1.39	0.62	1.71	1.70	2.09	2.63	1.81	3.43
	元	107.47	35.07	18.79	37.44	72.40	105.55	149.72	110.58	265.07
女士服装	件	3.67	1.56	0.94	1.09	3.09	3.93	4.49	5.70	4.68
	元	205.87	44.20	31.43	26.06	124.07	199.98	286.27	341.52	446.63
童装	件	1.6	0.83	0.42	0.79	1.29	1.39	1.97	2.61	2.97
	元	34.78	13.67	6.38	10.82	24.70	28.54	47.14	60.98	74.19
棉布	米	0.10	0.02		0.03	0.03	0.09	0.20	0.13	0.21
	元	0.71	0.13		0.24	0.14	0.89	1.24	1.04	1.46
棉花化纤混纺布	米	0.06				0.02	0.14	0.02	0.07	0.02
	元	0.72				0.31	1.14	0.82	0.99	0.19
化纤布	米	0.40	0.32	0.17	0.20	0.33	0.69	0.23	0.61	0.35
	元	4.65	4.54	1.35	3.01	2.94	7.75	3.21	5.40	6.42
呢绒	米									
	元									
绸缎	米	0.02								0.20
	元	0.50								5.79
毛线	公斤	0.23	0.10	0.13	0.05	0.26	0.30	0.32	0.17	0.17
	元	15.39	4.07	8.73	1.65	17.73	14.73	25.02	12.49	11.38
皮鞋	双	0.78	0.44	0.25	0.50	0.70	1.02	0.82	0.90	0.81
	元	64.95	20.25	10.69	20.18	44.00	85.38	88.17	77.53	103.68
旅游鞋	双	0.01				0.02	0.01	0.01	0.04	0.04
	元	1.01				0.80	0.28	0.82	3.15	3.84
布鞋	双	0.09	0.19	0.03	0.12	0.13	0.06	0.03	0.13	0.15
	元	0.91	1.37	0.23	0.76	1.15	0.75	0.18	1.32	2.32
凉鞋	双	0.44	0.33	0.11	0.21	0.27	0.47	0.57	0.74	0.46
	元	22.43	6.47	4.40	4.09	10.73	26.70	34.09	43.99	28.82
拖鞋	双	0.70	0.80	0.15	0.74	0.66	0.57	0.42	1.37	1.28
	元	4.61	4.09	0.94	3.50	3.23	4.59	3.82	8.46	8.83
其他鞋	双	0.62	0.68	0.37	0.59	0.71	0.55	0.65	0.53	0.50
	元	14.98	9.47	6.52	7.21	16.39	16.95	17.18	13.06	18.10
肥皂	块	5.91	2.52	6.48	2.06	9.62	6.31	3.49	8.74	2.42
	元	4.71	2.21	5.24	1.67	7.18	4.74	3.00	7.91	2.14
洗衣粉	公斤	1.49	1.02	1.43	0.54	1.62	1.52	1.36	1.22	2.31
	元	10.31	6.63	9.60	3.65	10.86	11.34	9.68	8.60	14.94
煤炭	公斤	56.76	208.22	128.31	196.82	56.51	23.50	16.25	11.16	
	元	8.47	30.13	19.61	28.47	8.07	4.31	2.34	1.71	

9－6 城市住户家庭平均每百户年末耐用消费品拥有量

(2000年)

名 称	单位	数 量	名 称	单位	数 量
组合家具	套	119.0	电冰箱	台	97.5
沙发床	个	77.5	彩色电视机	台	115.0
沙发	个	229.0	录放像机	台	28.0
自行车	辆	12.5	组合音响	套	17.0
缝纫机	台	38.5	录音机	台	46.5
洗衣机	台	80.0	照相机	架	48.0
电风扇	台	142.0	影碟机	台	48.0
摩托车	辆	2.5	空调器	台	11.5
家用电脑	台	6.0	淋浴热水器	台	70.0
健身器材	件	1.5	抽排油烟机	台	69.5
移动电话	部	19.0			

9－7 农民人平种植、饲养情况

(2000年)

	计量单位	全市	仁和	米易	盐边
一、粮食总产量	公斤	553	519	680	469
其中:1.小麦	公斤	78	66	55	110
2.水稻	公斤	298	305	430	173
3.玉米	公斤	131	134	150	112
4.大豆	公斤	6	4	8	5
5.薯类	公斤	31	7	35	50
二、油料总产量	公斤	4	2	1	8
三、糖料总产量	公斤	496	1	1492	28
四、蔬菜总产量	公斤	825	1309	947	289
五、水果总产量	公斤	50	47	79	26
六、出售肉猪及猪肉数量	公斤	45	40	35	57
七、出售菜牛及肉数量	公斤	2	4	1	2
八、出售菜羊用羊肉数量	公斤	0.46	0.59	0.14	0.63
九、出售家禽数量	公斤	3	5	3	1

9－8 农村住户基本情况

（2000 年）

	计量单位	全市	仁和	米易	盐边
调查基点	个	30	10	10	10
调查户数	户	300	100	100	100
家庭常住人口	人	1234	389	402	443
其中:整半劳动力	个	804	255	272	277
乡镇企业从业人员	人	673	425	196	52
外出劳务人员	人	31	7		24
劳动力文化程度					
1.不识字或识字很少	人	86	13	37	36
2.小学人数	人	301	97	93	111
3.初中人数	人	366	124	123	119
4.高中人数	人	41	17	13	11
5.中专人数	人	9	4	5	
6.大专及以上人数	人	1		1	
期末生产性固定资产原值	万元	193	73	46	74
经营耕地面积	亩	1261	398	430	433
经营山地面积	亩	820	74	413	333
经营水面面积	亩	33	16	15	2
年内新建(购)住房面积	平方米	1158	380	422	356
年内新建(购)住房价值	万元	29	10	18	2
年末住房面积	平方米	33927	9856	13606	10465
其中:砖木结构面积	平方米	4687	670	2757	1260
年末住房价值	万元	305	99	141	65

9-9 农村主要农产品人均出售情况

(2000年)

	计量单位	全市	仁和	米易	盐边
一、出售粮食	公斤	64	42	112	38
1.小麦	公斤	5	7	2	5
2.稻谷	公斤	47	27	96	21
3.玉米	公斤	5	6	8	1
4.豆类	公斤	2	2	3	1
5.薯类	公斤	4	1	2	7
二、出售油料	公斤	0.62	1.26	0.20	0.43
三、售糖料	公斤	487	1	1472	18
四、出售烟叶	公斤	0.26		0.21	0.54
五、出售蔬菜	公斤	543	1105	515	76
六、出售水果	公斤	32	35	49	14
七、出售牧业产品					
1.出售肉猪	头	0.48	0.50	0.35	0.59
2.出售肉牛	头	0.02	0.03	0.01	0.01
3.出售菜羊	头	0.02	0.03		0.01
4.出售家禽	只	1.49	2.98	1.23	0.43
5.出售猪肉	公斤	1.49	2.80	0.38	1.35
6.出售牛肉	公斤	0.18	0.57		
7.出售羊肉	公斤	0.01	0.04		
8.出售蛋类	公斤	0.67	0.46	0.47	1.04
八、出售蚕茧	公斤	4	2		8
九、出售水产品	公斤	14	3	33	7

9-10 农村全年粮食人平收支情况

(2000年)

	计量单位	全市	仁和	米易	盐边
一、年初粮食结存	公斤	388	361	344	452
二、年内粮食收入	公斤	683	647	882	536
1. 家庭经营生产的	公斤	553	519	680	469
2. 购入	公斤	113	124	158	63
3. 借入	公斤	1.28		3.17	0.68
4. 收回借出粮	公斤	1.23	3.91		
5. 其他粮食收入	公斤	14		40	3
三、年内粮食支出	公斤	665	557	809	630
1. 主食用粮	公斤	344	223	328	466
2. 其他生活用粮	公斤	19	49	2	7
3. 售出	公斤	64	42	112	38
4. 种子	公斤	16	12	28	8
5. 饲料	公斤	216	230	328	103
6. 借出	公斤	3		5	2
7. 归还借粮	公斤	1		2	1
8. 其他粮食支出	公斤	3		4	4
四、年末粮食结存	公斤	456	464	440	463
口粮	公斤	364	311	420	358
饲料	公斤	91	150	20	104
种子	公斤	1	3		1
补充资料:					
生产加工用粮	公斤	99		152	140
食品加工用粮	公斤	3			8
饲料加工用粮	公斤	90		143	121

9－11 农村人平总收入和纯收入

(2000年)

	计量单位	全市	仁和	米易	盐边
一、全年总收入	元	3665	4250	4041	2810
(一)工资性收入	元	380	639	270	252
1.在非企业组织中劳动得到的收入	元	105	194	79	50
2.在本地企业中劳动得到的收入	元	64	133	50	15
其中:在本地乡镇企业劳动的得到收入	元	47	117	18	11
(1)在第一产业劳动得到的收入	元	16	19	20	10
(2)在第二产业劳动得到的收入	元	35	89	17	3
(3)在第三产业劳动得到的收入	元	13	26	13	2
3.常住人口外出从业得到的收入	元	93	116	32	128
4.其他	元	119	196	110	59
(二) 家庭经营收入	元	3071	3415	3407	2465
1.农业收入	元	1615	1584	2017	1278
其中:种植业收入	元	1477	1388	2006	1075
2.林业收入	元	16	8	26	15
3.牧业收入	元	876	967	802	863
4.渔业收入	元	134	28	289	86
5.工业收入	元	105	220	83	22
6.建筑业收入	元	7	22		
7.交通运输和邮电业收入	元	153	322	103	51
8.批发零售贸易餐饮业收入	元	90	223	45	15
9.社会服务业收入	元	17	19	25	9
10.其他家庭经营收入	元	57	24	16	122
(二)转移性收入	元	172	153	280	89
(三)财产性收入	元	42	42	84	4
二、全年人均纯收入	元	2439	2824	2549	2001
三、可支配收入	元	2353	2670	2482	1959
全年总支出	元	3106	3535	3584	2295
一、家庭经营费用支出	元	987	1145	1236	622
1.农业生产支出	元	287	262	347	255
#种植业生产支出	元	286	261	346	254
2.林业生产支出	元	13	7	12	18
3.牧业生产支出	元	431	487	517	304
4.渔业生产支出	元	78	13	223	3
5.工业生产支出	元	60	136	51	1
6.建筑业生产支出	元	2	3		2
7.交通运输邮电业生产支出	元	73	182	37	11
8.批发零售贸易餐饮业支出	元	29	49	34	7
9.社会服务业支出	元	4	4	7	
10.其他家庭经营支出	元	11	1	8	21
二、购置生产用固定资产支出	元	54	113	33	19
三、生产性固定资产折旧	元	104	125	76	112
四、税费支出	元	72	116	65	38
五、生活消费支出	元	1868	1978	2111	1551
六、财产性支出	元	11	11	15	7
七、转移性支出	元	115	172	123	58

9－12　农村人平现金收支情况

(2000年)

	计量单位	全市	仁和	米易	盐边
一、期内现金收入合计	元	2186	3080	2297	1301
(一)工资性收入	元	380	639	270	252
1.在非企业中的劳动报酬	元	105	194	79	50
2.在本地企业中的劳动报酬	元	64	133	50	15
3.常住人口外出的劳动报酬	元	93	116	32	128
(二)家庭经营收入	元	1617	2246	1732	960
1.出售产品的收入	元	1255	1587	1508	735
(1)出售农业产品的收入	元	609	824	910	148
其中:种植业	元	595	797	904	138
(2)出售林产品的收入	元	9	6	10	10
(3)出售牧业产品的收入	元	439	537	289	490
(4)出售渔业产品的收入	元	111	21	240	72
(5)出售工业产品的收入	元	82	196	59	3
(6)出售其他产品的收入	元	5	2	1	12
2.工业加工收入	元	22	24	24	19
3.建筑业收入	元	7	22		
4.交通运输业收入	元	153	322	103	51
5.批发零售贸易餐饮业收入	元	90	223	45	15
6.社会服务业收入	元	17	19	25	9
7.其他家庭经营收入	元	51	22	16	110
(三)财产性收入	元	42	42	84	4
(四)转移性收入	元	148	153	211	85
二、期内现金支出合计	元	2170	2714	2482	1409
(一)生产费用支出	元	810	996	874	589
1.家庭经营费用支出	元	756	883	840	569
(1)农业生产支出	元	274	254	322	248
其中:种植业支出	元	273	253	321	247
(2)林业生产支出	元	11	7	8	18
(3)牧业生产支出	元	217	233	157	258
(4)渔业生产支出	元	77	13	222	3
(5)工业生产支出	元	60	136	51	1
(6)建筑业生产支出	元	2	3		2
(7)交通运输业支出	元	73	182	37	11
(8)批发零集中餐饮业支出	元	29	49	34	7
(9)社会服务业支出	元	4	4	7	
(10)其他经营支出	元	9	1	2	21
2.购置生产用固定资产支出	元	54	113	34	19
＃大中型铁木农具	元	0.55	0.51	0.40	0.71
(二)税费支出	元	70	116	64	34
(三)生活消费支出	元	1166	1420	1413	721
(四)转移性支出	元	113	172	117	58
(五)财产性支出	元	10	10	15	7
三、期末手存现金	元	603	1191	299	363
四、期末存款余额	元	267	433	304	87
五、期末债务余额	元	382	483	346	325

9-13 农村主要商品人平购买情况

(2000年)

	计量单位	全市	仁和	米易	盐边
一、购买食品	元	306	437	287	209
其中:1.粮食	公斤	15	5	22	16
金额	元	17	10	24	18
2.动植物油	公斤	2	2	2	1
金额	元	13	14	16	8
3.蔬菜	公斤	16	33	7	9
金额	元	14	25	8	11
4.猪肉	公斤	8	12	6	5
金额	元	63	104	52	37
5.牛肉	公斤	0.26	0.30	0.36	0.13
金额	元	2.51	2.71	3.65	1.3
6.羊肉	公斤	0.54	1.19	0.13	0.35
金额	元	5	11	1	3
7.家禽	公斤	0.95	1.29	0.65	0.93
金额	元	12	18	9	8
8.鲜蛋	公斤	0.87	1.02	0.93	0.69
金额	元	6	7	6	4
9.谈水鱼类	公斤	0.72	0.81	0.50	0.84
金额	元	7	7	5	8
10.食糖	公斤	1	1	1	1
金额	元	3	3	2	2
11.卷烟	盒	23	32	24	15
金额	金额	47	62	49	31
12.酒	公斤	7	11	6	6
金额	元	31	47	23	25
13.水果	公斤	·8	13	7	5
金额	元	13	19	12	8
二、衣着和床上用	元	68	82	69	54
三、购文化体育用	元	42	74	32	23
1.购电视机	元	19	32	12	14
2.购收录机	元	1	1	2	
3.录像机	元	0.35	1.11		
4.购影碟机	元	6	10	10	
四、购买建筑材料	元	178	151	345	50
五、购买燃料	元	16	23	24	2
六、购买日用品	元	91	95	123	57
七、购药品及医疗用品	元	36	74	21	16
八、购买生产资料	元	634	728	709	484
1.化肥	公斤	148	168	153	125
金额	元	133	123	153	124
2.农药	元	28	34	30	21

9－14　农村人平生活消费现金和耐用品拥有量情况

(2000 年)

	计量单位	全市	仁和	米易	盐边
农村住户生活消费现金支出					
(一)食品现金支出	元	377	557	350	243
1.主食	元	40	60	38	23
2.副食	元	160	231	146	111
3.其他食品	元	107	147	103	75
4.在外饮食	元	57	110	52	15
5.食品加工	元	13	10	11	18
(二)衣着	元	62	72	65	50
1.服装及材料	元	35	47	35	25
2.鞋袜帽类	元	22	21	24	21
3.衣着加工及修理	元	0.40	0.43	0.38	0.39
(三)居住	元	273	230	504	100
1.住房	元	222	173	441	67
2.电费	元	31	27	36	28
3.燃料	元	16	23	24	2
(四)家庭设备用品及服务	元	71	71	91	52
其中:1.耐用消费品	元	25	21	42	12
2.床上用品	元	6	10	5	4
3.家庭日用杂品	元	37	37	40	33
4.设备用品加工修理费	元	1	2	0.19	1
(五)医疗保健	元	117	166	88	100
(六)交通和通讯	元	59	81	63	38
(七)文化娱乐用品及服务	元	165	218	163	120
(八)其它商品和服务	元	43	24	89	19
每百户耐用品拥有量					
1.大型家具	件	90	155	97	19
2.洗衣机	台	39	41	48	29
3.电风扇	台	30	60	27	4
4.电冰箱	台	9	12	11	4
4.热水器	台	8	12	7	6
5.自行车	辆	17	18	21	14
6.摩托车	辆	11	13	16	6
7.汽车	台	0.6	1		1
8.电活机	部	8	15	6	2
9.移动电话	部	1	2	1	
10.寻呼机	台	3	6	3	
11.彩色电视机	台	60	71	65	43
12.黑白电视机	台	33	31	37	32
13.录放像机	台	4	8	3	
14.影碟机	台	12	17	17	1
15.组合音响	台	7	8	11	1
16.收录机	台	19	28	23	7
17.照相机	架	2	1	2	4
18.家用计算机	台	1		1	2

9－15 农村住户人均食品消费情况

(2000年)

	计量单位	全市	仁和	米易	盐边
一、粮食	公斤	360	270	327	470
其中:1.小麦	公斤	25	9	12	50
2.稻谷	公斤	221	211	239	213
3.玉米	公斤	72	0.44	48	158
4.薯类	公斤	11	0.11	11	20
二、豆类及豆制品	公斤	3.52	3.06	3.96	3.53
三、蔬菜及菜制品	公斤	146	170	135	136
四、动植物油	公斤	5	2	6	6
五、肉禽及其制品	公斤	32	43	29	24
其中:1.猪肉	公斤	27	36	26	21
2.牛肉	公斤	0.27	0.30	0.36	0.17
3.羊肉	公斤	0.95	1.34	0.81	0.73
4.家禽	公斤	3	5	2	2
5.肉禽制品	公斤	0.30	0.54	0.22	0.16
六、蛋类及蛋制品	公斤	3	3	2	2
七、奶及奶制品	公斤	0.17	0.11	0.35	0.05
八、水产品	公斤	1.65	1.50	1.20	2.18
九、食糖	公斤	0.81	0.88	0.59	0.94
十、酒和饮料	公斤	10	12	7	10
十一、水果及制品	公斤	19	29	19	10

10. 农　　　　　业

AGRICULTURE

10－1 攀枝花市主要农业产品产量

年份	粮食（吨）	甘蔗（吨）	蔬菜（吨）	水果（吨）	水产品（吨）	猪肉（吨）	牛羊肉（吨）	禽蛋（吨）	生猪年末存栏头数（头）	大牲畜年末存栏头数（头）
1965	98025	66645	10438	682	13	3250	401	76	138 238	71 036
1966	118010	60723	11905	628	20	3663	445	40	151 485	73 066
1967	116385	51136	16713	701	13	3588	490	38	149 952	76 884
1968	101490	48448	22273	645	14	3213	521	39	144 148	80 430
1969	106960	45654	31198	696	11	3192	517	41	151 770	81 480
1970	116860	47294	37440	1207	21	3890	518	116	168 264	86 980
1971	133580	58501	40704	1212	19	4208	551	126	201 361	89 519
1972	123465	55229	42531	1154	42	5175	584	126	232 346	92 868
1973	127050	59877	39264	1495	54	5177	631	127	236 672	97 562
1974	113885	57190	46361	1205	66	5117	580	139	232 155	101 083
1975	133605	69016	48302	1925	71	4795	652	139	224 772	101 998
1976	123080	72093	68637	1561	98	5031	615	156	234 406	104 413
1977	127995	79160	76312	2424	70	5081	683	169	251 293	104 916
1978	156655	85843	80133	2402	57	6021	735	160	271 682	108 582
1979	146390	88972	71511	1943	114	6082	760	212	285 730	107 102
1980	158230	90045	69075	2834	151	6800	710	158	280 767	110 826
1981	162700	88895	83535	2498	200	7535	695	277	280 666	111 258
1982	170565	107434	98370	2837	291	8025	705	292	309 132	111 421
1983	158045	130464	99420	3053	302	8710	675	344	324 123	113 078
1984	179565	179186	119130	4600	340	9445	735	455	335 595	120 312
1985	161385	203782	115070	3500	445	11210	1095	442	362 949	128 352
1986	151333	168443	137095	4235	652	11724	1156	367	378 299	135 662
1987	159362	187272	148225	8322	835	13196	1329	561	381 794	140 971
1988	146456	197484	153860	7422	1013	14266	1625	590	409 811	144 320
1989	158075	210180	155578	9796	1155	15507	1292	746	433 985	147 818
1990	179845	230784	173598	9395	1244	17201	1588	468	451 481	152 861
1991	184038	272416	195926	10558	1349	18481	1647	572	457 682	154 968
1992	182229	311350	196688	11637	1475	21491	1759	568	455 230	157 440
1993	180383	255237	210825	14577	1626	22786	1853	651	455 318	156 555
1994	190419	284091	235271	15164	2217	25268	2240	927	473 268	158 680
1995	203498	298882	269130	18623	2733	28536	3313	1 014	508 825	164 461
1996	215059	306958	304093	22335	3130	31684	2569	1 163	511 581	164 424
1997	220096	292709	322507	25058	3733	34475	2680	1 221	517 192	168 678
1998	215945	275708	329630	27573	3676	37113	2774	1 218	529 109	169 372
1999	226917	282077	352014	28779	4067	37877	3211	1 411	534 960	163 797
2000	228463	341239	326990	29960	4858	38824	3598	1 617	525 350	162 350

10-2 农村基本情况及生产条件

(2000 年)

	计算单位	全市	东区	西区	仁和区	米易县	盐边县
一、农村组织情况							
(一)乡、镇政府	个	78	1	1	17	28	31
#镇政府	个	20	1	1	6	8	4
(二) 村民委员会	个	428	9	10	105	132	172
(三)村民小组	个	2653	32	57	766	936	862
二、农村社会基础设施							
(一)自来水受益村数	个	279	9	10	64	105	91
(二)通汽车村数	个	394	9	10	105	124	146
(三)通电话村数	个	176	9	5	56	69	37
(四)通电村数	个	389	9	10	104	126	140
三、农村人口、劳动力资源及分布							
(一)乡村户数	户	132728	2575	3775	36744	47467	42167
(二)乡村人口	人	495816	8764	11080	135383	174857	165732
(三)乡村从业人员数合计	人	270411	5254	6767	77121	88583	92686
男	人	140239	2588	3278	39587	46293	48493
女	人	130172	2666	3489	37534	42290	44193
1.农业从业人员数	人	236606	3918	4578	65028	81180	81902
2.工业从业人员数	人	9892	356	1296	5140	1201	1899
3.建筑业从业人员数	人	1751	55	119	694	222	661
4.交通运输和邮电通讯从业人员数	人	6644	409	301	2446	1874	1614
5.批发零售贸易业餐饮业从业人员数	员	4128	231	107	1283	1060	1447
6.其他从业人员	人	11390	285	366	2530	3046	5163

10-2 续表 (2000 年)

	计算单位	全市	东区	西区	仁和区	米易县	盐边县
四、耕地情况							
(一)年初实有耕地面积	公顷	31565	206	437	8437	11627	10858
(二)年内新增加耕地面积	公顷	481	3		10	170	298
#新开荒地面积	公顷	329	3		10	89	227
(三)年内减少耕地面积	公顷	265			64	141	60
#国家基建占地	公顷	37			16	11	10
乡村集体占地	公顷	5			2	1	2
(四)年末实有耕地面积	公顷	31781	209	437	8383	11656	11096
水田	公顷	15606	132	171	4687	6917	3699
旱地	公顷	16175	77	266	3696	4739	.7397
五、农村主要能源及物资消耗							
乡村办电站数	个	108				72	36
装机容量	千瓦	12102				7000	5102
发电量	万千瓦	4407				2230	2177
农村用电量	万千瓦	6787	1329	144	1721	1720	1873
农用化肥施用量(折纯量)							
氮肥	吨	11177	131	134	3354	4330	3228
磷肥	吨	930	7	11	328	398	186
钾肥	吨	554	3	8	151	263	129
复合肥	吨	5933	7	15	1026	3159	1726
农用塑料薄膜使用量	吨	514	10	5	141	292	66
#地膜使用量	吨	471	10	4	124	280	53
地膜覆盖面积	公顷	6262	88	73	1776	3484	841
农用柴油	吨	3740	3	5	1618	1703	411
农药使用量	吨	384	7	7	132	120	118
附报:乡村劳动力中转移							
出省的劳动力	人	1049		47	422	258	322

10－3　农业主要产品生产情况

(2000年)

	计量单位	全　市	东区	西区	仁和区	米易县	盐边县
农作物总播种面积	公顷	56553	499	862	16435	20522	18237
一、粮食作物合计面积	公顷	41619	267	662	12325	12543	15822
单产	公斤	5489	5622	4947	5791	6392	4559
总产	吨	228463	1501	3275	71730	80178	72139
(一)小春粮食合计面积	公顷	14279	76	259	4889	3621	5434
单产	公斤	3128	2092	2409	2703	4294	2782
总产	吨	44662	159	624	13216	15548	15115
＃小麦面积	公顷	8214		84	2149	2159	3822
单产	公斤	3385		3488	3385	3868	3109
总产	吨	27802		293	7274	8352	11883
豌豆面积	公顷	3077	31	93	1498	544	911
单产	公斤	1296	1194	1624	1037	1779	1403
总产	吨	3987	37	151	1553	968	1278
胡豆面积	公顷	992	3	40	376	118	455
单产	公斤	1340	1667	1500	1282	2347	1110
总产	吨	1329	5	60	482	277	505
(二)大春粮食合计面积	公顷	27340	191	403	7436	8922	10388
单产	公斤	6523	7026	6578	7821	7244	5489
总产	吨	183801	1342	2651	58154	64630	57024
＃稻谷面积	公顷	14063	107	124	4079	6168	3585
单产	公斤	8633	8907	12823	9847	8075	8057
总产	吨	121401	953	1590	40167	49808	28883
薯类面积	公顷	2973	19	46	545	629	1734
单产	公斤	3265	4579	2543	3580	4401	2758
总产	吨	9706	87	117	1951	2768	4783
玉米面积	公顷	8982	65	232	2731	1959	3995
单产	公斤	5495	4646	4065	5730	5777	5294
总产	吨	49359	302	943	15648	11317	21149
豆类面积	公顷	306		1	80	87	138
单产	公斤	5304		1000	4800	5977	5203
总产	吨	1623		1	384	520	718

10-3 续表 (2000年)

	计量单位	全 市	东区	西区	仁和区	米易县	盐边县
二、经济作物合计面积	公顷	4698	9	15	477	3624	573
总产	吨	342646	14	20	3872	332704	1036
#油料面积	公顷	823	9	13	279	115	407
单产	公斤	1153	1556	1462	1143	1635	1005
总产	吨	949	14	19	319	188	409
#花生面积	公顷	579	9	13	268	113	176
单产	公斤	1131	1556	1462	1157	1646	716
总产	吨	655	14	19	310	186	126
油菜籽面积	公顷	230			11	1	218
单产	公斤	1074			818	1000	1087
总产	吨	247			9	1	237
甘蔗面积	公顷	3442		1	55	3361	25
单产	公斤	99140		1000	63727	100361	16840
总产	吨	341239		1	3505	337312	421
烟叶面积	公顷	311			33	139	139
单产	公斤	1469			1455	1460	1482
总产	吨	457			48	203	206
#烤烟面积	公顷	290			32	136	122
单产	公斤	1483			1406	1463	1525
总产	吨	430			45	199	186
三、其它农作物面积	公顷	10236	223	185	3633	4353	1842
#蔬菜面积	公顷	8359	196	151	3036	3475	1501
总产	吨	326990	7536	10000	139042	110035	60377

10－4　茶叶、水果生产情况

(2000 年)

	计算单位	全市	东区	西区	仁和区	米易县	盐边县
一、茶　　叶	吨	9					9
二、水　　果	吨	29960	187	942	13195	8427	7209
＃香蕉	吨	3655	16	73	2130	678	758
苹果	吨	324		2	195	60	67
柑桔	吨	4068	26	46	478	783	2735
梨	吨	6001		192	2281	2566	962
葡萄	吨	1484	9	51	1154	227	43
柿子	吨	2000	1	12	1143	543	301
三、茶园面积	公顷	71			3		68
＃当年采摘面积	公顷	60					60
四、果园面积	公顷	7991	84	113	3869	2514	1411
＃香蕉园	公顷	330	2	6	270	35	17
苹果园	公顷	112		5	31	26	50
柑桔园	公顷	1048	33	14	133	246	622
梨　园	公顷	1163		16	245	570	332
葡萄园	公顷	924		1	881	40	2

10－5　畜牧业主要产品产量

(2000 年)

	计算单位	全市	东区	西区	仁和区	米易县	盐边县
一、当年出栏情况							
1.肉用牛	头	12826	135	275	4450	4358	3608
2.肉猪	头	518185	21420	27280	168152	150287	151046
3.肉用羊	只	118845	1163	2804	44010	34075	36793
4.家禽	只	1751572	147899	370985	559799	392418	280471
二、产品产量							
1.牛肉	吨	1322	14	28	453	423	404
2.猪肉	吨	38824	1506	2183	12773	11281	11081
3.羊肉	吨	2276	17	70	872	607	710
4.禽肉	吨	2767	201	555	903	706	402
5.牛奶	吨	1359			1084	275	
6.禽蛋	吨	1617	19	101	669	560	268
7.蜂蜜	吨	152		71	20	23	38
8.蚕茧	吨	1095			100	316	679

10－6 牲畜年末存栏情况

(2000年)

	计算单位	全市	东区	西区	仁和区	米易县	盐边县
一、年末大牲畜数	头	162350	2387	3284	51727	44364	60588
＃劳役畜	头	72709	887	1064	23507	18620	28631
1.牛	头	134541	2256	2571	40997	41348	47369
能繁殖母牛	头	45841	610	257	14606	16206	14162
仔牛	头	19227	299	514	6081	5965	6368
在牛合计中:黄牛	头	58325	968	1096	15843	15946	24472
水牛	头	75679	1281	1470	24739	25292	22897
2.马	匹	10508	26	86	2500	1860	6036
3.驴	头	11123	69	548	6056	634	3816
4.骡	匹	6178	36	79	2174	522	3367
二、年末生猪存栏数	头	525350	16599	17571	165461	150327	175392
＃能繁殖母猪	头	31920	430	999	11604	8481	10406
仔猪	头	111912	2123	5375	54602	21320	28492
三、年末羊存栏只数	只	339603	2666	5169	83458	92733	155577
＃山羊	只	278075	2666	5169	83080	82492	104668

10－7 农村非农业行业总产值

(2000年) 单位:万元

	全市	东区	西区	仁和区	米易县	盐边县
一、农村工业产值	260680	46457	11089	126623	46707	29804
1.乡办工业产值	195881	46000	5821	97283	37557	9220
2.村办工业产值	16214	457	5268	8559	740	1190
3.村以下办工业产值	48585			20781	8410	19394
二、农村建筑业产值	39659	1136	1922	22506	5200	8895
1.建安工业产值	34997	1136	1922	21831	4880	5228
①新建房屋产值	23054	1136	180	13972	4420	3346
②农田水利工程产值	3225		10	873	460	1882
2.其他基本建设产值	4662			675	320	3667
三、农村运输业产值	81607	1154	9930	46380	14063	10080
1.乡办运输业	4380			4174	203	3
2.村办运输业	10394		9930	464		
3.村以下办运输业	66833	1154		41742	13860	10077
四、农村批发零售贸易饮食业产值	90897	8708	20095	37453	13957	10684
1.批零贸易业产值	51579	3209	19066	17021	5564	6719
2.餐饮业产值	39318	5499	1029	20432	8393	3965

10-8 农林牧渔业总产值

(2000 年)　　单位:万元

指标		全市	东区	西区	仁和区	米易县	盐边县
农林牧渔业总产值	(90 价)	66991	1366	2268	20676	25937	16744
	(现价)	126117	2801	4361	34106	49118	35731
1. 农业总产值	(90 价)	37708	382	723	11585	17087	7931
	(现价)	71725	950	1539	18763	31981	18492
①种植业总产值	(90 价)	35071	342	723	11051	15380	7575
	(现价)	68280	901	1539	17977	29909	17954
②其他农业产值	(90 价)	2637	40		534	1707	356
	(现价)	3445	49		786	2072	538
2. 林业总产值	(90 价)	4027	44	44	1022	1569	1348
	(现价)	5109	84	64	1129	2002	1830
3. 牧业总产值	(90 价)	23095	860	1289	7359	6686	6901
	(现价)	45057	1624	2360	13065	13940	14068
4. 渔业总产值	(90 价)	2161	80	212	710	595	564
	(现价)	4226	143	398	1149	1195	1341

10-9 农林牧渔业增加值

(2000 年)　　单位:万元

	全市	东区	西区	仁和区	米易县	盐边县
农林牧渔业增加值	78799	1568	2573	21476	33074	20108
一、农业增加值	52787	709	994	13606	24945	12533
(一)种植业	49744	695	1016	13105	22921	12007
(二)其他农业	3043	14	-22	501	2024	526
二、林业增加值	3605	68	14	906	1602	1015
三、牧业增加值	20066	679	1455	6323	5714	5895
四、渔业增加值	2341	112	110	641	813	665

10-10 水利、水产情况

(2000年)

	计算单位	全市	东区	西区	仁和区	米易县	盐边县
一、水利情况							
1.水利工程数量	处	5981	29	33	1539	2192	2188
2.提供水量能力	万立方米	56096	408	710	10825	32274	11879
3.有效灌溉面积	万亩	35.32	0.42	0.52	10.72	15.28	8.38
4.保证灌溉面积	万亩	26.27	0.33	0.26	7.52	11.02	7.14
5.旱涝保收面积	万亩	24.46	0.33	0.26	6.81	10.35	6.71
6.实际灌溉面积	万亩	31.49	0.34	0.50	9.36	13.97	7.32
7.年实际供水量	万立方米	43258	410	563	7455	27893	6937
8.农业用水量	万立方米	22726	406	510	6584	11916	3310
二、水电情况							
1.发电装机拥有量	处	228			65	31	132
	台	266			65	52	149
	千瓦	58749			751	17757	40241
2.发电量	万千瓦时	14445				7922	6523
三、水产情况							
1.渔业养殖面积	公顷	1152	25	56	634	304	133
2.鱼苗	万尾	27600		1080	1800	15000	
3.养殖产量	吨	4651	175	479	1605	1373	1019
4.水产品总产量	吨	4858	175	483	1630	1420	1150

10－11 林业生产情况

(2000年)

	计算单位	全市	东区	西区	仁和区	米易县	盐边县	其他
一、营林情况								
1.当年造林面积	公顷	18166	235	400	2897	3118	5462	6054
按造林方式分								
当年人造林	公顷	13513	235	400	2897	3118	5462	1401
当年飞播林	公顷	4653						4653
按林种用途分								
用材林	公顷	269		160	30	79		
经济林	公顷	4076	186	161	681	1054	1994	
防护林	公顷	13821	49	79	2186	1985	3468	6054
薪炭林	公顷							
2.迹地更新面积	公顷							
#人工更新	公顷							
3.封山育林面积	公顷	47337	533	3280	297	371	367	42489
#本年新封	公顷	5015	67	400	297	371	367	3513
4.零星(四旁)植树	万株	350	32	10	130	147	31	
5.林木种子采集量	吨	25					2	1
6.育苗面积	公顷	39		1	11	8	9	10
#本年新育	公顷	36		1	11	8	6	10
7.幼林抚育作业面积	公顷	764	18		746			
8.成林抚育面积	公顷	1351						1351
9.扶育改造出材量	立方米							
二、林产品产量								
1.油桐籽	吨	141			3		138	
2.松脂	吨	357			159	198		
3.核桃	吨	1549			68		1481	
4.板栗	吨	408			340		68	
5.紫胶	吨	5				5		

10－12　农业机械年末拥有量

（2000年）

	计算单位	全市	东区	西区	仁和区	米易县	盐边县
一、农业机械总动力	千瓦	463813	34014	25590	188792	133967	81450
柴油机	千瓦	330242	29324	12315	139680	96560	52363
汽油机	千瓦	49430	542	9040	24861	10317	4670
电动机	千瓦	82765	4148	4235	24251	25714	24417
其他机械	千瓦	1376				1376	
拖拉机	混合台	4060	9	6	988	2211	846
	千瓦	49374	195	59	11377	28436	9307
农用载重汽车	辆	2196	76	192	1233	320	375
	千瓦	171885	7600	16779	91242	30063	26201
排灌用动力机械	台	2129	56	13	768	578	714
	千瓦	28287	2871	402	11937	7018	6059
农机配套农具	部	1668	4	4	504	890	266
农用水泵	台	2477	60	13	972	578	854
节水灌溉类机械	套	24	1	2	7	8	6
机动脱粒机	台	1013			260	182	571
推土机	台	222	2		40	180	
	千瓦	14380	252		3112	11016	
饲料粉碎机	台	6087	58	58	2529	1492	1950
农产品加工动力机	台	10086	489	433	3664	3114	2386
	千瓦	94988	888	3939	31376	34448	24337
农用运输车	辆	2461	326	68	987	881	199
	千瓦	76472	18114	4248	32948	13037	8125
机动喷雾（粉）机	部	619	10	17	271	270	51
	千瓦	949	12	37	216	594	90
二、农业机械化水平							
机耕负担面积	千公顷	11.19	0.10	0.04	3.25	4.3	3.5
机耕作业面积	万亩	28.64	0.15	0.12	6.57	13.2	8.6
机械植保负担面积	千公顷	12.02	0.80		2.22	8.3	0.7
机电灌溉作业面积	万亩	62.85	2.65	2.6	27.4	16.1	14.2
机械加工农副产品数量	万吨	22.95	0.4	0.35	7.2	7.90	7.1
农机运输作业量	万吨公里	17190	2900	288	8200	3565	2237

10－13　乡(镇)主要经济指标

(2000 年)

	总人口 (人)	村民委员会 (个)	村民小组 (个)	乡村从业人员数 (人)	其中：第一产业	耕地面积 (公顷)	粮食产量 (吨)	甘蔗产量 (吨)
银江镇	10616	9	32	5256	3918	206	1500	10
格里坪镇	23720	10	57	6767	4578	437	3275	1
仁和镇	27312	4	23	4491	3693	222	1786	50
平地镇	14766	7	75	8123	6303	834	6708	18
大田镇	8386	6	35	4273	3766	471	4727	83
福田镇	3815	4	20	2186	1961	225	3012	
同德镇	6457	5	27	3114	2209	351	3605	189
金江镇	20562	9	59	5397	5228	871	5754	250
大龙潭彝族乡	12651	8	89	8131	7642	1205	9031	75
啊喇彝族乡	4788		50	2962	2749	290	2664	4
永富乡	4418	3	31	2629	2477	229	3108	68
总发乡	7027	6	29	4011	3707	318	3108	
前进乡	9285	8	62	5649	3528	406	3288	
太平乡	8559	11	54	5397	4795	523	4399	54
新生乡	6320	4	44	3237	2902	444	4314	135
新华乡	10025	6	49	5356	4211	570	5992	71
民政乡	4854	4	21	2640	2189	312	2305	500
务本乡	8008	9	33	4326	3168	356	2702	168
中坝乡	9705	8	64	5199	4500	569	4867	1840
攀莲镇	28317	4	43	7451	6643	684	5637	9652
丙谷镇	11900	6	43	6472	5547	779	4392	50187
得石镇	4013	4	16	1410	1016	82	823	
撒莲镇	14431	8	66	8421	7700	734	6584	17055
垭口镇	10086	7	69	4324	4014	529	3459	18887
挂榜镇	11346	7	52	5089	4441	627	5206	21155
普威镇	10809	5	40	3181	2516	413	3957	
团结镇	1997	3	15	857	795	202	1139	
柳贤乡	8258	5	49	4300	3979	534	4066	5666
草场乡	9565	6	46	5512	5218	535	4501	8286
坪山乡	5003	4	32	2837	2728	593	2912	32854
新河乡	8355	6	52	4373	4129	621	3525	52799
头碾乡	4481	4	35	2347	2239	415	1773	29380
坊田乡	3247	6	27	1358	1272	201	1547	17500
宁华乡	7466	4	24	2960	2687	309	2656	1400
观音乡	7798	5	39	3465	3057	554	3652	13311
昔街乡	8067	4	26	3447	3126	398	3237	5853
沙坝乡	6517	5	30	3488	3243	553	3374	32707
横山乡	4056	3	20	1880	1800	248	1937	4011
黄草乡	5791	6	42	3193	2787	432	3060	3284

10－13　续表1　(2000年)

	总人口(人)	村民委员会(个)	村民小组(个)	乡村从业人员数(人)	其中：第一产业	耕地面积(公顷)	粮食产量(吨)	甘蔗产量(吨)
南坝乡	4503	4	31	2262	2106	243	1641	
麻陇彝族乡	4217	5	32	1938	1876	313	2123	
云峰彝族乡	2795	4	24	1660	1542	255	1479	500
胜利彝族乡	2839	4	18	1707	1654	145	972	
黄龙彝族乡	3633	3	25	1857	1827	374	1772	4551
白马彝族乡	1732	3	10	933	770	160	1063	605
联合彝族乡	2832	4	20	1457	1364	287	1267	
新山傈僳族乡	1808	3	10	953	815	122	706	1328
桐子林镇	16902	6	28	2530	2162	313	2043	
红格镇	12483	7	54	7720	6126	929	5683	20
渔门镇	14475	15	65	9481	7111	582	4227	50
永兴镇	10918	7	41	5458	3281	368	4060	
益民乡	4752	6	21	2914	2463	287	1321	
新民乡	5740	4	19	3432	3120	324	1877	
新九乡	10528	7	46	6949	5913	659	5373	
和爱彝族乡	4782	4	21	2614	2334	343	2174	
金河乡	3356	4	10	2120	1040	123	1005	
红泥乡	5980	6	24	2395	1947	232	2296	
红民彝族乡	1763	2	12	1190	930	196	851	
花椒箐彝族乡	1430	2	7	742	615	170	847	
力马乡	1713	3	10	1170	900	192	812	
敢鱼乡	1413	3	15	702	666	65	604	
龙胜彝族乡	3220	6	22	1810	1747	184	1565	
林海彝族乡	2341	6	16	1113	1024	151	621	
共和乡	3307	5	24	1647	1396	262	1457	
太田乡	3562	7	27	2223	1851	268	1553	
新坪乡	11932	9	47	6614	5790	554	6223	100
国胜乡	7168	6	34	4290	3279	397	2996	
红宝苗族乡	2182	3	14	1228	1123	183	932	
择木龙彝族乡	1546	3	12	737	696	187	593	
高坪彝族乡	3969	3	11	1965	1750	203	1232	
惠民乡	16414	13	72	9345	8451	803	7810	250
强胜乡	3457	4	23	1864	1500	225	1137	1
江西乡	6704	6	34	3450	2927	424	3166	
箐河乡	4282	4	26	1962	1857	260	2137	
岩门傈僳族乡	2022	3	11	870	807	149	784	
温泉彝族乡	6491	7	39	2843	2680	660	2698	
哇落彝族乡	4176	6	38	2680	2613	572	2051	
岩口彝族乡	6515	5	39	3533	3185	830	2011	

10－13　续表2　(2000年)

	蚕茧产量(公斤)	水产品总产量(吨)	水果产量(吨)	肉类总产量(吨)	农业增加值(万元)	农民人均纯收入(元)	财政收入(万元)	财政支出(万元)
银江镇		132	122	911	1584	3100	1269	1007
格里坪镇		483	942	2837	2573	3026	950	589
仁和镇		465	495	1033	2508	3254	491	562
平地镇		32	3700	1538	1728	2514	－24	435
大田镇	3451	31	1583	881	1421	2824	110	274
福田镇	2879	13	188	443	572	2969	60	216
同德镇	27303	49	253	843	921	2812	174	322
金江镇		122	404	831	1151	2748	630	656
大龙潭彝族乡		73	1686	1534	1665	2713	211	291
啊喇彝族乡	11163	8	306	333	615	2314	269	146
永富乡	13283	28	336	497	901	2806	142	155
总发乡		117	293	801	1287	2958	333	414
前进乡		119	342	905	1096	2901	1327	1238
太平乡		73	471	874	1075	2907	605	635
新生乡	26530	41	738	907	1125	2780	107	271
新华乡	7036	171	288	1094	1772	2754	224	322
民政乡	3355	22	120	555	752	2734	－47	397
务本乡	5000	5	1571	940	1259	2731	390	371
中坝乡	400	36	212	837	1628	2839	213	357
攀莲镇	3820	390	536	1150	3921	2377	1552	1148
丙谷镇	1800	250	450	683	2556	1875	278	252
得石镇		10	240	269	413	1946	363	168
撒莲镇	100	148	485	1117	3288	1850	314	254
垭口镇	2430	11	280	689	1705	1416	201	173
挂榜镇	32320	22	175	635	1675	1835	266	227
普威镇		36	1650	737	1346	1375	306	239
团结镇		17	147	165	332	800	123	71
柳贤乡	980	20	80	493	1170	1847	171	211
草场乡	12420	41	190	665	1832	1322	238	218
坪山乡	998	35	211	332	1101	1481	88	78
新河乡	70020	30	260	608	2042	1896	158	164
头碾乡	45030	1	151	346	930	1876	102	119
坊田乡		2	460	391	855	1809	61	76
宁华乡	12340	17	260	360	720	1152	131	101
观音乡	80960	44	144	614	1481	1823	175	138
昔街乡	3900	250	260	507	1459	1187	127	154
沙坝乡	150	19	157	459	1280	1447	148	98
横山乡		4	400	305	563	1339	107	94
黄草乡	500		850	401	910	1844	324	150

10－13　续表3　（2000年）

	蚕茧产量（公斤）	水产品总产量（吨）	水果产量（吨）	肉类总产量（吨）	农业增加值（万元）	农民人均纯收入（元）	财政收入（万元）	财政支出（万元）
南坝乡	37960	20	262	316	711	1980	180	87
麻陇彝族乡			135	352	576	1250	99	100
云峰彝族乡			245	244	449	1261	85	71
胜利彝族乡		16	57	204	330	1812	91	56
黄龙彝族乡			21	267	522	944	62	62
白马彝族乡			51	141	281	1197	45	43
联合彝族乡			220	278	457	1208	83	63
新山傈僳族乡		1	20	59	202	1282	58	50
桐子林镇		22	934	397	570	2421	244	216
红格镇		55	1309	875	1955	1943	282	314
渔门镇	67953	540	371	942	1942	1828	280	252
永兴镇	83888	76	242	720	1254	1901	318	310
益民乡			18	361	270	769	116	114
新民乡		35	622	450	550	2170	140	165
新九乡		91	330	954	1260	2076	307	260
和爱彝族乡		1	335	429	470	1450	92	90
金河乡		6	204	193	325	2415	235	181
红泥乡	4500	17	35	428	474	1852	230	168
红民彝族乡	4000	30	47	140	231	1400	40	49
花椒箐彝族乡			56	99	243	1433	31	37
力马乡	4600	6	15	71	294	1700	53	50
敢鱼乡	8400	26	16	81	227	1310	81	70
龙胜彝族乡	4000		25	194	298	954	60	66
林海彝族乡		1	11	52	240	798	55	51
共和乡		9	123	207	427	1350	81	66
太田乡	140	1	84	201	383	1306	35	35
新坪乡	63961	31	404	1089	1110	1700	161	156
国胜乡	8301	21	205	372	605	2009	12	166
红宝苗族乡	4225		80	83	290	1297	50	51
择木龙彝族乡			11	182	215	1700	84	83
高坪彝族乡	1000		123	239	305	1418	141	108
惠民乡	267216	156	753	1731	2159	1798	263	250
强胜乡	62909	8	310	158	479	1423	46	46
江西乡	61984	12	70	528	655	1414	68	63
箐河乡	12630	5	124	312	427	1180	85	81
岩门傈僳族乡	8600		60	127	201	1284	46	46
温泉彝族乡	10260	1	9	261	580	938	88	91
哇落彝族乡				368	390	1202	78	77
岩口彝族乡			4	410	550	1199	124	121

11. 工交　能源　邮电

INDUSTRY TRANSPORTATION ENERGY POSTAL AND TELECOMMUNICATIONS SERVICES

11-1 全部工业总产值

单位：万元

	年份	工业总产值	按隶属关系分		按经济类型分				
			中央	地方	国有经济	集体经济	股份制	城乡个体	其它
按	1965	498	150	348	429	69			
一不	1966	2507	1440	1067	2420	87			
九变	1967	4161	2879	1282	4069	92			
五价	1968	2821	1660	1161	2761	60			
七	1969	6136	2785	3351	6075	61			
年	1970	12678	7318	5360	12550	128			
	1971	20904	12861	8043	20707	197			
	1971	22594	13886	8708	22356	238			
按	1972	28529	17428	11101	28236	293			
一不	1973	44554	31936	12618	43912	642			
九变	1974	45974	32160	13814	44892	1082			
七价	1975	55714	41432	14282	54742	972			
0	1976	45825	32021	13804	44727	1098			
年	1977	64415	47728	16687	63093	1322			
	1978	87981	68814	19167	86288	1693			
	1979	99533	80139	19394	97421	2112			
	1980	106561	86479	20082	103115	3446			
	1981	95397	75341	20056	91694	3694			
	1981	111762	88684	23078	107738	4015		9	
按	1982	117993	93558	24435	113563	4418		12	
一不	1983	127662	110530	17132	122352	5282		28	
九变	1984	140343	120114	20229	133264	7048		31	
八价	1985	146873	122658	24215	136602	9314		337	620
0	1986	156413	127204	29209	142662	12103		1004	644
年	1987	167632	132876	34756	150254	15282		1304	792
	1988	177810	134647	43163	155100	20393		1649	668
	1989	190620	141730	48890	163670	24561		1270	1119
	1990	197848	145683	52165	167724	27452		1685	987
按	1990	381663	289464	92199	329439	48113		2592	1519
一不	1991	436666	332941	103725	376048	55656		3398	1564
九变	1992	478923	343832	135091	395702	76314		3410	3497
九价	1993	542271	345800	196471	406300	115200	7300	7258	6213
0	1994	622151	365400	256751	439164	151200	16036	3544	12207
年	1995	701358	352302	349056	455821	179739	22146	14708	28944
	1996	725412	398047	327365	429144	244891	24837	10204	16336
	1997	812545	450092	362453	477127	251774	39293	15503	28848
	1998	864668	490052	374616	504160	236863	39477	28080	56088
	1999	966183	536866	429317	532367	269281	75827	24109	64599
	2000	1135148	653476	481672	626902	223775	101567	56035	126869

11－2 历年主要工业产品产量

年份	钢总计（万吨）	生 铁（万吨）	成品钢材（万吨）	钒 渣（折）（万吨）	焦 炭（万吨）	原 煤（万吨）	发电量（亿千瓦小时）	水 泥（万吨）	糖（万吨）	饮料酒（万吨
1965						1	0.06		0.53	
1966						7	0.44	1.9	0.49	
1967						16	1.52	5.6	0.48	
1968						19	1.18	5.4	0.30	
1969						31	1.83	16	0.32	
1970	0.2	5			13	67	2.64	18	0.39	
1971	0.6	40			50	150	5.10	21	0.35	
1972	7	52		0.23	73	196	6.34	23	0.49	
1973	42	76		0.33	92	252	8.01	24	0.44	
1974	47	66	2	0.51	88	284	8.54	26	0.45	
1975	63	76	17	0.89	112	311	10.21	28	0.51	
1976	49	52	16	1.01	95	269	9.77	29	0.58	
1977	67	91	26	1.51	117	324	11.37	32	0.60	
1978	98	144	41	2.01	134	352	13.52	34	0.80	0.10
1979	135	178	38	3.13	150	365	15.00	37	0.70	0.13
1980	163	196	50	4.03	152	372	15.26	35	0.95	0.43
1981	157	186	45	4.59	146	382	14.05	34	1.16	0.61
1982	169	198	51	6.16	146	402	14.25	35	1.01	0.53
1983	159	189	45	6.62	147	404	15.25	38	1.24	0.79
1984	177	207	56	7.15	151	415	15.62	39	1.65	1.05
1985	168	192	71	6.41	149	416	15.34	37	1.80	1.50
1986	180	209	72	6.85	154	432	15.02	38	1.72	1.78
1987	184	215	74	7.16	155	468	20.96	44	1.93	2.02
1988	176	203	80	6.53	159	497	23.45	54	1.39	2.34
1989	185	217	89	7.50	164	522	23.90	52	1.99	2.34
1990	194	232	84	6.26	188	540	24.01	51	1.87	2.40
1991	221	276	89	6.50	210	565	23.93	56	2.19	2.42
1992	240	285	100	6.46	222	576	25.54	64	2.94	2.36
1993	244	297	121	4.01	258	634	27.29	70	2.80	2.78
1994	237	304	152	3.60	274	625	32.70	66	2.10	2.05
1995	262	323	172	5.20	259	581	34.12	77	3.03	2.45
1996	288	344	200	8.33	297	652	33.60	100	2.34	3.16
1997	295	356	206	9.53	279	699	32.57	106	2.52	3.56
1998	312	365	232	12.00	293	649	37.86	91	2.16	3.75
1999	335	395	255	13.45	281	626	79.97	97	2.00	3.77
2000	363	415	275	13.91	297	619	116.65	73	2.95	3.61

11－3　主要工业产品生产量

(2000 年)

产品名称	计量单位	本月止累计
原煤	吨	5037631
洗煤	吨	2531499
#洗精煤	吨	2391672
铁矿石原矿量	吨	9918530
铁矿石成品矿	吨	4942420
石墨	吨	2858
机制糖	吨	29549
糖果	吨	1
酱油	吨	163
发酵酒精	吨	1704
饮料酒	吨	31402
#白酒	吨	0
#啤酒	吨	31402
软饮料	吨	856
服装	万件	16
皮鞋	万双	5
锯材	立方米	1673
人造板	立方米	34580
木制家具	件	4988
单色印刷品	万令	9
多色印刷品	万对开色令	8
焦炭	吨	2467605
盐酸(含量31%以上)	吨	5498
氢氧化钠(烧碱)(折100%)	吨	1705
碳化钙(电石)(折 300 升/千克)	吨	0
黄磷	吨	32031
农用氮、磷、钾化学肥料总计(折纯)	吨	1169
#氮肥(折含 N 100%)	吨	1169
纯苯	吨	15595
油漆	吨	4647
炭黑	吨	4503
炸药	吨	10287
中成药	吨	6

注:本表范围是全部国有及年销售收入在 500 万元以上的非国有工业企业。

11－3 续表 (2000年)

产品名称	计量单位	本月止累计
水泥	万吨	56
水泥电杆	吨	9279
水泥预制构件	立方米	3397
砖(折标准砖)	万块	6175
花岗石板材	平方米	16400
生铁	吨	4062314
钢	吨	3625270
#普通碳素钢	吨	1023971
普通低合金钢	吨	848508
合金钢	吨	58720
其它优质钢	吨	1694071
成品钢材	吨	2729127
#铁道用钢材	吨	461528
#重轨	吨	425568
普通大型钢材	吨	264430
普通中型钢材	吨	43525
普通小型钢材	吨	76936
优质型钢材	吨	58382
线材	吨	312405
中厚钢板	吨	295361
薄钢板	吨	990181
钢带	吨	213873
焊接钢管	吨	12506
铁合金	吨	11344
钢钉	吨	0
钢丝	吨	223
铸件	吨	371
发电量	万千瓦小时	1162970
#火电	万千瓦小时	314255
水电	万千瓦小时	848715
供电量	万千瓦小时	1100307
自来水生产量	万吨	4719

11－4　工业企业主要经济指标

（2000 年）　　单位：千元

	企业单位数（个）	#亏损企业	工业总产值（不变价）	工业总产值（当年价）
总　计	67	16	9015487	15643479
一、按登记注册类型分组				
内资企业	65	16	8723553	15415607
国有企业	16	9	6269024	11755139
中央企业	3		5872357	10972260
地方企业	13	9	396667	782879
集体企业	28	3	1356887	1699513
股份合作企业	3		26718	39532
有限责任公司	6	1	769098	1578994
股份有限公司	5	3	217871	248095
私营企业	7		83955	94334
港、澳、台商投资企业	1		272264	208202
外商投资企业	1		19670	19670
二、按经济组织类型分组				
独资企业	47	12	7657575	13487824
国有企业	16	9	6269024	11755139
集体企业	28	3	1356887	1699513
私营独资企业	3		31664	33172
合作、合伙企业	4		50306	66151
股份合作企业	3		26718	39532
私营合伙企业	1		23588	26619
股份有限公司	5	3	217871	248095
有限责任公司	11	1	1089735	1841409
三、在总计中：亏损企业	16	16	1192665	2398761
在总计中：国有控股企业	25	12	7485066	13742698
在总计中：农村工业	11		147112	170041
在总计中：轻工业	10	2	259274	293760
以农产品为原料	7	2	193980	200642
以非农产品为原料	3		65294	93118
重工业	57	14	8756213	15349719
采掘工业	18	4	545819	932257
原料工业	30	8	8046569	14255179
加工工业	9	2	163825	162283
在总计中：特大型企业	2	1	6332239	11990249
大一型企业	2	1	376083	685957
大二型企业	5	1	1330491	1757396
中二型企业	2		58682	89965
小型企业	56	13	917992	1119912

注：1.本表范围是全部国有及年销售收入在 500 万元以上的非国有工业企业。
　　2.本表财务数据不包括攀枝花电业局和攀枝花发电公司。

11－4续表1 (2000年) 单位:千元

	工业销售产值(当年价)	工业中间投入合计	工业增加值(当年价)	资产合计
总计	15640765	10810679	5591239	55404512
一、按登记注册类型分组				
内资企业	15409256	10661800	5506590	54987661
国有企业	11797580	8139655	3988571	24629490
中央企业	11009316	7607370	3690080	22292689
地方企业	788264	532285	298491	2336801
集体企业	1684791	1039246	760197	1798965
股份合作企业	39615	26571	15979	48273
有限责任公司	1547909	1220581	607554	27614063
股份有限公司	251703	189337	82223	826187
私营企业	87658	46410	52066	70683
港、澳、台商投资企业	209389	137884	74748	391412
外商投资企业	22120	10995	9901	25439
二、按经济组织类型分组				
独资企业	13515024	9199963	4762862	26455019
国有企业	11797580	8139655	3988571	24629490
集体企业	1684791	1039246	760197	1798965
私营独资企业	32653	21062	14094	26564
合作、合伙企业	65715	30565	39645	56264
股份合作企业	39615	26571	15979	48273
私营合伙企业	26100	3994	23666	7991
股份有限公司	251703	189337	82223	826187
有限责任公司	1808323	1390814	706509	28067042
三、在总计中：亏损企业	2379512	1791143	909084	30311979
在总计中：国有控股企业	13764659	9644050	4747695	53408654
在总计中：农村工业	160828	115685	67050	192614
在总计中：轻工业	289974	201292	113401	616796
以农产品为原料	198452	147713	70582	390690
以非农产品为原料	91522	53579	42819	226106
重工业	15350791	10609387	5477838	54787716
采掘工业	930189	580911	413230	2186325
原料工业	14261189	9933262	4991339	52417117
加工工业	159413	95214	73269	184274
在总计中：特大型企业	11999308	8742307	4235771	49670127
大一型企业	692777	460373	278575	1908902
大二型企业	1757027	883936	524173	1933746
中二型企业	90160	42778	54547	299541
小型企业	1101493	681285	498173	1592196

11-4续表2　　(2000年)　　单位:千元

	流动资产 小计	#应收帐款净额	存货	#产成品
总计	10780626	3020101	3398094	1304583
一、按登记注册类型分组				
内资企业	10612026	2970813	3343886	1274229
国有企业	8088498	1929778	2939675	1147471
中央企业	7166634	1671530	2837747	1119620
地方企业	921864	258248	101928	27851
集体企业	1175926	438362	208409	85196
股份合作企业	34297	12196	11899	4583
有限责任公司	1026819	457277	108000	5082
股份有限公司	240619	117846	62306	24803
私营企业	45867	15354	13597	7094
港、澳、台商投资企业	157193	43655	50499	30189
外商投资企业	11407	5633	3709	165
二、按经济组织类型分组				
独资企业	9281362	2377903	3151392	1232892
国有企业	8088498	1929778	2939675	1147471
集体企业	1175926	438362	208409	85196
私营独资企业	16938	9763	3308	225
合作、合伙企业	39624	13314	13870	5194
股份合作企业	34297	12196	11899	4583
私营合伙企业	5327	1118	1971	611
股份有限公司	240619	117846	62306	24803
有限责任公司	1219021	511038	170526	41694
三、在总计中：亏损企业	2055707	804719	238625	45875
在总计中：国有控股企业	9481010	2546121	3146083	1199717
在总计中：农村工业	134499	53743	34756	17414
在总计中：轻工业	217079	66975	49053	19219
以农产品为原料	147914	44862	40118	17233
以非农产品为原料	69165	22113	8935	1986
重工业	10563547	2953126	3349041	1285364
采掘工业	1008524	320283	130497	31623
原料工业	9447906	2606121	3184096	1234078
加工工业	107117	26722	34448	19663
在总计中：特大型企业	8049164	2098520	2918812	1119620
大一型企业	754832	236839	88432	21828
大二型企业	982636	356181	212401	89719
中二型企业	114186	21443	12399	94
小型企业	879808	307118	166050	73322

11－4 续表 3　　(2000 年)　　单位:千元

	流动资产年平均余额	固定资产小计	固定资产原价	#生产经营用
总　计	10104013	42133685	53984753	46971788
一、按登记注册类型分组				
内资企业	9960971	41997548	53844075	46834142
国有企业	7674937	14641243	24374940	20588796
中央企业	6806560	13430735	22662038	19382340
地方企业	868377	1210508	1712902	1206456
集体企业	1067243	519751	831961	784163
股份合作企业	32286	12351	37494	36343
有限责任公司	882835	26316454	27820155	25003707
股份有限公司	261275	483899	750289	394922
私营企业	42395	23850	29236	26211
港、澳、台商投资企业	132189	124688	126313	123281
外商投资企业	10853	11449	14365	14365
二、按经济组织类型分组				
独资企业	8756574	15170470	25216907	21381576
国有企业	7674937	14641243	24374940	20588796
集体企业	1067243	519751	831961	784163
私营独资企业	14394	9476	10006	8617
合作、合伙企业	37933	14875	40594	39102
股份合作企业	32286	12351	37494	36343
私营合伙企业	5647	2524	3100	2759
股份有限公司	261275	483899	750289	394922
有限责任公司	1048231	26464441	27976963	25156188
三、在总计中：亏损企业	1888801	27732115	29915646	26283755
在总计中：国有控股企业	8918207	41546901	53060520	46107463
在总计中：农村工业	120478	53961	81123	72789
在总计中：轻工业	219458	346810	444670	395086
以农产品为原料	150843	192413	290432	260352
以非农产品为原料	68615	154397	154238	134734
重工业	9884555	41786875	53540083	46576702
采掘工业	945015	973294	1450878	1045934
原料工业	8833032	40743470	51976546	45458265
加工工业	106508	70111	112659	72503
在总计中：特大型企业	7558337	39659375	50340973	44262180
大一型企业	708321	912606	1379892	1009374
大二型企业	873455	744791	1104025	762196
中二型企业	107944	183879	202056	187067
小型企业	855956	633034	957807	750971

11－4 续表 4　　(2000 年)　　单位:千元

	累计折旧	#本年折旧	固定资产净值	固定资产净值年平均余额
总　　计	12944291	1901205	41040462	38992548
一、按登记注册类型分组				
内资企业	12939750	1899580	40904325	38881880
国有企业	10612828	1014344	13762112	12705179
中央企业	9972329	967566	12689709	11628900
地方企业	640499	46778	1072403	1076279
集体企业	342043	63644	489918	489333
股份合作企业	27053	3253	10441	11067
有限责任公司	1672906	788568	26147249	25182968
股份有限公司	279251	28168	471038	471919
私营企业	5669	1603	23567	21414
港、澳、台商投资企业	1625	1625	124688	98693
外商投资企业	2916		11449	11975
二、按经济组织类型分组				
独资企业	10955464	1078361	14261443	13202073
国有企业	10612828	1014344	13762112	12705179
集体企业	342043	63644	489918	489333
私营独资企业	593	373	9413	7561
合作、合伙企业	27629	3445	12965	13591
股份合作企业	27053	3253	10441	11067
私营合伙企业	576	192	2524	2524
股份有限公司	279251	28168	471038	471919
有限责任公司	1681947	791231	26295016	25304965
三、在总计中：亏损企业	2461019	854583	27454627	26484398
在总计中：国有控股企业	12574249	1832839	40486271	38439788
在总计中：农村工业	30412	5313	50711	49124
在总计中：轻工业	142630	10432	302040	318795
以农产品为原料	107080	10996	183352	202055
以非农产品为原料	35550	－564	118688	116740
重工业	12801661	1890773	40738422	38673753
采掘工业	575714	52957	875164	876755
原料工业	12182344	1834407	39794202	37725841
加工工业	43603	3409	69056	71157
在总计中：特大型企业	11584527	1748722	38756446	36729735
大一型企业	552106	47039	827786	826515
大二型企业	384026	51783	719999	685344
中二型企业	59761	2915	142295	142524
小型企业	363871	50746	593936	608430

11－4续表5 (2000年) 单位:千元

	无形及递延资产小计	负债合计	#流动负债小计	#长期负债小计
总计	1506073	44509539	12796718	31649979
一、按登记注册类型分组				
内资企业	1500303	44142496	12577175	31502479
国有企业	1189173	15924471	8810089	7108069
中央企业	1037123	14593165	7774873	6811982
地方企业	152050	1331306	1035216	296087
集体企业	5869	1243939	1172990	62661
股份合作企业	33	29074	26448	2626
有限责任公司	256164	26365988	2033638	24285349
股份有限公司	48890	535634	493620	40774
私营企业	174	43390	40390	3000
港、澳、台商投资企业	3387	353338	205838	147500
外商投资企业	2383	13705	13705	
二、按经济组织类型分组				
独资企业	1195071	17180500	9995169	7170730
国有企业	1189173	15924471	8810089	7108069
集体企业	5869	1243939	1172990	62661
私营独资企业	29	12090	12090	
合作、合伙企业	33	33915	29289	4626
股份合作企业	33	29074	26448	2626
私营合伙企业		4841	2841	2000
股份有限公司	48890	535634	493620	40774
有限责任公司	262079	26759490	2278640	24433849
三、在总计中：亏损企业	413106	28025285	3433836	24591447
在总计中：国有控股企业	1497276	43135668	11513021	31568093
在总计中：农村工业	1596	142537	132543	9994
在总计中：轻工业	43681	334506	278933	54331
以农产品为原料	43681	254555	220589	32725
以非农产品为原料		79951	58344	21606
重工业	1462392	44175033	12517785	31595648
采掘工业	155031	1246960	983985	259116
原料工业	1304328	42805265	11424798	31322728
加工工业	3033	122808	109002	13804
在总计中：特大型企业	1293287	40819832	9738722	31074799
大一型企业	191991	1008446	779475	227732
大二型企业	4610	1315499	1153294	162205
中二型企业		113279	90386	22892
小型企业	16185	1252483	1034841	162351

11－4续表6　　(2000年)　　单位:千元

	所有者权益合计	实收资本	国家资本(1)	集体资本(2)
总计	10894973	7146215	6715453	237975
一、按登记注册类型分组				
内资企业	10845165	7110215	6715453	237975
国有企业	8705019	4233369	4230057	2790
中央企业	7699524	3240792	3240792	
地方企业	1005495	992577	989265	2790
集体企业	555026	293646	2706	211287
股份合作企业	19199	14180	3285	1975
有限责任公司	1248075	2361838	2336662	18823
股份有限公司	290553	188021	142743	2100
私营企业	27293	19161		1000
港、澳、台商投资企业	38074	28800		
外商投资企业	11734	7200		
二、按经济组织类型分组				
独资企业	9274519	4534690	4232763	214077
国有企业	8705019	4233369	4230057	2790
集体企业	555026	293646	2706	211287
私营独资企业	14474	7675		
合作、合伙企业	22349	17180	3285	1975
股份合作企业	19199	14180	3285	1975
私营合伙企业	3150	3000		
股份有限公司	290553	188021	142743	2100
有限责任公司	1307552	2406324	2336662	19823
三、在总计中：亏损企业	2286694	3337964	3242296	69125
在总计中：国有控股企业	10272986	6792716	6708127	9947
在总计中：农村工业	50077	35829	1429	19184
在总计中：轻工业	282290	256333	237853	8267
以农产品为原料	136135	127625	118129	515
以非农产品为原料	146155	128708	119724	7752
重工业	10612683	6889882	6477600	229708
采掘工业	939365	897768	798425	74394
原料工业	9611852	5934400	5659627	133624
加工工业	61466	57714	19548	21690
在总计中：特大型企业	8850295	5519070	5519070	
大一型企业	900456	832056	823185	515
大二型企业	618247	223461	72958	105473
中二型企业	186262	165626	165104	
小型企业	339713	406002	135136	131987

11－4续表7　　(2000年)　　单位:千元

	法人资本 (3)	个人资本 (4)	港澳台资本 (5)	外商资本 (6)
总　计	125120	56567	7500	3600
一、按登记注册类型分组				
内资企业	100220	56567		
国有企业	522			
中央企业				
地方企业	522			
集体企业	51054	28599		
股份合作企业	8172	748		
有限责任公司		6353		
股份有限公司	36972	6206		
私营企业	3500	14661		
港、澳、台商投资企业	21300		7500	
外商投资企业	3600			3600
二、按经济组织类型分组				
独资企业	51576	36274		
国有企业	522			
集体企业	51054	28599		
私营独资企业		7675		
合作、合伙企业	11172	748		
股份合作企业	8172	748		
私营合伙企业	3000			
股份有限公司	36972	6206		
有限责任公司	25400	13339	7500	3600
三、在总计中：亏损企业	21194	5349		
在总计中：国有控股企业	55293	8249	7500	3600
在总计中：农村工业	4084	11132		
在总计中：轻工业	8021	2192		
以农产品为原料	7499	1482		
以非农产品为原料	522	710		
重工业	117099	54375	7500	3600
采掘工业	14933	10016		
原料工业	95691	37958	7500	
加工工业	6475	6401		3600
在总计中：特大型企业				
大一型企业	7499	857		
大二型企业	35300	2230	7500	
中二型企业	522			
小型企业	81799	53480		3600

11－4续表8 （2000年） 单位:千元

	产品销售收入	#产品销售成本	产品销售费用	产品销售税金及附加	产品销售利润
总计	15637625	12232551	704300	153680	2546584
一、按登记注册类型分组					
内资企业	15430955	12079965	685950	152110	2512422
国有企业	11784179	9394121	604383	87561	1698112
中央企业	11181840	8927363	596534	80373	1577570
地方企业	602339	466758	7849	7188	120542
集体企业	1717630	1411040	54195	16927	234964
股份合作企业	35548	28413	1507	527	5100
有限责任公司	1550100	965881	9505	42240	532474
股份有限公司	249056	200432	12637	3797	32190
私营企业	94442	80078	3723	1058	9582
港、澳、台商投资企业	189430	141879	15440	1570	30539
外商投资企业	17240	10707	2910		3623
二、按经济组织类型分组					
独资企业	13539712	10838980	659890	104597	1935739
国有企业	11784179	9394121	604383	87561	1698112
集体企业	1717630	1411040	54195	16927	234964
私营独资企业	37903	33819	1312	109	2663
合作、合伙企业	56858	44315	3638	571	8332
股份合作企业	35548	28413	1507	527	5100
私营合伙企业	21310	15902	2131	44	3232
股份有限公司	249056	200432	12637	3797	32190
有限责任公司	1791999	1148824	28135	44715	570323
三、在总计中：亏损企业	2171447	1467179	27573	42416	634277
在总计中：国有控股企业	13729743	10660192	640325	134782	2294439
在总计中：农村工业	177819	138816	8016	2808	27679
在总计中：轻工业	265262	199953	9127	11251	44930
以农产品为原料	189780	137598	6707	10779	34695
以非农产品为原料	75482	62355	2420	472	10235
重工业	15372363	12032598	695173	142429	2501654
采掘工业	817249	622519	28606	10778	155342
原料工业	14403487	11287678	655243	129794	2330269
加工工业	151627	122401	11324	1857	16043
在总计中：特大型企业	12594345	9797736	599390	113544	2083675
大一型企业	608136	463543	6453	8412	129728
大二型企业	1389647	1142511	46246	12225	188663
中二型企业	82255	51942	2195	8926	19192
小型企业	963242	776819	50016	10573	125326

11－4续表9　　(2000年)　　单位:千元

	管理费用	#税金	财产保险费	劳动待业保险费
总　　计	1571493	55910	18047	261350
一、按登记注册类型分组				
内资企业	1567662	55910	17989	261350
国有企业	1249483	51083	13554	197120
中央企业	1120376	47759	13106	128257
地方企业	129107	3324	448	68863
集体企业	210087	2123	1031	49824
股份合作企业	2956	80		238
有限责任公司	54840	930	463	5151
股份有限公司	46226	1694	2941	9017
私营企业	4070			
港、澳、台商投资企业	1133			
外商投资企业	2698		58	
二、按经济组织类型分组				
独资企业	1460840	53206	14585	246944
国有企业	1249483	51083	13554	197120
集体企业	210087	2123	1031	49824
私营独资企业	1270			
合作、合伙企业	4021	80		238
股份合作企业	2956	80		238
私营合伙企业	1065			
股份有限公司	46226	1694	2941	9017
有限责任公司	60406	930	521	5151
三、在总计中：亏损企业	212584	5009	2329	75290
在总计中：国有控股企业	1352875	53766	16997	211504
在总计中：农村工业	16423	7	9	75
在总计中：轻工业	29203	1019	1364	8276
以农产品为原料	21595	654	1336	3728
以非农产品为原料	7608	365	28	4548
重工业	1542290	54891	16683	253074
采掘工业	136728	2243	299	62369
原料工业	1394149	52174	16024	189617
加工工业	11413	474	360	1088
在总计中：特大型企业	1157691	48449	13106	131123
大一型企业	108270	2450	1106	62658
大二型企业	184737	2707	2491	51906
中二型企业	13656	512	341	5797
小型企业	107139	1792	1003	9866

11－4续表10　　(2000年)　　单位:千元

	财务费用	#利息支出	营业利润	补贴收入
总计	1697261	1689143	－262248	355921
一、按登记注册类型分组				
内资企业	1689192	1684224	－286004	355921
国有企业	593455	593012	283123	347503
中央企业	538390	540145	301511	323691
地方企业	55065	52867	－18388	23812
集体企业	18773	16528	35873	8246
股份合作企业	1012	259	1234	
有限责任公司	1052609	1051912	－575491	－143
股份有限公司	21554	21431	－34755	
私营企业	1789	1082	4012	315
港、澳、台商投资企业	7472	4339	23193	
外商投资企业	597	580	563	
二、按经济组织类型分组				
独资企业	612326	609606	320580	356064
国有企业	593455	593012	283123	347503
集体企业	18773	16528	35873	8246
私营独资企业	98	66	1584	315
合作、合伙企业	1651	259	2762	
股份合作企业	1012	259	1234	
私营合伙企业	639		1528	
股份有限公司	21554	21431	－34755	
有限责任公司	1061730	1057847	－550835	－143
三、在总计中：亏损企业	1119916	1117664	－651375	26513
在总计中：国有控股企业	1673874	1669779	－302811	347503
在总计中：农村工业	4792	2257	7766	315
在总计中：轻工业	11527	10749	7412	1150
以农产品为原料	10836	10687	5435	1293
以非农产品为原料	691	62	1977	－143
重工业	1685734	1678394	－269660	354771
采掘工业	46311	43518	3143	26827
原料工业	1636514	1633427	－275680	327746
加工工业	2909	1449	2877	198
在总计中：特大型企业	1589916	1591671	－281225	323691
大一型企业	48946	48028	1537	22520
大二型企业	24758	23431	7732	4055
中二型企业	－640	－648	5313	
小型企业	34281	26661	4395	5655

11-4 续表 11　　(2000 年)　　单位:千元

	利润总额	应交所得税	应付利润	亏损企业亏损额	利税总额
总计	-18374	264961	16189	669846	1316258
一、按登记注册类型分组					
内资企业	-41708	264867	2777	669846	1285698
国有企业	525443	253371		39800	1408604
中央企业	563903	253073			1391979
地方企业	-38460	298		39800	16625
集体企业	39798	9704	4042	7573	156655
股份合作企业	829	167	6		4374
有限责任公司	-577126	1058	1215	583598	-285745
股份有限公司	-34956		-2514	38875	-7694
私营企业	4304	567	28		9504
港、澳、台商投资企业	22762		13221		28762
外商投资企业	572	94	191		1798
二、按经济组织类型分组					
独资企业	567117	263371	4070	47373	1569228
国有企业	525443	253371		39800	1408604
集体企业	39798	9704	4042	7573	156655
私营独资企业	1876	296	28		3969
合作、合伙企业	2357	167	6		6987
股份合作企业	829	167	6		4374
私营合伙企业	1528				2613
股份有限公司	-34956		-2514	38875	-7694
有限责任公司	-552892	1423	14627	583598	-252263
三、在总计中：亏损企业	-669846	2	-2514	669846	-325964
在总计中：国有控股企业	-62847	254417	11593	661392	1143495
在总计中：农村工业	8387	610	40		23889
在总计中：轻工业	3541	553	528	6279	35725
以农产品为原料	1898	10	28	6279	30330
以非农产品为原料	1643	543	500		5395
重工业	-21915	264408	15661	663567	1280533
采掘工业	-9005	1023	243	23652	63657
原料工业	-18584	262798	15087	636912	1203145
加工工业	5674	587	331	3003	13731
在总计中：特大型企业	-19695	253073		583598	1081678
大一型企业	-14988			18900	46415
大二型企业	7699	3318	10707	23575	93150
中二型企业	4541	296			20827
小型企业	4069	8274	5482	43773	74188

11－4续表12　　(2000年)　　单位：千元

	本年应付工资总额	#主营业务应付工资总额	本年应付福利费总额	#主营业务应付福利费总额
总　　计	1825259	1587217	163454	120985
一、按登记注册类型分组				
内资企业	1822972	1584930	161906	119437
国有企业	1471100	1324707	120738	87371
中央企业	1251162	1181594	177998	160732
地方企业	219938	143113	－57260	－73361
集体企业	269710	179214	29379	20416
股份合作企业	2875	2875	538	538
有限责任公司	30724	30693	4139	4135
股份有限公司	42844	42844	6459	6459
私营企业	5719	4597	653	518
港、澳、台商投资企业	859	859	120	120
外商投资企业	1428	1428	1428	1428
二、按经济组织类型分组				
独资企业	1743391	1506442	150433	108095
国有企业	1471100	1324707	120738	87371
集体企业	269710	179214	29379	20416
私营独资企业	2581	2521	316	308
合作、合伙企业	3937	2875	665	538
股份合作企业	2875	2875	538	538
私营合伙企业	1062		127	
股份有限公司	42844	42844	6459	6459
有限责任公司	35087	35056	5897	5893
三、在总计中：亏损企业	280387	203250	－49503	－65604
在总计中：国有控股企业	1545655	1399262	132464	99097
在总计中：农村工业	20137	19559	3158	3096
在总计中：轻工业	30872	30841	4376	4372
以农产品为原料	22937	22937	3317	3317
以非农产品为原料	7935	7904	1059	1055
重工业	1794387	1556376	159078	116613
采掘工业	245387	161582	－53910	－70179
原料工业	1537239	1388705	209961	184748
加工工业	11761	6089	3027	2044
在总计中：特大型企业	1270744	1201176	180409	163143
大一型企业	199280	126930	－59925	－75445
大二型企业	220335	144236	22955	15356
中二型企业	11775	11775	1639	1639
小型企业	123125	103100	18376	16292

11－4 续表 13　　(2000 年)　　单位：千元

	本年应交增值税	进项税额	销项税额	全部从业人员年平均人数（人）
总　计	1180952	2603019	3632242	154840
一、按登记注册类型分组				
内资企业	1175296	2572551	3604978	154552
国有企业	795600	2345916	2999608	110788
中央企业	747703	2305517	2911725	84448
地方企业	47897	40399	87883	26340
集体企业	99930	183296	283177	34303
股份合作企业	3018	2361	5379	451
有限责任公司	249141	13172	262313	1709
股份有限公司	23465	19496	42504	6521
私营企业	4142	8310	11997	780
港、澳、台商投资企业	4430	28666	24236	251
外商投资企业	1226	1802	3028	37
二、按经济组织类型分组				
独资企业	897514	2532556	3288113	145412
国有企业	795600	2345916	2999608	110788
集体企业	99930	183296	283177	34303
私营独资企业	1984	3344	5328	321
合作、合伙企业	4059	4303	8362	605
股份合作企业	3018	2361	5379	451
私营合伙企业	1041	1942	2983	154
股份有限公司	23465	19496	42504	6521
有限责任公司	255914	46664	293263	2302
三、在总计中：亏损企业	301466	54329	355690	39134
在总计中：国有控股企业	1071560	2399665	3320391	119068
在总计中：农村工业	12694	9223	21883	2659
在总计中：轻工业	20933	23177	43707	3623
以农产品为原料	17653	14278	31528	2913
以非农产品为原料	3280	8899	12179	710
重工业	1160019	2579842	3588535	151217
采掘工业	61884	51156	112213	34137
原料工业	1091935	2521405	3462871	114817
加工工业	6200	7281	13451	2263
在总计中：特大型企业	987829	2305517	3151851	80990
大一型企业	52991	37467	90458	22950
大二型企业	73226	176328	240694	26799
中二型企业	7360	6315	13675	1238
小型企业	59546	77392	135564	22863

11－5 工业企业分行业主要经济指标

(2000 年)

单位:千元

	企业单位数(个)	#亏损企业	工业总产值(不变价)	工业总产值(当年价)
总计	67	16	9015487	15643479
煤炭采选业	12	3	486120	866497
黑色金属矿采选业	5	1	48267	61572
非金属矿采选业	1		11432	4188
食品加工业	2		129414	124220
食品制造业	1	1	204	254
饮料制造业	1		40976	51025
纺织业	1	1	6530	6640
木材加工及竹、藤、棕、草制品业	3	1	10277	11927
印刷业	1		11096	12743
石油加工及炼焦业	1		18543	22237
化学原料及化学制品制造业	11		428876	379184
橡胶制品业	1	1	9767	7329
塑料制品业	1		7138	7138
非金属矿物制品业	6	3	144423	199765
黑色金属冶炼及压延加工业	7	2	6638038	11774736
金属制品业	1		12230	13100
普通机械制造业	3		65308	70799
交通运输设备制造业	1	1	9550	3466
仪器仪表及文化、办公用机械制造业	1		19670	19670
电力、蒸汽、热水的生产和供应业	6	2	899922	1968049
自来水的生产和供应业	1		17706	38940

注:1.本表范围是全部国有及年销售收入在500万元以上的非国有工业企业.
2.本表财务数据不包括攀枝花电业局和攀枝花发电公司.

11－5续表1　　(2000年)　　单位:千元

	工业销售产值(当年价)	工业中间投入合计	工业增加值(当年价)	资产合计
总计	15640765	10810679	5591239	55404512
煤炭采选业	868086	550985	374287	2102105
黑色金属矿采选业	57837	26995	37287	75242
非金属矿采选业	4266	2931	1656	8978
食品加工业	124981	100682	35140	227204
食品制造业	201	54	200	5440
饮料制造业	51396	26980	29367	104529
纺织业	5480	7980	－1295	42523
木材加工及竹、藤、棕、草制品业	12037	8582	3752	42259
印刷业	11044	8100	5053	9083
石油加工及炼焦业	20949	12153	13379	42889
化学原料及化学制品制造业	378283	235635	155556	493692
橡胶制品业	7387	6583	1076	25099
塑料制品业	6488	4853	2448	4954
非金属矿物制品业	203154	136566	78920	669206
黑色金属冶炼及压延加工业	11806514	8418045	4169642	23613480
金属制品业	12953	3598	10662	7696
普通机械制造业	65307	44002	27511	48221
交通运输设备制造业	3466	2426	1213	36928
仪器仪表及文化、办公用机械制造业	22120	10995	9901	25439
电力、蒸汽、热水的生产和供应业	1940052	1186736	610304	27624533
自来水的生产和供应业	38764	15798	25180	195012

11－5续表2 (2000年) 单位:千元

	流动资产			
	小　计	#应收帐款净　额	存　货	#产成品
总　计	10780626	3020101	3398094	1304583
煤炭采选业	962543	309619	116536	22453
黑色金属矿采选业	39700	6967	12835	8139
非金属矿采选业	6281	3697	1126	1031
食品加工业	65409	31995	19536	8901
食品制造业	2132	340	1075	404
饮料制造业	61979	7869	10808	94
纺织业	13895	3710	7710	6900
木材加工及竹、藤、棕、草制品业	18072	3774	1591	445
印刷业	3250	79	989	934
石油加工及炼焦业	17823	9852	2685	1256
化学原料及化学制品制造业	225200	65820	71879	42251
橡胶制品业	9709	4342	2004	1788
塑料制品业	2105	1569	428	285
非金属矿物制品业	207653	95540	49662	15970
黑色金属冶炼及压延加工业	7994176	1941953	2989490	1178717
金属制品业	3656	1675	1481	1101
普通机械制造业	38661	1529	19830	13749
交通运输设备制造业	16258	4495	1556	
仪器仪表及文化、办公用机械制造业	11407	5633	3709	165
电力、蒸汽、热水的生产和供应业	1028510	506069	81573	
自来水的生产和供应业	52207	13574	1591	

11－5续表3　(2000年)　单位:千元

	流动资产年平均余额	固定资产小计	固定资产原价	#生产经营用
总　计	10104013	42133685	53984753	46971788
煤炭采选业	899175	938917	1404029	1008110
黑色金属矿采选业	39979	32142	41425	32400
非金属矿采选业	5861	2235	5424	5424
食品加工业	72628	112191	175289	171751
食品制造业	4020	3300	3300	
饮料制造业	55690	42550	64888	64888
纺织业	12623	28097	35577	22278
木材加工及竹、藤、棕、草制品业	17804	23456	28641	18191
印刷业	4634	5733	10689	835
石油加工及炼焦业	16730	23773	21453	16821
化学原料及化学制品制造业	197485	157452	172230	157459
橡胶制品业	9827	15190	24477	14984
塑料制品业	1756	2849	2853	2603
非金属矿物制品业	219798	409489	659716	297303
黑色金属冶炼及压延加工业	7548397	13829286	23286553	19971668
金属制品业	3513	4040	4160	205
普通机械制造业	39414	8127	14251	12630
交通运输设备制造业	15815	20250	27648	15482
仪器仪表及文化、办公用机械制造业	10853	11449	14365	14365
电力、蒸汽、热水的生产和供应业	875757	26321830	27850617	25022212
自来水的生产和供应业	52254	141329	137168	122179

11－5续表4　　(2000年)　　单位:千元

	累计折旧	#本年折旧	固定资产净值	固定资产净值年平均余额
总　　计	12944291	1901205	41040462	38992548
煤炭采选业	562993	50660	841036	842840
黑色金属矿采选业	9532	1825	31893	31577
非金属矿采选业	3189	472	2235	2338
食品加工业	64168	6263	111121	119022
食品制造业	806		2494	10460
饮料制造业	28840	3821	36048	38290
纺织业	8037	299	27540	27925
木材加工及竹、藤、棕、草制品业	11585	791	17056	22122
印刷业	5082	601	5607	5816
石油加工及炼焦业	4140	2760	17313	17313
化学原料及化学制品制造业	17479	3321	154751	128292
橡胶制品业	9657	516	14820	15023
塑料制品业	139	108	2714	2713
非金属矿物制品业	262059	27563	397657	393293
黑色金属冶炼及压延加工业	10215754	999719	13070799	12003177
金属制品业	120	20	4040	4040
普通机械制造业	6613	905	7638	8140
交通运输设备制造业	7594	530	20054	20287
仪器仪表及文化、办公用机械制造业	2916		11449	11975
电力、蒸汽、热水的生产和供应业	1692667	801937	26157950	25183671
自来水的生产和供应业	30921	－906	106247	104234

11－5续表5 (2000年) 单位:千元

	无形及递延资产小计	负债合计	#流动负债小计	长期负债小计
总计	1506073	44509539	12796718	31649979
煤炭采选业	152146	1187316	935226	248231
黑色金属矿采选业	2866	55159	45059	10100
非金属矿采选业	19	4485	3700	785
食品加工业	43681	176335	157093	18002
食品制造业		2000	1280	720
饮料制造业		50355	44563	5792
纺织业		18600	10340	8260
木材加工及竹、藤、棕、草制品业		32509	31759	750
印刷业		6010	6058	－49
石油加工及炼焦业	1293	26543	26543	
化学原料及化学制品制造业	3475	403034	244614	153993
橡胶制品业		18613	17763	850
塑料制品业		3954	3954	
非金属矿物制品业	2728	392381	369123	23255
黑色金属冶炼及压延加工业	1040908	15565784	8688255	6871219
金属制品业		6246	4746	1500
普通机械制造业	390	31223	22100	9123
交通运输设备制造业	20	33833	32202	1631
仪器仪表及文化、办公用机械制造业	2383	13705	13705	
电力、蒸汽、热水的生产和供应业	256164	26418530	2092812	24278717
自来水的生产和供应业		62924	45823	17100

11-5续表6　　(2000年)　　单位:千元

	所有者权益合计	实收资本	国家资本(1)	集体资本(2)
总　　计	10894973	7146215	6715453	237975
煤炭采选业	914789	873061	798425	67553
黑色金属矿采选业	20083	21631		5366
非金属矿采选业	4493	3076		1475
食品加工业	50869	53340	44469	515
食品制造业	3440	7592	7592	
饮料制造业	54174	50000	50000	
纺织业	23923	12286	12286	
木材加工及竹、藤、棕、草制品业	9750	10076	9451	
印刷业	3073	3782	3782	
石油加工及炼焦业	16346	16346		
化学原料及化学制品制造业	90658	56899	6049	15471
橡胶制品业	6486	11626	11626	
塑料制品业	1000	1000		1000
非金属矿物制品业	276825	163830	106353	24811
黑色金属冶炼及压延加工业	8047696	3396366	3253491	105473
金属制品业	1450	1450		1450
普通机械制造业	16998	10508		5429
交通运输设备制造业	3095	7922	7922	
仪器仪表及文化、办公用机械制造业	11734	7200		
电力、蒸汽、热水的生产和供应业	1206003	2322598	2288903	9432
自来水的生产和供应业	132088	115626	115104	

11－5 续表 7　　(2000 年)　　单位:千元

	法人资本 (3)	个人资本 (4)	港澳台资本 (5)	外商资本 (6)
总　　计	125120	56567	7500	3600
煤炭采选业	4083	3000		
黑色金属矿采选业	9279	6986		
非金属矿采选业	1571	30		
食品加工业	7499	857		
食品制造业				
饮料制造业				
纺织业				
木材加工及竹、藤、棕、草制品业		625		
印刷业				
石油加工及炼焦业	16346			
化学原料及化学制品制造业	21873	6006	7500	
橡胶制品业				
塑料制品业				
非金属矿物制品业	22372	10294		
黑色金属冶炼及压延加工业	35100	2302		
金属制品业				
普通机械制造业	2875	2204		
交通运输设备制造业				
仪器仪表及文化、办公用机械制造业	3600			3600
电力、蒸汽、热水的生产和供应业		24263		
自来水的生产和供应业	522			

11－5续表8 （2000年） 单位:千元

	产品销售收入	#产品销售成本	产品销售费用	产品销售税金及附加	产品销售利润
总计	15637625	12232551	704300	153680	2546584
煤炭采选业	752482	573305	22531	9252	147393
黑色金属矿采选业	60497	46351	5736	1390	7017
非金属矿采选业	4270	2863	339	136	932
食品加工业	121692	94465	2368	2032	22827
食品制造业	150	180	10	10	－50
饮料制造业	51421	27465	2195	8641	13120
纺织业	4311	4968	507		－1165
木材加工及竹、藤、棕、草制品业	11657	8577	1323	50	1707
印刷业	6476	6387	388	55	－354
石油加工及炼焦业	19455	16113	1170	218	1954
化学原料及化学制品制造业	346719	269362	21245	2714	52896
橡胶制品业	6511	6129	995	47	－660
塑料制品业	7138	6488		36	614
非金属矿物制品业	198770	164841	12621	3361	17946
黑色金属冶炼及压延加工业	12389965	9943818	621968	90435	1733744
金属制品业	12175	8979	320	49	2827
普通机械制造业	64838	54184	4746	236	5671
交通运输设备制造业	2682	3147	20	17	－503
仪器仪表及文化、办公用机械制造业	17240	10707	2910		3623
电力、蒸汽、热水的生产和供应业	1528342	959745	2908	34716	530973
自来水的生产和供应业	30834	24477		285	6072

11-5续表9 (2000年) 单位:千元

	管理费用	#税金	财产保险费	劳动待业保险费
总计	1571493	55910	18047	261350
煤炭采选业	133660	2240	299	62361
黑色金属矿采选业	2579	3		8
非金属矿采选业	489			
食品加工业	9949	410	1006	2188
食品制造业				
饮料制造业	8615	147	313	1249
纺织业	1516	49		246
木材加工及竹、藤、棕、草制品业	3764	136	13	871
印刷业	1267	48	17	45
石油加工及炼焦业	1566	43		
化学原料及化学制品制造业	8934	21	28	2
橡胶制品业	1459	175	16	663
塑料制品业	505			
非金属矿物制品业	43592	1396	1935	7206
黑色金属冶炼及压延加工业	1288417	49804	13700	176442
金属制品业	598			
普通机械制造业	1726	120	266	33
交通运输设备制造业	3041	143	20	242
仪器仪表及文化、办公用机械制造业	2698		58	
电力、蒸汽、热水的生产和供应业	52077	810	348	5246
自来水的生产和供应业	5041	365	28	4548

11－5续表10 （2000年） 单位：千元

	财务费用	#利息支出	营业利润	补贴收入
总　　计	1697261	1689143	－262248	355921
煤炭采选业	43258	40799	927	26827
黑色金属矿采选业	2981	2647	1845	
非金属矿采选业	72	72	371	
食品加工业	8933	8825	4077	
食品制造业	2020	2020	－2000	
饮料制造业	－671	－678	4300	
纺织业	462	460		
木材加工及竹、藤、棕、草制品业	602	－16	－25	1
印刷业	60	60	－979	1292
石油加工及炼焦业	183	183	82	
化学原料及化学制品制造业	11179	5042	35238	－143
橡胶制品业	668	667	－2615	
塑料制品业	35	32	74	
非金属矿物制品业	13011	12608	－37790	198
黑色金属冶炼及压延加工业	558537	561935	305651	327746
金属制品业	140		2089	
普通机械制造业	1135	67	2810	
交通运输设备制造业	218		－3013	
仪器仪表及文化、办公用机械制造业	597	580	563	
电力、蒸汽、热水的生产和供应业	1053810	1053810	－574866	
自来水的生产和供应业	31	30	1013	

11－5续表11　　(2000年)　　单位:千元

	利润总额	应交所得税	应付利润	亏损企业亏损额	利税总额
总　计	－18374	264961	16189	669846	1316258
煤炭采选业	－10753	636	6	23265	57274
黑色金属矿采选业	1397	271	237	387	5497
非金属矿采选业	351	116			886
食品加工业	3962				17596
食品制造业	－3310			3310	－3300
饮料制造业	3719				17682
纺织业	－2969			2969	－2924
木材加工及竹、藤、棕、草制品业	－3050	12	28	3098	－2593
印刷业	458				923
石油加工及炼焦业	77	25			3590
化学原料及化学制品制造业	35028	3103	13748		49749
橡胶制品业	－2711			2711	－2334
塑料制品业	74				273
非金属矿物制品业	－37919	272	－2374	41719	－18837
黑色金属冶炼及压延加工业	567143	256407	26	6735	1470529
金属制品业	2089	20			3298
普通机械制造业	2775	367			3725
交通运输设备制造业	－292			292	－102
仪器仪表及文化、办公用机械制造业	572	94	191		1798
电力、蒸汽、热水的生产和供应业	－575837	3342	4327	585360	－289617
自来水的生产和供应业	822	296			3145

11－5续表12　　(2000年)　　单位:千元

	本年应付工资总额	#主营业务应付工资总额	本年应付福利费总额	#主营业务应付福利费总额
总　　计	1825259	1587217	163454	120985
煤炭采选业	241623	158666	－54812	－71017
黑色金属矿采选业	3221	2373	826	762
非金属矿采选业	543	543	76	76
食品加工业	13685	13685	1799	1799
食品制造业	48	48		
饮料制造业	5311	5311	744	744
纺织业	1539	1539	228	228
木材加工及竹、藤、棕、草制品业	5935	5935	950	950
印刷业	1810	1810	472	472
石油加工及炼焦业	134	134	169	169
化学原料及化学制品制造业	8068	6981	1121	986
橡胶制品业	1802	1110	252	155
塑料制品业	376	376	11	11
非金属矿物制品业	35959	32382	5287	4877
黑色金属冶炼及压延加工业	1458036	1310558	198464	173382
金属制品业	800	800	1	
普通机械制造业	1585	1514	285	251
交通运输设备制造业	1332		441	
仪器仪表及文化、办公用机械制造业	1428	1428	1428	1428
电力、蒸汽、热水的生产和供应业	35560	35560	4817	4817
自来水的生产和供应业	6464	6464	895	895

11－5续表13 (2000年) 单位:千元

	本年应交增值税	进项税额	销项税额	全部从业人员年平均人数(人)
总计	1180952	2603019	3632242	154840
煤炭采选业	58775	46095	104869	33539
黑色金属矿采选业	2710	4905	6789	519
非金属矿采选业	399	156	555	79
食品加工业	11602	8250	19776	1704
食品制造业		35	26	7
饮料制造业	5322	3763	9085	695
纺织业	45	688	733	161
木材加工及竹、藤、棕、草制品业	407	1125	1522	678
印刷业	410	1071	1163	276
石油加工及炼焦业	3295	765	4060	178
化学原料及化学制品制造业	12007	49480	52609	1179
橡胶制品业	330	790	1120	445
塑料制品业	163	1049	1212	50
非金属矿物制品业	15721	14580	30235	5961
黑色金属冶炼及压延加工业	812951	2458435	3129871	101948
金属制品业	1160	1840	2970	40
普通机械制造业	714	1584	2298	246
交通运输设备制造业	173	381	554	525
仪器仪表及文化、办公用机械制造业	1226	1802	3028	37
电力、蒸汽、热水的生产和供应业	251504	3673	255177	6030
自来水的生产和供应业	2038	2552	4590	543

11－6 全市机动车拥有量

(2000 年)

	计量单位	总 计	＃私人
一、机动车辆合计	辆	48115	30981
1.大型汽车	辆	7037	2003
2.小型汽车	辆	20166	10581
3.摩托车	辆	17875	16425
4.电车	辆		
5.农用运输车	辆	2466	1929
6.挂车	辆		
7.专用机械	辆	108	4
8.拖拉机	辆		
9.其它	辆	463	39
二、机动车驾驶员	人	109262	

11－7 全市客货运输量

(2000 年)

		货运量（万吨）	货物周转量（万吨公里）	客运量（万人）	客运周转量（万人公里
公路	合 计	1671	56705	1900	46200
	汽 车	1577	56053	1719	45908
	拖 拉 机	88	634		
	其它机动车	6	18	133	226
	非 机 动车			48	66
铁路		1430		150	

注:1.公路货运量和客运为社会运输量。
2.铁路货运量和客运量未统计周转量。

11－8 工业企业能源购进、消费及库存

(2000 年)

能源名称	计量单位	年初库存	购进量		消费量			年末库存
			实物量	金额(万元)	合计	工业生产消费	非工业生产消费	
原煤	吨	212716	3712834	53639	6665202	6643953	21249	297177
洗精煤	吨	211850	3291075	86427	3395211	3395211		214956
其他洗煤	吨	1500	314942	1890	607226	607226		1200
焦炭	吨	60675	123198	3089	2332272	2332113	159	63800
其他焦化产品	吨	39	232	20	240	240		31
焦炉煤气	万立方米		245	59	88282	88159	123	
高炉煤气	万立方米		156	4	863028	862859	169	
其他煤气	万立方米		19	7	19	6	13	
汽油	吨	1618	10654	4180	8331	2998	5333	1784
煤油	吨	16	270	90	269	269		20
柴油	吨	1830	18286	8642	15888	10646	5242	1046
燃料油	吨	93	5769	563	5770	5662	108	92
电力	万千瓦时		190049	68044	292478	286708	5770	
其他燃料	吨标准煤		9072	855	11468	11461	7	
能源合计	吨标准煤	290853	4948597	20599	12919148	12057534	861614	21915

11－9　主要能源按工业行业分组消费量

（2000 年）

	原煤（吨）	洗精煤（吨）	其他洗煤（吨）	焦　炭（吨）	其他焦化产品（吨）	焦炉煤气（万立方米）	高炉煤气（万立方米）	其他煤气（万立方米）
总　　计	6665202	3384471	603435	2332272	240	88282	863028	19
按工业行业大类分列								
煤炭采选业	3866716	152205	280632	103				
黑色金属矿采选业	60							
非金属矿采选业	637							
食品加工业	48966							
食品制造业	22742							
饮料制造业	10808							
纺织业	266							
木材加工及竹、藤、棕、草制品业					240			
石油加工及炼焦业	88521	10752						
化学原料及化学制品制造业	8291			108623				
橡胶制品业	307	1700						
非金属矿物制品业	127904							
黑色金属冶炼及压延加工业	1163403	3219814	322803	2221686		88282	863028	19
普通机械制造业	5308			1860				
电力、蒸汽、热水的生产和供应业	1321273							

11－9 续表　　　　　　　　　　（2000 年）

	汽油（吨）	煤油（吨）	柴油（吨）	燃料油（吨）	电　力（万千瓦时）	其他燃料（吨标准煤）
总　　计	8331	269	15888	5770	292478	11468
按工业行业大类分列						
煤炭采选业	832	191	694		19855	
黑色金属矿采选业	15		559		743	
非金属矿采选业					93	
食品加工业	31		23		676	
食品制造业	438					
饮料制造业	23		100		551	
纺织业	14				243	
木材加工及竹、藤、棕、草制品业	6		46		32	
印刷业	17	1			11	
石油加工及炼焦业			89		398	
化学原料及化学制品制造业	33		38	5770	45879	10732
橡胶制品业	23		2		150	
塑料制品业	6				4	
非金属矿物制品业	236	72	349		8531	
黑色金属冶炼及压延加工业	6352		13151		192747	730
金属制品业	35					
普通机械制造业	142	1	14		118	
交通运输设备制造业					69	
仪器仪表及文化、办公用机械制造业	2				8	
电力、蒸汽、热水的生产和供应业	112	4	820		19235	6
自来水的生产和供应业	14		3		3135	

11－10 电力收支平衡表

单位:万千瓦时

	用电量					
	1995年	1996年	1997年	1998年	1999年	2000年
发购电量总计	298038	310972	318091	289222	233863	271971
发电量	225339	230935	216911	193442	147420	160570
全社会用电合计	247455	262405	101180	251031	214247	258412
一、农林牧渔水利业	1071	1188	1349	1205	1410	1541
二、工业	220183	230952	242975	220754	188740	228619
三、地质普查和勘探业						
四、建筑业	9750	14168	15091	10356	4389	2893
五、交通运输邮电通讯业	436	459	555	595	847	5189
六、批发零售贸易和餐饮业	241	238	243	242	214	171
七、其它	1332	1369	1408	1516	1714	1840
八、居民生活消费	14442	14031	15199	16363	16933	18159
乡村	1088	1238	1374	1350	1080	1495
城市	13354	12793	13824	15013	15853	16664
支出电量总计	298038	310972	318091	289222	233863	271971

11-11 邮政、电讯业务基本情况

(2000年)

指　　标	单位	数量	指　　标	单位	数量
邮电业务总量			国内用户电报	份	110
一、邮政业务总量(90价)	万元	2086	国际用户电报	份	-
国内函件	万件	391.93	长途电话业务总量	万元	6147
国际函件	万件	0.41	本地电话业务总量	万元	8100
国内包件	万件	8.36	国内传真	份	5956
国内汇票	万张	82.23	国际传真	份	45
国内特快专递	万件	9.32	国内长途电话	万次	1848
国际特快专递	件	446	国际电话	万次	2.01
报纸累计份数	万份	2447.35	港、澳、台电话	万次	1.01
杂志累计份数	万份	170.43	本地计次制电话用户合计	户	130029
报纸期发份数	万份	12.18	城市用户	户	130029
杂志期发份数	万份	11.98	住宅用户	户	104653
报刊流转额	万元	1978.43	乡村用户	户	-
邮政储蓄平均余额	万元	37464	住宅电话	户	-
邮政储蓄期末余额	万元	40742	公用电话部数	部	5987
集邮业务量	万枚	443.99	2.移动电话业务总量(现价)	元	22097
二、电讯业务量			移动电话用户合计数	户	56700
1.电信业务总量(现价)	万元	14707	GSM数字移动电话用户	户	51526
国内电信业务总量	万元	14456	模拟移动电话用户	户	5174
国际电信业务总量	万元	252	3.无线寻呼业务总量(90价)	万元	93
电报业务总量	万元	37	无线寻呼用户合计	户	37998
国内公众电报	份	51770	无线寻呼汉字机用户	户	28544
国际公众电报	份	298	无线寻呼数字机用户	户	9454

12. 建　　筑　　业

CINSTRUCTION

12－1　建筑业生产情况

(2000 年)

指　　标	计量单位	总　计	东　区	西　区	仁和区	米易县	盐边县
企业个数	个	99	63	13	11	6	6
建筑业总产值	千元	2350472	1793198	208342	290371	50729	7832
＃在外省完成的产值	千元	861077	742847	39864	78366		
装修装饰产值	千元	45860	40083	4807	530	440	
按构成分组							
＃建筑工程	千元	1980520	1482226	153448	288994	49156	6696
安装工程	千元	266506	216645	49314	107	440	
房屋构筑物修理	千元	79310	71014	4757	1270	1133	1136
非标准设备制造	千元	24136	23313	823			
竣工产值	千元	1754325	1352203	185417	165852	45759	5094
单位工程施工个数	千元	1475	1115	206	111	31	12
＃本年新开工	个	998	796	130	50	12	10
投标承包个数	个	517	359	74	68	10	6
＃本年新开工	个	286	211	32	32	6	5
单位工程竣工个数	个	1067	872	110	58	18	9
优良单位工程个数	个	242	197	23	16	6	
房屋建筑施工面积	平方米	1614169	1054200	415078	73887	65341	5663
＃本年新开工面积	平方米	612215	453137	89248	34235	31778	3817
投标承包面积	平方米	1179421	786192	332998	26939	28306	4986
＃本年新开工	平方米	432766	316710	73928	13742	24706	3680
房屋建筑竣工面积	平方米	787427	546169	141649	49279	47647	2683
优良工程竣工面积	平方米	415747	323811	66337	14912	10687	
自有机械设备年末总台数	台	11883	8642	935	1582	622	102
自有机械设备年末总功率	千瓦	318094	249001	19246	44658	4834	355
＃施工机械功率	千瓦	232895	191099	11100	26125	4216	355
自有机械设备年末净值	千元	393149	330991	16960	37887	4075	3236
计算全员劳动生产率的平均人数	人	45367	33267	6147	3992	1716	245
期末从业人员数	人	45946	32469	5504	5655	2087	231
＃工程技术人员	人	7022	5336	644	827	179	36
企业总产值	千元	2514052	1926357	238585	290549	50729	7832
＃对内销售产值	千元	29105	15946	13159			
期末拖欠工程款	千元	1682076	463806	1135539	70861	7180	4690
＃　竣工拖欠	千元	1146768	293309	802364	42691	6000	2404
省增加指标：							
省外工程施工房屋面	平方米	361204	284804	76400			

12-1 续表1

(2000年)

指 标	计量单位	总 计	#一、二级企业	#国有及国有控股	内资企业	国有企业 1	集体企业 2	股份合作企业 3
按登记注册类型分组								
企业个数	个	99	21	26	98	25	45	3
建筑业总产值	千元	2350472	2034201	1898143	2324472	1897243	290063	16952
#在外省完成的产值	千元	861077	860567	850567	861077	850567	10000	
装修装饰产值	千元	45860	21289	24665	45860	24665	3478	
按构成分组								
#建筑工程	千元	1980520	1722930	1646795	1954520	1645895	201806	6452
安装工程	千元	266506	235125	202587	266506	202587	47897	3800
房屋构筑物修理	千元	79310	55333	27898	79310	27898	39587	4200
非标准设备制造	千元	24136	20813	20863	24136	20863	773	2500
竣工产值	千元	1754325	1490794	1394442	1744505	1394442	257330	11320
单位工程施工个数	个	1475	996	657	1469	655	619	40
#本年新开工	个	998	674	387	998	385	495	33
投标承包个数	个	517	433	401	511	399	79	5
#本年新开工	个	286	235	212	286	210	49	5
单位工程竣工个数	个	1067	693	371	1065	371	551	29
优良单位工程个数	个	242	169	155	240	155	52	13
房屋建筑施工面积	平方米	1614169	1221172	1069190	1530169	1064690	298845	14768
#本年新开工面积	平方米	612215	420597	400105	612215	395605	131888	3760
投标承包面积	平方米	1179421	992037	882768	1095421	878268	153873	10240
#本年新开工	平方米	432766	346258	318569	432766	318569	86097	3760
房屋建筑竣工面积	平方米	787427	504997	429302	775327	429302	241509	2980
优良工程竣工面积	平方米	415747	304341	254661	403647	254661	96011	
自有机械设备年末总台数	台	11883	8957	8263	11779	8263	2235	460
自有机械设备年末总功率	千瓦	318094	270538	262479	316828	262479	39053	2309
#施工机械功率	千瓦	232895	194284	187498	231695	187498	31500	1497
自有机械设备年末净值	千元	393149	338554	334157	392204	334157	41947	2719
计算全员劳动生产率的平均人数	人	45367	35515	32377	44917	32299	8202	643
期末从业人员数	人	45946	36519	32951	45546	32873	8661	660
#工程技术人员	人	7022	5417	5058	6902	5037	1241	110
企业总产值	千元	2514052	2194484	2056842	2488052	2055739	294427	16952
#对内销售产值	千元	29105	29005	29005	29105	29005		
期末拖欠工程款	千元	1682076	697785	674548	1671946	674046	976853	2454
#竣工拖欠	千元	1146768	398430	392518	1145468	392218	740838	2160
省增加指标:								
省外工程施工房屋面积	平方米	361204	361204	361204	361204	361204		

12-1 续表2 (2000年)

指标	计量单位	联营企业	有限责任公司	股份有限公司	私营企业	港、澳、台投资企业	合作经营企业
		4	5	6	7		
按登记注册类型分组							
企业个数	个		16	3	6	1	1
建筑业总产值	千元		96654	6756	16804	26000	26000
#在外省完成的产值	千元		510				
装修装饰产值	千元		8042		9675		
按构成分组							
#建筑工程	千元		82322	3370	14675	26000	26000
安装工程	千元		8369	2253	1600		
房屋构筑物修理	千元		5963	1133	529		
非标准设备制造	千元						
竣工产值	千元		67065	5683	8665	9820	9820
单位工程施工个数	个		138	9	8	6	6
#本年新开工	个		73	8	4		
投标承包个数	个		25	1	2	6	6
#本年新开工	个		19	1	2		
单位工程竣工个数	个		104	8	2	2	2
优良单位工程个数	个		17	1	2	2	2
房屋建筑施工面积	平方米		139331	835	11700	84000	84000
#本年新开工面积	平方米		69262		11700		
投标承包面积	平方米		41340		11700	84000	84000
#本年新开工	平方米		12640		11700		
房屋建筑竣工面积	平方米		94001	835	6700	12100	12100
优良工程竣工面积	平方米		45440	835	6700	12100	12100
自有机械设备年末总台数	台		586	121	114	104	104
自有机械设备年末总功率	千瓦		7027	1144	4816	1266	1266
#施工机械功率	千瓦		5940	1144	4116	1200	1200
自有机械设备年末净值	千元		10342	2351	688	945	945
计算全员劳动生产率的平均人数	人		2494	431	848	450	450
期末从业人员数	人		2425	405	522	400	400
#工程技术人员	人		380	62	72	120	120
企业总产值	千元		97145	6756	17033	26000	26000
#对内销售产值	千元				100		
期末拖欠工程款	千元		14905	2150	1538	10130	10130
#竣工拖欠	千元		8870	194	1188	1300	1300
省增加指标:							
省外工程施工房屋面积	平方米						

12-1 续表3 (2000年)

指标	计量单位	合计	土木工程建筑业	线路管道设备安装业	装饰装修业
按行业类别分组					
企业个数	个	99	74	14	11
建筑业总产值	千元	2350472	2194183	134418	21871
#在外省完成的产值	千元	861077	827688	33389	
装修装饰产值	千元	45860	25833	1700	18327
按构成分组					
#建筑工程	千元	1980520	1950614	8564	21342
安装工程	千元	266506	147352	119154	
房屋构筑物修理	千元	79310	74581	4200	529
非标准设备制造	千元	24136	21636	2500	
竣工产值	千元	1754325	1648007	90179	16139
单位工程施工个数	个	1475	1137	338	
#本年新开工	个	998	701	297	
投标承包个数	个	517	487	30	
#本年新开工	个	286	262	24	
单位工程竣工个数	个	1067	806	261	
优良单位工程个数	个	242	196	46	
房屋建筑施工面积	平方米	1614169	1607969	6200	
#本年新开工面积	平方米	612215	608515	3700	
投标承包面积	平方米	1179421	1179421		
#本年新开工	平方米	432766	432766		
房屋建筑竣工面积	平方米	787427	782227	5200	
优良工程竣工面积	平方米	415747	415747		
自有机械设备年末总台数	台	11883	11122	534	227
自有机械设备年末总功率	千瓦	318094	298542	16056	3496
#施工机械功率	千瓦	232895	218373	13358	1164
自有机械设备年末净值	千元	393149	384800	6983	1366
计算全员劳动生产率的平均人数	人	45367	41151	3353	863
期末从业人员数	人	45946	42435	3046	465
#工程技术人员	人	7022	6456	450	116
企业总产值	千元	2514052	2355432	136566	22054
#对内销售产值	千元	29105	28512	593	
期末拖欠工程款	千元	1682076	1606984	60438	14654
#竣工拖欠	千元	1146768	1121248	12532	12988
省增加指标					
省外工程施工房屋面积	平方米	361204	361204		

12－1 续表4 (2000年)

指　　标	计量单位	合　计	一　级	二　级	三　级	四　级
			1	2	3	4
按资质等级分组						
企业个数	个	99	8	13	57	21
建筑业总产值	千元	2350472	1650788	383413	250640	65631
＃在外省完成的产值	千元	861077	769120	91447	510	
装修装饰产值	千元	45860	20600	689	13731	10840
按构成分组						
＃建筑工程	千元	1980520	1410832	312098	211131	46459
安装工程	千元	266506	193687	41438	21886	9495
房屋构筑物修理	千元	79310	25456	29877	14300	9677
非标准设备制造	千元	24136	20813		3323	
竣工产值	千元	1754325	1251404	239390	211581	51950
单位工程施工个数	个	1475	517	479	301	178
＃本年新开工	个	998	306	368	206	118
投标承包个数	个	517	347	86	78	6
＃本年新开工	个	286	194	41	48	3
单位工程竣工个数	个	1067	283	410	208	166
优良单位工程个数	个	242	144	25	49	24
房屋建筑施工面积	平方米	1614169	973738	247434	336461	56536
＃本年新开工面积	平方米	612215	350017	70580	177191	14427
投标承包面积	平方米	1179421	834465	157572	180584	6800
＃本年新开工	平方米	432766	287828	58430	81108	5400
房屋建筑竣工面积	平方米	787427	384586	120411	238194	44236
优良工程竣工面积	平方米	415747	245033	59308	89006	22400
自有机械设备年末总台数	台	11883	6906	2051	2646	280
自有机械设备年末总功率	千瓦	318094	224409	46129	44124	3432
＃施工机械功率	千瓦	232895	159927	34357	35762	2849
自有机械设备年末净值	千元	393149	289405	49149	48501	6094
计算全员劳动生产率的平均人数	人	45367	28126	7389	7699	2153
期末从业人员数	人	45946	27417	9102	7656	1771
＃工程技术人员	人	7022	4346	1071	1352	253
企业总产值	千元	2514052	1808657	385827	253327	66241
＃对内销售产值	千元	29105	28805	200	100	
期末拖欠工程款	千元	1682076	608723	89062	976595	7696
＃竣工拖欠	千元	1146768	352298	46132	742898	5440
省增加指标：						
省外工程施工房屋面积	平方米	361204	353030	8174		

12-1 续表5 (2000年)

指标	计量单位	合计	中央	省	地区	县
			1	2	3	4
按隶属关系分组						
企业个数	个	99	3	3	38	15
建筑业总产值	千元	2350472	1019197	38214	959915	55272
#在外省完成的产值	千元	861077	616860		234057	
装修装饰产值	千元	45860	15873		13306	1810
按构成分组						
#建筑工程	千元	1980520	828471	35520	888020	42890
安装工程	千元	266506	144471	35	63699	9363
房屋构筑物修理	千元	79310	25442	2659	7423	3019
非标准设备制造	千元	24136	20813		773	
竣工产值	千元	1754325	869930	22034	583855	42184
单位工程施工个数	个	1475	302	15	474	122
#本年新开工	个	998	206	7	221	95
投标承包个数	个	517	228	6	184	24
#本年新开工	个	286	155		61	19
单位工程竣工个数	个	1067	182	10	271	98
优良单位工程个数	个	242	102	2	78	14
房屋建筑施工面积	平方米	1614169	455826	89010	739600	71048
#本年新开工面积	平方米	612215	268836	2420	147715	26053
投标承包面积	平方米	1179421	385770	84000	512441	41804
#本年新开工	平方米	432766	208681		116795	18273
房屋建筑竣工面积	平方米	787427	170478	16020	358690	44414
优良工程竣工面积	平方米	415747	121479	12100	188886	29754
自有机械设备年末总台数	台	11883	5443	197	3777	1152
自有机械设备年末总功率	千瓦	318094	157603	2858	122593	8687
#施工机械功率	千瓦	232895	109883	2410	93965	5505
自有机械设备年末净值	千元	393149	180741	5674	167500	15281
计算全员劳动生产率的平均人数	人	45367	16804	775	18638	1919
期末从业人员数	人	45946	18845	665	17226	1861
#工程技术人员	人	7022	2843	192	2597	384
企业总产值	千元	2514052	1145464	39138	992148	55272
#对内销售产值	千元	29105	15846		13159	
期末拖欠工程款	千元	1682076	313845	14730	1298268	14695
#竣工拖欠	千元	1146768	248098	4780	857661	10725
省增加指标：						
省外工程施工房屋面积	平方米	361204	280104		81100	

12-1 续表6 (2000年)

指 标	计量单位	街 道	镇	乡	其 它
		5	6	7	8
按隶属关系分组					
企业个数	个	1	7	4	28
建筑业总产值	千元	6000	72640	8103	191131
#在外省完成的产值	千元		160		10000
装修装饰产值	千元		500	440	13931
按构成分组					
#建筑工程	千元	6000	71640	7663	100316
安装工程	千元			440	48498
房屋构筑物修理	千元		1000		39767
非标准设备制造	千元				2550
竣工产值	千元	6000	68287	7563	154472
单位工程施工个数	个	2	52	8	500
#本年新开工	个	2	32	5	430
投标承包个数	个		29	2	44
#本年新开工	个		13	2	36
单位工程竣工个数	个	2	41	7	456
优良单位工程个数	个		9		37
房屋建筑施工面积	平方米	7500	90637	8320	152228
#本年新开工面积	平方米	7500	51310	1780	106601
投标承包面积	平方米		56641	1780	96985
#本年新开工	平方米		34442	1780	52795
房屋建筑竣工面积	平方米	7500	80237	8320	101768
优良工程竣工面积	平方米		15852		47676
自有机械设备年末总台数	台	60	519	113	622
自有机械设备年末总功率	千瓦	1500	6967	428	17458
#施工机械功率	千瓦	1500	4671	393	14568
自有机械设备年末净值	千元	4650	4501	2913	11889
计算全员劳动生产率的平均人数	人	110	2251	274	4596
期末从业人员数	人	310	2565	265	4209
#工程技术人员	人	72	267	34	633
企业总产值	千元	6000	72640	8103	195287
#对内销售产值	千元				100
期末拖欠工程款	千元		5932	3320	31286
#竣工拖欠	千元		5842	1364	18298
省增加指标:					
省外工程施工房屋面积	平方米				

12－2　建筑业企业财务状况

（2000 年）　　　　单位：千元、个、%

指　　标	总　计	东　区	西　区	仁和区	米易县	盐边县
流动资产小计	2394863	1621931	410330	301088	15825	45689
#存货	444362	369859	26081	35388	10946	2088
#在建工程	163208	138458	9987	12432	1791	540
长期投资	132765	105585	26810	101	269	
固定资产小计	1171744	764871	227164	165993	8861	4855
固定资产原价	1801240	1263556	251687	265766	13413	6818
#生产经营用	1196621	912394	79618	189618	8743	6248
累积折旧	668621	519413	42323	99866	5056	1963
#本年折旧	77911	63606	4984	8622	416	283
专项工程	78817	44440	27942	6075	360	
无形及递延资产合计	12826	10846	692	126	1162	
#无形资产	1681	304	215		1162	
资产合计	3805547	2560841	693789	473383	26990	50544
流动负债小计	2686207	1790229	562012	273526	14592	45848
长期负债小计	162723	136820	5578	19785	540	
负债合计	2848930	1927049	567590	293311	15132	45848
所有者权益合计	956617	633792	126199	180072	11858	4696
实收资本合计	806547	578816	85018	128759	10211	3743
#国家资本	653721	473932	65896	113893		
集体资本	108181	71431	18457	7123	8607	2563
法人资本	28602	18477	665	6960	1520	980
个人资本	10943	9876		783	84	200
港澳台资本	5100	5100				
工程结算收入	2251750	1770755	195292	254659	23333	7711
工程结算成本	2050104	1626911	173983	223762	18982	6466
工程结算税金及附加	70064	52058	7133	7650	2953	270
工程结算利润	131582	91786	14176	23247	1398	975
其他业务收入	170851	156176	14497	178		
其他业务利润	2869	880	1065	860	64	
管理费用	245529	193886	27699	22576	811	557
#税金	3387	2249	568	437	40	93
财产保险费	1439	954	172	312	1	
劳动,待业保险费	64420	49216	8865	6219	101	19
财务费用	28678	19443	5869	3005	125	236
#利息支出	17534	10734	5809	942	49	
营业利润	－139756	－120663	－18327	－1474	526	182
利润总额(亏损为－)	－112403	－97538	－14147	－1406	522	166
#应交所得税	4575	3888	41	340	218	88
应付利润	1004	210	21	163	386	224
本年应付工资总额	369709	287156	34693	38737	7465	1658
本年应付福利费总额	46511	36014	5861	4043	364	229
建筑业增加值	391713	281406	38044	58265	11292	2706
亏损企业个数	37	25	4	4	1	3
亏损企业的比重	37.37	36.76	33.33	36.4	16.67	50.00

12-2 续表1　　(2000年)　　单位:千元、个、%

指　　标	总　计	#一、二级企　业	#国有及国有控股	内　资企　业	国有企业	集体企业	股份合作企业
					1	2	3
按登记注册类型分组							
流动资产小计	2394863	2017885	1960439	2376254	1 957 931	304 716	6 792
#存货	444362	337567	318823	442841	318 361	80 620	2 473
#在建工程	163208	123945	124432	162002	124 432	12 631	1 403
长期投资	132765	129439	130216	132765	129 166	1 433	59
固定资产小计	1171744	1055816	1042187	1158832	1 037 867	78 538	4 764
固定资产原价合计	1801240	1652342	1632409	1786426	1 628 089	106 965	6 592
#生产经营用	1196621	1077272	1061352	1185214	1 057 032	90 700	4 385
累积折旧	668621	632121	626733	666719	625 989	30 725	1 856
#本年折旧	77911	70603	68737	77041	68 674	5 820	370
专项工程	78817	78457	78457	78817	78 457	360	
无形及递延资产合计	12826	10466	10530	12826	10 370	926	1 162
#无形资产	1681	295	455	1681	295		1 162
资产合计	3805547	3305843	3235614	3774026	3 227 576	386 207	12 777
流动负债小计	2686207	2360779	2299192	2668125	2 295 489	267 704	5 516
长期负债小计	162723	157643	158779	162723	157 803	2 024	
负债合计	2848930	2518422	2457971	2830848	2 453 292	269 728	5 516
所有者权益合计	956617	787421	777643	943178	774 284	116 479	7 261
实收资本合计	806547	655582	655051	792747	652 891	93 981	4 631
#国家资本	653721	622206	651841	653721	651 841		
集体资本	108181	27730	2160	99481		90 553	2 434
法人资本	28602	533	1050	28602	1 050	3 428	2 100
个人资本	10943	13		10943			97
港澳台资本	5100	5100					
工程结算收入	2251750	1948671	1858117	2238907	1 857 063	255 707	15 694
工程结算成本	2050104	1784111	1709611	2040095	1 708 708	220 026	13 430
工程结算税金及附加	70064	57513	52983	69679	52 949	12 040	554
工程结算利润	131582	107047	95523	129133	95 406	23 641	1 710
其他业务收入	170851	167654	166070	170851	165 867	4 364	
其他业务利润	2869	1623	1915	2869	1 812	768	64
管理费用	245529	224532	217394	243115	217 152	16 730	1 700
#税金	3387	2835	2790	3387	2 779	297	24
财产保险费	1439	1364	1167	1299	1 167	59	56
劳动待业保险费	64420	63346	62324	64390	62 279	1 831	76
财务费用	28678	27343	26706	28679	26 632	1 233	51
#利息支出	17534	16811	16210	17535	16 136	1 068	49
营业利润	-139756	-143205	-146662	-139792	-146 566	6 446	23
利润总额(亏损为-)	-112403	-116011	-118104	-112439	-118 105	5 295	23
#应交所得税	4575	2828	2732	4564	2 732	1 177	138
应付利润	1004	337	41	1004	41	727	16
本年应付工资总额	369709	304018	286007	366756	285 745	50 746	4 304
本年应付福利费总额	46511	39533	39099	46415	39 062	4 530	457
建筑业增加值	391713	298901	269648	387721	269 292	79 829	4 882
亏损企业个数	37	10	12	37	12	15	1
亏损企业的比重	37.37	47.62	46.15	37.76	48.00	33.33	33.33

12-2 续表2 (2000年) 单位:千元、个、%

指标	联营企业	有限责任公司	股份有限公司	私营企业	港、澳、台投资企业	合作经营企业
	4	5	6	7		
按登记注册类型分组						
流动资产小计	81350	14147	11318		18609	18609
#存货	25669	9338	6380		1521	1521
#在建工程	11629	614	6293		1206	1206
长期投资	2057		50			
固定资产小计	32404	3825	1434		12912	12912
固定资产原价	37617	5502	1661		14814	14814
#生产经营用	27014	4935	1148		11407	11407
累积折旧	6061	1751	337		1902	1902
#本年折旧	1923	127	127		870	870
专项工程						
无形及递延资产合计	233	64	71			
#无形资产	160	64				
资产合计	116044	18549	12873		31521	31521
流动负债小计	76169	13763	9484		18082	18082
长期负债小计	2476		420			
负债合计	78645	13763	9904		18082	18082
所有者权益合计	37399	4786	2969		13439	13439
实收资本合计	33218	3700	4326		13800	13800
#国家资本	1880					
集体资本	6494				8700	8700
法人资本	16978	3700	1346			
个人资本	7866		2980			
港澳台资本					5100	5100
工程结算收入	84380	9960	16103		12843	12843
工程结算成本	73960	8696	15275		10009	10009
工程结算税金及附加	3071	392	673		385	385
工程结算利润	7349	872	155		2449	2449
其他业务收入	491		129			
其他业务利润	230		-5			
管理费用	6132	532	869		2414	2414
#税金	171	26	90			
财产保险费	6	11			140	140
劳动待业保险费	189	15			30	30
财务费用	448	267	48		-1	-1
#利息支出	218	41	23		-1	-1
营业利润	999	73	-767		36	36
利润总额(亏损为-)	1042	73	-767		36	36
#应交所得税	386	38	93		11	11
应付利润	23	122	75			
本年应付工资总额	19816	2577	3568		2953	2953
本年应付福利费总额	2044	156	166		96	96
建筑业增加值	26896	2970	3852		3992	3992
亏损企业个数	4	1	4			
亏损企业的比重	25.00	33.33	66.67			

12－2 续表3 （2000年） 单位:千元、个、%

指　标	总　计	土木工程建筑业	线路管道设备安装业	装饰装修业
按国民经济行业分组				
流动资产小计	2394863	2167010	198750	29103
＃存货	444362	423149	12466	8747
＃在建工程	163208	154860	2438	5910
长期投资	132765	125900	6815	50
固定资产小计	1171744	1098774	70561	2409
固定资产原价	1801240	1721018	76573	3649
＃生产经营用	1196621	1146236	47263	3122
累积折旧	668621	644109	23249	1263
＃本年折旧	77911	74422	3263	226
专项工程	78817	59062	19755	
无形及递延资产合计	12826	12397	358	71
＃无形资产	1681	1562	119	
资产合计	3805547	3477670	296239	31638
流动负债小计	2686207	2433393	233751	19063
长期负债小计	162723	161805		918
负债合计合计	2848930	2595198	233751	19981
所有者权益合计	956617	882472	62488	11657
实收资本	806547	753563	39782	13202
＃国家资本	653721	624836	23505	5380
集体资本	108181	93365	9940	4876
法人资本	28602	21919	5337	1346
个人资本	10943	8343	1000	1600
港澳台资本	5100	5100		
工程结算收入	2251750	2096811	133155	21784
工程结算成本	2050104	1914613	113800	21691
工程结算税金及附加	70064	64436	4808	820
工程结算利润	131582	117762	14547	－727
其他业务收入	170851	169113	1555	183
其他业务利润	2869	1946	821	102
管理费用	245529	225244	18826	1459
＃税金	3387	2936	401	50
财产保险费	1439	1281	158	
劳动待业保险费	64420	62622	1708	90
财务费用	28678	26812	1849	17
＃利息支出	17534	15821	1722	－9
营业利润	－139756	－132348	－5307	－2101
利润总额（亏损为－）	－112403	－104066	－6240	－2097
＃应交所得税	4575	4077	397	101
应付利润	1004	760	169	75
本年应付工资总额	369709	343048	22444	4217
本年应付福利费总额	46511	42835	3215	461
建筑业增加值	391713	360130	28101	3482
亏损企业个数	37	25	6	6
亏损企业的比重	37.37	33.78	42.86	54.55

12-2 续表4 (2000年) 单位:千元、个、%

指标	总计	一级	二级	三级	四级
按资质等级分组					
流动资产小计	2394863	1627058	390827	294619	82359
#存货	444362	282753	54814	89245	17550
#在建工程	163208	114165	9780	31367	7896
长期投资	132765	128849	590	2563	763
固定资产小计	1171744	878486	177330	102380	13548
固定资产原价	1801240	1380447	271895	130312	18586
#生产经营用	1196621	877780	199492	103479	15870
累积折旧	668621	537456	94665	30768	5732
#本年折旧	77911	61109	9494	6305	1003
专项工程	78817	75104	3353		360
无形及递延资产合计	12826	9888	578	2289	71
#无形资产	1681	295		1386	
资产合计	3805547	2733153	572690	402603	97101
流动负债小计	2686207	1979762	381017	259538	65890
长期负债小计	162723	141824	15819	4190	890
负债合计合计	2848930	2121586	396836	263728	66780
所有者权益合计	956617	611567	175854	138875	30321
实收资本	806547	511906	143676	126099	24866
#国家资本	653721	511906	110300	29185	2330
集体资本	108181		27730	66761	13690
法人资本	28602		533	20539	7530
个人资本	10943		13	9614	1316
港澳台资本	5100		5100		
工程结算收入	2251750	1632754	315917	238192	64887
工程结算成本	2050104	1511951	272160	208358	57635
工程结算税金及附加	70064	46284	11229	10450	2101
工程结算利润	131582	74519	32528	19384	5151
其他业务收入	170851	165440	2214	2587	610
其他业务利润	2869	786	837	1276	-30
管理费用	245529	192566	31966	17100	3897
#税金	3387	2403	432	394	158
财产保险费	1439	863	501	75	
劳动待业保险费	64420	57852	5494	1067	7
财务费用	28678	24370	2973	1011	324
#利息支出	17534	15898	913	722	1
营业利润	-139756	-141631	-1574	2549	900
营润总额(亏损为-)	-112403	-113657	-2354	2762	846
#应交所得税	4575	2658	170	1408	339
应付利润	1004		337	448	219
本年应付工资总额	369709	251801	52217	50752	14939
本年应付福利费总额	46511	34937	4596	5303	1675
建筑业增加值	391713	222381	76520	73070	19742
亏损企业个数	37	5	5	20	7
亏损企业的比重	37.37	62.5	38.46	35.09	33.33

12－2 续表5　(2000年)　单位:千元、个、%

指　　标	总　计	中　央	省	地　区	县
		1	2	3	4
按隶属关系分组					
流动资产小计	2394863	1052747	38964	1013154	98646
＃存货	444362	244814	7888	104118	33228
＃在建工程	163208	109912	6994	33305	2433
长期投资	132765	102737	160	27464	124
固定资产小计	1171744	443870	18905	614284	24251
固定资产原价	1801240	820388	24210	834302	32637
＃生产经营用	1196621	671971	17141	408943	27238
累积折旧	668621	379690	5305	252646	8710
＃本年折旧	77911	51034	1260	18784	1646
专项工程	78817	43777		34680	
无形及递延资产合计	12826	9550		852	1933
＃无形资产	1681	208		87	1162
资产合计	3805547	1665844	58029	1691056	125590
流动负债小计	2686207	1239381	39840	1150151	89839
长期负债小计	162723	91430		67023	555
负债合计合计	2848930	1330811	39840	1217174	90394
所有者权益合计	956617	335033	18189	473882	35196
实收资本	806547	284676	18550	403647	30954
＃国家资本	653721	284676	1050	363879	880
集体资本	108181		12400	28808	26874
法人资本	28602			10544	3103
个人资本	10943			416	97
港澳台资本	5100		5100		
工程结算收入	2251750	1019197	25057	919945	50393
工程结算成本	2050104	981146	20990	799085	43937
工程结算税金及附加	70064	32279	809	24042	2673
工程结算利润	131582	5772	3258	96818	3783
其他业务收入	170851	146797	924	19074	
其他业务利润	2869	－134	351	1657	64
管理费用	245529	111453	3390	110858	3701
＃税金	3387	1350	12	1465	106
财产保险费	1439	594	146	594	32
劳动待业保险费	64420	25390	381	37048	149
财务费用	28678	14828	168	12128	98
＃利息支出	17534	6612	168	9740	29
营业利润	－139756	－120643	51	－24211	48
利润总额(亏损为－)	－112403	－93562	120	－23077	41
＃应交所得税	4575	58	34	3139	183
应付利润	1004			122	64
本年应付工资总额	369709	182146	6043	125394	10180
本年应付福利费总额	46511	25501	536	15227	1046
建筑业增加值	391713	121785	8714	176395	15077
亏损企业个数	37	1		21	5
亏损企业的比重	37.37	33.33		55.26	33.33

12-2 续表6 (2000年) 单位:千元、个、%

指标	街道	镇	乡	其他
	5	6	7	8
按隶属关系分组				
流动资产小计	3490	16661	8119	163082
#存货		11217	1135	41962
#在建工程		1408	590	8566
长期投资		210		2070
固定资产小计	4650	27778	3387	34619
固定资产原价	4700	34874	4364	45765
#生产经营用	4700	28777	3905	33946
累积折旧	510	7146	1422	13192
#本年折旧	210	1104	126	3747
专项工程		360		
无形及递延资产合计				491
#无形资产				224
资产合计	8140	45009	11506	200373
流动负债小计	2090	12520	5076	147310
长期负债小计		211	450	3054
负债合计合计	2090	12731	5526	150364
所有者权益合计	6050	32278	5980	50009
实收资本	2050	15630	4763	46277
#国家资本				3236
集体资本	2050	10030	2653	25366
法人资本		5230	2110	7615
个人资本		370		10060
港澳台资本				
工程结算收入	6000	37090	8103	185965
工程结算成本	5400	31336	7090	161120
工程结算税金及附加	450	3346	410	6055
工程结算利润	150	2408	603	18790
其他业务收入				4056
其他业务利润				631
管理费用	20	949	270	14888
#税金		47	28	379
财产保险费		1		72
劳动待业保险费		3		1449
财务费用		79	250	1127
#利息支出		4	30	951
营业利润	130	1380	83	3406
利润总额(亏损为-)	130	1380	67	2498
#应交所得税	40	420	20	681
应付利润		578	86	154
本年应付工资总额	1200	10488	1906	32352
本年应付福利费总额	136	631	200	3234
建筑业增加值	2090	16355	2740	48557
亏损企业个数		1	1	8
亏损企业的比重		14.29	25.00	28.57

12－3　建筑业材料消耗情况

（2000年）

指　　标	一、价值量（千元）				二、实物量		
	材料费用合　计	＃钢材	＃木材	＃水泥	钢　材（吨）	木　材（立方米）	水　泥（吨）
总计	1233258	294896	30694	200089	103639	29176	595224
＃一、二级企业	1049920	247381	21966	158689	86418	22060	466694
＃国有及国有控股	971616	235146	20889	151816	80776	21008	442643
一、按登记注册类型分组							
内资企业	1218879	289896	30044	198360	101639	28676	589821
＃国有企业	971120	235031	20799	151711	80726	20958	442255
集体企业	169130	31459	5340	28612	12672	4649	93095
股份合作企业	10175	2082	135	1520	773	104	4506
联营企业							
有限责任公司	56039	17484	1987	13704	6117	1548	40155
＃其他有限责任公司	56039	17484	1987	13704	6117	1548	40155
股份有限公司	1963	73	28	76	26	25	260
私营企业	10452	3767	1755	2737	1325	1392	9550
＃私营有限责任公司	10452	3767	1755	2737	1325	1392	9550
港、澳、台商投资企业	14379	5000	650	1729	2000	500	5403
＃合作经营企业（港或澳、台资）	14379	5000	650	1729	2000	500	5403
二、按隶属关系分组							
中央	477582	135546	2619	54550	47132	2037	163557
省	22448	6036	1056	2945	2447	869	9729
地区	540463	112535	20432	107935	38402	20769	315469
县	32885	7994	1388	4971	3036	1064	15323
街道	3800	610			200		
镇	38741	4778	743	9118	2607	642	31342
乡	2980	974	71	1098	380	113	3751
其他	114359	26423	4385	19472	9435	3682	56053
三、按资质等级分组							
一级	822464	200757	11747	115008	68534	10144	338605
二级	227456	46624	10219	43681	17884	11916	128089
三级	147228	39780	6676	34646	14382	5543	107557
四级	36110	7735	2052	6754	2839	1573	20973
四、按国民经济行业分组							
土木工程建筑业	1168226	278336	28314	193985	98405	27266	579750
＃房屋	790531	199829	12489	120390	72429	10022	375893
矿山							
铁路公路隧道桥梁	368354	77193	15723	69059	25480	17144	190240
堤坝电站码头	3660	487	65	1610	178	70	5070
其他土木工程	5681	827	37	2926	318	30	8547
线路管道设备安装业	51976	13392	415	4098	4055	371	9176
＃线路管道安装业	29457	6468	364	2040	1885	325	3480
设备安装业	22519	6924	51	2058	2170	46	5696
装饰装修业	13056	3168	1965	2006	1179	1539	6298

13. 贸　易　业

TRADE

13－1 历年社会消费品零售总额

单位:万元

年份	社会消费品零售总额	市	县	县以下	按经济类型分 国有经济	集体经济	私营经济	个体经济	股份制经济	其他经济
1965	2546	1293	557	696	2326	160				60
1966	5052	3433	721	898	4877	105				70
1967	7342	5048	1026	1268	7036	224				82
1968	7064	5532	682	850	6758	215				91
1969	8435	6788	738	909	7906	431				98
1970	9996	7933	926	1137	8852	1039				105
1971	9582	7821	791	970	8703	763				116
1972	11335	9369	892	1094	10399	829				127
1973	12965	10883	935	1147	11744	1083				138
1974	12946	10827	942	1177	11590	1204				152
1975	13977	11878	939	1160	12096	1716				165
1976	14384	12175	944	1265	12185	1978				221
1977	15312	12976	1012	1324	12887	2197				228
1978	16586	14181	1188	1217	13797	2552				237
1979	17769	15190	1323	1256	14728	2765				276
1980	21310	18148	1557	1605	19008	1821		9		472
1981	22415	19031	1503	1881	19557	2042		50		766
1982	23210	19568	1774	1868	19566	2580		109		955
1983	26045	21839	1847	2359	15318	9231		329		1 167
1984	30367	25614	2248	2505	17024	10706		1 101		1 536
1985	38420	33074	2876	2470	18486	14990		2 569		2 375
1986	44304	38413	3069	2822	20668	16547		3 860		3 229
1987	53488	44889	3959	4640	25216	19028		5 084		4 160
1988	70529	58706	6698	5125	31249	25588		7 202		6 490
1989	82430	70019	7245	5166	33841	27784		12 244		8 561
1990	93437	78949	8038	6450	38241	29415		15 606		10 175
1991	107755	89203	10840	7712	45985	30761		17 945		13 064
1992	130963	108419	13685	8859	57282	32532		23 048		18 101
1993	160886	134707	16708	9471	72886	32804		30 949		24 247
1994	199365	166502	21194	11669	85586	41020		41 717		31 042
1995	242025	204624	20933	16468	94540	53752	500	50 374	3 134	39 725
1996	278400	235441	26422	16537	110585	59685	531	60 368	3 501	43 730
1997	321093	274321	27370	19402	118435	57081	1450	63 141	7 902	73 084
1998	345702	301103	23433	21166	71118	77891	23485	83 834	23 031	66 343
1999	357070	311869	21644	23557	59257	52367	30690	106 657	44 204	63 895
2000	385708	334457	25158	26093	56810	50783	39556	121 047	47 655	69 857

13－2 社会消费品零售总额

(2000 年) 单位:万元

指标	全市	米易	盐边
社会消费品零售总额	385708	36411	14840
(一)按地区分			
(1)市	334457		
(2)县	25158	19162	5997
(3)县以下	26093	17249	8843
(二)按经济类型分			
国有经济	56810	3368	2737
集体经济	50783	1295	926
私营经济	39556	4897	42
个体经济	121047	14108	6268
股份制经济	47655	3635	304
其中:国有绝对控股			
其他经济	69857	9108	4563
(三)按行业分			
批发、零售贸易业	244594	14215	9816
餐饮业	49300	3827	708
制造业	6436	7064	
其他	85378	11305	4316
#农民对非农业居民零售	69857	7890	4316

13－3 限额以上批发、零售贸易业商品购销存总额

(2000 年) 单位:万元

	商品购进总额	商品销售总额 合计	批发	零售	年末库存总额
总计	130940	162895	98264	64631	88477
按经济组织类型分					
国有企业	49616	54206	48523	5683	9286
私营企业	5371	6080	2340	3740	24690
股份有限公司	18848	33541	10068	23473	46323
有限责任公司	44008	51700	28933	22767	5438
总计中					
食品饮料烟草批发业	39112	45227	43499	1728	4373
能源批发业	29112	33275	12870	20405	3847
金属材料批发业	6824	7884	7884		480
汽车及零配件批发业					
农业生产资料批发业					
食品饮料烟草零售业	5517	7782	2265	5517	1682

13－4　限额以上批发、零售贸易业财务状况

(2000年)

单位:万元

指　标	批发、零售贸易业总计	#国有及国有控股	在总计中按经济组织类型分			
			国有企业	私营企业	股份有限公司	有限责任公司
一、年末资产负债						
流动资产合计	51624	43265	27921	2484	7735	7961
固定资产合计	48053	25829	12771	10012	13640	8871
固定资产原价	59181	34878	15722	10057	15806	13761
累计折旧	11614	9514	3406	45	2166	4922
无形及递延资产合计	2229	2037	205	1	1158	826
资产合计	105234	74444	42815	12541	22787	18769
流动负债合计	63356	48267	27085	2142	19271	9402
长期负债合计	11565	10021	7334	1	1422	1426
所有者权益合计	30303	16146	8386	989	2094	7940
二、损益及分配						
主营业务收入	118361	104604	46131	4895	8140	43846
商品销售净额	117870	104113	45884	4895	7895	43846
主营业务成本	105099	93031	42340	4335	6438	38020
营业费用	9311	7677	1995	290	825	4886
业务税金及附加	347	273	114	12	43	136
商品销售利润	3112	3132	1434	259	589	804
代购代销收入	63	59	68			－10
主营业务利润	3175	3191	1502	259	589	794
其他业务利润	1481	697	301	198	607	113
管理费用	5966	4509	1491	266	1727	1324
财务费用	1907	1376	725	46	582	500
营业利润	－3216	－1997	－937	－37	1112	－916
补贴收入	1115	999	735	22	2	309
利润总额	－2205	－1101	－306	－15	－1110	－607
应交所得税	125	119	85	7	14	8
应付利润	131	131	1		27	
三、工资福利及增值税			16			
本年应付工资	4017	3284	1099	158	1215	1000
本年应付福利费	654	521	214	23	168	155
本年应交增值税	2024	1888	785	77	330	873

13-4 续表 (2000年) 单位:万元

指 标	在总计中按经济行业分类			
	食品饮料烟草批发业	能源批发业	金属材料批发业	食品饮料烟草零售业
一、年末资产负债				
流动资产合计	17971	5346	1074	10275
固定资产合计	7134	4876	7	5003
固定资产原价	8486	8697	79	5840
累计折旧	1399	3915	72	1161
无形及递延资产合计	81	674		33
资产合计	27238	11169	1126	15311
流动负债合计	19598	6850	635	6117
长期负债合计	3702	1085		5056
所有者权益合计	3938	3234	491	4128
二、损益及分配				
主营业务收入	40187	28159	6722	5804
商品销售净额	40187	28159	6722	5803
主营业务成本	37694	22655	6489	5312
营业费用	789	4939	209	407
业务税金及附加	105	95	2	10
商品销售利润	1600	470	22	74
代购代销收入	1	-10		68
主营业务利润	1601	460	22	142
其他业务利润	85	44	57	165
管理费用	1149	797	65	660
财务费用	342	291	2	262
营业利润	195	-584	12	-615
补贴收入	210	24	6	582
利润总额	353	-560	18	-85
应交所得税	78	7	8	1
应付利润	90		14	
三、工资福利及增值税				
本年应付工资	557	535	110	377
本年应付福利费	140	81	20	48
本年应交增值税	766	515	102	77

14. 教育　科技　文化

EDUCATION SIENCE AND TECHNOLOGY CULTURE

14－1 学校基本情况

(2000年)　　单位:所、人

项　目	学　校	毕业生	招生数	在校学生	教职工	专任教师
普通小学	569	13599	15733	81678	5364	4582
普通中学	80	9263	16117	47077	5036	3647
其中:初中	63	6641	12998	38381		2850
高中	4	2622	3119	8696		797
职业中学	5	994	405	1235	288	176
中等专业学校	6	2173	1352	6296	1061	615
大　学	1	628	1154	2653	603	377
盲聋哑学校	1	4	10	36	31	14
工读学校	1					
技工学校	5	603	273	1167	980	515
成人中专	4	70		20	55	24

注:普通中学中含13所完全中学

14－2 幼儿园基本情况

(2000年)　　单位:所、人

项　目	园　数	在　园 幼儿数	教　职 工　数	♯园　长	♯教　师	♯保健员
总计	172	27685	1646	206	913	83
分办别						
♯教育部门	54	12723	472	49	368	27
其他部门办	68	10176	978	107	420	49
集体办	3	1473	16	3	12	0
私　立	47	3313	180	47	113	7
分城乡						
城市	98	14016	1160	125	563	45
县镇	21	2741	203	41	113	32
农村	53	10928	283	40	237	6

14－3 普通小学分年龄人口入学情况

(2000年) 单位:人、%

指 标	合 计	城 市	县 镇	农 村	＃女生
在校学生数	81678	23929	7169	50580	23877
5岁及以下	780	180	144	456	204
6岁	6262	2544	718	3000	1254
7岁	13778	4602	958	8218	3797
8岁	13438	4389	1044	8005	3963
9岁	13114	4261	1041	7812	3593
10岁	13521	4276	1204	8041	3924
11岁	11318	2781	993	7544	3584
12岁	6960	714	627	5619	2708
13岁	1967	153	307	1507	693
14岁	484	24	133	327	140
15岁	54	5		49	16
16岁	1			1	
17岁	1			1	1
7－12岁儿童入学率	99.66	100.00	100.00	99.43	99.43
7－12岁女童入学率	99.60	100.00	100.00	99.32	99.32

14－4 普通中小学生分布情况

(2000年) 单位:所、人

项 目	学校数	毕业生数	招生数	在 校 学生数	＃女生
一、小学	569	13599	15733	81678	38696
分办别					
教育部门和集体办	515	10297	11994	64484	
其他部门办	51	3302	3732	17164	
私 立	3		7	30	
分城乡					
城市	56	4615	5295	23929	
县镇	13	1152	1264	7169	
农村	500	7832	9174	50580	
二、中学	80	9263	16117	47077	22486
分办别					
教育部门和集体办	45	6109	11324	30639	
其他部门办	35	3154	4793	16438	
分城乡					
城市	44	4889	7407	24944	
县镇	8	1734	3146	8149	
农村	28	2640	5564	13984	

14－5 独立科研机构人员情况

(2000 年)

单位：人

	职工总数	科技人员总数	科技活动人员				
			总人数	学历		职称	
				＃大学以上	＃大专	＃高级	＃中级
总计	1303	953					
攀钢设计研究院	611	402	490	207	93	131	150
规划设计研究院	385	316	316	98	141	62	119
交通设计研究院	38	32					
农业科学研究所	90	57	48	22	16	15	21
林业科学研究所	32	24	23	13	6	3	4
农业机械研究所	9	8	8	2	2		
环保科学研究所	60	51	55	20	12	6	18
计量测试研究所	43	33	40	6	15	2	11
科学情报研究所	35	30	30	14	11	4	8

14－6 独立科研机构经费情况

(2000 年)

单位:千元、人

	经费收支							研究与发展活动情况	
	总收入	政府拨款	非政府拨款	贷款	总支出	＃劳务费	＃科研业务费	折合人员	经费支出
总计	54985	15663	39307	15	55906	28660	11 790	117	16 017
攀钢设计研究院	29567	5996	23571		29567	14383	8 714	106	15 449
规划设计研究院	11810	50	11760		13898	6588	1 104		
交通设计研究院	2060		2060		2010	1166	42		
农业科学研究所	4765	4437	328		3940	2788	659	11	568
林业科学研究所	1885	1363	507	15	1701	751	300		
农业机械研究所	246	241	5		283	171	60		
环保科学研究所	2624	1984	640		2507	1562	695		
计量测试研究所	803	409	394		833	537	123		
科学情报研究所	1225	1183	42		1167	714	93		

14－7 科技项目情况汇总

（2000 年）

单位：万元、个

	项目数	其中当年安排	当年安排经费	其中						科技效益总值
				国家级		省级		市级		
				项目	经费	项目	经费	项目	经费	
总计	713	480	10232	18	160	9	152	124	1 236	67 621
按专业分										
工业	512	343	7635	18	160	6	79	41	1 036	48 033
农业	159	112	2433			3	73	65	159	12 717
其他	42	25	164					18	41	6 871
按项目类别分										
开发研究	123	93	3176					4	53	19 486
攻关计划	69	22	281	15	137	1	5	39	110	3 255
新技术产品	21	10	75				8			710
新产品	47	21	2186	2		2	6	7	15	4 362
成果推广	161	123	2138			3	61	49	1 021	30 118
基础应用	76	63	393	1	23	2	72	15	13	12
软科学	6	4	9					4	8	80
星火计划	2	1	60					2	13	911
双革计划	160	114	1553							7 315
微机推广	32	18	296							155
其他	16	11	65					4	3	1 217

14－8 独立科研机构科研成果

（2000 年）

单位：项

	科学研究			科研成果			
					成果奖励		
	课题总数	当年开题	当年完成	成果登记	＃国级	＃省级	＃市级
总计	238	85	143	52		1	
攀钢设计研究院	180	70	125	38		1	
规划设计研究院	7	3	1	1			
交通设计研究院							
农业科学研究所	34	7	12	7			
林业科学研究所	7	2	3	3			
农业机械研究所	4			2			
环保科学研究所	4	1					
计量测试研究所							
科学情报研究所	2	2	2	1			

14－9 千亿工程实施项目执行情况

(2000 年)

单位：万元

项　　目	当年销售收入	当年税收	当年利润	当年投入资金总额	累计投入资金总额
V_2O_5 工业生产工艺技术研究	1198	235	710	1887	19887
高强耐磨全长热处理研究	4572	669	1052	699	6699
汽车用钢研究	2190	313	1075	5	75
出口南斯拉夫钢轨研究	7105	129	1399	1546	1546
管线钢系列研究	8003	730	2374	30	14141
PD3 钢轨推广应用	35700	357	3900	200	32580
热轧耐厚板试用	3410	155	335	2	37
冷轧冲压系列钢板开发	49040	1800	2630	25	221
系列焊接汽瓶用钢的开发	3257	492	133		
方钢直轨研究	20417	1043	1213	3044	3044
煤化工新品种开发	2378	253	1408		200
冶金用耐火材料新产品开发	3370	54	748	380	766
轧辊系列产品开发	13452	890	1305	1057	1057
七级冶练精煤	22089	1870	2203	3	14
成雅先进设备铺筑路面					3800
啤酒厂五改十	4715	1221	2791	1000	1000
H 型钢网架设计与安装	2015	59	132	115	175
城市电网改造	189		189	1300	1300
水泥生产线除尘回收	1721		9	235	235
化学建材	1800	110	376	94	235
木瓜酶及其制品	442	63	22	50	168
制糖业综合开发	3163	287	90		4956
花岗石开发及技术推广	6130	492	611	56	2947
外销商品配套技术推广	6750	380	4200	300	300
生猪配套技术推广	10716	940	2679	60	7000
糖化钙综合技术开发	1450	279	645		320
AD 剂开发	4000	750	1023	242	455
新型油漆开发	1650	67	17	60	7000
半钢脱氧增硫剂	1230	145	112		
冶炼辅助材料	2760	271	351	100	100
炼铅技术的应用	1166	96	15	150	150
石墨密封件开发	750	71	45		30
优质水果开发及技术推广	2380	30	123	650	1650

14－10 大中型工业企业基本情况

（2000 年）

单位：人

	企业数	有科技活动的企业数	单位从业人员年末数合计	＃工程技术人员
总计	11	9	136906	13214
一、按登记注册类型分组				
内资企业	10	9	136586	13160
1.国有	4	4	84356	11113
2.集体	1	1	20116	590
3.国有独资公司	1	1	26935	954
4.其他有限责任公司	2	1	1052	286
5.股份有限公司	2	2	4127	217
港澳台商投资	1		320	54
1.与港澳台商合资经营	1		320	54
二、按隶属关系分组				
1.中央	4	3	84386	11332
2.省	1	1	26935	954
3.地区	3	3	3504	172
4.县	1	1	1645	112
5.其他	2	1	20436	644
三、按企业规模分组				
1.大型	9	7	135884	13147
＃特大型	2	1	80990	10694
大一型	2	2	28580	1066
大二型	5	4	26314	1387
2.中型	2	2	1022	67
＃中一型				
中二型	2	2	1022	67

14－11 大中型工业企业科技活动人员情况

（2000 年）

单位：人

	研究与发展活动的企业数	从事科技活动人员合计	全时人员	非全时人员	＃从事研究与发展的人员
总计		8266	2952	5314	1155
一、按登记注册类型分组					
内资企业					
1.国有		7739	2781	4958	949
2.集体		136	11	125	136
3.国有独资公司		286	85	201	25
4.其他有限公司		30	30		
5.股份有限公司		75	45	30	45
港澳台商投资					
1.与港澳台商合资经营					
二、按隶属关系分组					
1.中央		7706	2772	4934	949
2.省		286	85	201	25
3.地区		113	74	39	45
4.县		25	10	15	
5.其他		136	11	125	136
三、按企业规模分组					
1.大型		8203	2913	5290	1155
＃特大型		7353	2763	4590	923
大一型		311	95	216	25
大二型		539	55	484	207
2.中型		63	39	24	
＃中一型					
中二型		63	39	24	

14－12 大中型工业企业科技活动经费情况

（2000 年） 单位：千元

	从事科技活动经费筹集总额	企业自筹资金	银行贷款	上级拨款	其它
总计	149863	139540	4200	5533	590
一、按登记注册类型分组					
1.国有	127505	117992	4000	4923	590
2.集体	13330	13330			
3.国有独资公司	6367	6307		60	
4.其他有限责任公司	1000	1000			
5.股份有限公司	1661	911	200	550	
6.与港澳台商合资经营					
二、按隶属关系分组					
1.中央	116565	114052		1923	590
2.省	6367	6307		60	
3.地区	12751	5751	4000	3000	
4.县属	850	100	200	550	
5.其他	13330	13330			
三、按企业规模分组					
1.大型	137923	134600	200	2533	590
＃特大型	113880	111957		1923	
大一型	7217	6407	200	610	
大二型	16826	16236			590
2.中型	11940	4940	4000	3000	
＃中一型					
中二型	11940	4940	4000	3000	

14－12 续表 （2000 年） 单位：千元

	从事科技活动经费支出				
	总额	内部支出合计	＃研究与发展经费支出	＃新产品开发经费支出	外部支出
总计	142425	120181	57923	25705	22244
一、按登记注册类型分组					
内资企业	142425	120181	57923	25705	22244
1.国有	127505	109243	49628	21265	18262
2.集体	5940	3060	1898	3060	2880
3.国有独资公司	6367	5697	5697	10	670
4.其他有限责任公司	1000	1000			
5.股份有限公司	1613	1181	700	370	432
港澳台商投资					
1.与港澳台商合资经营					
二、按隶属关系分组					
1.中央	116565	106478	49628	21265	10087
2.省(自治区、直辖市)	6367	5697	5697	10	670
3.地区	12751	4576	700	1000	8175
4.县	802	370		370	432
5.其他	5940	3060	1898	3060	2880
三、按企业规模分组					
1.大型	130485	116416	57923	24705	14069
＃特大型	113880	103793	47628	21265	10087
大一型	7169	6067	5697	380	1102
大二型	9436	6556	4598	3060	2880
2.中型	11940	3765			8175
＃中一型					
中二型	11940	3765		1000	8175

14－13 大中型工业企业科研项目情况

(2000年)

单位:个、人

	项目数	＃研究与发展项目数	＃新产品开发项目数	项目人员合计	项目经费支出合计(千元)
总计	465	169	95	1704	69175
一、按登记注册类型分组					
内资企业					
1.国有	267	105	33	1499	58348
2.集体	77	21	56	15	3060
3.国有独资公司	113	39	2	85	5697
4.其他有限责任公司	1		1	30	1000
5.股份有限公司	7	4	3	75	1070
港澳台商投资					
1.与港澳台商合资经营					
二、按隶属关系分组					
1.中央	265	105	33	1466	55583
2.省	113	39	2	85	5697
3.地区	7	4	1	113	4465
4.县	3		3	25	370
5.其他	77	21	56	15	3060
三、按企业规模分组					
1.大型	462	169	94	1641	65410
＃特大型	250	102	33	1294	52898
大一型	116	39	5	110	6067
大二型	96	28	56	237	6445
2.中型	3		1	63	3765
＃中一型					
中二型	3		1	63	3765

14－14 大中型工业企业科技活动产出情况

(2000年)

单位:千元、件

	新产品产值	新产品销售收入	＃出口	新产品销售利润	专利申请数	＃发明专利数	拥有发明专利数
总计	654316	664310	68392	78154	27	10	24
一、按登记注册类型分组							
内资企业	654316	664310	68392	78154	27	10	24
1.国有	650508	659570	68392	76823	22	10	5
2.集体	2999	3970		971			
3.国有独资公司					3		19
4.其他有限责任公司	809	770		360			
5.股份有限公司					2		
港澳台商投资							
1.与港澳台商合资经营							
二、按隶属关系分组							
1.中央	650508	659570	68392	76823	22	10	5
2.省					3		19
3.地区	809	770		360			
4.县					2		
5.其他	2999	3970		971			
三、按企业规模分组							
1.大型	653507	663540	68392	77794	27	10	24
＃特大型	650508	659570	68392	76823	22	10	5
大一型					5		19
大二型	2999	3970		971			
2.中型	809	770		360			
＃中一型							
中二型	809	770		360			

14－15 艺术表演团体基本情况

(2000年)

指标	计算单位	合计	京剧团	歌舞剧团	川剧团	话剧团	米易文工团	盐边川剧团
一、机构	个	5	1	1	1		1	1
二、从业人员	人	278	66	118	68		24	2
三、本年新排剧目	个	41	1		10		7	3
#创作首演	个	32	1		10		1	
四、国内演出场次	场	287	80	100	84		20	3
#农村演出	场	49	20	27	16		13	
五、国内观众人次	千人次	270	50	80	100		35	5
六、总收入	千元	6057	1837	2520	1485		191	24
#演出收入	千元	218	67	81	70			
七、总支出	千元	7048	1832	2516	1485		191	24
#从业人员劳动报酬	千元	3641	932	1643	964		79	23
排练制作费	千元	206	85	76	45			
演出费	千元	241	76	153	12			
八、固定资产原值	千元	9167	2734	4238	2144			51
九、公用房屋建筑面积	平方米	13129	6942	3451	2736			

14－16 群众艺术馆、文化馆基本情况

(2000年)

指标	计算单位	合计	群众艺术馆	文化馆
一、机构数	个	6	1	5
二、从业人数	人	70	32	38
三、举办展览	个	20	5	15
四、组织文艺活动	次	68	6	62
五、举办培训班	班次	31	2	29
结业人次	人次	657	30	627
六、藏书	册	18390		18390
七、总收入	千元	1645	951	694
八、总支出	千元	1622	951	671
#劳动报酬	千元	995	504	491
九、固定资产原值	千元	16561	6493	10068
十、公用房屋建筑面积	平方米	15663	4557	11106

14－17 公共图书馆基本情况

（2000 年）

指　　标	计量单位	合 计	市图书馆	米易图书馆	盐边图书馆
一、职工人数	人	40	33	4	3
二、总藏量	千册	491	389	71	31
三、书架单层总长度	千米	851	846	5	
四、总流通人次	千人次	143	128	15	
#书刊外借人次	千人次	88	68	20	
五、总收入	千元	1175	1014	80	31
六、总支出	千元	1119	1008	80	31
#图书购置费	千元	163	160		3
七、本年新购图书	千册	9	8	1	
八、固定资本原值	千元	4087	3874	50	163
九、增加值	千元				
十、公用房屋建筑面积	平方米	4526	4395	131	
十一、阅览室座席数	个	328	248	80	
十二、发放借书证数	千个	10	9	1	

15. 卫生 文体 广播电视及其他

PUBLIC HEALTH CULTURE AND SPORTS BROADCAST AND TELEVISION

15-1 全市卫生机构、床位、人员数

(2000年)

机构分类	机构数(个)	实有床位(张)	人员合计(人)	卫生技术人员合计	其他技术人员(人)	管理人员(人)	工勤人员(人)
总计	178	5525	8554	6697	178	745	934
市	97	4577	7382	5710	178	653	841
县	81	948	1172	987		92	93
一、医院合计	31	4531	6138	4717	72	563	786
市	23	4065	5636	4325	72	514	725
县	8	466	502	392		49	61
1.县及县以上	31	4531	6138	4717	72	563	786
市	23	4065	5636	4325	72	514	725
县	8	466	502	392		49	61
综合医院	25	3536	4998	3842	62	434	660
中医医院	3	175	246	203		18	25
传染病院	1	220	189	125		34	30
精神病院	1	300	235	166	4	33	32
中西医结合医院	1	300	470	381	6	44	39
二、农村卫生院小计	77	645	619	589		17	13
市	18	249	182	171		4	7
县	59	396	437	418		13	6
三、门诊部合计	30	110	618	552	3	27	36
市	30	110	618	552	3	27	36
四、专科防治所站	7	13	79	64	1	7	7
五、卫生防疫机构	10		390	296	54	17	23
六、妇幼保健机构	9	127	256	213	1	19	23
七、药品检验机构	1		26	18	3	2	3
八、医学科学研究机构	2	40	172	100	27	42	3
九、中等医学教育机构	2		109	47	17	27	18
十、其他卫生事业机构	9	59	147	101		24	22
#输血站	1		41	29		4	8
麻风村	3		38	20		10	8
计划生育指导所、站	5	59	68	52		10	6

15－2 全市卫生机构技术人员概览

(2000 年)　　单位:人

机构分类	卫生技术人员合计	#中医师	西医师	护师	中西药师	检验师	其他技师	中西医士	护士	助产士
总　　计	6697	265	2223	1517	362	247	135	562	725	22
市	5710	176	1869	1347	320	225	125	393	653	22
县	987	89	354	170	42	22	10	169	72	
一、医院合计	4717	150	1416	1294	282	161	91	243	613	19
市	4325	118	1332	1175	251	152	83	200	569	19
县	392	32	84	119	31	9	8	43	44	
1.县及县以上医院	4717	150	1416	1294	282	161	91	243	613	19
市	4325	118	1332	1175	251	152	83	200	569	19
县	392	32	84	119	31	9	8	43	44	
综合医院	3842	92	1205	1057	219	134	73	189	498	19
中医医院	203	52	27	53	26	7		15	13	
传染病院	125	3	22	36	8	8	1	14	24	
精神病院	166	1	30	51	10	6	6	7	35	
中西医结合医院	381	2	132	97	19	6	11	18	43	
二、农村卫生院小计	589	78	183	40	14	1	2	173	44	
市	171	21	39	7	4			60	17	
县	418	57	144	33	10	1	2	113	27	
三、门诊部合计	552	32	169	102	32	13	4	77	51	1
市	552	32	169	102	32	13	4	77	51	1
四、专科防治所站	64		43	9	2	3	1	1	2	
五、卫生防疫机构	296		196	6	1	40		33		
六、妇幼保健机构	213	1	108	47	9	9	4	20	9	
七、药品检验机构	18				17					
八、医学科学研究机构	100	3	34	5	1	13	10	2	2	
九、中等医学教育机构	47	1	26	3	1	1	12	2		
十、其他卫生事业机构	101		48	11	3	6	11	11	4	
#输血站	29		6	2	2	6	11	1	1	
麻风村	20		16	1				2		
计划生育指导所、站	52		26	8	1			8	3	

15－3　卫生部门城市医院住院病人疾病分类情况

(2000年)

指标	出院人数总计(人)	出院病人合计	治愈	好转	未愈	死亡	出院病人占用总床日数
总　　计	14988	13184	9294	3301	344	245	210425
一、传染病和寄生虫病	416	404	257	117	24	6	4808
传染病	375	366	228	109	23	6	4602
寄生虫病	41	38	29	8	1		206
二、肿瘤	791	757	458	137	90	72	23478
恶性肿瘤	448	423	152	123	76	72	17684
良性肿瘤	331	323	298	12	13		5480
三、内分泌、营养、代谢、免疫	429	423	182	228	8	5	9802
＃甲状腺机能亢进	50	49	15	31	2	1	1035
糖尿病	273	271	113	153	3	2	6862
四、血液及造血器官疾病	109	103	60	33	7	3	1611
＃贫血	37	33	17	12	3	1	539
五、精神病	24	23	7	16			406
＃精神分裂症	1	1		1			23
六、神经系统和感觉器官疾病	403	398	268	111	14	5	7687
神经系病	169	166	73	76	12	5	3628
眼及附器官疾病	166	164	148	15	1		2743
耳和乳房疾病	68	68	47	20	1		1316
七、循环系统疾病	1297	1291	460	729	36	66	27656
＃心脏病	457	455	154	269	6	26	9733
其他高血压病	403	403	153	238	6	6	8821
脑血管病	327	326	99	176	17	34	7684
八、呼吸系统疾病	2411	2402	1819	546	27	10	26974
＃肺炎	556	555	440	109	6		4662
慢性支气管炎	318	318	145	168	3	2	7184

15-3 续表 (2000年)

指标	出院人数合计(人)	出院病人合计	治愈	好转	未愈	死亡	出院病人占用总床日数
九、消化系统疾病	2294	2259	1775	438	29	17	27133
#阑尾疾病	494	491	477	12	2		3497
胆结石症和胆囊炎	544	533	461	64	8		7072
十、泌尿系统疾病	1120	1106	798	275	26	7	18966
十一、妊娠分娩和产后并发症	1751	717	698	17	1	1	6073
#人工流产	155						
十二、皮肤和皮下组织疾病	117	116	91	21	4		2020
十三、肌肉骨胳和结缔组织疾病	459	450	245	187	18		9202
十四、先天异常	145	135	116	14	4	1	2040
十五、起源于围产期情况	225	217	167	37	7	6	1263
十六、体征、症状和不明情况	151	141	86	33	18	4	1514
十七、损伤和中毒	2297	2242	1807	362	31	42	39792
#骨折	812	775	617	148	9	1	17251
颅内体内损伤	361	358	279	53	5	21	7022
开放性创伤和血管损伤	290	290	269	21			5319
烧伤	134	125	88	33	1	3	1767
中毒和毒性反映	183	183	122	43	6	12	1013
损伤和中毒外部原因小计	2297	2242	1807	362	31	42	39792
#机动车交通事故	657	640	526	94	8	12	15991
意外跌伤	484	462	361	85	7	9	7260
坠落物体意外撞击	176	171	145	25	1		4453
自杀自伤	78	78	47	18	4	9	312
他杀他伤	376	376	326	44	2	4	5035
火灾	18	15	9	5	1		323
触电	1	1		1			24
十八、其他	549						

15－4 《国家体育锻炼标准》施行情况

（2000年）　　单位：人、所

指　　标	计算单位	总　计	普　通高　校	中　专中　技	初　中	小　学
施行锻炼标准学生人数	人	125723	2246	4675	42665	49352
应参加达标活动的学生数	人	98896	2224	4655	42665	49352
实际参加达标活动的学生数	人	97690	2224	4655	42065	48742
达标人数	人	94486	2083	4518	40552	47333
＃及格级	人	51495	1736	2993	21292	25474
良好级	人	32083	326	1219	14382	16156
优秀级	人	10908	21	306	4878	5703

15－5 县级广播电视基本情况

（2000年）

指　标	单位	合　计	米易县	盐边县	仁和区
乡广播电视站	个	77	28	30	17
通广播村	个	360	110	141	90
通电视的村	个	389	118	157	95
通广播的乡	个	77	28	31	17
通电视的乡	个	77	28	30	17

注：盐边县有两个乡的广播电视站合并。

15-6 广播电视覆盖情况

(2000 年)　　单位:万人、%

指　标	人口数	覆盖人口	覆盖率
一、广播	101.80	93.45	91.80
中央台第一套节目	101.80	79.35	77.95
省台第一套节目	101.80	74.68	73.36
市台节目	101.80	77.35	75.98
县级台节目	101.80	29.99	29.46
二、电视	101.80	95.39	93.70
中央台第一套节目	101.80	89.70	88.11
省台第一套节目	101.80	89.87	88.28
市台节目	101.80	78.19	76.81

15-7 档案馆藏、室藏及利用情况

(2000 年)

指　标	单位	合　计
一、已建档单位	个	740
档案人员	人	978
二、馆藏及利用		
文书档案	万卷	44.58
科技档案	万卷	8.86
专门档案及资料	万卷	193.57
其中:声像档案	万卷	?
提供利用档案	卷次	152490
提供利用档案	人次	79935

16. 县 区 概 况

SURVEY OF COUNTRY AND BOROUGH

16－1 县区国民经济和社会发展主要经济指标

(2000年)

指 标 名 称	计量单位	仁和区	米易县	盐边县
一、自然资源				
行政区域土地面积	平方公里	1720	2104	3326
年末实有耕地面积	公顷	8383	11656	11095
森林面积	公顷	94285	137148	234649
水域面积	公顷	3671	4057	7094
年降水量	毫米	891	1063	832
年平均气温	度(℃)	20	19	20
日照时数	小时	2487	2347	2412
二、乡镇个数、人口和劳动力				
乡镇个数	个	17	28	31
村民委员会个数	个	105	132	172
年末总户数	户	54000	54548	52211
#乡村户数	户	36744	47467	42167
年末总人口	万人	18.79	19.59	18.55
#少数民族人口	万人	4.32	2.58	4.46
按农业、非农业分:农业人口	万人	12.84	16.84	16.49
非农业人口	万人	5.95	2.75	2.06
按性别分:男	万人	9.75	9.95	9.56
女	万人	9.04	9.64	8.99
按城乡分:城镇人口	万人	5.25	2.1	1.6
#市(县、区)所在地人口	万人	2.13	1.56	1.23
乡村人口	万人	13.54	17.49	16.95
出生人口	万人	0.26	0.25	0.27
死亡人口	万人	0.11	0.12	0.12
每平方公里人口密度	人	109.2	93.1	55.8
社会从业人员	万人	10.74	10.42	11.56
#第一产业	万人	6.57	8.16	8.19
第二产业	万人	1.85	0.58	0.78
第三产业	万人	2.32	1.68	2.59
#城镇个体从业人员	万人	0.38	0.52	0.15
城镇登记失业人员数	人	857	800	1236
三、农村经济				
乡村劳动力	人	78729	90772	92686
#农林牧渔业	人	65028	81180	81902
有效灌溉面积	公顷	7147	10187	5587
农业机械总动力	万千瓦	19	13	8

16－1 续表1　　(2000)

指　标　名　称	计量单位	仁和区	米易县	盐边县
化肥施用量(折纯量)	吨	4859	8150	5269
通电村数	个	104	126	140
自来水受益村	个	64	105	91
通电话村数	个	56	69	37
农村用电量	万千瓦小时	1721	1720	1873
农林牧渔业总产值(现价)	万元	34106	49118	35731
农业总产值	万元	18763	31981	18492
＃种植业产值	万元	17977	29927	17954
林业总产值	万元	1129	2002	1830
牧业总产值	万元	13065	13940	14068
渔业总产值	万元	1149	1195	1341
农林牧渔业总产值(不变价)	万元	20676	25937	16744
农业总产值	万元	11585	17087	7931
＃种植业产值	万元	11051	15450	7575
林业总产值	万元	1022	1569	1348
牧业总产值	万元	7359	6686	6901
渔业总产值	万元	710	595	564
农作物总播种面积	公顷	16435	20520	18237
＃粮食	公顷	12325	12543	15822
棉花	公顷			
油料	公顷	279	188	407
糖料	公顷	55	3361	25
蔬菜	公顷	3036	3475	1501
粮食产量	吨	71370	80178	72139
棉花产量(皮棉)	吨			
油料产量	吨	319	188	409
麻类产量	吨		1	6
糖料产量	吨	3505	337312	421
蔬菜产量	吨	139042	110035	60377
烟叶产量	吨	48	203	206
茶叶产量	吨			9
水果产量	吨	13195	8427	7209
奶类产量	吨	1084	275	
年末大牧畜存栏头数	头	51727	44364	60588
年末生猪存栏头数	头	165461	150327	175392
年末羊存栏只数	只	83458	92733	155577
出栏肉猪头数	头	168152	150287	151046

16-1 续表2 (2000)

指标名称	计量单位	仁和区	米易县	盐边县
猪牛羊肉产量	吨	14098	12311	12195
#猪肉	吨	12773	11281	11081
牛肉	吨	453	423	404
羊肉	吨	872	607	710
禽蛋产量	吨	669	560	268
禽肉产量	吨	903	706	402
水产品产量	吨	1618	1420	1150
乡镇企业总产值(现价)	万元	245197	80408	59874
四、工业				
全部工业企业				
企业单位数	个	835	1123	666
工业总产值(当年价)	万元	143201	62040	177936
#内资企业	万元	140606	41220	177936
#国有企业	万元	11443	711	4073
集体企业	万元	53051	7523	7450
外商及港澳台投资企业	万元	2595	20820	
工业总产值(可比价)	万元	114797	72740	93960
#国有企业	万元	8144	380	2435
集体企业	万元	43825	8956	6392
煤炭产量	万吨	116		83
原油产量	万吨			
原盐产量	万吨			
天然气产量	万立方米			
铁矿石产量	万吨	7	9	26
全部国有及限额以上非国有企业主要指标				
企业单位数	个	13	8	10
#亏损企业	个	2	2	3
#内资企业	个	12	7	10
#国有企业	个	4	2	2
集体企业	个	6	1	1
港澳台商投资企业	个		1	
外商投资企业	个	1		
工业总产值(当年价)	万元	26883	37664	155613
#新产品产值	万元	86		
#内资企业	万元	24916	16844	155613
#国有企业	万元	11443	711	3935
集体企业	万元	10387	1142	1382

16－1 续表 3 (2000)

指 标 名 称	计量单位	仁和区	米易县	盐边县
股份合作企业	万元	3086		868
联营企业	万元			
有限责任公司	万元		1782	144781
股份有限公司	万元		13209	
私营企业	万元			4647
其他企业	万元			
港澳台商投资企业	万元		20820	
外商投资企业	万元	1967		
工业总产值(可比价)	万元	21743	43078	74984
＃国有企业	万元	8144	380	2386
集体企业	万元	9694	726	1082
工业销售产值(当年价)	万元	26613	37998	151856
工业增加值(当年价)	万元	7097	13059	59410
资产合计	万元	37393	75650	2761393
流动资产年平均余额	万元	20162	27155	85889
固定资产净值年平均余额	万元	15288	27526	2520022
负债合计	万元	32457	63158	2640871
产品销售收入	万元	16945	36814	152842
利润总额	万元	37	2766	－58496
＃应交所得税	万元	64	89	31
亏损企业亏损额	万元	882	1221	58626
利税总额	万元	1502	5395	－30234
本年应交增值税	万元	1247	2128	24785
全部从业人员年平均人数	人	3535	2903	3150
五、交通运输、邮电通讯				
公路客运周转量	万人公里	421	4235	1399
公路货运周转量	万吨公里	11231	9770	2004
公路总里程	公里	975	219	507
＃等级公路	公里	65	135	139
＃高速公路	公里			
等级外公路	公里	910	84	368
通公路乡(镇)数	个	17	27	31
境内铁路总里程	公里	57	72	24
水运客运周转量	万人公里		370	91
水运货运周转量	万吨公里		218	7
民用汽车拥有量	辆	1281	1109	1877
＃载客汽车	辆	140	108	37

16-1 续表4 (2000)

指 标 名 称	计量单位	仁和区	米易县	盐边县
＃私人汽车拥有量	辆	935	925	503
邮电业务总量(按1990不变价计算)	万元	2142	2529	994
邮电业务总量(现价)	万元			
邮政业务量(现价)	万元			
电讯业务量(现价)	万元			
年末本地电话用户(不包括分机)	户	8750	10707	7053
城市	户	5750	6390	4231
＃住宅电话	户	5400	5179	2934
农村	户	3000	4317	2822
年末移动电话用户数	户	1720	3298	1672
年末国际互联网用户数	户	200	106	30
六、固定资产投资				
全社会固定资产投资完成额	万元	42250	25894	12853
＃国有	万元	32830	20340	9020
集体	万元	6444	1270	2062
按管理渠道分				
基本建设	万元	30414	7643	6820
更新改造	万元	6781	11561	2981
房地产开发	万元			
其他	万元	5055	6690	3052
全社会新增固定资产	万元	25037	10999	12853
＃国有单位	万元	7436	6545	9020
七、建筑业				
建筑企业单位数	个	56	6	6
建筑业企业从业人员	人	6390	2087	231
建筑业总产值	万元	41577	5073	783
房屋建筑施工面积	平方米	472200	65341	5663
房屋建筑竣工面积	平方米	369535	47647	2683
＃住宅	平方米	239106	42635	617
建筑安装企业总收入	万元	32268	5073	771
商品房销售额	万元			
商品房销售面积	平方米			
商品房销售收入	万元			
八、国内贸易、对外经济和旅游				
批发零售贸易业销售总额	万元	48947	8976	22715
社会消费品零售总额	万元	43221	36411	14840
＃批发零售贸易业	万元	17612	14215	14132

16－1 续表 5 (2000)

指 标 名 称	计量单位	仁和区	米易县	盐边县
餐饮业	万元	14466	3827	708
制造业	万元		7064	
其它	万元	11143	11305	
＃市的零售额	万元	43221		
县的零售额	万元		20489	5997
县以下的零售额	万元		15922	8843
出口总额(包括转口贸易)	万美元		314	
当年合同外资金额	万美元			
当年实际使用外资金额	万美元			
星级饭店、宾馆数	个			
＃涉外饭店、宾馆数	个			
星级饭店、宾馆数房间数	间			
旅游人数	人次		24887	3865
＃国际旅游者旅游人数	人次			
＃外国人	人次			
华侨	人次			
港澳和台湾同胞	人次			
旅游外汇收入总额	美元			
九、人民生活和劳动工资				
全部职工人数	万人	1.32	0.95	0.87
＃国有经济单位	万人	1.18	0.63	0.74
城镇集体经济单位	万人	0.05	0.12	0.08
＃机关行政职工人数	人	1761	1647	1713
事业单位职工人数	人	6050	3471	3121
＃中央下划人数	人	306		
＃公检法职工人数	人	100	316	242
全部职工年平均人数	万人	1.37	0.96	0.86
＃国有经济单位	万人	1.22	0.64	0.74
城镇集体经济单位	万人	0.07	0.12	0.07
全部职工工资总额	万元	9411	9318	5809
＃国有经济单位	万元	8442	6285	5386
城镇集体经济单位	万元	416	652	316
全部职工年平均货币工资	元	6869	9706	6755
机关行政职工平均工资	元	8209	10773	7798
事业单位职工平均工资	元	7871	10698	7648
农村居民人均纯收入	元	2824	2549	2001
农民人均住房面积	平方米	15	34	26

16-1 续表6 (2000)

指标名称	计量单位	仁和区	米易县	盐边县
城市人均居住面积	平方米	8	18	20
社会福利院数	个	15	8	10
社会福利院床位数	床	324	176	340
参加养老保险的人数	人	2328	3271	2439
参加医疗保险的人数	人			
十、财政、金融				
地方财政收入(含基金收入)	万元	3692	3576	1879
#一般预算收入	万元	3492	3264	1818
各项税收	万元	3183	2838	1601
地方预算内财政支出	万元	11300	11596	9825
金融机构数	个	7	45	34
#保险机构数	个	2	2	2
年末金融机构各项存款余额	万元	102757	78625	76650
#年末城乡居民储蓄存款余额(含邮政储蓄)	万元	70404	59471	45153
#定期	万元	30172	42755	27437
活期	万元	40232	16716	17716
年末金融机构各项贷款余额	万元	40024	44209	148255
承保额	万元	180116	108782	137836
保费收入	万元	1171	1037	896
已决赔款	万元	492	311	419
十一、教育、科技、卫生				
幼儿园数	所	11	30	14
学校总数	所	175	142	232
#小学	所	160	128	221
普通中学	所	14	12	11
在校学生总数	人	25424	27850	26151
#小学	人	17959	19819	19430
普通中学	人	7448	7861	6721
#初中	人	6800	6972	6296
高中	人	648	889	425
专任教师总数	人	1510	1766	1363
#小学	人	1002	1125	892
普通中学	人	500	610	471
0—7岁学龄前儿童数	人	10749	11987	3161
学龄儿童入学率	%	99.9	99.9	98.7
小学毕业生数	人	2937	3095	2734
初中招生数	人	2791	2684	2501

16-1 续表7 (2000)

指标名称	计量单位	仁和区	米易县	盐边县
初中毕业人数	人	1596	1859	1364
高级中学学校招生数	人	241	401	133
当年引进高新技术项目	项			
当年引进高级管理和科技人才	人	2		3
当年大学生接收人数	人	28	235	4
农机技术人员	人	12	1	5
农业技术人员	人	30	28	65
医院、卫生院数	个	19	32	35
医院、卫生院床位数	张	847	378	484
医院、卫生院技术人员	人	575	416	394
＃医生	人	345	302	347
医院门诊人次	万人次	7.51	12.47	7.95
医院病床实际占用总床日数	日	113718	45105	34420
十二、市政公用事业				
年末实有铺装道路总面积	万平方米	38	12	5
城市下水道总长度	公里	38	13	26
水厂综合生产能力(包括单位自备水源)	万吨/日		3	12
全年供水总量	万吨	168	178	108
＃生活用水量	万吨	102	107	98
生活用水人口	万人	0.98	2.5	2.35
＃非农业用水人口	万人	0.15	1.56	1.53
全年用电量	万千瓦小时	8471	6713	4981
＃城乡居民生活用电	万千瓦小时	1950	1957	970
煤气(人工、天然气)供气总量	万立方米			
＃生活用量(家庭用)	万立方米			
家庭用煤气人口	人			
液化石油气供气总量	吨		25	122
＃生活用量(家庭用)	吨		22	122
家庭用液化气人口	人		3200	10750
年末实有公共汽(电)车营运车辆数	辆		36	64
全年公共汽(电)车客运总数	万人次		115	212
年末实有出租汽车数	辆		134	36
建成区土地面积	平方公里	2	1	2
园林绿地面积	公顷	90	13	2
＃公共绿地面积	公顷	19	4	2
工业废水处理量	万吨	62	290	13
生活污水处理量	万吨			

17. 排　行　榜

TOP LIST

17－1　二000年目标管理考核结果

市委各部委及有关单位

一等奖(21)个：

市人大机关　市政协机关　市纪委机关
市委办公厅(含机要局、保密局)　市委政法委　市委组织部(含老干局)
市委宣传部(含攀西开发报社)　市委统战部　市检察院
市法院　市委党史研究室　市精神文明办
市妇联　市总工会　市委台湾工作办公室
市社科联　攀枝花日报社　九三学社攀枝花市委
民盟攀枝花市委　民进攀枝花市委　市工商联

二等奖(7)个：

市直机关工委　市委党校　市委政策研究室　市科协
市文联　致公党攀枝花市委　农工民主党攀枝花市委

三等奖(3)个：　团市委　市侨联　民革攀枝花支部

县(区)委

一等奖(2)个：　西　区　仁和区

二等奖(3)个：　东　区　米易县　盐边县

市政府机关各部门

一等奖(分数在109分及以上的)49个单位：

国税局　林业局　外贸局　公安局　扶贫办　计生委　教　委　民　委　卫生局
交通局　地税局　办公厅　民政局　财　办　人　行　工商局　财政局　广电局
经贸委　国土局　地矿局　文化局　农牧局　物价局　劳动局　农　办　气象局
统计局　司法局　地方志办　地震办　贸易局　审计局　商　行　粮食局　技监局
计　委　人事局　法制局　环保局　体改委　经协办　建　委　外事办　科　委
工　行　体　委　档案局　中保(财)

二等奖(分数在105分以上109分以下)27个单位：

供销社　乡企局　水电局　旅游局　物资总会　邮政局　煤管局　接待办　电信局
平安保险　移民办　宗教局　交　行　人防办　残　联　农发行　烟草专卖局
人保(寿)　民航局　成　办　昆　办　上海联络处　检验检疫局　工业局
海　关　农　行　建　行

三等奖(分数在105分以下的)5个单位：

医药局　中　行　平安财险　太　保　北　办

县(区)政府

一等奖(分数在100分以上的)2个单位：　仁和区　西　区

二等奖(分数在100分以下的)3个单位：　东　区　米易县　盐边县

17-2 城镇建设一览

(2000年)

	总人口(人)	耕地面积(公顷)	农业增加值(万元)	农民人均纯收入(元)	财政收入(万元)	财政支出(万元)
攀莲镇	28317	684	3921	2377	1552	1148
仁和镇	27312	222	2508	3254	491	562
格里坪镇	23720	437	2573	3026	950	589
金江镇	20562	871	1151	2748	630	656
桐子林镇	16902	313	570	2421	244	216
平地镇	14766	834	1728	2514	-24	435
渔门镇	14475	582	1942	1828	280	252
撒莲镇	14431	734	3288	1850	314	254
红格镇	12483	929	1955	1943	282	314
丙谷镇	11900	779	2556	1875	278	252
挂榜镇	11346	627	1675	1835	266	227
永兴镇	10918	368	1254	1901	318	310
普威镇	10809	413	1346	1375	306	239
银江镇	10616	206	1584	3100	1269	1007
垭口镇	10086	529	1705	1416	201	173
大田镇	8386	471	1421	2824	110	274
同德镇	6457	351	921	2812	174	322
得石镇	4013	82	413	1946	363	168
福田镇	3815	225	572	2969	60	216
团结镇	1997	202	332	800	123	71

17－3 工业企业按资产总计排序前50强

(2000年)　　单位:千元

企业名称	位次	资产总计	企业名称	位次	资产总计
二滩水电开发有限责任公司	1	27377438	攀枝花市托利多电子衡器有限公司	26	25439
攀钢(集团)公司	2	22292689	四川省攀枝花市橡胶总厂	27	25099
攀枝花煤业(集团)有限责任公司	3	1701400	攀枝花市木材综合厂	28	24099
攀钢集团钢城企业总公司	4	1094875	盐边县双龙机械设备有限责任公司	29	23870
四川金沙水泥股份有限公司	5	447459	攀枝花市仁和区务本乡煤炭工业公司	30	22878
四川川投电冶有限公司	6	391412	攀枝花市仁和区太平乡煤炭工业公司	31	21450
攀枝花市矿务局多种经营总公司	7	212656	攀枝花市西区建材沙石公司	32	20930
米易县糖业股份有限公司	8	207502	米易县莲华水泥厂	33	19961
攀枝花市水务(集团)有限公司	9	195012	攀枝花市面粉厂	34	19702
攀枝花市冶金机械电子工业公司	10	150993	攀枝花市仁和区水泥厂	35	19510
四川广厦建材股份有限公司	11	128535	盐边县立园洗煤厂	36	19003
重啤集团攀枝花啤酒有限责任公司	12	104529	攀枝花市仁和区前进炭黑厂	37	18555
攀枝花市四联发电厂	13	100905	攀枝花市西区平江煤炭工业公司	38	17848
米易县电力有限责任公司	14	77340	攀枝花市永力弹簧厂	39	17285
盐边县电力公司	15	68850	攀枝花市西区金源特种冶金材料厂	40	16926
攀枝花市西区机焦厂	16	42889	攀枝花市木材加工厂	41	16249
攀枝花市经纬编厂	17	42523	攀枝花市攀盐铁合金有限责任公司	42	15308
攀枝花红坭矿务局	18	41423	米易县鑫兴铁合金有限责任公司	43	14342
攀枝花市铸钢厂	19	40527	攀枝花市仁和区务本乡洗煤厂	44	13455
攀枝花市通联汽车厂	20	36928	攀枝花市仁和区前进煤炭公司	45	9902
攀枝花市西区水泥熟料厂	21	32811	攀枝花市东区长熙矿产品综合加工厂	46	9833
盐边县红坭煤矿	22	32798	攀枝花市新华印刷厂	47	9083
盐边县二滩矿产品开发有限责任公司	23	28376	攀枝花市中坝石墨矿	48	8978
米易县安宁铁钛有限责任公司	24	28349	四川省攀枝花市阳城脱硫剂厂	49	8274
攀枝花荣鑫油漆有限责任公司	25	26140	攀枝花市众兴工贸有限责任公司	50	7991

17－4 工业企业按销售收入排序前50强

(2000年)　　　　单位:千元

企业名称	位次	销售收入	企业名称	位次	销售收入
攀钢(集团)公司	1	11181840	攀枝花市仁和区前进炭黑厂	26	20874
二滩水电开发有限责任公司	2	1412505	攀枝花市西区机焦厂	27	19455
攀钢集团钢城企业总公司	3	1109438	盐边县二滩矿产品开发有限责任公司	28	17510
攀枝花煤业(集团)有限责任公司	4	495610	攀枝花市托利多电子衡器有限公司	29	17240
四川川投电冶有限公司	5	189430	攀枝花市西区水泥熟料厂	30	16882
米易县糖业股份有限公司	6	112526	攀枝花市仁和区水泥厂	31	15611
四川金沙水泥股份有限公司	7	90779	攀枝花市威力工贸有限公司	32	15294
攀枝花市四联发电厂	8	72592	盐边县电力公司	33	14510
攀枝花市铸钢厂	9	65051	攀枝花市仁和区务本乡煤炭工业公司	34	13953
攀枝花市矿务局多种经营总公司	10	55694	盐边县红坭煤矿	35	13821
攀枝花市永力弹簧厂	11	54548	攀枝花市仁和区务本乡洗煤厂	36	12259
重啤集团攀枝花啤酒有限责任公司	12	51421	攀枝花市东区永发钢模板厂	37	12175
攀枝花荣鑫油漆有限责任公司	13	37510	米易县莲华水泥厂	38	11681
攀枝花市西区建材沙石公司	14	36500	攀枝花市西区冶金材料厂	39	11412
攀枝花市仁和区太平乡煤炭工业公司	15	32720	米易县安宁铁钛有限责任公司	40	11200
攀枝花市水务(集团)有限公司	16	30834	攀枝花市东区长熙矿产品综合加工厂	41	10973
攀枝花市西区平江煤炭工业公司	17	30226	攀枝花市宽河矿业有限责任公司	42	10581
米易县电力有限责任公司	18	28735	攀枝花市东区银江选矿厂	43	10233
四川广厦建材股份有限公司	19	27317	攀枝花市金江冶金化工厂	44	10015
攀枝花市仁和区前进煤炭公司	20	26846	攀枝花市东区向阳化工厂	45	10005
攀枝花红坭矿务局	21	22732	攀枝花市面粉厂	46	9166
攀枝花市西区金源特种冶金材料厂	22	22354	攀枝花市西区黄河炉料厂	47	8869
盐边县立园洗煤厂	23	22158	攀枝花市攀盐铁合金有限责任公司	48	7678
攀枝花市金勇工贸有限责任公司	24	21908	攀枝花市西区鑫明冶金材料厂	49	7318
攀枝花市众兴工贸有限责任公司	25	21310	米易县鑫兴铁合金有限责任公司	50	7234

17-5 工业企业按利润总额排序前50强

(2000年)　　单位:千元

企业名称	位次	利润总额	企业名称	位次	利润总额
攀钢(集团)公司	1	563903	攀枝花荣鑫油漆有限责任公司	26	747
四川川投电冶有限公司	2	22762	攀枝花市西区冶金材料厂	27	731
攀钢集团钢城企业总公司	3	8512	攀枝花市仁和区前进炭黑厂	28	655
攀枝花市四联发电厂	4	7745	攀枝花市托利多电子衡器有限公司	29	572
攀枝花市西区金源特种冶金材料厂	5	6204	攀枝花市仁和区水泥厂	30	559
米易县糖业股份有限公司	6	3912	攀枝花市新华印刷厂	31	458
重啤集团攀枝花啤酒有限责任公司	7	3719	攀枝花市中坝石墨矿	32	351
攀枝花市西区平江煤炭工业公司	8	3658	米易县莲华水泥厂	33	321
攀枝花市西区建材沙石公司	9	2920	攀枝花市仁和区务本乡洗煤厂	34	263
攀枝花市仁和区太平乡煤炭工业公司	10	2576	攀枝花市仁和区白云铸造厂	35	262
攀枝花市永力弹簧厂	11	2339	盐边县双龙机械设备有限责任公司	36	174
攀枝花市仁和区前进煤炭公司	12	2297	攀枝花市西区黄河炉料厂	37	163
攀枝花市东区永发钢模板厂	13	2089	盐边县红坭煤矿	38	89
米易县电力有限责任公司	14	1778	攀枝花市西区机焦厂	39	77
攀枝花市众兴工贸有限责任公司	15	1528	攀枝花生物有限责任公司	40	74
攀枝花市铸钢厂	16	1402	攀枝花市威力工贸有限公司	41	54
攀枝花市仁和区务本乡煤炭工业公司	17	1188	攀枝花市面粉厂	42	50
攀枝花市金勇工贸有限责任公司	18	982	攀枝花市新九草制品厂	43	38
攀枝花市东区向阳化工厂	19	978	盐边县二滩矿产品开发有限责任公司	44	12
攀枝花市东区银江选矿厂	20	951	攀枝花市木材综合厂	45	10
攀枝花市金江冶金化工厂	21	927	米易县安宁铁钛有限责任公司	46	7
盐边县立园洗煤厂	22	911	攀枝花市攀盐铁合金有限责任公司	47	7
四川省攀枝花市阳城脱硫剂厂	23	879	攀枝花市西区冶矿洗煤厂	48	2
攀枝花市水务(集团)有限公司	24	822	攀枝花市通联汽车厂	49	-292
攀枝花市宽河矿业有限责任公司	25	814	攀枝花市东区长熙矿产品综合加工厂	50	-387

17－6　建筑业企业按资产排序前20家

（2000年）　　　　单位：千元

单位名称	位次	资产合计	负债合计	利润总额	税金总额	利税总额
十九冶金建设公司	1	1319302	1104511	105	25164	－3528
攀枝花市第一建筑工程公司	2	385227	288009	－5674	4160	－5132
攀枝花市钢铁集团公司冶金建设公司	3	345162	226200	－93667	8422	－83529
攀枝花市公路建设公司	4	245384	77184	7283	3970	10998
攀枝花市安装工程总公司	5	196899	159732	－6421	2435	－4107
攀枝花桥梁公司	6	162442	100312	60	4877	4749
攀枝花市第二建筑工程公司	7	130597	163547	－13535	1920	－8651
攀枝花市交通机械化工程公司	8	114209	82933	107	359	452
攀枝花市公路养护管理总段	9	106280	37050	50	131	181
攀枝花市机械化施工公司	10	60746	60845	－2344	1052	－1158
攀枝花市公路桥梁工程公司	11	49836	41558	596	1564	2163
攀枝花市盐边县第二建筑公司	12	42294	41069	－46	153	107
攀钢集团钢城企业建筑安装公司	13	39839	36539	350	1663	2221
攀枝花矿务局第一建设安装工程公司	14	39679	63722	－2163	405	－1758
四川攀港建筑工程有限公司	15	31521	18082	36	385	421
攀枝花市锦城建筑工程有限责任公司	16	29530	27365	－41	144	103
攀枝花市中元工贸公司	17	25120	21420	84	414	428
攀枝花市东区银江建筑建材装璜总公司	18	23285	7165	16	303	319
攀枝花市东区建筑工程总公司	19	21871	17514	37	356	393
攀枝花市建业企业公司	20	20603	21926	21	26	46

17－7 建筑业企业按产值排序前20家

（2000年）

单位名称	位次	自行完成施工产值（千元）	竣工产值（千元）	施工面积平方米	竣工面积平方米	优良面积（平方米
十九冶金建设公司	1	737287	684543	280104	49565	38187
攀枝花市公路建设公司	2	301590	140790	14238	10238	10238
攀枝花市钢铁集团公司冶金建设公司	3	280660	184137	175522	120713	83292
攀枝花市第一建筑工程公司	4	120680	138078	327459	91857	49509
攀枝花桥梁公司	5	101827	41091	0	0	0
攀枝花市交通机械化工程公司	6	66793	31880	7383	3486	0
攀枝花市公路桥梁工程公司	7	59189	23220	0	0	0
攀枝花市第二建筑工程公司	8	51185	28963	173215	109013	63807
攀钢集团钢城企业建筑安装公司	9	51031	36433	35209	24857	12576
攀枝花市安装工程总公司	10	50175	13403	3200	3200	0
攀枝花市机械化施工公司	11	50022	38270	0	0	0
米易县建筑总公司	12	37450	37450	41420	39420	7840
攀枝花市公路养护管理总段	13	29500	23500	0	0	0
四川攀港建筑工程有限公司	14	26000	9820	84000	12100	12100
攀枝花市输变电工程安装公司	15	22204	19860	0	0	0
攀枝花市光详建筑工程有限公司	16	21000	15000	45316	31016	11400
攀枝花市商业建筑公司	17	15542	10947	35206	25496	19964
攀枝花市鑫地建筑有限公司	18	14461	13794	38000	32000	21000
攀枝花市兴川建筑有限责任公司	19	14010	15000	10000	7000	7000
攀枝花市仁和区仁和镇建筑工程公司	20	12007	11171	21081	17111	8012

17－8 商业企业按资产、销售收入总额排序前20强

（2000年）　　单位：千元

	资产总额排序		销售收入总额排序	
	资产合计	名次	销售收入	名次
攀枝花市烟草公司	122496	1	212910	2
攀枝花市嘉盛实业有限公司	108564	2	8282	
攀枝花市渡口商场有限责任公司	86305	3	7890	
四川省石油集团攀枝花有限公司	83035	4	238528	1
攀枝花市药业集团股份有限责任公司	64721	5	38642	8
攀枝花粮油贸易总公司	62195	6	3148	
攀枝花市糖酒公司	43937	7	29054	10
盐边县粮食局	39712	8	12530	18
四川攀枝花国家粮食储备库	36383	9	5499	
攀枝花市金属回收公司	35289	10	156732	3
仁和区万贯煤炭有限责任公司	25118	11	23117	11
攀钢集团钢城企业总公司商业公司	24291	12	51744	5
攀枝花市华山五交化有限公司	23571	13	7373	
攀枝花市攀贸中心有限责任公司	19637	14	15896	16
攀枝花市化工轻工建材公司	19446	15	2029	
攀枝花市源能机电设备有限公司	19445	16	12972	17
米易县攀莲粮站	19190	17	1888	
攀枝花市金联食品有限责任公司	17741	18	5639	
攀枝花市人民商场有限责任公司	16689	19	5623	
攀枝花市百货有限公司	16631	20	4448	
攀枝花市宝鼎商场有限责任公司	11601		12468	19
攀枝花市新华书店	11406		19675	15
四川省烟草公司盐边分公司	10270		44504	7
米易县烟草公司	9294		51410	6
攀枝花市金攀物资公司	8501		57704	4
四川烟草公司仁和分公司	8212		37038	9
攀枝花市大拇指家电有限责任公司	7953		10649	20
攀枝花市万佳商贸有限责任公司	6132		20513	12
米易石油公司	3533		19942	14

18. 统 计 分 析 选 编

SEGMENTS OF STATISTICAL ANALYSE

抓西部大开发机遇 促攀枝花经济发展

——《西部大开发研究》课题组

实施西部大开发战略,加快中西部地区发展,是以江泽民同志为核心的党中央根据邓小平同志关于我国现代化建设两个大局的战略思想,高瞻远瞩、统揽全局,面向新世纪作出的重大决策。这次大开发的政策力度、手段、措施、方法、投资规模等不亚于80年代沿海特区开发和90年代沿边沿江及省会城市开发。攀枝花作为西部重要的新兴工业城市,有得天独厚的资源条件,理当抓住机遇,有所作为。

一、西部大开发战略的宏观背景

1.和平与发展是当今世界的主流。以知识经济为代表的信息化浪潮蓬勃发展,国际经济一体化进程加快,中国社会主义市场经济进程加快,发达国家以资本换市场和发展中国家以资源开发换市场的交互作用增强,中国作为发展中国家和世界经济重要成员国,理所当然要寻求自身地位和积极发挥作用,国际资本投资亚洲→投资中国→投资西部顺应发展潮流,投资西部就是投资未来增长。

2.西部开发的战略意义。实施西部大开发战略,加快中西部地区发展,是党中央跨世纪的重大决策,是进行经济结构战略性调整,促进地区经济协调发展的重大部署;是扩大国内需求,促进国民经济持续快速健康发展的重大举措;是增进民族团结,保持社会稳定和巩固边防的根本保证;是逐步缩小地区差距,最终实现共同富裕的必然要求。实施这个战略决策,不仅对于振兴中西部地区经济,而且对于促进全国经济更大发展,实现我国现代化长远发展的宏伟目标,都将起到极大的推动作用。

3.西部开发时机和条件。改革开放以来,我国综合国力显著增强,人民生活接近小康水平,国家有能力加大对中西部地区的支持力度。特别是当前正在实施扩大内需的积极财政政策,可以用更多的财力直接支持西部发展。全国已基本解决吃饭问题,粮食出现阶段性的供过于求,这是在生态脆弱地区,有计划、分步骤退耕还林(草),改善生态环境的大好时机。随着我国加入世界贸易组织进程的加快、对外开放进入一个新的阶段,西部地区也将象东部沿海地区一样更加开放。

4.西部开发的重点。实施西部大开发是一项宏大的系统工程,必须明确开发重点,找准切入点。

第一,加快基础设施建设。必须从战略眼光出发,下更大决心,以更大的投入,先行建设,适当超前。要以公路建设为重点,加强铁路、机场、天然气管道干线建设;加强水利基础设施建设,特别是要坚持把水资源的合理开发和节约利用放在突出位置。要在充分论证的基础上,着力抓好一批重大骨干工程。

第二,切实加强生态环境保护和建设。这是推进西部开 发重要而紧迫的任务。要加大天然林保护工程力度,同时采取"退耕还林(草)、封山绿化、以粮代赈、个体承包"的政策措施,由国家无偿向农民提供粮食和苗木,对陡坡耕地有计划、有步骤地退耕还林还草。坚持"全面规划,分步实施;突出重点,先易后难;先行试点,稳步推进;因地制宜,分类指导;做到经济效益和生态效益相统一。"坚持先搞好实施规划和试点示范。试点的规模要适当,不宜铺得太大,防止一哄而上。要加强政策引导,尊重群众意愿,不能搞强迫命令。

第三,积极调整产业结构。实施西部大开发战略,起点要高,不能搞重复建设。要抓住我市产业结构进行战略性调整的时机,从国内外市场的变化,从各地资源特点和自身优势出发,依靠科技进步,发展有市场前景的特色经济和优势产业,培育和形成新的经济增长点;要加强农业基础,调整和优化农业结构、增加农民收入;合理开发和保护资源,促进资源优势转化为经济优势;加快工业调整、改组和改造步伐;大力发展旅游等第三产业。

第四,发展科技和教育,加快人才培养。东

西部地区的发展差距,实质上是知识差距、信息差距、教育差距、技术差距与体制差距。要充分发挥老工业基地、军工企业、科研机构和高等院校现有科技力量的作用,加快科技成果的转化和推广应用,积极引进国内外先进技术。要确保教育优先发展,在办好高等教育的同时,特别要加快少数民族地区和贫困地区教育的发展,提高劳动者素质。要千方百计使用好现有人才,采取积极措施从国内外引进人才,大力培养各类人才。

第五,加大改革开放力度。实施西部大开发不能沿用传统发展模式,必须研究适应新形势的新思路、新方法、新机制,特别是要采取一些重大政策措施,加快西部地区改革开放步伐。要转变观念,面向市场,大力改善投资环境,采取多种形式更多地吸引国内外资金、技术、人才、管理经验。要深化国有企业改革,大力发展城乡集体、个体、私营等多种所有制经济,积极发展城乡商品市场,逐步把企业培育成为西部开发的主体。

二、攀枝花的机遇与挑战

(一)"得天独厚"的特殊定位优势

一是自然资源优势明显。攀枝花享有"聚宝盆"的美誉。境内有丰富的煤矿、钒钛磁铁矿,水能资源丰沛。钒资源占全国总量第一和世界第三位,钛资源占全国和全世界第一位。水能资源,境内可开发量达４１０万千瓦以上,居国内前列。钢铁、钒、钛、水电、煤炭在西部占有特殊重要地位,西部其它城市无与伦比。

二是中国最早的资源开发特区。攀枝花是在以毛泽东、邓小平、江泽民为领导核心的党的三代领导集体亲切关怀下,于1965年开始建设的中国最早的资源开发特区。

三是中国西部开发和"三线"建设的成功典范。始于60年代初的"三线"建设,揭开了中国西部开发的序幕,攀枝花从无到有、从小到大、从弱到强发展壮大,成为西部开发和"三线"建设的成功典范。

四是特色城市优势。攀枝花城市特点可概括为:年轻城市、移民城市、资源开发型城市、新兴工业城市。在世纪之交攀枝花迎来建市35周年,总人口从1965年的34.8万人达到1999年的101.8万人,半数以上为移民人口,城市人口中99%为移民人口,是人才西进的结果,对外界的包容性极强。钢铁、钒钛、水电、煤炭、农业等资源开发独树一帜,形成以冶金、能源、钒钛、建材、食品为主体的新兴工业城市,特色优势突出,主体产业稳固。

五是社会经济资源强市。攀枝花经过35年开发建设,1999年GDP达108.5亿元,人均GDP10730元,中央地方两级财政收入达19亿元;其中地方财政收入9.9亿元,两级财政收入占GDP的比重达17.5%。人均GDP、人均财政收入等经济指标位居西部城市前列,基础教育、人才储备、科研能力、医疗卫生条件等社会指标居西部较高水平。

六是城市化水平和工业化水平居西部城市前列。市辖两县三区,非农业人口54.2万人,农业人口47.6万人,1999年非农业人口占总人口比重由1965年的18.4%,上升到53.2%。

小集镇达20个,占全市乡镇个数的25.6%,人口22.2万人,占全市乡村人口45.8%。国内生产总值中,第一产业(农业)占7.4%,第二产业占69.6%,其中工业占61.1%,一产业比重由1965年的28.9%下降到7.4%,下降21.5个百分点,二产业比重由1965年的49.1%上升到69.6%,工业由1965年的50.1%上升到61.1%,上升１１个百分点,边远山区少数民族人口约占13%左右。城市化水平和工业化水平居西部城市前列。

七是市场化和购买力居西部城市前列。随着市场经济体制的建立,商品、资金、技术、劳动力等要素市场初步建立、各种商品生产和劳务基本上以市场为导向,由市场配置资源,市场化程度较高,加入WTO后市场空间更加广阔。1999年人均GDP10730元,人均消费品零售额3530元,人均储蓄余额7095元,城镇居民人均可支配收入6676元,农民人均纯收入2381元,人均购买力指标居西部前列。

(二)困难与差距

西部大开发攀枝花虽具"得天独厚"的优势,同样面临巨大的挑战,需战胜诸多困难,方能实现加快发展。

一是观念落后，市场经济意识薄弱，思想大解放亟为迫切。思想和观念指导人的行为，而要实现“超常规发展”，“跨越式发展”，必须思想大解放。要学习东部人的自主意识、创业精神、创新思维、负重品格、风险观念、经商能力；要克服思想保守、观念落后、不思进取、怕冒风险、创新不足。

二是基础设施欠帐多，制约发展。建市之初“先生产、后生活”的开发模式，导致基础设施欠帐多，城市基础建设滞后，环境保护与建设任务艰巨。与外界骨干交通仅有成昆铁路和108国道，南到昆明北到成都的南北大通道不畅，与经济发展不适应，基础设施欠帐减弱城市吸纳能力、幅射能力，制约经济发展。攀枝花是西部唯一既无航空港、又无高速公路而人均GDP超万元的大城市。

三是经济结构调整缓慢，资源配置效率低，经济管理效能不足。攀枝花经济结构现状是：大工业、小农业，大国有、小私营，重工特重、轻工特轻。1999年GDP108.54亿元，其中工业占60.1%，农业占7.4%。从资源优势、市场需求和经济结构看，经济结构调整慢于市场需求变化，轻重工业比例失调，县域经济薄弱，国企与私企强弱悬殊影响竞争活力。市场配置资源，市场导向生产，而市场化管理手段未能完全形成和充分发挥。

四是国企负担重，财政上缴过多，影响发展后劲。1999年全市GDP达108.5亿元，增长3.3%，人均GDP10730元，人均居全省第二位，地方财政收入占GDP的比重9.1%，国税地税收入占GDP的比重为17.5%，居全省第一位、全国西部前列，与国家17—20%目标接近。而沿海地区仅占2%左右。表明企业税负过重，财政上缴过多，影响发展后劲。上缴贡献越多，本地自身财力愈显单薄，而企业积累和发展空间愈小，属“鞭打快牛”政策，不利于攀枝花持续快速健康发展，地方财力对改革发展稳定的支撑力减弱。1999年财政收入无法与GDP增长同步，已充分证明财力难以支撑较高速度的经济增长。近四年全市GDP增长速度低于全省平均水平即是明证，而以1998年、1999年表现尤为突出，GDP增速减缓，分别为5.9%、3.3%，而1993年到1999年财政上缴却逐年递增8%。

五是科技教育对经济发展的基础支撑力不足，核心竞争力不强。市场经济的核心是竞争机制，在竞争中实现优胜劣汰。经济竞争归根结底是人才竞争，任何产品和服务都以科技含量和人才为支撑。攀枝花虽有天赋的丰富自然资源，而知识、技术、专利、品牌等后天获得性资源欠缺，后天资源对先天资源有点石成金的作用。攀枝花经济以传统制造业为主，产品技术含量不高，竞争力不强、驾驭市场能力弱，而适合本市资源条件的新材料技术，生物技术未形成产业。

六是制度创新滞后。制度创新的实质就是尽快实现经济增长方式和经济管理方式的根本性转变，建立社会主义市场经济体制，按客观经济规律办事。与东部沿海发达地区相比，市场机制的调节作用发挥不够，市场化进程慢，市场化水平有待提高，政府的宏观调控手段有待改善；要增强调控能力，在辨证处理改革、发展、稳定的基础上加大改革力度，尤其加大机构改革和国企改革的力度；从制度创新上尽快缩小与东部的差距。

三、发展思路

攀枝花地处四川西南，是西部中的西部。时光飞逝，机遇难得！慢走一步，差之千里，耽误一时，落后千年。抓西部大开发机遇，促攀枝花经济发展，是时代赋予我们的第三次良机。领会中央精神，理清发展思路，确定战略目标、实现跨越式发展。

1. **提高认识，树立开发新思路。**新的体制背景，新的市场态势和新的对外开放环境都要求西部开发要有新思路。有了新思路，才能站在新的起点，明确新定位、出台新举措、探索新经验、取得新突破、发挥新优势、抓住新机遇、促进新发展。

一是国家西部开发政策的根本性变化。东部沿海是“率先发展”政策，即通过特殊政策实现减少上缴和增加投入双向启动，而西部开发是

"缩小差距"政策,是在市场经济条件下靠市场和竞争实现发展。国家不可能下达给地方政府越来越多的优惠政策和可以无偿动用的财力,政策和投入必须讲市场、讲产出、讲效益,实力是基础、能力优先。因此,不能等、靠、要,只能靠市场经济机制的发挥,靠自己的能力实干求发展。

二是经济和市场环境的根本性变化。东部开发是"短缺经济"背景下,依靠数量扩张模式发展,实现资本的原始积累。而西部开发面临"相对过剩"经济背景,要依靠质量扩张来推动经济增长,在激烈的市场竞争中寻求新的发展空间。国家主要解决基础设施建设,而推动地区经济增长关键靠投资主体和市场主体——企业来完成,因此必须依靠市场的"利益机制"来驱动和吸引西部急缺的人才、资金、项目和技术。

三是地方政府经济管理方式的根本性变化。西部大开发中政府、企业角色定位明确,政府搞好组织发动和宏观调控、搞好基础设施、环保、治安等软硬环境建设,项目发展让企业自主经营,切忌政府代管包办,更不能政府项目热,企业投资冷。切实做到坚持"三个有利于"、"发展是硬道理"。西部大开发既是国家政策、资金、人才等要素资源向西部的投入和流动,又是东部发达地区产业扩张的首选,更是西部企业发展提高的良机。所以政府力求营造"双赢"商机,做到有市场可开发,有项目可承包,有实业可兴办,有科技可合作,各方合作共荣、竞争发展。

2."追赶式、跨越式"发展的基础与前提。攀枝花政治基础稳定,各级干部能力素质和人口素质较高,自然资源条件优越,经济基础稳固,经济发展水平较高,技术水平和管理水平突出,具备"追赶式、跨越式"发展的客观条件,具备率先发展、担当示范的信心和能力,可谓"天时、地利、人和"三利具备。展示攀枝花实力和能力,抢占先机,发挥优势,优先发展,争当西部大开发的排头兵,理当为西部大开发作出示范。**3.西部大开发的目标确立。**西部大开发是社会主义市场经济条件下进行的,应该把富民强市作为提高工业化水平的根本目的,最终实现地区经济的全面发展和繁荣。具体来讲应具有三个目标:一是有利于提高攀枝花经济的市场竞争能力;二是要以民富为先、民富为本,有利于提高居民生活水平;三是有利于创造就业机会,保持社会稳定、人民安居乐业,促进各项事业发展。

四、对策建议

通过对国家西部大开发政策的领会理解,对自身能力的分析评价,提出几点建议:

(一)政策方面。首先向省政府及国家西部开发办申报成立"攀枝花资源综合利用开发试验区",突出市场优势、资源优势、吸引国内外资金、技术、人才的流入。争取列入国家西部大开发首批试点(示范)区。其次,千方百计争取国家积极财政金融政策给予的优惠,争取已申报债转股项目的落实,把股市融资放在优先突出地位,推荐二滩水电开发公司(发电厂)上市交易。再次,积极扩大现有政策(或项目)的成果,如攀西农业综合开发,长防林工程,安宁河流域开发等。最后,借财税体制改革之机,解决我市财政上缴过多、负担过重的困难。

(二)开发项目方面。根据西部大开发的重点突击我市的困难,主要项目有:

1.交通项目。力争将飞机场建设纳入国债项目,或以BOT方式联营或发债融资;力争108国道攀成段和攀昆段高等级路面改造,雅攀高速、攀昆高速公路早日开工建设,拓展四川通往东南沿海国际大通道,重振南方新的"丝绸之路",以解决交通闭塞落后状况。积极申报城市环卫和工业污染治理项目。

2.生态环境保护发展项目。这是一个综合系统工程,包括天然林禁伐,退耕还林(草)、封山造林、土地开发利用和保护、水利基础设施建设、二滩库区绿化美化、城市视野荒山的绿化等工程,抓绿色环保产业和二滩库区绿美工程是重点,用好用足现有政策,干出成绩,扩大效果。

(三)积极推进经济结构调整升级。立足资源优势,突出重点行业和产业,发展特色经济,培育新的增长点。主要内容包括四个方面:

①在国民经济产业结构中,优先发展第三产业,提高第三产业比重、力争实现一、二、三产业由7.5:70:22.5到5:60:35战略性调整。

②**一、二、三产业内部的结构调整**。一产业以农民增收为目标,以市场为导向,积极调整农村经济结构,种、养殖业结构,抓好“三高农业”,稳步提高农业的综合生产能力。二产业结构调整要壮大支柱产业,突出发展特色经济。重点抓好钢铁生产系统产业群,钒、钛生产系统产业群,水电资源利用产业群三大系统。内抓技术改造和产品升级,提高科技含量,外扩产能,拓展国内外市场,提高核心竞争力。尤其在制度创新方面、充分利用市场机制,充分吸纳民营经济投资参与竞争,实现产业链就近优先配套发展。三产业实现优先超前发展。三产业比重高低是经济结构优化的重要标志,也是经济发展水平和居民生活水平提高的重要标志。三产业的发展主要依靠民间私人资本投入,政府做好规划和服务。③**县区经济结构调整**。县(区)域经济发展在全市经济发展中具有重要地位。县(区)作为重要的经济单元,是城乡社会经济的交汇点,承担着城乡经济一体化、农村城市化、农村现代化的神圣使命。县城经济发展要有新思路,核心是围绕“两个根本性”转变搞好体制转轨和结构转型。县城经济调整重点抓好小城镇建设,围绕大企业作好产业配套。要以活跃民营经济为主体,充分发挥比较优势,突出特色,按市场机制配置资源,促进生产要素流动,对外实行全方位开放、活跃市场、繁荣经济。

④**中央与地方经济发展关系调整**。中央省属企业和地方之间,由于 投资主体和行政隶属关系的利益多元化。中央省属企业受上级管理制约、不利于地区经济协调发展。从市场经济角度看,企业法人无大小之分,自主经营依法纳税,属当地的纳税人。从企业隶属变化看(如矿务局),中央、省属企业下放属地管理是发展趋势,象电力、攀钢理所当然是地区经济发展的重要力量。从企业与所在地发展看,同处一个地区,拥有共同的生产、生活环境、中央省属企业应增强城市意识和家园意识,努力支持地方企业产业配套,积极融入地区经济可持续发展。不能因体制而形成“两张皮”,只能互相支持、合作发展、共同繁荣。

(四)狠抓“科教兴攀”战略实施,全面推行素质教育,突出发挥“科技第一生产力”作用。西部大开发,人才是关键,经济的竞争归根结底是人才的竞争。一个受过良好教育的人才的价值是没有受过良好教育人的几十倍甚至上百倍。西部历来人才资源稀缺,在从业人员中受过大专以上教育的人的比重,东部地区平均为6%,西部地区为3.05%,四川为2.6%。攀枝花现有各类专业人员技术人员6.34万人,这是一笔极为宝贵的人才资源财富。优化整合现有教育资源、在“普九”基础上提高升学率,扩大大中专职业教育覆盖面,提高劳动力素质。积极争取攀大“专升本”资格提升,调整地方政府、中央企业等学校教育资源,推动教育产业化发展。要继续改善科技人员的工作条件和生活条件,改变人才“孔雀东南飞”的趋势。要大胆启用青年科技人才,鼓励创新人才脱颖而出,充分发挥他们在技术创新中的生力军作用。要加快人才培养,千方百计使用好现有人才,采取积极措施从国内外引进人才。坚持以人为本,唯才是举,充分发挥各级各类人才的积极性和创造性。是否拥有人才,是否留住人才,是否吸引人才,是否发挥人才的积极性和创造性,成为西部开发人才战略的成功标志,成为西部开发的关键所在。

(五)攀枝花开发建设目标定位。城市品牌是城市的价值所在,是发展的动力和财源,是博大的无形资产。铸就城市名片,塑造城市形象,打造城市品牌,提升城市知名度,做好经营城市这篇大文章。远景目标可以设定为:

1.**国际钒钛之都**。集合国际国内钒钛科研力量,运用先进科技成果,深度开发钒钛资源,培植壮大钒钛产业,形成国际知名企业和独有产品参与国际市场,力争有“中国钒钛”股票上市交易。

2.**西部钢城**。凭借资源优势和钢铁规模经济优势,加快技改和产品结构调整,壮大钢铁产业,提高产品科技含量和市场竞争力,展示“西部钢王”雄风,改“新钢钒”股票为“攀钢股份”股票上市交易。

3.**西部水电城**。二滩水电站建成投产,形成全国水电建设十项第一的壮举,稳定电能生产和积极培育高耗能工业,将形成水电产业群,展示"西部水电城"风彩,力争有"二滩水电"股票上市交易。

4．西部旅游新城。二滩水库高原湖泊的形成,库区绿化美化和旅游景点设施的完善,城市视野荒山绿化和城市污染治理,现代化大工业与自然山水美景交相辉映,现代文明与民族风情共融。攀枝花阳光之旅与相邻的大理风花雪月,丽江的古城神乐、玉龙雪山、泸沽神韵,西昌的泸山邛海、航天中心形成西部高原旅游亮丽的风景线,"西部旅游新城"初现秀美英姿。

5．富裕文明的西部示范城。攀枝花人口、区位等自然资源和经济资源条件,通过西部大开发实现经济繁荣和人的富裕,具备西部率先发展并担当示范。35年的城市建设发展史,是历史的总结,未来的预示,富裕文明的西部新城,是西部大开发的成功典范。

课题组组长:张玉会
副　组　长:黄玉梅　王世忠
课题组成员:范从伦　程全松　王　勇
　　　　　　张明德　邹　洁　万启树
　　　　　　孙彩凤　陈晓茹
执　　　笔:王世忠

"九五"期间攀枝花国民经济和社会发展成就与经验

在市委、市政府的正确领导下,经过全市人民的共同努力,"九五"期间,攀枝花市国民经济和各项社会事业全面发展,基本达到了"九五"确定的主要目标。

一、国民经济稳步增长 经济实力明显增强

国民经济保持稳步增长。2000年,攀枝花市国内生产总值预计为115亿元,基本完成"九五"计划调整后的经济总量目标;按可比价格计算,比1995年增长36%,平均每年增长6.3%。

经济实力进一步增强。据统计,1995年全市国内生产总值为80.93亿元,1997年达98.55亿元,2000年预计可达115亿元,在1980年的基础上实现了翻两番的战略目标;人均国内生产总值由1995年的8508元,到2000年预计可达11230元,居全省第二位;"九五"时期是我市地方财政收入增加最多的一个时期,地方财政收入累计将超过44.5亿元,比"八五"累计增长39.8%。

三次产业呈协调发展的势头。在2000年全市国内生产总值115亿元中,第一产业增加值8.0亿元,第二产业增加值79亿元,第三产业增加值28亿元;三次产业增加值占国内生产总值的比重分别为7.0%、68.7%和24.3%。同1995年相比,第一产业所占比重下降0.8个百分点,第二产业所占比重下降0.2个百分点,第三产业所占比重上升1个百分点。三次产业结构向合理的方向发展。按可比价计算,"九五"期间,第一产业增加值年平均增长3.3%,第二产业年平均增长5.6%,第三产业年平均增长9.8%。

二、农业经济结构得到调整 粮食生产稳定

农业生产结构有所改善。"九五"期间,为适应市场供求的变化,攀枝花市在稳定粮食、甘蔗、蔬菜等主要农产品产量的同时,大力调整农业生产结构,加快了传统农业向现代农业转变,取得了明显的成效。质量好、效益高的粮食品种和经济作物品种的比重增加,优质、高效、环保的新型现代农业正呈现出良好的发展前景。

主要农产品产量保持较高增长。粮食产量于1995年突破20万吨大关,并已连续5年稳定在21.5万吨以上,1999年达22.7万吨,今年可达22.8万吨,表明攀枝花市粮食综合生产能力已经上了一个新台阶;蔬菜产量由1995年的26.9万吨,上升到2000年的32.7万吨,增加5.8万吨;猪、牛、羊肉产量由3.18万吨,上升到4.19万吨,增加1.01万吨;水果产量由1.86万吨,上升到1999年的2.88万吨,增加1.02万吨;水产品产量由2733吨,上升到4067吨,增加1334吨。

农业产业化、商品化、社会化程度提高。"九五"期间,农业产业化趋势明显,生猪、蛋类的生产规模不断扩大,水果的生产也在加速规模化,绝大部分农产品已走向市场,商品化程度显著提高。全市逐步形成了产前、产中、产后的农业服务体系,向农民提供信息、资金、销售等多种服务,农业生产的社会化程度不断提高。

三、工业结构调整明显加快 国企改革与脱困三年阶段性目标可如期实现

工业生产仍是攀枝花市经济增长的主要因素。"九五"期间,全市面对结构调整、改革深化、市场约束的机遇和挑战,工业生产保持了快速增长的态势。到2000年,工业增加值预计可达72亿元,按可比价格计算,比1995年增长59.5%,年均增长9.8%。

主要工业产品稳定增长。到2000年,发电量将达到103亿千瓦时、钢将达350万吨,分别比1995年增长2倍和33.6%,钒渣(折)14万吨,比1995年成倍增长。生铁、钢、糖等主要工业产品产量位居全省前列。

工业结构调整取得明显效果。"九五"期间,攀枝花市国有企业改革不断深化,按照"产权清晰、权责明确、政企分开、管理科学"的原则,有步骤地对国有大中型企业实行规范化公司制改造,同时坚持将改革与改组、改造、加强管理结合起

来,着眼于搞好整个国有经济,"抓大放小",对国有企业实行战略性改组,鼓励兼并,规范破产,下岗分流,减员增效,实施再就业工程。企业改革的大步推进使工业结构逐步趋向合理,一批国有大中型企业重新焕发生机和活力。不适应市场变化、污染严重、消耗高的"十五小"企业被关停并转。工业企业经济效益持续下滑的势头得到扭转,"九五"后两年,工业企业亏损面逐步缩小,实现利润大幅度增长,出现了扭亏增盈的良好态势,国有大中型企业改革与脱困的三年阶段性目标可望如期实现。

四、积极财政政策发挥作用　基础产业和基础设施加强

在积极财政政策,稳健货币政策的持续作用下,"九五"期间,攀枝花市全社会固定资产投资总额预计超过 292 亿元,比"八五"累计增长 59%,基础产业和基础设施建设明显加强。

农村基础设施不断改善。针对洪涝和干旱等自然灾害频繁发生,"九五"期间,我市加强了对农田水利建设的投入,加固和建成了一批防洪、排涝、灌溉等工程设施,农业生产 条件进一步改善。农村电网新建和改造取得可喜的成绩,为提高农村的电气化水平和改善农民生活质量创造了条件。

电力工业实现大发展。"九五"前四年,新增发电装机容量 343 万千瓦,举世触目的二滩水电站(330 万千瓦)已建成并网发电。

交通运输邮电业全面发展。在国家政策的扶持和各项改革的推动下,"九五"前 4 年,交通运输邮电业国有固定资产投资额约 10 亿元,比"八五"期间增长 1.6 倍。交通环境继续改善,到 1999 年末,全市公路通车里程达 3200 公里,铁路线 189 公里;滨江大道、炳清线、炳草岗大桥、民用机场、人民街改造等正在建设中。邮电通讯业保持较快增长,1999 年,完成邮电业务总量 2.74 亿元,比 1995 年增长 3.1 倍;年末市话交换机总容量达到 14.72 万门,比 1995 年净增 8.28 万门;移动电话 4.02 万户,增加 3.83 万户;传呼机用户 4.3 万户,增加 3.2 万户。

五、金融运行平稳　出口创汇快速增长

在国家实行稳健货币政策,连续七次调低存贷款利率,进一步加强金融风险防范。攀枝花市金融改革积极稳妥推进,金融运行平稳。1999 年末各类金融机构各项存款余额 111.58 亿元,比 1995 年末增长 1.2 倍,各项贷款余额 122.27 亿元,下降 7.94%。全市四家保险公司累计承保金额 314 亿元,比 1995 年增长 1.4 倍;保费收入 1.87 亿元,增长 1.1 倍;赔付率由 1995 年的 47.5%下降到 24.1%,下降 23.4 个百分点。

出口创汇快速增长。我国成功克服了亚洲金融危机的不利影响,对外经济保持旺盛的活力。"九五"期间,攀枝花市出口创汇总额将达 8.5 亿美元,比"八五"期间增长 72% 。1999 年,我市出口创汇总额占四川省的 14.6%,居全省第二位。

六、城乡居民生活迈入小康　通货膨涨得到明显遏制

在国民经济稳定增长的同时,价格保持在较低水平,城乡居民生活质量和档次进一步改善,整体上实现了由温饱向小康的跨越。

城乡居民收入稳定增长。1999 年,攀枝花市城市居民家庭人均可支配收入由 1995 年的 5443 元,上升到 6676 元,提前两年实现"九五"计划目标(6454 元);农村居民人均纯收入由 1995 年 1448 元,上升到 2381 元,提前三年实现"九五"计划目标(2000 元)。城乡居民储蓄存款大幅度增加,到 2000 年 10 月末,已达到 74.66 亿元,比 1995 年末增加 36.66 亿元,增长 96.5%。居民的其他金融资产也有新的增长。

居民消费结构不断改善,食品类消费支出比重不断下降。在城市居民消费中食品类消费的比重(恩格尔系数)由 1995 年的 0.53 下降到 1999 年的 0.42,下降了 0.11,其中粮食消费所占比重由 8.67%下降到 6.0%。农村居民食品类消费支出比重也呈下降趋势。恩格尔系数的下降,意味着居民可以有较多的钱用于"发展性消费"和"享受性消费",标志着居民消费结构的改善和生活质量的提高。

居民家庭耐用消费品拥有量不断增加,并正

逐渐向高档化发展。到1999年底,攀枝花市每百户城市居民拥有彩电达118.5台,比1995年增加14.5台,已基本达到中等发达国家水平;洗衣机84台,家用电冰箱100台,空调10.5台,分别比1995年有不同程度增加;每百户农村居民拥有彩电45台,洗衣机35台、都超过全国平均水平。与此同时,家用电脑、摄像机等也逐渐进入城乡居民家庭,拥有量不断上升。

居民住宅面积不断扩大,居住环境改善。预计到2000年城市居民人均居住面积将达到8.5平方米,比1995年扩大1.1平方米,住宅装饰成为时尚,水平不断提高;农村居民人均住房面积28平方米,比1995年扩大9.4平方米。攀枝花城市建成区绿化覆盖率39.43%,环境保护工作已提到各级政府的重要议事日程,环境污染得到治理,环境质量有所改善。

居民出行的方便程度大大提高。攀枝花市区每万人拥有公共汽车车辆数达到16.06辆,每万人拥有出租汽车约38.8辆。

生活配套设施大幅增长。市内电话用户由1995年的3.09万户增加到1999年10.54万户(其中住宅用户9.1万户);农村电话用户由0.06万户增加到0.47万户(其中住宅用户0.39万户);移动电话、传呼机、电子邮件等新兴通讯工具得到迅速发展。城市自来水普及率90.68%,燃气气化率79.57%,农村自来水受益村达69.4%,通汽车村达90.4%,通电村达94.6%,通邮村达64.5%,通电话村达34.1%,城乡生活环境条件均有较大改善。

居民的医疗、卫生条件改善,生活保障程度提高。1999年末全市平均每千人有病床数5.33张,每千人有卫生技术人员6.59人。社会保险事业发展迅速,到1999年末,全市有26.75万人参加了养老金社会统筹保险,农村有4.9万人参加了农村社会养老金保险。

农村部分先富起来的农民已步入小康行列,东区、西区、仁和区农村已基本实现小康,米易县有10个乡镇和盐边县有8个乡镇基本实现小康,其余地区农村居民生活正在向小康水平迈进;城市居民有10项指标达到或超过小康标准,在迈向小康的道路上已走完90%的路程。全市人民整体生活水平基本达到小康标准。

市场物价保持低水平,商品供应充足,消费者选择空间增大。"九五"期间,市场物价保持基本稳定,城市居民消费价格上涨率由"八五"的16.8%下降到3.9%,通货膨胀得到明显抑制,我市城市居民消费价格指数从1998年7月起连续24个月均呈下降趋势。市场货源充足,品种丰富。攀枝花市社会消费品零售总额5年累计超过168亿元,扣除价格因素,平均每年增长8%。吃、穿、用各类商品供应充足,销售保持较快增长。

七、科技教育和各项社会事业得到全面发展

科技教育大发展。"九五"期间,全市坚持实施"科教兴攀"战略,狠抓科技和教育投入,教育事业稳步发展,技术创新和科技成果转化初见成效。经过不懈的努力,全市共完成科技重点项目487项,有267项科技成果获市级以上科技进步奖。其中国家级5项,省部级59项,市厅级203项。获奖项数比"八五"时期增加40项;科技成果转化率达到65%,比"八五"提高5个百分点;科技进步对国民经济增长的贡献率达到45%,比"八五"上升5个百分点。教育整体水平得到显著提高。城市教育改革以调整教育结构为突破口,对市区26所大中专、中小学、职业高中等进行合并、转向。教育资源配置不断优化,使我市教育结构和布局日趋合理,农村教育综合改革以教育基地建设为切入点,大力推进基础教育、职业技术教育和成人教育三教统筹。以推进素质教育为切入口,教育教学改革呈现出良好的发展态势。教育队伍建设取得较大成绩,骨干教师队伍不断壮大,提前2年完成全市民办教师转公办教师的任务;全市幼儿、小学、初中、高中和职业高中专任教师学历合格率分别达到97.7%、96.4%、88.3%、79.6%和55.3%,"九五"期间还评出市级学科带头人37人,特级教师10人。全市3—6周岁幼儿入园率达61.9%,几年来新办私立幼儿园26所,学前教育社会化程度加快;全市学龄儿童入学率达到99.5%,小学在校生巩固率为99.4%,小学在校生合格率为

99%,14周岁初等教育普及率达到98.4%,17岁少年初级中等教育普及率达到93.3%,截止1999年末,全市已提前一年完成基本普及九年制义务教育的任务;扫除青壮年文盲工作通过了国家的检查验收,1999年末全市15岁及以上文盲和半文盲占15岁及以上人口的比例已下降到15.3%,劳动者文化素质提高。

各项社会事业全面发展。1999年末,全市总人口达101.8万人,完成"九五"奋斗目标——2000年末人口控制在103万人以内可望实现。省级贫困县盐边县已于1998年经省检查验收脱贫,基本解决温饱问题。1999年末,全市城镇登记失业率3.3%,低于"九五"规定的2000年底控制在5%以内的目标。"村村通"工程取得重大进展,广播电视覆盖率显著提高。截止1999年末,我市广播和电视覆盖率分别达到90.4%和92.1%,分别比1995年提高9.4和8.1个百分点。文化艺术创作成果显著。医疗卫生事业蓬勃发展。我市现已拥有县级以上综合性医院24所,其它各类医疗机构439所,全市基本建立起了集预防、医疗、保健、社区卫生服务等主要功能为一体的卫生服务体系。1996年,全市城乡初级卫生保健双达标后,以乡(镇)为单位的卫生初保达标已全面启动,城市社区卫生服务工作已全面完成,传染病总发病率大大下降,重大疾病防治取得明显成效,人民的健康水平有了新的提高。全民健身日益活跃。坚持可持续发展,在全国、全省,攀枝花市率先实行天然林保护工程,环境污染和生态破坏加剧的趋势基本得到控制,并有所改善。

总的看"九五"时期,是全市各族人民在市委、市政府的领导下,解放思想、实事求是、团结拼搏、锐意进取的五年,是我们攀枝花经济建设和各项社会事业取得巨大成绩的五年,这些成绩的取得,为我市胜利进入新世纪,全面实施国民经济第三步战略部署奠定了坚实的基础。

总结"九五",我们得出以下基本经验:

1.**社会政治稳定是取得各项成绩的重要基础和保证。**"九五"时期,在复杂的国内外形势下,以江泽民总书记为核心的第三代领导集体统揽全局,高瞻远瞩,妥善地处理了国内和对外关系中的一系列重大问题,巩固和发展了来之不易的改革开放的大好形势。全市人民在市委、市政府的正确领导下,坚持以经济建设为中心不动摇,坚持改革开放不动摇,在充分考虑人民群众承受能力的基础上,循序渐进地推进各项改革,扩大开放,高度重视和加强社会保障体系建设,较大幅度地提高了国有企业下岗职工基本生活保障、失业保险和城镇居民最低生活费保障"三条保障线"的标准,同时通过引导职工转变择业观念,广开就业门路和加强职工培训等途径,使多数下岗职工实现了再就业,为各项改革的顺利推进、经济的持续稳定发展创造了一个良好的环境。

2.**提高党和政府驾驭国内外复杂局势的能力,增强宏观调控的预见性、及时性、灵活性和有效性,是社会稳定、经济发展的前提条件。**"九五"期间,根据国内外经济环境发生的较大变化,党和政府审时度势,及时、果断地对我国宏观经济调控目标和重点从适度从紧转向扩大内需、增加投资,从反通货膨胀转为防止出现通货紧缩趋势,提出了增发国债、增加居民收入为主要内容的一系列扩大内需的重要宏观调控举措。市委、市政府带领全市人民坚决贯彻中央各项措施,并千方百计积极争取国债资金,多方筹措资金,加大投资力度,有力地促进了经济止跌趋升和企业效益的好转。

3.**不断深化改革,建立社会主义市场经济体制,调动各方面的积极性,是促进经济发展和社会进步的根本动力。**五年来,按照建立社会主义市场经济体制的总要求,为充分调动各方面的积极性,围绕国民经济发展中的深层次矛盾和问题,我市积极稳妥地推进了国有企业、金融、粮食流通、城镇住房和城镇职工医疗保险等为重点的各项改革,市场在资源配置中的基础性调节作用有了明显增强。国有企业改革作为"九五"期间经济体制改革的中心环节,通过"抓大放小"的战略性调整以及鼓励兼并、规范破产、下岗分流、减员增效、实施再就业工程和实行债转股等一系列重大战略性举措,基本实现了国有企业改革和脱困的三年阶段性目标。

4.调整优化经济结构,是提高国民经济整体素质的有效途径。“九五”期间,为了适应经济发展的阶段性变化和日趋激烈的国内外市场竞争环境,我市经济结构调整的进程加快,国民经济整体素质也由此得到了新的提高。农业结构调整中,在继续稳定和加强农业基础地位的同时,鼓励和引导农民,因地制宜,积极调整农业生产结构,大力发展优质高效农业。在工业结构调整中,采取了压缩淘汰过剩落后生产能力与积极发展高新技术产业并举的方针,坚决关闭那些技术落后、浪费资源、产品质量低劣和污染严重的“十五小”企业,积极鼓励和扶持发展信息、生物工程、新能源、新材料、高耗能和环保型等产业。

在充分肯定“九五”期间我市国民经济和社会发展所取得的巨大成就的同时,还应看到前进中我市也面临着一些不利因素:经济结构仍不太合理,经济增长幅度比全国、全省平均速度慢了一些,增长质量依然不高;在市场约束逐渐增强的情况下,部分企业生产经营面临困难,职工下岗增多,再就业压力加大;攀钢“二期”和二滩水电站的相继建成之后,攀枝花投资规模再度缩小,投资对经济拉动作用下降,加之“二滩”售电困难,将制约攀枝花经济发展;居民收入分配差距较大,农村、城市的贫困人口仍占一定的比例;基础产业仍不够牢固,城市基础设施薄弱的局面还没有根本扭转,这些问题有的是多年积累下来的,有的是新形势下出现的,问题的最终解决有待于改革的进一步深化,有待于宏观调控进一步完善,归根结底有赖于国民经济不断发展。

综观全局,我们面临着严峻挑战,也面临着良好的发展机遇。我们深信:在市委、市政府的领导下,只要我们坚定不移地沿着邓小平开创的建设有中国特色社会主义道路,认真贯彻落实党的十五届五中全会精神,抓住西部大开发的历史机遇,团结在以江泽民同志为核心的党中央周围,积极开拓进取,就一定能够克服前进中的困难,把全市改革开放和现代化建设推向新的阶段,取得更大成就,创造出更加美好的未来,并以崭新的姿态迈向二十一世纪。

撰稿人:程全松

攀枝花市财政与经济关系的量化研究

财政政策作为政府实现其职能、实施经济宏观调控的重要手段,日益为不同国家所重视。一般来说,财政收入与支出是由经济发展水平决定的,经济发展对财政收支起决定作用。同时,财政收支及财政政策的制定又对经济发展具有制约或促进作用。为了更好地制定财政政策,促进经济发展,为了科学、合理编制财政收支预算,本文将从攀枝花市1990年以来财政收支情况与当年国民经济发展情况的数量关系进行究,目的是说明攀枝花市财政与经济关系的一般规律,建立攀枝花市财政与经济的数量模型。

一、经济发展水平对财政收入的决定作用

(一)、经济总量变化对财政收入的影响

表一:攀枝花市财政收入与经济(GDP)增长情况

单位:万元

年度	GDP(现价)	GDP%	攀枝花市财政总收入	攀枝花市财政总收入%	攀枝花市地方财政收入	攀枝花市地方财政收入%
1990	278,421		39477.3		32964	
1991	376,147	35.1	46205.5	17.0	42415	28.7
1992	431,441	14.7	58255.3	26.1	50788	19.7
1993	565,188	31	100232.7	72.1	94449	86.0
1994	719,001	27.2	125889.3	25.6	106470	12.7
1995	809,314	12.6	141959.7	12.8	118160	11.0
1996	894,596	10.5	153148.7	7.9	139129	17.7
1997	985,476	10.2	172901.3	12.9	148196	6.5
1998	1,049,112	6.5	172323.3	-0.3	146750	-1.0
1999	1,083,057	3.2	163438.4	-5.2	133145	-9.3

上表可见,1990年以来,我市经济规模不断壮大,国内生产总值由1990年的278421万元发展到1999年的1083057万元,增长2.89倍,年均递增16.3%,按可比价计算,年均递增10.5%。特别是1991年到1997年增长速度最快,增幅达两位数以上,1998年以后,由于受国家宏观经济环境及固定资产投资大幅下降的影响,经济发展速度明显减缓,1999年增幅仅有3.2%,是近年增速最低的一年。

随着国民经济的发展,我市财政收入规模也迅速扩大,实力不断增强。1990年全市财政总收入只有39477万元,到1999年全市财政总收入达163438万元,增长3.1倍,年均递增17.1%,财政收入的年均递增速度高于GDP的递增速度0.8个百分点。

表二:攀枝花市财政收入与GDP的弹性系数及比重

年度	GDP现价增长%	攀枝花市地方财政收入%	弹性系数	攀枝花市财政总收入%	弹性系数	税收增减%	弹性系数	攀枝花市地方财政收入占GDP比重%	攀枝花市财政总收入占GDP比重%
1990	-3.1							11.84	14.18
1991	35.1	28.67	0.82	17.04	0.49	12.53	0.36	11.28	12.28
1992	14.7	19.74	1.34	26.08	1.77	25.12	1.71	11.77	13.50

年度	GDP现价增长%	攀枝花市地方财政收入%	弹性系数	攀枝花市财政总收入%	弹性系数	税收增减%	弹性系数	攀枝花市地方财政收入占GDP比重%	攀枝花市财政总收入占GDP比重%
1993	31.0	85.97	2.77	72.06	2.32	81.61	2.63	16.71	17.73
1994	27.2	12.73	0.47	25.60	0.94	24.95	0.92	14.81	17.51
1995	12.6	10.98	0.87	12.77	1.01	11.78	0.94	14.60	17.54
1996	10.5	17.75	1.69	7.88	0.75	4.20	0.40	15.55	17.12
1997	10.2	6.52	0.64	12.90	1.26	13.96	1.37	15.04	17.54
1998	6.4	-0.98	-0.10	-0.33	-0.04	-1.71	-0.18	13.99	16.43
1999	3.2	-9.27	-2.21	-5.16	-1.23	-3.30	-0.79	12.29	15.09

由表二可见,1990年以来,我市财政收入增长与GDP增长基本保持协调,从1990年到1999年现价GDP年均增长16.3%,财政收入年均增长17.1%,二者的弹性系数为1.05,即GDP每增长1个百分点,财政收入增长1.05个百分点。但由于我市国民经济同全国、全省一样正处于一个转型时期,结构调整的任务还十分艰巨,部分企业效益不佳,工业企业亏损现象比较突出,经济增长后劲不足,此外,税收法制也不健全,偷税现象还时有发生等因素制约了全市财政收入的快速增长。

为了比较准确地把握我市财政收入与国民经济总体实力的关系,我们用数学一元回归方法,对我市1990至1999年财政总收入、地方财政收入与GDP进行直接线性回归,得到以下两个回归模型。

模型一:

Y1=0.1776X1-1.0577

R1=0.9824

Y1:攀枝花市财政总收入

X1:GDP(现价)

R1:相关系数

模型二:

Y2=0.1470X2-0.4647

R2=0.9684

Y2:攀枝花市财政收入

X2:GDP(现价)

R2:相关系数

从以上模型可以看出,财政总收入与GDP模型(模型一)中,财政总收入与GDP存在高度相关关系,相关系数达到0.9824,模型具有较高的代表性。地方财政收入与GDP模型(模型二)中,地方财政收入与GDP相关系数为0.9684,相关程度相对底一些,究其原因主要是受财政体制以及税制改革等因素的影响,数据波动较大。

(二)、所有制变化对财政收入的影响

按所有制结构分类,财政收入可分为来自国有经济的收入、来自集体经济的收入和来自其他经济成分的收入。这种分类可以反映所有制结构的变化对财政收入构成和规模的影响,以及不同经济成分对财政收入的贡献程度。

表三:攀枝花市经济类型、提供税收构成情况

年度	GDP%			提供的税收收入%		
	国有经济	集体经济	其他经济	国有经济	集体经济	其他经济
1990	82.6	14.2	3.2	80.85	16.73	2.42
1991	82.5	14.4	3.1	79.58	17.66	2.76
1992	81.4	13.8	4.8	79.14	16.09	4.77

年度	GDP%			提供的税收收入%		
	国有经济	集体经济	其他经济	国有经济	集体经济	其他经济
1993	78.7	12.4	8.9	81.33	13.59	5.08
1994	75.5	11.8	12.7	80.40	15.00	4.60
1995	68.3	11.3	20.4	75.80	14.78	9.42
1996	64.8	10.7	24.5	68.14	15.92	15.94
1997	61	10.1	28.9	60.50	9.38	30.12
1998	58.7	9.8	31.5	59.79	12.15	28.06
1999	57.9	9.5	32.6	43.05	13.19	43.76

改革开放以来,为了促进我市国民经济向多元化发展,积极探索公有制经济的多种实现形式,市委、市政府出台一系列措施,鼓励非公有制经济特别是私营经济、个体经济、外商投资企业的发展。攀枝花国民经济所有制结构随之发生了较大变化,公有制经济特别是国有经济比重迅速下降,由 1990 年的 82 .6%下降到 1999 年的 57.9%平均每年下降 2.7 个百分点;集体经济比重由 1990 年的 14.2%下降到 1999 年的 9.5%,平均每年下降 0.52 个百分点;而其他经济比重迅速上升,1990 年全市其他经济比重为 3.2%,到 1999 年上升为 32.6%,平均每年增长 3.3 个百分点。与此同时我市财政收入来源结构也发生了相应的变化,国有经济提供税收的比重由 1990 年的 80.9%下降到 1999 年的 43.1%,每年平均下降 4.2 个百分点。从时期上看,国有经济提供税收从 1990 年到 1995 年呈逐年增长的态势,所占比重均保持在税收总额的 80%在左右,其后随着股份制经济的不断壮大,近几年收入及比重呈逐年下降的态势。1990 年全市国有经济提供税收为 30575 万元,1995 年达到顶峰,为 102361 万元,比 1990 年增加 71786 万元,年均增长 66.96%,1999 年全市国有经济提供的税收为 65622 万元,比 1995 年减少 36739 万元,下降 35.89%,所占税收比重下降到 43.05%,比 1993 年下降了 38.28 个百分点。

集体经济提供税收呈逐年增长势头,其间虽有波动,但总的上升趋势未变,所占税收比重基本维持在 14.5%左右。1990 全市集体经济提供的税收收入为 6326 万元,1999 年达到 20099 万元,增长 13773 万元,年均增长 31.77%。

股份制经济提供的税收从无到有,逐年壮大,增幅较高。1994 年全市股份制经济提供的税收仅有 465 万元,1999 年规模已达到 55678 万元,增加 55213 万元,年均增长 23.75 倍,所占税收总额比重由 1994 年的 0.38%提高到 36.53%,逐渐成为我市提供税收收入的主导力量。

其他经济提供的税收收入受二滩电站建设的影响,波动较大,但增长趋势未变,所占比重相对较小。1990 年全市其他经济提供税收收入为 915 万元,发展到 1999 年的 11018 万元,增加 10103 万元,年均增长 1.22 倍,增幅虽然较高,但由于其规模偏小,对总体收入影响甚微。

(三)、三次产业结构变化对财政收入的影响

表四:攀枝花市各产业增加值及提供的税收构成情况

年度	GDP%			提供的税收收入%		
	第一产业	第二产业	第三产业	第一产业	第二产业	第三产业
1990	10.99	68.63	20.38	1.88	82.00	16.13
1991	8.77	71.28	19.95	1.85	85.45	12.71

年度	GDP%			提供的税收收入%		
	第一产业	第二产业	第三产业	第一产业	第二产业	第三产业
1992	8.12	71.57	20.31	1.34	82.06	16.61
1993	6.28	77.79	15.93	0.71	80.82	18.47
1994	6.66	73.60	19.74	2.79	75.94	21.27
1995	7.86	68.87	23.27	1.47	74.38	24.14
1996	7.73	68.01	24.26	1.41	75.72	22.87
1997	7.71	66.94	25.35	1.20	78.95	19.85
1998	7.52	70.03	22.45	0.97	72.50	26.53
1999	7.22	69.72	23.06	1.00	76.61	22.39

攀枝花市经济结构属于二、三、一模式，第二产业比重大，第三产业不发达，第一产业规模小，经济结构的特点决定了财政收入占 GDP 的比重高于省内其他地、市、州，经济的发展和税收的增长过分依赖于第二产业。从各产业提供的税收情况看：

第一产业提供税收规模较小，所占比重呈逐年下降趋势。1990 年提供收入 710 万元，占全市税收总收入的 1.88%，1999 年提供收入 1,519 万元，占全市税收总收入的 1%，虽然收入额比 1990 年增加了 1.14 倍，但从 1994 年起呈逐年下降的态势，究其原因一是受二滩电站建设用地影响，耕地占用税起伏较大；二是受国家天然林资源保护宏观政策的影响，原木特产税逐年下降。

第二产业提供税收占主导地位，但比重呈下降趋势。1990 年我市二产业提供税收 31007 万元，1999 年达到 116765 万元，增加 85758 万元，年均增长 30.73%，所占税收比重由 1990 年 82% 下降到 1999 年的 76.61%，下降 5.39 个百分点。

第三产业提供税收规模逐年扩大，所占比重逐年上升。1990 年第三产业提供税收收入 6098 万元，1999 年达到 34134 万元，增加 28036 万元，年均增长 51.08%，所占比重由 1990 年的 16.13% 提高到 1999 年的 22.39%，上升 6.26 个百分点。

二、财政支出促进经济增长

财政作为政府调控经济的重要手段，与计划等手段相比具有准确性、目的性、综合性的特点，可以直接调整经济运行的走势，使经济发展的各项指标接近或达到政府的宏观调控目标。1990 年以来，攀枝花市财政支出与 GDP 的关系见表一。

表五：攀枝花市财政支出与 GDP 增长情况表

年度	GDP（现价）	可比价增长%	现价增长%	财政支出	财政支出增长%
1990	278421	-2.8	-3.1	19903	
1991	376147	20.4	35.10	23988	20.52
1992	431441	9.7	14.70	32319	34.73
1993	565188	17.6	31.00	49848	54.24
1994	719001	11.9	27.21	71278	42.99
1995	809314	9.1	12.56	95286	33.68
1996	894596	7.8	10.54	112682	18.26

年度	GDP (现价)	可比价 增长%	现价 增长%	财政 支出	财政支出 增长%
1997	985476	9.4	10.16	128993	14.48
1998	1049112	5.9	6.46	129519	0.41
1999	1083057	3.3	3.24	116982	-9.68

从表一可以看出,财政支出与经济增长密切相关。政府的财政支出,一部分可以直接转化为国内生产总值,更多的是通过财政资金的导向作用和乘数效应推动社会总需求的增长,从而促进国民经济的发展。

从攀枝花市近年来经济发展的实践可以看出,财政支出对经济发展的作用主要体现在以下几个方面:

1.通过实施积极的财政政策,加大基础设施投入的力度,直接拉动经济增长。进入"九五"以来,我市国家重点建设项目相继完工,固定资产投资大幅回落,投资对经济的拉动作用明显减弱。与此同时,我国买方市场逐步形成,供求关系发生了根本变化,攀钢二期、二滩电站投产后没有实现预期的目标,使全市经济增长速度急剧下滑。面对社会消费需求不振,企业投资信心不足,居民消费低迷的情况,我市认真执行中央的重大决策,实施积极的财政政策,在比较困难的情况下,加大对路桥、机场、供水、供电等基础设施建设的投入,1991年至1999年全市基础设施累计投入达:447亿元,直接促进了社会总需求的增长,对控制GDP下降幅度,使其达到或接近政府的宏观预期目标,起到了非常重要的作用。

2.通过执行有利于企业发展的财政税收政策,在壮大支柱产业,培育新的经济增长点方面,起到重要作用。为支持我市龙头企业攀钢(集团)公司的发展,我市执行了国家有关部委对攀钢钒钛产品增值税实行先征后退,对攀钢冷轧项目外汇借款增值税实行以税还贷等政策,有力地支持了攀钢结构调整工作,1999年末攀钢钢、热轧板、冷轧板产量全面超过设计能力和历史最好水平,钒钛工业产值占全部工业比重比"八五"末提高近4个百分点,为攀钢钢铁主业的壮大和钒钛产业的发展起到了重要作用。近年来,市财政增加了对地方工业支持力度,通过税收返还、技改资金投入等形式,帮助企业扭亏解困,帮助企业进行技术改造和新产品开发,使一些地方企业渡过了难关,出现了生机。

3.通过财政支出,支付了一部分企业改革成本,为深化企业改革,促进企业转机转制发挥了重要作用。市财政通过返税、税前还贷等措施,缓解企业还贷压力,支持企业的基本建设,支持了商贸企业的发展,为推动政策性运营企业转换经营机制,建立现代企业制度,市财政对市级粮食、食品、蔬菜、煤建等企业投入了大量资金,帮助这些企业建立新型的发展模式,为企业深化改革和加快发展创造了条件。

4.通过支农支出,加强了农业基础,有利地支持了农业和农村经济的发展。我市财政始终把对农业的支持放在重要位置,在"八五"、"九五"期间,我市财政对农业的投入逐年加大,累计投入建设资金3.8亿元,农业的投入共达6.3亿元,有力地支持了以水利设施为重点的农业基础设施建设和各种优质高产农副产品基地建设,支持了科技兴农工作的开展和乡镇企业的,为农业生产条件的改善和农业产业结构的调整,为农业和农村经济的发展起到了关键性作用,对全市国民经济的发展,也起到了稳定基础的作用。

5.为解决经济发展中的热点问题,为保持社会的稳定做出了重要贡献。"八五"期间,在宏观经济过热情况下,物价水平涨幅较大,物价水平一时成为社会经济生活中的一个热点问题。为将物价水平控制在居民能够承受的范围,市财政通过增加对居民生活密切相关的商品的价格补贴,有效的抑制了这些商品价格的上涨,为将物价指数控制在政府宏观调控目标范围内作出了贡献。近年来,为构筑社会主义市场经济体制框架,加快社会保障体系建立步伐,市财政加大了资金投入,支持三条保障线的建设,为国有企业改革的深化,为全市经济的发展和社会的稳定,创造了条件。

三、财政与经济的数量关系模型的现实运用

攀枝花市财政收入与经济增长的数量模型表明,攀枝花市财政与经济数量关系呈高度的正相关关系,这种关系对制定财政政策,促进经济发展、科学、合理的编制财政预算,更好的发挥财政的职能作用有极大的作用;这种关系还为监控财政合理运行,实施动态管理提供了依据。

(一)攀枝花市财政收入占GDP比重合理值的研究

财政收入职能具有"双刃剑"的功效;财政收入占GDP的比重过小,影响财政职能的发挥;财政收入占GDP的比重过大,将会影响人民群众的物质生活水平的提高和企业扩大再生产的发展,因此,在进行财政管理中确定一个合理的比值域。

1.财政收入占GDP比重最高值的界定

财政收入占GDP比重的最高值,实际上是指一个国家或地区在一定时期内国民收入初次分配中,国家集体中的最高限度。根据研究表明,现阶段我国财政收入占GDP的最高限额为20~25%。超过这个值就将影响人民的物质生活的不断改善和企业经济不断发展的要求,我国只是在高度集中的计划经济时代超过这一界限,并且是以牺牲人民的物质生活改善为代价的。实践证明,20~25%这一比重界定是符合我国目前经济结构和现实社会平均有机构成水平要求的,攀枝花市财政的预算管理当然也不能突破这一最高界限。另外,攀枝花市的经济结构也决定了这一比值为最高界限;攀枝花市税收收入来自第二产业的比重平均高达98.44%,而在这一产业的产品价值构成中,又多属低附加值的产品,活劳动物化价值明显偏低。在这样的情况下,若财政收入突破这一最高界限,势必极大影响社会再生产。第三,按目前财政管理体制的划分来看,中央企业的国有资产所有者权益直接上缴中央财政,而其产值却统计在地方的GDP中,所以,作为中央企业在攀枝花经济占极大比重的攀枝花市财政收入占GDP的比重必然偏小。基于以上的分析,我们认为财政收入占GDP的比重不超过20~25%应为攀枝花市财政收入的最高预警值。

2.财政收入占GDP比重最低值的界定

财政收入是实现政府职能的物质前提,因此组织多少财政收入应视政府职能的实现对物质的需求量而定。在市场经济条件下,政府的职能主要有二:一是履行国家机器的职能,二是调控经济建设的职能。这两个职能中第一个职能分首要的和基本的职能,在履行这个职能过程中,对资金的需求具有极大的刚性。因此财政收入的数量最低的界限,应以实现这个职能的最低界限。通常在预算管理中表现为经常性的财政支出。攀枝花市1991~1999年十年间经常性支出占GDP及财政收入的比重如下表:

表六:经常性支出占GDP及财政收入比重表

单位:万元

年度	GDP	地方财政收入	经常性支出	支出占GDP%	支出占财政收入%
1991	376147	42415	13761	0.66	32.44
1992	431441	50788	20569	4.77	40.5
1993	565188	94449	27298	4.83	28.9
1994	719001	106470	36809	5.12	34.57
1995	809314	118160	46558	5.75	39.4
1996	894596	139129	55379	6.19	39.8
1997	985476	148196	67227	6.82	45.36

年度	GDP	地方财政收入	经常性支出	支出占GDP%	支出占财政收入%
1998	1049112	146750	79728	7.6	54.33
1999	1083057	133145	80204	7.4	60.24
平均	768148	108833.6	47503.7	6.18	43.65

注:经常性支出=消费性支出-城市建设维护费-价格补贴

从该表可以看出:经常性财政支出占GDP的比重是呈逐步增加的趋势,从1991年的3.66%增至1999年的7.40%,增幅达一倍。因此如何认识这种增幅,对于确定财政支出的最低界限是很重要的。

(1)贯彻执行国家的分配政策,在经常性财政支出中较大比重的个人收入支出增幅较大,见下表:

表七:个人收入支出占经常性支出的比重及环比增长速度表

	1991	1992	1993	1994	1995	1996	1997	1998	1999
公用经费支出额	8367	10133	13082	20275	23718	31913	39977	48420	52415
占经常性支出的百分比%	60	49.3	48	55	51	57.6	59.5	60.7	65.4
递增%		21.1	29.1	55	17	34.6	25	21	8.2

由表可见,从绝对量看1999年比1991年增长了5.3倍,从环比角度看,是以每年平均26.4%.的增幅上涨,这部分支出由于是贯彻国家的分配政策,具有很大的刚性。同时,由于这部分支出占经常性财政支出的一半以上,因此,可以说这部分支出的增加是财政经常性支出增加的主要因素。

(2)执行政府职能,公用经费的支出增幅也较大。这部分经费的支出是实现国家职能的重要财力保证,但由于我国的社会经济处在深化改革的阶段,难免会出现一些属于改革成本性质的支出,这些支出会随着改革深化或完成二减少或消失。此外,财政体制的不断改革和完善,强化预算的法律约束,有些支出也可以大幅下降。据匡算,公用经费的支出可望在政府改革目标实现后,由目前占经常性支出比重的30%左右下降为20%左右,即目前的公用经费占GDP的2.%下降为1.4%左右。若再从占经常性支出比重10%左右的其他支出中进行压缩开支50%,即从目前的其他开支占GDP的0.7%降为0.35%,那么在立足现状并着眼长远的未来的角度分析,经常性支出将可降为1.15%。

(3)经常性支出与GDP比值的最低界限取值

从表一我们可以看到,九年间的决算数字表明,经常支出占GDP的平均值是6.18%,但我们又从表二中发现1999年的个人收入支出额超过了1995年的经常性支出总额,由此,1996年以前的数字又具备可比性。根据经验我们将1999.1998.1997.1996年的经常性支出和同期的GDP进行加权平均,权重分别为4:3.5:2:0.5,则经常性支出占GDP的平均值为7.31%。前述可降低1.15%则经常性支出占GDP的比重应为6.16%。此值由于非常接近九年的平均值,因而是可信的,考虑到政策等因素,我们取九年中的最高值(1998年)7.6%为上限,因此经常性支出占GDP的比值的最低限即预警线应在6%至7.6%之间为宜,自然,这也是财政收入占GDP的最低预警域值。

3.财政收入占GDP比重合理值的界定

财政收入占GDP比重最大值和最小值只是一个大的上下界限,在大多数的年份里,财政收入占GDP的比重不可能在这两个极限点运行,那么究竟在哪个区间运行最合理呢?这首要给合理值下一个定义。所谓合理值,应是能最充分发挥财政职能的值域。财政职能发挥好坏应由以下标准来判断:(1)有利于国家的安全,社会的稳定;(2)有利于GDP的快速增长;(3)有利于人民的物质文化生活水平的不断提高;(4)有利于国家集中更多的调控资金,在现代市场经济的国家,对经济的宏观调控,不管是施行财政政策还是货币政策,都需要有强大的财政做后盾,尤其在经济危机,通货膨胀,通货紧缩时更显突出。总之,财政职能的充分发挥必须同时具备上述四个条件。这四个条件也就成为界定财政收入占GDP比重合理域值的标准。值得指出的是,合理域值是一个相对概念,相对于不同的经济领域,不同的经济结构,不同的政策背景,因此,我们在此仅就攀枝花地方财政收入,立足当前,着眼未来,探讨财政收入占GDP比重的合理域值的问题。首先,财政收入对GDP的影响。GDP的增长并非越高越好,其良性增长是以国民经济协调发展为前提的,绝对的GDP的高速增长如属部分行业的拉动,将造成国民经济结构性失调,造成隐患。研究表明,在我国当前的生产力水平条件下,GDP的增长控制在10%左右属于良性增长,这是指全国而言的,对于地方的GDP,则由于分工,自然环境,历史因素等不能机械地套用,但过高的GDP的增长速度对于区域经济的发展同样会引起通货膨胀等经济问题。因此从区域经济的角度讲,GDP的增长也应有合理界限:即10%至20%。攀枝花GDP增幅在此范围内的年份有1992年、1995年、1996年、1997年。此四年财政收入占GDP的比值分别为11.77%、14.6%、13.55%、15.04%。因此从GDP合理增长和财政收入占GDP比重的合理区域应是11%至16%。

其次,从财政的积累来看,经常性支出占地方财政收入的比值小于50%的年份有1991年、1992年、1993年、1994年、1995年、1996年、1997年,大于50%的年份有1998年、1999年。此条件和上一条件系交叉重合的是1995年、1996年、1997年相对应的GDP应为14%~16%为合理区域。

再次,从企业积累和人民生活水平的需要角度来看,正如前述,财政收入占GDP的最高界限2025%,表明超过这一区域,企业的积累和人民的物质生活就要受到影响。攀枝花的10年财政运行情况符合这一标准。

因此,三项标准同时具备的合理域值仍是14~16%。

4.建立财政收入占GDP比重的预警系统

根据以上几个区间的比值,我们设立攀枝花财政收入占GDP比重的预警系统,旨在动态地实施预算管理。该系统划分为五个区域:(1)最低值6~7.6%,低于这个区间值,政府机关就不能正常工作;(2)最高值:20~25%,高于这个区间值,不利于人民生活的改善和企业的发展;(3)合理值:14~16%,此区域值为最佳值,是努力奋斗追求的目标,有利于充分发挥财政职能;(4)最高值:17~20%,此区域值有偏高的迹象,应逐步降低,否则对社会经济将对产生不利影响;(5)偏低值:7~14%,在此区域内,表明应引起警惕,逐步提高比重,否则影响财政职能的发挥。

附表:财政支出与GDP构成情况表

年份	财政支出						GDP(绝对数)			
	合计	投资性支出				消费性支出	合计	第一产业	第二产业	第三产业
		小计	第一产业	第二产业	第三产业					
1990							279421	30598	191080	56742
1991	23988	6346	1680	1132	3534	17642	376147	32988	268118	75041
1992	32319	7869	2328	1582	3959	24450	431441	35033	308782	87626
1993	49848	17736	3149	8090	6497	32112	565188	35494	435647	94047
1994	71278	29400	4006	7368	18026	41878	719001	47885	529185	141931
1995	95286	41058	4657	7546	28855	54228	809314	63612	557375	188327
1996	112682	47854	4881	8884	34089	64828	894596	69152	608415	217029
1997	128993	52924	4987	15841	32096	76069	985476	75980	659678	249818
1998	129519	40150	6064	8892	25194	89369	1049112	78893	734693	235526
1999	116982	29068	5796	8312	14960	87914	1083057	78197	755107	249753

附表:财政支出与GDP结构情况表

年份	财政支出						GDP(绝对数)			
	合计	投资性支出				消费性支出	合计	第一产业	第二产业	第三产业
		小计	第一产业	第二产业	第三产业					
1990							100	10.99	68.63	20.38
1991	100	26.45	7.00	4.72	14.73	73.55	100	8.77	71.28	19.95
1992	100	24.35	7.20	4.89	12.25	75.65	100	8.12	71.57	20.31
1993	100	35.58	6.32	16.23	13.03	64.42	100	6.28	77.08	16.64
1994	100	41.25	5.62	10.34	25.29	58.75	100	6.66	73.60	19.74
1995	100	43.09	4.89	7.92	30.28	56.91	100	7.86	68.87	23.27
1996	100	42.47	4.33	7.88	30.25	57.53	100	7.73	68.01	24.26
1997	100	41.03	3.87	12.28	24.88	58.97	100	7.71	66.94	25.35
1998	100	31.00	4.68	6.87	19.45	69.00	100	7.52	70.03	22.45
1999	100	24.85	4.95	7.11	12.79	75.15	100	7.22	69.72	23.06

（范从伦、财政课题组）

三季度攀枝花市工业经济效益情况分析

伴着新世纪的脚步,我国的宏观经济形势出现了令人欣慰的重大转折和向好势头。在这大好形势下,我市工业生产步入了恢复性增长阶段,在以攀钢为龙头的大中型企业的带领下,全市工业生产快速增长,工业产品销售趋旺,但利润下降幅度仍未遏制,1-9月份,盈亏相抵后的利润总额为-73326万元,比去年同期增亏19202万元,增长35.48%。扣除二滩电站的巨额亏损影响(1-9月,二滩亏损88314万元),全市盈利14988万元。可以说,三季度,全市工业经济运行情况喜忧参半,有成绩,也有不少问题。

一、取得的成绩

1.产品销售收入、销售利润继续增长。1-9月,我市国有及销售收入在500万元以上的非国有工业企业,完成销售收入1194695万元,比去年同期增长22.63%;实现产品销售利润16202万元,比去年同期增长252.55%。

2.企业存货产品下降,流动资产周转率加快。1-9月,全市产成品占用为115859万元,比去年同期下降37.48%。由于产成品资金下降,流动资产周转率为1.59次,比去年同期增加0.38次,同时,应收帐款净额为278861万元,比去年同期下降12.55%。

3.工业增加值大幅度上升。1-9月,全市完成工业增加值416399万元,比去年增长21.06%。主要是攀钢(集团)公司、川投电冶有限公司和二滩水电开发有限责任公司这"三架马车"的驱动,三家的增加值占了全市的80.38%。

二、存在的问题

1.资产负债率过高。1-9月,我市资产负债率高达81.6%,比去年同期上升0.55个百分点,1-8月,比全省平均水平高出17.04个百分点。尽管负债经营,是现代商品经济的显著特征。适度的负债经营,一可以迅速筹集资金;二可以降低资金成本;三可以增加自有资金的利润率。但过度负债只能造成利息支出过大,负荷过重,企业不能正常运转。我市的亏损大户——二滩水电开发有限责任公司、冶金机械电子公司、广厦建材股份有限公司的资产负债率分别为98.9%、116.84%、85.16%。大大超过了正常负债的国际标准30%-50%的范畴。

2.成本费用利润率低。1-9月,全市成本费用利润率为-5.67%,表明全市工业企业整体生产经营情况较差,主要表现在一些亏损大户工业产品成本高,各项费用支出较大。产品在市场上缺乏竞争力。1-9月,全市产品销售费用为42452万元,比去年同期增长96.79%;管理费用为105331万元,比去年同期增长41.36%;财务费用为164008万元,比去年同期增长186.25%。其增长幅度都分别高于销售收入的增长幅度。集中反映在我市大中型企业中的煤炭行业和水泥行业。攀枝花煤业(集团)公司,由于体制和管理水平等原因,产品成本较高,尽管产品质量过硬,仍让客户感到"高处不胜寒"。金沙水泥股份有限公司,主导产品为四川名牌水泥产品,在攀西及滇西北市场有很高的信誉,但由于价格较高,除二滩电站等大型工程使用其产品外,在市场上缺乏竞争力。二滩电站基本建设完成后,该厂一直处于亏损状态,攀枝花飞机场的建设可能在今后能推动该厂的生产发展。

3.结构升级步伐慢,老工业基地的结构性衰退日益明显。我市的工业结构中,过于向采掘、粗加工的行业集中,在我市全部国有和销售收入在500万元以上的非国有企业中,仅采掘业就占了28.38%,再加上一些粗加工行业,在全部工业企业中占了较大的比例。因而,生产的产品多属于"资源"型或初加工产品。产品的技术含量低,附加值小,市场局限性大,这种带有自然经济特征,以数量扩张的粗放型经营,造成区域性的产业结构趋向。我市上前大量存在的小煤窑,和蜂拥而上的小型水泥厂、轧钢厂就是这种过份强调资源优势的指导思想的产物,这些企业,由于设备简陋,资源开发利用率低,不仅造成资源的极大浪费,而且对自然环境也造成了巨大的危害,也不利于我市持续、稳定的发展。

4.全市中小型企业各方面的实力比较单薄,

抵御风险的能力相对较弱。在全市国有及销售收入在500万元以上的63户企业中,中小型企业就占了88.9%,但销售收入却只占全市的6.22%,利润更是微乎其微。主要由于内部管理水平低下,同时,资金供需矛盾突出,也制约了企业发展。在前几年国家“抓大放小”的大环境中,各级政府和部门注意力集中在国有大中型重点企业上,在政策、资金等方面对中小企业的扶持相对消弱,中小企业由于自身利润额小,企业留利不多,资金不足导致企业在技改资金投入上力不从心,制约了设备的更新、产品的结构调整等内涵扩大再生产。

三、措施和建议

1.抓好债转股的组织实施,积极争取进入国家债转股的总盘子,减轻企业的债务负担。使债转股为企业改良产品,提高档次带来机遇,这种局部结构上的调整,最终会影响我市经济的全局改善。

2.强化管理增效益。各企业尚需花大力气加强科学管理,降低成本消耗,努力提高生产效率与经济效益。

3.逐渐由“资源依托型开发”转向“市场导向型开发”。打破“立足资源搞开发”的旧思路,引导企业不断更新和优化产品结构,从市场需求出发,大力调整产品结构,不仅限制过剩产品生产,更要努力增加短缺品的生产。引导企业增产适销对路的产品,附加值高的产品、在我市建立高新技术园区的同时,搞一些高新技术产业。

4.改善中小型企业的融资环境,充分发挥我市资源丰富,攀西劳动力资源充足的优势,再花大力气争取与发达地区大型优势企业多种形式联合,借用或引进人才、技术、资金、品牌优势,生产出成本低、质量高的产品,借船出海,抓住机会树立自己应有的品牌。

撰稿人　辜红

调整优化结构切实增加农民收入

改革开放以来，我市农村经济发生了翻天覆地的变化，农民收入显著增加，生活条件大大改善。91—95年我市农民人均纯收入年平均递增18.5%，95—98年年平均递增19.7%，增长幅度都达到了两位数。但从1998年以后，我市农村居民人均纯收入增长速度逐渐放慢，1998和1999年分别比上年增长8.5%和4.9%；而全国同一时期也只分别增长4.0%和3.8%；全省分别增长6.5%和3.0%。从全国、全省、全市看，农民收入增长缓慢已成为当前农村经济发展中的突出问题。农民收入上不去，购买力难以提高，农村市场启动乏力，城乡居民收入差距将进一步扩大。党的十五届三中全会作出的"中共中央关于农业和农村工作若干重大问题的决定，"强调要把增加农民收入，减轻农民负担作为党在农村工作的重要任务之一。增加农民收入，不仅符合我国的长远利益，也是农村全面实现小康，逐步向更高的水平前进的基本条件，农业农村问题的核心是农民问题，农民问题的关键则是增收的问题。下面就我市农民增收问题提几点建议：

1.**加快农业产业化步伐**。农业发展现阶段，小生产与大市场的矛盾越来越突出。实施农业结构战略性调整，必须首先改变传统的农业生产方式，走产业化之路。通过产业化提高农产品比较效益，保持农副产品价格的稳定，疏通农副产品销售渠道，实现农业增产农民增收，提高农民的货币收入。

2.**积极调整和优化农村产品结构，更新观念，加强农业市场化**。调整优化农村产业产品结构，是增加农民收入的启动点和着力点。传统的农村产业产品结构无疑难以支撑起农民收入的快速增长，当前我们应抓住农产品供求总量基本平衡，丰年有余，个别农产品明显过剩的有利时机，迅速改变过去单纯追求产量的传统作法，坚持产量、质量、结构、效益的统一。所以在实施农业结构的调整中，必须在宏观调控下，真正做到市场引导调整，调整适应市场，应围绕市场做文章，以调整品种结构和调整品质结构为重点。避免农民增产不增收，甚至增产减收的局面重演。

3.**依靠科技，加速农业科学技术的推广**。农业科技正在发生一场新的革命，当前农村产业结构的调整，需要信息、技术、资金和农民的自觉需求。在信息、技术、资金还不充足的情况下，政府主要应通过发展科技来激发农民调整产业结构的积极性，要切实抓好农业科技成果转化，健全农业科技推广机制，把农业科技人员作为农民致富引路人，激发农民依靠科技调整产业结构增加收入的积极性，走科技兴农之路。

4.**坚持从实际出发，因地制宜，促进农业多元化**。在调整农业结构上不能只在面积增减上做文章，也不能一阵风，一个模式，别人种什么，我种什么，别人调什么，我调什么。而要因地制宜，发挥区域比较优势，在突出地方特色上下功夫，走有选择的增收之路。我市县区在农业发展中各有优势，仁和蔬菜、水果(石榴、芒果、桂园等)；米易的早市蔬菜、早市枇杷、甘蔗；盐边畜牧业、脐橙等都各有特色。各地在抓农民增收问题上，要利用不同的相对优势，走最适宜本地发展之路。这种优势可以是产品优势，也可以是加工优势，可以是资源优势，也可以是经济优势，要有区别地加以选择，要以农民增收为出发点，真正把农民增收落到实处。

5.**调整结构，创名牌效益**。现阶段农业发展中的重大问题，就是农民能否增收的问题，关键是搞好农业结构战略性调整。农业、畜牧业、乡镇企业都有结构调整问题，产品、品种、品质也有结构调查问题。结构调整是全局性工作，但是具体到某一区域，是具体的产业、产品、品质结构调整问题，不能搞一刀切，结构调整是个较长的过程，保护什么、限制什么、发展什么、淘汰什么，不能盲从。所以在调整优化产品结构的同时，要提高产品的质量，树立品牌意识，提高农产品档次，创立名牌产品，形成产品的优势，走名牌效益之路。

6.**加快乡镇企业发展步伐**。乡镇企业已经有了一定的基础，这为我们快速发展提供了一定条件。目前要发展乡镇企业，要大力调整乡镇企业的生产结构与组织结构，要树立市场观念、竞争观念和优胜劣汰观念，提高乡镇企业的素质和竞争力。防止低水平重复建设，放松对乡镇企业的经营限制。

7.**搞好小城镇建设**。合理规划和建好小城镇，充分发挥小城镇对商品流通的集散地作用，促进农产品流通渠道的顺畅，能带动农村二、三产业的发展，为农业剩余劳动力转移提供就业机会，使农民富裕起来，增加农民收入，提高其购买力。

8.**积极扩大劳务输出**。劳务输出已成为我市农民增收的一个渠道。据我市上半年农村住户调查资料表明，我市农村外出从业人平得到收入53.48元，比在本地企业中劳动人平得到24元，多29.48元，这反映农户外出打工收入来源不是一个小数，各级政府应积极引导劳务输出。

总之，要千方百计促进农村经济全面发展，当前的中心工作就是农民增收。各级政府必须加强领导，密切注意农民增收面临的新情况、新问题。帮助他们开辟多种增收渠道，解放思想，开拓创新，全方位，多元化调整农业产业结构，使农民收入水平稳步提高，确保我市农民增收目标的实现。

攀枝花市统计局 黄玉梅

开拓消费市场　促进经济发展

喜迎千禧,新世纪催人奋进。随着生产的发展和供求状况的改善,我国经济正从生产导向型转向消费导向型,消费作为目的性要素的地位逐步提高,当消费不仅在数量,而且在个性、结构、层次等诸多方面对生产提出要求和选择时,国民经济的消费导向型特征就会明显地表现出来。消费导向型经济时代的到来,不仅对生产提出了更高的要求,而且意味着消费将成为经济增长的重要因素,因此认清我市消费市场形势,努力开拓消费市场,对拉动我市经济增长,促进全市经济可持续发展具有重要的意义。

一、市场疲软,消费回落已经成为我市社会经济生活中的现实问题

我市是六十年代发展起来的新兴重工业城市,企业的建立,城市的建设都需要国家大量的投资,所以,投资始终是推动攀枝花经济发展的重要因素。但是,近两年,随着攀钢二期工程顺利结束,二滩水电站建设收尾,投资大幅度下降已不可避免,投资对经济的拉动减弱,投资中转化为消费资料的需求减少。

与此同时,随着生产的'相对过剩','卖方市场'向'买方市场'的逐渐过渡,我市消费市场受到了前所未有的挑战。1999 年,全市社会消费品零售总额 357070 万元,仅比去年同期增长 3.3%,是近几十年来增速低于两位数且增幅最小的一年。在消费回落的同时,物价也连续走低,物价水平从 1998 年 6 月起,已连续两年呈负增长,1999 年全年社会商品零售价格指数和居民消费品价格指数分别为 97%、98.2%。市场疲软、消费回落、物价走低已成为现实问题。

二、市场疲软、消费回落原因分析

首先,从宏观上来看,'买方市场'逐步形成,商品供应'相对过剩'。经过改革开放 20 年的'量'的积累,商品供应的种类越来越多,范围越来越广。据国内贸易局对主要商品供求排队的结果显示:1985 年—1989 年是我国主要商品供求最短缺时期;1992 年—1993 年是主要商品供求状况最好时期;1997 年—1998 年全面实现了由'卖方市场'向'买方市场'的历史性转变。

第二,城乡居民收入增长放慢,社会购买力减弱。近两年来,我市经济进入调整期,经济增长率放慢。同时,由于改革力度加大和企业生产经营困难,居民收入减少,1999 年城镇居民可支配收入仅比去年增长 3.28%;农民因农产品价格下跌,出现了增产不增收的局面,99 年农民人均现金收入比去年减少 5%。整个社会购买力减弱,更增长了市场的疲软。

第三,购买力分流

一是国家利率下调和股市的高回报,吸纳了大量资金入市。二是住房、医疗、保险、教育等方面的改革力度进一步加大,使相当部分居民收入继续向这些领域转移。

第四,消费行为理性化。由于预期消费心理减弱,居民消费行为已由从众攀比的购物心理转向理性化和个性化,消费行为的变化成为影响市场消费的主要原因。

第五,消费结构发生较大变化,服务性消费大幅上升。从 1995 年——1999 年城市居民生活资料调查看,随着消费水平的提高,居民消费已从吃、穿、用等生存型消费,向娱乐、保健、渡假等享受型消费转变,吃、穿的消费比重从 95 年到 99 年分别下降了 11.42% 和 3.39%,而服务性消费大幅上升,消费比重上升了 4.9 个百分点,呈逐步上升趋势,且服务性消费增长快于商品消费增长。

第六,由于我市农村消费环境等因素的制约,巨大的农村潜在市场短期内尚难转化为现实市场。

三、采取积极有力措施,扩大消费需求,促进全市经济增长

就我市来说,由于经济已进入调整期,今明两年都是经济增长的低谷年,在扩大投资的同时,研究措施,开拓市场,扩大消费,形成投资和消费对经济增长的双重拉动,促使全市经济尽快走出低谷,意义重大。

1. 充分认识到扩大消费需求对全市经济发

展的地位和作用。

根据有关资料统计,最终消费率的国际水平在70%左右,而我市1999年的最终消费率为45.2%,我市的消费率如此低,是因为投资的增长速度快于消费的增长速度,但是,随着'两个二'工程的结束,可以认为,靠投资为第一推动力的时代将要结束,消费必定会取代投资而上升到第一位,对这一判断,我们一定要有充分的认识并引起足够的重视。

2.提高城乡居民的收入,增强社会购买力。这是扩大消费需求的前提。从城市来说,首先是搞好现有企业,提高企业效益;二是适当提高公务员工资水平。从农村来看,应按市场需求调整农业结构,达到增产增收的目的;大力扶持乡镇企业发展,拓宽农民收入渠道;继续减轻农民负担,并把它纳入法制化轨道。总之增加农民收入,不仅关系到农村社会经济发展和稳定,也是开拓农村市场的首要条件。

3.积极开拓农村市场,把潜在市场转化为现实市场。从我市人口结构来看,我市100万人口中,农村人口占一半,其消费潜力是巨大的。要开拓农村市场,当务之急是要改善农村消费环境,为农民消费创造好的条件。其次加强引导,转变农民的消费观念;搞好售后服务,解决农民的后顾之忧。

4.继续整顿和规范市场秩序,加大打假力度。就一个市场而言,产品质量是其生命,一个'伪劣'产品充斥的市场,只能造成市场秩序混乱,消费者不敢消费的尴尬局面,对我市市场来说,加大打假力度,保护消费者的合法权益,营造一个良好的消费环境,是促进我市消费的永恒主题。

5.改变传统作法,建立地区经济信息网络。利用网络经商已成为经济发展的必然趋势。当今世界信息网络和人民生活息息相关,在一些经济强国,信息产业及紧密相关的产业在国民经济总量中的比重已逾60%。努力建设攀枝花的经济信息网络,对改变我市第三产业发展缓慢,商业网点布局不合理,基础设施落后,促进我市经济和社会发展具有重要的意义。

6.找准突破口,启动市场扩大消费需求。就目前市场状况而言,'住宅二级市场'、'假日消费'、'教育消费'是带动经济发展的新增长点,由此带动的相关行业面也广,因此出台一些宽松的政策措施,积极引导其消费,是政府应考虑的重要问题。

撰稿人:刘方刚

《攀枝花妇女发展实施规划(1996-2000年)》监测评估报告

妇女是创造人类文明和推动社会进步的一支伟大力量,妇女的进步与发展关系着一个国家综合国力的增强和民族素质的提高,是反映一个国家社会发展和文明程度的重要标志。为此,根据《中国妇女发展纲要》和《四川妇女发展实施规划》,结合实际情况,我市于1996年6月制定了《攀枝花妇女发展实施规划(1996-2000)》,将其纳入了攀枝花经济和社会发展的总体规划。几年来,随着《攀枝花妇女发展实施规划》(以下简称《规划》)的贯彻实施,我市妇女的政治、文化素质不断提高,参政议政能力不断增强,卫生保健不断改善,劳动权益,法律保护均有明显提高。在建设、繁荣攀枝花经济中发挥了重要的不可替代的作用。本报告将根据2000年度的监测统计资料,旨在反映我市《规划》的实施完成情况,供决策参考。

一、妇女发展的社会经济环境

1995年以来,我市坚持以经济建设为中心,加快改革开放步伐,努力克服经济环境变化和我市经济进入调整期所带来的不利影响,完成了"九五"调整计划各项主要指标,胜利实现了我市现代化建设第二步战略目标。我市经济和社会的持续发展为妇女的进步与发展创造了良好的社会环境和条件。

(一)经济实力不断增强。1995-2000年,反映我市国民经济发展的各项指标,均大幅度增长,综合经济实力明显增强。2000年,全市国内生产总值(GDP)达到114.76亿元,按可比价计算,比1995年增长38%,年均增长6.65%;财政收入达到6.9亿元,实现了财政收支滚动平衡。

人口增长得到控制。1995-2000年,我市人口自然增长率持续下降,且均控制在10‰以下,2000年仅为8.76‰。全市总人口103.01万人,比1995年增加6.86万人,增长7.13%;其中:女性为49.13万人,人口性别比为109.67。育龄妇女(15-49岁)29.05万人,占女性总人口的59.13%。

人民生活水平逐步提高。2000年,我市城镇居民人均可支配收支6732元,比1995年增加1289元;农民人均纯收入2439元,比1995年增加991元。居民消费价格指数为99.60%,几年来呈下降趋势。

社会事业稳步发展。几年来,我市加大了对各项社会事业的投入力度,促进了全市各项社会事业的全面发展,广大妇女在医疗、保健和教育等各方面的保障程度不断提高(见下表)。

攀枝花市社会事业发展主要指标

指标名称	1995年	2000年
每千人拥有的卫生机构数(个)	1	1
每千人拥有的卫生技术人员数(人)	7.44	9.34
每千人拥有的医生数(人)	4	4
使用合格碘盐的住户比例(%)	99.8	98.1
卫生事业经费支出额(亿元)	0.49	0.6
教育经费总额(亿元)	2.51	3.5
广播人口覆盖率(%)	80.09	91.8
电视人口覆盖率(%)	85.03	93.7

二、《攀枝花妇女发展实施规划》目标完成情况

(一)妇女参政议政

女人和男人在社会生活的各个方面具有同等的权利和地位，妇女行使政治权利，参政议政是妇女地位提高的重要标志。《规划》中也明确指出：进一步加强培养选拔女干部工作，提高妇女参与国家和社会事物决策及管理的程度。为此，市委、市政府采取各种措施，消除各种歧视，提高妇女地位。

在各级人大代表政协委员中，妇女代表和委员所占比例总体水平一直保持20%以上。2000年，我市的全国、省、市、县各级人大代表中女代表的比例为20.38%，比1995年下降1.01个百分点；在全国、省、市、县各级政协委员中女委员占24.10%，比1995年上升2.67个百分点。这些女代表和女委员来自各条战线和各个行业，积极参政议政，提出了许多建设性的提案和议案。

注重培养，选拔女干部。自1996年6月《规划》制定实施以来，一批德才兼备的女干部被提拔到领导岗位上，参与决策。2000年，全市共有女干部2.74万人，占36.88%，比1995年增加0.77万人；在市级国家机关各部门负责人中，女干部占7.42%，比1995年有所上升；在市、县级党政班子负责人中，女干部占8.16%，比1995年上升1个百分点。

女党员队伍不断发展壮大。2000年末，我市妇女中共党员1.88万人，比1995年增长55.37%，增幅高于男性29个百分点。女党员占党员总数的比例亦可由1995年的17.16%，上升到2000年的20.28%，提高了3.12个百分点。他们在各自岗位上发挥党员先锋模范作用。

（二）妇女就业

实现就业，积极参与社会生产劳动，获得经济独立是妇女自强自立的重要标志，也是实现男女平等和妇女自身发展的基本条件。

全市从业人员中女性所占比重下降，农村妇女成为农业生产的主力军。2000年，全市从业人数为63.43万人，比1995年增加2.61万人，增长4.29%。在全市从业人员总数增长的同时，女性从业人员反而从1995年的24.54万人减少到24.52万人，减少200人，其在从业人员总数中所占比重亦由1995年的40.35%降至38.66%，下降了1.69个百分点。在全市从业人员中，城镇从业人员增长明显（增长9.77%），农村从业人员略有下降（下降2.28%）。女性在从业人员所占比重，城镇为31.60%，比1995年下降2.04个百分点；农村为48.15%，比1995年下降0.24个百分点。农村妇女占农村从业人员的近三分之二，已成为农业生产中的主力军。

妇女就业领域不断扩大，就业层次逐步提高。随着市场经济和现代化进程的推进，不仅给妇女就业带来新的挑战，而且给妇女提供了比以往更加广阔的就业机会。2000年，从各行业的分布情况看，女性从业人员已涉足于国民经济（指城镇经济，农业生产未包括在内）各个领域，除女性一直在其中所占比重较高的行业，如卫生、体育和社会福利业（占56.25%），批发和零售贸易餐饮业（占51.72%），社会服务业（占46.80%），教育、文化艺术和广播电视业（占44.95%）等以外，改革开放后逐步发展壮大的行业，如金融、保险业（占22.08%），房地产业（占50%）等，女性在其中所占的比重也在逐步上升，已超过男性在其中的就业人数。同时，对就业人员素质要求较高的行业，如国家机关、政党机关和社会团体（占29.41%），科学研究和综合技术服务业（占28.57%）等，女性从业人员在其中所占的比重也呈逐年上升趋势。女性从业人员的就业人员层次不断提高。

再就业工程取得较好成效。2000年末，全市城镇登记失业人员数为2.07万人，比1995年增加1.01万人，增长近1倍，以性别比例来看，女性所占比重则由1995年的58.5%下降到2000年末的22.22%，下降了36个百分点。自1997年企业开始实行下岗制度以来，再就业服务中心的下岗职工数逐年减少，下岗职工人数从1997年的0.93万人下降至2000年末的0.83万人，其中：女性在其中所占的比例亦从31.18%降至19.28%。我市城镇登记的失业人员数量特别是女性失业人员数量，自1995年以来没有出现较大量的增加，这主要得益于全市范围内大力开展的各类职业教育，实用技术培训，特别是对下岗和失业女工从失业保险基金中提取其一部分经费对她们进行免费培训,很大程度上提高了她们的就业和重新就业的能力。

(三)妇女权益

妇女的劳动权益和法制地位的体现程度,是一个国家和地区文明进步的重要尺度。几年来,我市认真贯彻落实有关妇女权益的各项法律法规,大力维护妇女合法权益,坚决打击危害妇女的各种行为,卓有成效。

女工劳动保护得到进一步加强。虽然企业改制、经济效益下滑,为女工的劳动保护工作带来了一定的难度,但各级工会、劳动部门始终将此项工作列入重要议事日程,全市女职工特别是国有企业女工劳动保护得到了进一步加强。2000年,全市职工人均保险福利费用支出1196元,比1995年增加513元,定期进行身体检查和妇科病检查的女职工人数4.53万人,基本上和1995年(为4.68万人)持平,三年一轮的检查形成制度,参加失业保险基金社会统筹职工人数逐步增加,达23万人,比1995年增加1.6万人。克服困难,保证失业保险金额的发放,2000年,人均领取失业保险金额2451元,比1995年增加451元,职工失业后,生活有了基本保障;参加生育保险基金社会统筹职工逐年增加,到2000年为1.31万人,比1995年的0.51万人翻了一番。

加大依法维护妇女权益的力度。公安、司法部门依法加大了对强奸、拐卖和组织、强迫、引诱、容留、妇女卖淫等刑事案件的侦破工作,有效地遏制了各类危害妇女、儿童权益的违法犯罪活动。从1995年以来,全市共查处组织、强迫、引诱、容留卖淫案件111起,339人;强奸案件206起,221人;拐卖妇女、儿童案件67起,73人,解救了64人。

(四)妇女教育

妇女受教育程度、文化素质状况,直接影响到一个国家或地区的国民整体素质。百年大计教育为本,加强妇女教育是提高妇女文化素质的主要途径,同时是国家未来、经济腾飞的重要保障。

女童基础教育成效显著。1995年以来,结合"两基"教育的推行和"希望工程"、"春蕾计划"的实施,使我市女童接受基础教育的比例大幅度提高,2000年,我市适龄女童入学率为99.6%,比1995年提高0.4个百分点,比男童低0.1个百分点;小学女童辍学率为0.3%,比1995年下降1.6个百分点,比男童提前一年(即1997年)实现了"使小学女童失学率、辍学率控制在1%以下"的《妇女规划》目标。

女性接受各级各类教育的比例提高。逐步提高女性接受各级各类教育的比例,全面提高妇女劳动者的素质,积极培养各类女性专业人才是大力发展妇女教育的主要目标之一。2000年全市各级各类学校学生数15.73万人,比1995年增加4.97万人,增长46.19%;其中:女学生为7.45万人;占在校学生总数的47.36%;普通中学在校女学生1.84万人,占在校学生总数的11.70%,普通高等、中等、技工和职业学校的在校女学生0.52万人,占在校学生总数的3.31%,成人教育发展较快。2000年成人高等学校女学生0.81万人,占在校学生总数的5.15%。全市已建成乡(镇)、村级文化学校443所,专职干部85人,2000年共培训农民44062人次,其中:完成50学时培训的妇女8788人。各级各类学校教育中女性学生人数的增加、比重的提高,对今后进一步提高我市妇女的整体素质奠定了良好的基础。

扫盲工作卓有成效。2000年全市青壮年文盲率为0.66%,比1995年下降1.24个百分点,其中:女性为0.37%,下降0.63个百分点,全市文盲、半文盲人口从1995年的0.66万人减少到0.2万人;其中:女性从0.45万人减少到0.09万人,其所占比重亦从68.2%降至45%,下降了23.2个百分点。《妇女规划》实施5年来,全市脱盲人数超过了男性。

(五)妇女卫生保健

妇女健康是社会和经济可持续发展的主要因素。由于生理、社会、经济、文化等原因,妇女在健康方面更容易受到伤害,更需要人保护。

卫生保健条件得到改善。2000年,全市每千人拥有卫生机构数1个,每千人拥有的医生数4人,均与1995年持平;每千人拥有病床数6

张,增加1张。拥有妇幼保健机构数9个,病床127张(比1995年增加1张),专职医生129人(比1995年增加14人),乡卫生院的妇幼保健人员配备率达100%,已经在全市范围内形成了比较健全的妇幼保健网,卫生事业经费的支出为0.6亿元,比1995年增加0.11亿元,年均增长4.13%。

妇女卫生保健工作取得明显成效,妇女健康水平有明显提高。《妇女规划》制定实施五年来,经过全市上下的共同努力,妇女保健服务各项指标已全面达标。婚前医学检查、早孕造卡、孕早期检查、产前检查、高危管理、住院分娩和产后访视等一整套孕产妇系统保健和围产期保健工作已成为我市妇幼保健机构的常规服务内容。见下表:

	1995年	2000年	目标
婚前医学检查率(%)	62.77	60.15	60
建卡率(%)	84.94	88.36	—
孕早期检查率(%)	74.90	80.50	—
产前检查率(%)	76.30	80.50	80
产后访视率(%)	61.70	81.82	80
孕产妇系统管理率(%)	74.94	80.50	80
住院分娩率(%)	49.53	79.34	—
新法接生率(%)	93.66	95.43	95
孕产妇死亡率(1/10万)	95.24	82	88.5

计划生育及人口控制成效显著。计划生育网络进一步健全,基础工作取得长足进展,县、乡(镇)普遍建立了技术服务站,为广大妇女怀孕、生育、避孕、节育提供了良好的一系列医疗保健服务。2000年,全市已婚育龄妇女综合节育率达到90%,在全市的6695例各种计划生育手术中,无一例并发症,节育手术并发症发病率为零。已婚妇女综合节育率和节育手术并发症发生率均达到了《妇女规划》确定的目标任务要求。

消除碘缺乏病工作取得成效。我市高度重视普及全民食用碘盐,基本控制碘缺乏病等疾病的发生。2000年,我市食用合格碘盐的比重为98%,达到了《妇女规划》中提出的95%的目标。

城乡普及安全饮水和卫生厕所工作取得好成效。普及安全饮水和卫生是改善人民生存环境,提高人民生活质量的重要环节。在《妇女规划》的实施过程中,我市大力开展了改厕和城乡普及饮用卫生合格水工作,取得了明显成效。按照《妇女规划》要求,1999年,农村改水人口受益率,农村饮用水覆盖率已实现目标任务。2000年农村享有卫生厕所的人口覆盖率也已达标。

指标名称	1995年	1999年	2000年	2000年目标
农村改水累计受益率(%)	72.2	89.60	95	80
城市安全饮用水的人口覆盖率%	92.50	90.70	92.10	100
农村安全饮用水的人口覆盖率(%)	58.50	67.10	70.70	50
农村享有卫生厕所的人口覆盖率(%)	49.60	46.80	74.10	50

(六)婚姻家庭

婚姻是维系家庭的桥梁和纽带,家庭又是构成社会的基本单位,家庭中女性所扮演的角色和承担的责任,对家的稳定、自身的进步、社会的发展起着举足轻重的作用。

婚姻观念发生变化,早婚陋习得以抑制,平均初婚年龄相对较高。1995年以来,我市育龄妇女平均初婚年龄一直保持在23—24岁,比全省的平均水平高近2岁。

离婚率稳中有升,结婚率逐年下降。2000年,我市的离婚率为4.92%,比1995年上升1.35个百分点,稳中有升;结婚率为19.04%,比1995年下降6.11个百分点,呈逐年下降趋势;再婚人数0.16万人,与1995年相同。创建"五好"文明家庭活动取得成效。自《妇女规划》实施以来,全市上下通过各种形式,积极开展了以文明、进步为主题的创建"五好文明家庭"活动,进步、文明的家庭观深人人心。1999年,我市"五好文明家庭"已占全市总户数的65%,已提前达到了"到2000年,全市文明家庭达到总户数的65%"的目标。

(七)扶贫解困

我市十分重视"不让妇女把贫困带入21世纪",是我市上下的共同识。按照《攀枝花市七四扶贫攻坚计划》和《妇女规划》要求,加大扶贫投入力度,立足于贫困户粮增产、钱增收,积极开展了"科教扶贫"、"巾帼扶贫"等多项扶贫工作,取得了显著成效。五年来,我市仅"巾帼扶贫""共青团扶贫""幸福工程",计生"三结合"等活动就安排250多万元,用于扶持贫困地区妇女发展种、养、林果业以及副食品加工商贸等,改建贫困地区学校、卫生院、帮助解决贫困地区妇女、儿童生产生活的实际困难。据统计,到1999年末,我市贫困地区2万多名妇女已接受实用技术培训,并都掌握了三门以上的实用技术,平均每个村已超过一名女农民技术人员;扶持发展经济脱贫示范户仅计生"三结合"户一项就超过了100户,扶持以妇女为主的扶贫经济实体达到150户,提前实现了《妇女规划》中明确的扶贫脱困各项目标任务。1998年10月,我市顺利地通过了省委、省政府组织的越温验收,近3万名妇女的温饱问题提前2年得到基本解决。其主要指标见下表。

指标名称	1995年	1999年	2000年
农村贫困人口(万人)	3.70	0.90	0.24
农村人口贫困率(%)	37	13	4.50
农村女农民技术人员数(万人)	0.03	0.05	0.05
贫困县监测脱贫数(万人)	1.63	-0.35	0.23

同时,值得注意的是,我市城镇最低生活保障线以下人口数量,近年来有所增加,2000年比上年增加0.16万人,达到0.73万人,所占比重亦达到1.35%,比上年上升0.34个百分点。

(八)妇女生存、发展的社会环境

近几年来,随着我市国民经济建设的稳定发展,我市的社区服务建设、社会福利事业也有了长足的发展,改善了妇女发展的社会环境,为提高妇女的生活质量奠定了基础。

社会服务建设取得成效。2000年,全市共有幼儿园172个,比1995年增加52个,在园幼儿人数2.64万人,增加0.73万人;福利院3个,与1995年持平,在院人数200人,增加100人;便民服务网点1370个,增加366个;城镇社区服务设施1558个,增加379个。

妇女活动阵地建设得到加强。2000年,全市各级妇联组织机构达746个,机构人员772人,比1995年分别增加机构4个、人员72人。各级妇联组织创建以科技、培训、文化教育、娱乐健身为主要内容的妇女儿童活动阵地,对提高广大妇女的思想道德、科学文化水平和身体心理素质起到了极大的促进作用。

特殊妇女群体保护得到加强。残疾妇女的康复、就业、文化教育事业进一步发展,在全社会扶助下,残病妇女摆脱贫困的人数逐年增加。2000年,在康复扶贫中,安置残疾人0.03万人。

建立了妇女状况的动态研究。自1999年我市《妇女规划》监测评估工作正式开展以来,已一次性落实到了县(区)一级,数据采集、资料传播监测评估体系已逐步走向制度化。积极开展了妇女人才的储备交流工作,我市1984年建立的妇女人才库,妇女在人才的交流、推荐、使用都起到了积极作用,为我市的国民经济建设和社会事业的发展作出了贡献。

《妇女规划》从1996年6月制定实施五年以

来,全市上下为在2000年如期实现《规划》目标付出了极大的努力。到2000年末止,在《妇女规划》的11项主要指标中的25项定量指标中,已完成或提前完成《规划》中所确定的目标任务有19项,未完成的目标任务指标有6项,五年来,我市女的整体素质有了明显提高,在全面参与经济建设和社会服务、参与国家和社会事务管理的过程中,法律赋予妇女在政治、经济、文化、社会及家庭生活中的平等权利得到了进一步落实,全市的妇女事业取得了长足的进步。

当然,我们在看到所取得成绩的同时,也应注意存在的不足,主要表现在:1.妇女健康状况城乡差距仍然较大,农村特别是刚越过温饱线的地区,由于受交通不畅等条件的限制,卫生保健条件普遍较落后,基本生存环境条件还较差,缺医少药、卫生保健知识贫乏现象仍较普遍。2.非国有企业的女工劳动保护函待加强。在一些民营、乡镇企业中,由于企业经营者的利益驱动和法律意识淡漠等原因,使女职工的劳动保护工作落不到实处,侵害了女职工的合法权益。3.下岗女工再就业工作需进一步加强。当年下岗女工虽说每年在数量上有所减少,但由于逐年的积累,加之女工自身竞争上的劣势,择业范围更受限制,同时,一些用人单位的陈旧观念,使下岗女工的再就业难度不断加大。4.妇女参政程度有待进一步提高。在近两届的人大代表、政协委员和全市、县两级领导班子及市级各部门、各社会团体负责人中,妇女所占比例仍然偏低。在各级各类班子中,女性领导副职多、正职少、虚职多、实职少。

撰稿人:孙春兰

《九十年代中国儿童发展规划纲要》攀枝花市2000年监测统计评估报告

儿童就是未来,儿童的发展就是未来社会发展的先决条件。世界各国都十分重视如何更好的保护和发展儿童。为此,一九九二年国务院制定下发了《九十年代中国儿童发展规划纲要》,并同时开展了监测统计工作,这是我国政府向国际社会的承诺。为保证目标的实现,各级政府都制定了相应的规划实施方案,把相关的主要指标纳入了政府经济发展规划中,从而有利的促进了我国儿童事业的发展。攀枝花市政府于1994年制定了《攀枝花市九十年代儿童发展规划纲要实施方案》,并于1996年在全市范围内实施监测统计。自纲要执行以来,在市委、市政府的重视下,在全市各县区、各职能部门的共同努力下,纲要的贯彻实施工作取得了较好的成绩,儿童的生存和发展环境有了较大的改善。2000年是纲要终期目标期限,根据攀枝花市2000年儿童发展终期监测统计结果显示,到2000年底,纲要的主要目标已基本完成,在纲要确定的十项主要指标中,有八项指标已经完成,一项指标基本完成,一项指标未完成。

主要指标完成情况

婴儿死亡率★

五岁以下儿童死亡率★

孕产妇死亡率★

五岁以下儿童中重度营养不良患病率★

农村改水人口受益率★

青壮年文盲率★

保育、教育儿童知识家长★

普及基础教育★

3——6岁学龄前儿童入园率☆

市县区各建一所以上儿童校外活动场所□

注:★ 已实现 ☆ 基本实现 □ 未实现

一、社会经济发展概况

纲要的执行期间正值国民经济"九五"规划期间。"九五"期间,全市经济稳步增长,各项社会事业发展较快。2000年,人均国内生产总值已达11207元,较95年增加31.72%,人均增加2699元,高出四川省人均GDP6427元,居全省第二位。随着社会经济的持续稳定发展,财政收入逐年增长,2000年共实现地方财政收入6.9亿元,比99年增加9.7%,同时,财政支出也保持同步增长,有力促进了社会经济事业的发展。2000年全市妇幼卫生经费和卫生防疫经费占卫生事业费的比重比1995年分别上升了3.4个百分点和2.3个百分点,教育经费总额比1995年增长了39.4%。

"九五"以来,人口增长得到有效控制,人口自然增长率控制在10‰以内。2000年人口自然增长率为8.8‰,与95年持平。全市总人口103.2万人,较95年增加6.86万人,从人口年龄结构看,0-14岁人口21.4万,育龄妇女人数29.1万人,占总人口28.2%较95年增加1.5万人。

二、儿童保健服务体系日趋完善,健康水平明显提高

良好的医疗卫生保健条件是儿童健康成长的基本保证。为保证监测目标的实现,几年来,在全市举办了计划免疫接种、孕产妇破伤风类毒采接种、健康教育、母乳喂养、产后出血防治等培训班,共培训监测人员5000余人次。2000年监测统计结果显示,儿童保健水平得到提高,计划免疫覆盖率趋向稳定。四苗全程接种率达91.9%,较95年提高3.3个百分点,基础疫苗接种率卡介苗为99.1%,脊灰疫苗为95.2%,百白破为三联为97.1%,麻疹疫苗为96.2%,单项疫苗接种率和四苗全程接种率几年来均保持在90%以上。

随着计划免疫工作的提高和2000年开展的"两降"专项工作,新生儿访视率大大提高,2000年新生儿访视率为88.4%,比95年提高17.5个百分点,新生儿破伤风发病率得到有效的控制,2000年为4/万,消除了新生儿破伤风发病率高于1/‰的县。

儿童死亡率继续下降。根据2000年监测统计资料显示:婴儿死亡率为31.5/‰,比95年下降5.2个百分点,五岁以下儿童死亡率为42.1/‰,比95年下降6.4个百分点。肺炎为婴儿死亡和五岁以下儿童死亡的第一位死因,其他死因多为窒息和意外。

儿童营养水平提高,营养不良患病率下降。由于环境卫生和医疗服务条件的改善、经济发展及人民生活水平的提高,儿童营养水平逐步提高。监测儿童营养水平的主要指标是五岁以下儿童中重度营养不良患病率。根据监测结果统计,2000年五岁以下儿童中重度营养不良患病率为4%,与95年相比下降了33%。

8至10岁在校儿童甲状腺肿大率为16.2%,这项指标比全省高,99年全省为15.7%。值得注意的是,由于临近地区一些小盐厂生产的私盐冲斥市场,加之我市地处山区,道路交通条件较差,防止措施难以落实,所以尽管居民户合格碘盐食用率高达到99.8%,但是8-10岁儿童甲状腺肿大率仍大大高于国家标准5%以下。

通过创建爱婴医院的活动,我市14个县级以上医疗保健结构,全部创建为爱婴医院,保证了4个月以内婴儿母乳喂养率在80%以上,2000年达到82%。

由于儿童保健工作的加强和口服补液疗法的推广,5岁以下儿童腹泻发病率和死亡率均有所下降。2000年5岁以下儿童腹泻发病率为8.6%,比95年降低8.5%,儿童腹泻也不再是儿童死亡的主要原因。

三、儿童基础教育工作持续发展,文化素质明显提高

2000年在全市基本实现"普九"任务的基础上,将巩固"普九"成果、降低农村小学特别是初中辍学率偏高的问题作为工作重点。2000年小学学生在校人数为8.2万人。2000年小学一年级按时入学率为59.3%,比95年提高7.2个百分点,小学学龄儿童净入学率为99.7%,比95年提高0.4个百分点,其中男生为99.8%,女生为99.6%,男女性别差较95年提高了0.1个百分点。

2000年我市各级政府采取了一系列抑制辍学对策,如强化"监护人"的法律意识和法律义务;实行中小学学生学籍管理月报制度;切实减轻农村学生经济负担等措施降低辍学率,巩固"普九"成果。2000年小学学生辍学率0.3%,比95年下降0.9个百分点,其中,男女生辍学率持平;小学留级率为0.5%,比95年下降1.5个百分点,小学学生完成率100%,比95年提高10.7个百分点。

"九五"以来,我市的人口素质提高较快,我市将扫除青壮年文盲作为降低成人文盲率的重点。2000年青壮年文盲率为0.66%,已达到2000年2%的目标。15岁及以上人口文盲率2000年为14.5%,比95年17.4%下降2.9个百分点。

3-6学龄前儿童接受教育情况是衡量儿童早期发展水平的主要依据。我市在这方面还存在一定的差距。2000年通过逐步增强幼儿教育的自我发展意识,加强幼教队伍建设,经过努力,2000年3-6岁学龄前儿童入园率达到63.9%,比95年提高5.9个百分点,与65%左右的目标相比,基本达标。

四、妇女健康状况不断改善,保健服务工作持续进步

降低孕产妇死亡率成效显著。在2000年开展"降低孕产妇死亡率和消除新生儿破伤风"项目专项工作后,孕产妇死亡率较高的地区得到了有效的控制。孕产妇死亡率2000年为82/10万,比95年下降13.2个百分点。产后出血仍是孕产妇死亡的主要原因。

孕妇的保健服务工作有一定的进展,妇女的健康水平有所改善。我市已形成较为健全的妇幼保健网,早孕建卡、产前检查、住院分娩、产后访视等一套孕产妇系统保健和围产期保健工作已逐步建立健全。已婚妇女避孕率为90%,孕妇产前医学检查率为80.5%,住院分娩率为77.6%,非住院分娩中的消毒接生率为95.4%,住院分娩缺陷发生率为34/万,低出生体重发病率为4.1%,各项指标均比95年有较大幅度的好转,我市孕产妇保健状况发展趋势良好,各项指标已达到了2000年目标。

五、儿童生存环境不断改善,生活质量明显提高

经济发展状况与儿童的生存环境有较强的相关关系。随着经济水平的提高,城乡居民的生活条件逐步改善,2000年城镇居民人均可支配收入6732元,比95年增加1289元,农村居民人均纯收入2439元,比95年增加991元。

安全饮用水和卫生厕所覆盖面扩大,2000年享有安全饮用水的人口覆盖率为81.4%,比95年提高5.9个百分点,其中:城市覆盖率为92.1%,农村覆盖率为70.7%,农村改水受益率已达95%,农村缺水地区供水受益率达95.8%,分别比95年提高22.8和29个百分点。

普及卫生厕所。农村享有卫生厕所的人口覆盖率为74.1%,比95年提高8.4个百分点。

六、保护处于困境中的儿童

困境儿童保护良好,社会关爱程度明显提高。2000年残疾儿童小学入学率为87.6%,比90年上升5.4个百分点,建立儿童福利院3所,建立残疾儿童康复中心一个。

"九五"期间,我市实施希望工程和春蕾计划工作取得了新的突破。2000年底救助失学儿童累计7735人,共修建希望小学7所。

七、进一步发展儿童事业的建议

《攀枝花市九十年代儿童发展纲要》的实施取得了阶段性的成果,自纲要实施以来,在各级政府、妇儿工委的努力下,为全市儿童事业的发展起了一定推进的作用。在新世纪,即将执行2001-2010年新纲要,将有新的、更高的目标需要去实现,全社会将为儿童的成长创造出更适宜的环境。在九十年代纲要的基础上,我们需要对存在的问题进行思考,以利于实现新的目标。

① 提高重视,加大投入

任何一项社会事业的发展都和政府的重视和投入成正比。纲要的执行需要发挥各级政府的促进作用,需要各级政府将纲要的实施工作纳入国民经济和社会发展规划中去,真正加大对儿童事业的投入,切实关心本地区儿童事业的发展。

② 缩小城乡差距

攀枝花市是地处山区的重工业城市,由于历史和环境的因素,经济发展极不平衡,城乡之间差距极大,医疗卫生机构大多集中在城市,农村的卫生保健条件普遍较落后。城乡居民人均年收入落差较大。

③ 积极兴建儿童校外活动场所

2000年十项指标中唯一未达标的指标是"市县区各建一所以上儿童活动场所"。到2000年底,占全市人口17%的儿童仅有市少年宫一个儿童校外活动场所。儿童的健康成长不仅需要良好的医疗保健和基础教育,同时也需要有更多的活动空间和交流机会。

④避免经济发展中的新问题

在经济发展中不可避免地将出现许多新的问题。我市经济结构单一,在经济体制转轨过程中,必然会有企业倒闭、职工下岗,对于城市贫困家庭来说,儿童的医疗保健和教育是一个新的难题。

由于经济发展和地理位置的因素,城市流动人口大量增加,对于这个群体的监测和管理也是一个新的难点。

撰稿人:段晓静

机遇与挑战并存的攀枝花旅游业

--对攀枝花市旅游业滞后的思考与建议

消费需求不旺成了当前经济发展的一大难题。如何刺激消费,培养新的经济热点,专家们提出了许多宝贵的意见和建议,其中有一条就是靠旅游业来带动相关产业的发展。为此,政府将"五.一"、"十.一"、春节三个重大节日与双休日合并至七天。假日经济在某种程度上确实取得了一定的成效,许多地方特别是一些重点旅游城市受益非浅。然而攀枝花市却出去的多,进来的少,难怪一些有识之士发出了假日大逃亡的惊呼。这一问题的严重性已经引起领导们的高度重视,市委市政府已正式决定将发展旅游业作为振兴攀枝花市经济、培养新的经济增长点三大重点开发建设项目之一。在西部大开发的号角吹响之际,一场声势浩大的旅游战拉开了序幕。为了迎接2000年最后一个长假的到来,作好节前预报工作,市统计局、市旅游局在9-10月份联合开展了500户城镇居民家庭及部分市外游客的旅游市场调查,我们希望这次调查及分析结果能为有关部门和单位制定切合攀枝花实际情况的政策、措施提供一些有意义的意见和建议。

一、攀枝花市发展旅游业的潜力和机会

攀枝花有着发展旅游业的得天独厚的资源优势和机会,然而多少年来却一直埋在大山的深处没有得到有效的开发和利用。在我们这次调查中,有近70%的市内外受访者表示愿意向外界推荐攀枝花,并且外地游客表现出了比本地居民更大的兴趣,高出其6.52个百分点。这表明攀枝花作为一个新兴工业城市,其旅游业还是大有文章可作的。那么,其潜力究竟何在呢?

1.得天独厚的自然资源和气候优势为攀枝花发展旅游业创造了良好的客观环境

攀枝花地处攀西大裂谷中南段,金沙江与雅砻江的会合处,具有山高谷深、盆地交错的特点,从而形成了群山、林海、险峡溶洞共存一地的自然奇观。这里有大片保存完好的、有"活化石"之称的苏铁,有奇丽壮观、蜿蜒1100多米长的的米易溶洞,有"飞流直下三千尺,疑是银河落九天"的二滩高坝,有富含多种矿物质和有益元素、日流量达740吨的红格温泉。更难得可贵的是这里独特的亚热带立体岛状气候,一年四季阳光普照,水果飘香,使攀枝花成为避寒过冬的理想境地。调查结果显示,居民对于攀枝花与旅游相关的15个因素中气候满意度最高,高于总平均分45.63%。

2.居民旅游消费的理性化、短期化给了攀枝花留住本地游客的机会,消费结构的调整将有力推动本地旅游产业的发展

笔者曾向一些攀枝花人请教攀枝花旅游业是否有潜力,他们都回答当然有,我追问为什么,答曰:因为攀枝花有一个庞大的消费群体。事实也说明了这一点,今年"十.一"尽管大部分旅游城市和景点的游客接待量较"五.一"有不同程度的减少,然而攀枝花人热情依旧。10月份攀枝花市人均旅游支出16.29元,比今年5月份增长了38.52%。同时在被调查人群中,56.34%的人认为自己预期旅游消费将增长,只有13.28%的人认为将减少。另一方面,居民旅游消费的短期化和度假方式的本地化也有助于本地旅游市场的开拓。在问及主要度假方式时,63.29%的人选择在家娱乐,51.79%的人选择亲友聚会,49.00%的人选择出门闲逛、逛街,只有15.00%的人选择外出度假,并且度假时间多集中在2-3天。当如此多的人留家中时,如果能多费些心思把他们吸引到市内各景区,将为旅游带来相当可观的经济效益。

3.西部大开发给了攀枝花开发自身优势,重塑自我形象、宣传自我形象的历史机遇

究竟什么是西部大开发,她能为我们带来什么实惠?许多人包括部分领导对此都只有一个非常模糊的概念,西部大开发国家将主要协同西部地区和城市作好以下几个方面的工作:一是加大对西部财政的转移支付,二是加大对西部基础建设资金的投入,三是给招商引资创造良好的软

环境,四是扩大对内对外开放程度。既然国家政策向西部倾斜,我们就应该抓住这个机会大力改造基础设施,利用高速公路、机场、网络等交通工具缩短与外界时间和空间上的距离,加强与外界的交流与合作,美化我们的城市,从而改变在外人眼中的"不毛之地"形象,吸引更多的人来攀旅游观光。

二、攀枝花旅游业发展现状及存在的主要问题

虽然攀枝花人意识到自己也可以发展旅游业并付诸行动是近年才有的事,但发展速度正以递增形式增长。"十一"期间,攀枝花公园、二滩、红格温泉、米易龙潭溶洞、鑫岛游乐城及白娜姑度假村六景区旅游收入共计42.16万元,比今年"五.一"增长4%。目前攀枝花旅游点大致可以分为以下4类:一是以喀斯特地形地貌和珍稀植被为特色的自然景观如米易龙潭溶洞、大黑山森林公园、苏铁自然保护区、菁河洞瀑等;二是以攀枝花微雕钢城、二滩大坝为代表的城市景观;三是以诸葛五月渡泸处、挂榜清真寺为代表的历史遗迹;四是以自然资源、民族风情为依托的休闲娱乐场所如红格温泉公园、白娜姑度假村、金沙江漂流等。就我们调查分析结果而言,市民对于第一类景点最感兴趣,而满意度最高的桂冠被红格温泉以34.92%的比例夺走。同时,我们可以看到这个比例还很低,也就是说我们连满意度及格的精品都没有。那么,问题到底出在哪里呢?

1. 市内各景点的可通达性差,信息渠道不畅

目前攀枝花市的绝大部分景点都存在这个问题,且不说根本无班车可去,就那路也是坎坎洼洼,等你浑身骨头散了架似的下了车,却发现自己还只在山脚下。同时,各景点还缺乏有效的宣传。在影响旅游质量的14个指标中,信息的获取方便程度仅得了2.56分(满分为5),低于总平均分9.22%,排在倒数第三。譬如务本的桃花节,去年夏天就听人说不错,然而一年过去了,怎么没有谁来提醒一下市民桃花何时开了呢?据去过诸葛五月渡泸处的人讲此景点对市外游人的吸引力还是挺大的,但是很少有人知道具体在什么地方,大部分攀枝花人甚至听都没有听说过,至于外地人,其知名度可想而知了。

2. 各景点的配套设施不齐或陈旧,部门间缺乏有效的协调和合作

攀枝花市各景点的吃、住、拉撒是另一大难题,甚至连旅游指示牌都没有,本次调查中市民对此的意见较大,旅游软环境几项指标如环境卫生、设施组合得分都比较低。另一方面,景区内各单位或实体间的恶性竞争和宰客现象时有发生,还有待于有关部门的进一步规范和管理。

3. 景区的开发和经营存在盲目性或属短期行为,且经营形式单一

有的地方上项目像小孩子过家家,想起便整一下,有点眉目或遇到点困难便撒手不干了,缺乏连惯性和整体作战意识,且经营方式单一,几乎完全让游客处于毫无目的自由状态。同时,各景点千篇一律的麻将馆、美容按摩院也使游人感到大煞风景,其治安使游人有很严重的不安全感。

三、开拓旅游市场,走出困境的几点对策和建议

旅游业的利润和连带效应如此可观,以至发展旅游业成了各省市的热门话题,而攀枝花不得不面临这样的尴尬:"十.一"攀枝花城市居民在旅游消费市场投了近850万元,比"五.一"增长了38.52%,可市内旅游收入才91万元。760万元的差距不会因为我们忽略它而不存在,我们所能做的,也只能是恶补前人的欠帐,充分挖掘自身优势,打造名牌精品,提升攀枝花的知名度。

1. 改善服务质量,推出适合不同收入阶层、年龄结构和兴趣爱好的旅游套餐

许多群众反映,市内旅行社对于往外送游客比对内要感兴趣的多,并且市内旅游收费较高。在我们的调查中,有20.60%的本地居民、33.88%的外地游客认为攀枝花旅游花费较高。同时,市民市内旅游平均花费与可接受范围之间还有较大差距,接近50%的人认为自己可接受范围在40-60元之间。因为我们面对的主要是市内游客,而收费标准是影响居民出游的最主要因素,因此价格的制定应当充分考虑大部分居民

的实际承受能力。另一方面,旅行社可根据实际情况组织针对不同群体的特色旅游,例如离退休老人一日游、中小学生郊游、合家农家欢等,都是很有发展前景的。

2.加快各级公路的建设和改造工程,提高各景点与市内外游人的可通达性

游者边走边看也,既行就离不了路。调查中,有46.43%的受访者认为交通是影响自己假日出游的主要因素。而交通一直是一个困扰我市旅游业甚至所有产业的难题,我们也总是拿地形地理位置作为搪塞交通不畅的理由并自我安慰。毛泽东说得好,有条件要上,没有条件创造条件也要上。远的且不谈,就拿邻居楚雄州来讲吧,为了开发方山,他们把路修进了攀枝花。当攀枝花人拿着大把钞票在方山潇洒时,并不逊于其的大黑山却冷冷清清。市内交通挡住了市民的脚步,也影响了市民对于这些景点的看法:如果值得一看,怎么会连路都没有?另一方面,火车票的购买也是个难题,不仅去火车站较远,而且只能买当天的票,窗口从不卖卧铺票,订票的手续费也比其它城市高。

当前市委市政府已认识到了这个问题的严重性,加大了基础设施投入。炳清线已基本开通,雅江至米易已基本改造完成,弄弄沟至大黑山的土路已修好。建议尽快开通大黑山至弄弄沟的水泥路,改造现有交通状况,将攀枝花建成川滇旅游的重要中转站,引导游人取道攀枝花前往成都或昆明。同时应开通往各景点的通勤车,并在各显要位置告知市民何时有发往何地的旅游车,并且收费也能为一般市民受能接受。同时,我们应当加大对火车票的管理和监控力度,作到合法合理的有序流通,使游客在车站能提前买票,卧铺票的购买透明化,窗口化。

3.加大市政基础设施投入,不断的美化我们的城市;更新和完备各景区的公用设施,作好安全卫生工作

先生产后生活的发展模式使攀枝花市更象一个大工厂,市政设施相当落后且缺乏统一规划。游者一看二玩,我们又能拿出什么使人赏心悦目呢?当务之急是对城市用地作到集中管理统一规划,增加城市绿化面积,推进公共厕所、地下水道、路灯、公用电话、露天长椅等公用设施的改造工程。在道路的拓宽改建及征地等问题上,不能头痛医头,脚痛医脚,应作到长远规划。同时要加大对各景点的整顿力度,严厉打击刑事犯罪和不法行为,进一步完善各景区的配套设施,彻底改变部分地方的脏、乱、差现象,为游人提供良好旅游环境。

4.加大对内外的宣传力度,加强与各邻近旅游城市和旅游景点的合作,提高攀枝花的知名度和感召力

源源不断的游客是旅游业的生命力,因此宣传也是开发旅游业很关键的一个环节。在我们的调查中,市民获取旅游信息的渠道主要有以下三个方面:一是广播电视,有65.48%的被调查者选择此项,二是亲友介绍,选中率为52.78%,三是报刊杂志,选中率为42.66%。这就要求我们一方面要加大在各媒体上的广告投入,同时要改善服务质量,让游人玩得开心,玩得尽兴,其实这也是给自己作广告。调查显示,亲朋好友介绍是当前外地人获取攀枝花旅游信息的最重要的一条渠道。特别需要指出的是旅游宣传活动的感召力也不容忽视。尽管攀枝花市这方面的活动起步晚且少得可怜,还是有23.41%的人选择了它。另一方面,我们的问题也不仅仅存在于大家都跑出去了,更在于进来的人太少了。因此如何让更多的人对攀枝花感兴趣犹为重要,我们应该抓住每一个机会让外界更多的了解我们,激起他们的好奇心,从而促使他们采取行动到攀枝花来看一看,看一看攀枝花人是如何在不毛之地建起这座钢城的,看一看世界上的第二高坝二滩,看一看世界上最大且年年开花结子的苏铁自然保护区。同时,光有知名度是不够的,如果大家一提起攀枝花便想起吸毒贩毒,真还不如默默无闻。这就是美誉度的问题了,我们可以通过旅游巡回宣传周、赞助球赛等活动让别人把攀枝花与我们的骄傲而不是遗憾联系起来,增强外地人对于攀枝花的好感。另一方面,仅仅依靠攀枝花现有景点尚不能对外地游客产生太大的吸引力,我们应当加强与其它地区的合作,开辟西昌→攀枝

花→昆明,泸沽湖、丽江→攀枝花→成都等旅游线路,把攀枝花建成从成都前往丽江、泸沽湖等地的游客的重要中转站。

5.正确处理好环境保护与发展经济的关系,加大对现有旅游资源的保护力度,推进城市可见山坡的绿化工程

旅游资源是一种可再生资源,从某种意义上来说取之不尽用之不竭,然而过度开发和滥采滥伐必将导致旅游资源的毁灭,这对于生态环境并非特别理想的攀枝花来说其损失是无法估量的。我们不能为了短期利益而牺牲环境,应严格控制会造成环境污染的施工项目和生产建设,继续推进荒山绿化工程,保护退耕还林已取得的成果。

6.加大对农家乐和度假村的政策支持和技术支持,走观光农业与农家乐、度假村相结合的道路

独特的气候使攀枝花成为远近闻名的亚热带水果基地。由于光照时间长且充足,气候干燥,昼夜温差大,这里出产的水果具有香甜可口、无虫害等特点,发展观光农业有着得天独厚的优势,但是仅有11.90%的受访者认为观光农业是攀枝花可重点开发的旅游项目之一,这与农家乐近年来的遍地开花是多么的不协调。究其原因就在于多数农家乐还只停留在吃饭唱歌打麻将上,真正上档次的很少。建议有关部门引导各农家乐根据自身特点开发特色服务如农庄篝火晚会、出租帐篷、公寓等,不断推陈出新,增强对游人的吸引力。

旅游被誉为现代无烟工业,随着居民生活水平的提高和休闲时间的增多,其发展前途将无限广阔。攀枝花旅游业已经在某种程度上落后于人,交通、市政设施、文化娱乐、管理体制等已跟不上时代发展的需要,但我们绝不能因此而失去追赶别人的勇气,并坚信只要我们脚踏实地、不断克服当前困难,把全面发展、重点培养作为整个旅游公关战的策略,就一定能向攀枝花市父老乡亲交上一份满意的答卷。此次调查中,有71.90%的外地受访者表示愿意再次来攀旅游,这对于攀枝花旅游工作者来说无疑是极大的鼓舞,也是最好的奖赏,相信在各级有关部门的大力合作下,在市民的理解与支持下,攀枝花的旅游业将会走向一个辉煌灿烂的明天。

攀枝花城调队: 何建跃
欧阳海燕

二000年固定资产投资综述

2000年我市固定资产投资在总量继续缩减的形势下，投资下降速度已有所减缓，并在地方投资大幅增长的带动下，超计划地完成了全年投资目标。2000年我市完成全社会固定资产投资335123万元，较去年同期减少92695万元，同比下降21.67%，较年初计划下降34.55%少降了12.88个百分点，超计划完成投资5.5亿。

从报表种类方面看，除基本建设投资外，其余报表种类均呈增长趋势。基本建设完成投资191325万元，减少140472万元，下降42.34%；更新改造完成投资63670万元，增加25064万元，增长64.92%；其他投资完成24445万元，增加1431万元，增长6.22%；房地产完成投资32221万元，增加14693万元，增长83.83%；农村集体完成投资9641万元，增加2731万元，增长39.52%；农村私人完成投资8479万元，增加705万元，增长9.07%；工矿区私人建房投资5342万元，增加3153万元，增长144.04%。

从投资的行业结构方面观察，2000年，第三产业投资增长较快，由去年的下降7.58%上升为增长33.96%，呈现出恢复性增长，而增长较快的行业却是近年来一直低迷的批发和零售贸易、餐饮业和金融保险业、社会服务业，分别增长125.52%和70.97%、171.06%，交通运输、邮电通讯业和房地产投资保持了稳步增长，卫生、体育和社会福利业却出现较大幅度下降。第二产业投资继续下滑，下降42.25%，但降幅较去年减少2.39个百分点，其中电力、煤气及水生产和供应业的下降幅度较大，下降55.57%，为十六大行业中降幅最大的行业；而制造业却结束了投资连续几年下降的局面，出现三年来的第一次增长，增长速度达到了19.26%。第一产业在去年增长66.49%的基础上却下降28.26%，完成3796万元。

从隶属关系方面，中央项目投资继续下降，地方项目投资大幅上扬。中央项目完成投资172033万元，减少141513万元，下降45.13%，降幅在去年的基础上下滑0.69个百分点；地方项目完成投资163090万元，增加48818万元，增长42.72%。

从资金来源渠道方面看，2000年仍然保持了较高的资金到位率，为89.41%。自筹资金增长最快，到位自筹资金132485万元，增长45.78%；其次是国家预算内资金，到位10676万元，增长29.58%；由于二滩水电站工程的投资减少，国内贷款和利用外资资金连年大幅下降，分别下降了75.32%和35.34%。

2000年，我市房地产投资在持续几年快速高增长的基础上，仍然保持良好的发展势头。全年房地产投资增长83.83%，增幅上升了11.58个百分点。住宅投资仍占据了房地产投资的龙头，占房地产投资的56.54%，同比增长79.57%，增幅上升了13.3个百分点；办公楼和商业营业用房投资也大幅增长，分别增长2.42倍和2.96倍，增长速度超过了住宅投资，增幅也大大高于去年。并且今年房地产投资的成效比较显著，竣工的住宅套数1595套，同比增加973套，增长1.56倍，增幅上升了126.3个百分点。房屋的销售情况也创历史最好水平，全年商品房屋销售面积57571平方米，增长3.76倍，其中销售给个人28952平方米，增长8.09倍，占总销售面积的50.29%；全年商品房销售额11582万元，增长5.51倍，其中销售给个人的是7354万元，增长13.65倍，占商品房总销售额的63.50%。可见，个人购置房屋已逐渐成为商品房销售的主流，这给我市房地产投资带来更多的发展空间的同时，也给房地产投资商提供了一个明确的讯息，如何抓住消费者心理，开发和建设出符合消费者要求的，更好、更合理的房屋，才是房地产企业得以生存的根本。

技术改造挖潜力度加大。加强技术改造是加快经济结构调整，促进产业升级的战略性措施。2000年，我市工业企业生产快速增长，工业效益有所改善，国有企业基本实现扭亏目标，为我市的技术改造投资营造了一个良好的投资氛围。2000年,技术改造投资一直保持增长态势,从一季度开始,技术改造投资就同比增长29.98%,开了一个好头,到年底,从去年的下降33.17%上升为增长64.92%,增幅较大。其中,用于技术改造内涵性投资46562万元,增长56.98%,占技术改造总投资的73.13%,同比减少3.7个百分点;用于外延性投资17108万元,增长91.28%,占技术改造总投资的26.87%,同比增加3.7个百分点,外延性投资的增长速度高于内涵性投资增长速度34.3个百分点。这就要求我们在提高总量规模的同时,应明确技术改造投资是"高起点、少投入、快产出、高效益"的一种投资方式,它注重的应是质量和效益,是使企业的装备水平和竞争能力得到显著提高,以便在竞争市场上占有一席之地创造好的装备基础和创新手段,而不是单单提高产量,所以,它的重点是加强内涵性投资,增强企业的市场竞争能力和抗风险能力。

2000年,全市固定资产投资施工项目个数和新开工项目个数在去年减少的基础上今年仍然是下降趋势,分别是320个和179个,同比减少77个和24个,下降19.40%和11.82%,影响竣工项目下降9.72%,项目的竣工率减少7.47个百分点。我市已出现持续两年的新开工项目减少,这从一个侧面反映了目前我市投资市场存在不容乐观的因素,反映了投资者对未来投资项目的预期的不乐观态度,因为新开工项目的增减多少,是判断未来投资增长的一个重要指标。要转变这一现象,这就要求管理部门,一方面加强服务意识,收集投资市场信息,用信息来对投资者的投资进行引导;另一方面,政府应积极做好项目的储备工作,特别应抓住西部大开发对基础设施的大力投资,做好基础设施项目的储备工作。这样,投资才能保持良性发展的趋势,才能为我市的国民经济持续、快速、健康发展服好务。

撰稿人:陈晓茹

对启动攀枝花市农村消费市场之浅议

攀枝花农村人口占全市总人口的47%,巨大的农村消费市场在全市市场结构中的位置举足轻重。据专家测算,农村消费品零售额与国内生产总值的相关系数为0.99。因此,启动农村消费市场,会对全市经济增长形成强有力的牵引和拉动作用。借国家西部大开发之际,正确认识把握攀枝花市农村消费市场所面临的困难和机遇,对启动攀枝花市农村消费市场具有比较重要的意义。

一、当前农村消费市场所面临的困难和机遇

(一)农民收入增长趋缓,生活消费受到限制。经过"八五"期间的较快增长之后,农民收入与消费水平增速开始减缓,甚至出现了负增长。95年至99年间,农民人均纯收入增长率分别为29.06%、21.75%、18.66%、8.51%、4.89%。农民生活消费支出增长率分别为27.21%、25.48%、16.55%、-2.64%、-5.31%。

(二)基础设施建设滞后,消费环境较差。目前全市大部分农村不仅通讯滞后,电视信号差,而且流通网络不健全,商品供应不及时,直接制约了农民的消费。

(三)商品及服务问题突出,消费信心不足。目前全市农村市场上商品销售的售前、售中、售后服务比较少见,商品知识宣传、送货上门、免费安装、上门维修、技术咨询等等,在农村开展较少。

(四)收费的增长,生活消费动力不足。农村的电网老旧,偷漏电不断,电价居高不下,使农民在消费面前望而却步。另外,农民上交的统筹提留款等虽没有超过其人均纯收入5%的规定范围,但此之外的教育、修路、集资等方面的收费现象还仍然存在。并且有些项目收费都是在上年基础上有所增长的,相应地削弱了农民的消费能力。

(五):潜在的农村消费市场。如果攀枝花农村达到城市1990年的家庭拥有市场水平,全市农村就需要电视机1.43万台,电风扇16.32万台,洗衣机7.44万台等。此外,全市农民在发家致富,奔小康中,还需要大量的农用机械、生产资料、建筑材料等。

(六)农村消费市场发展的政策性。首先,新一轮家庭联营承包责任制政策、粮食保护价政策、减轻农民负担等政策的贯彻落实,粮油等农副产品购销体制的进一步改革和完善,为农村消费市场的长期稳定发展创造了宽松的政策环境。其次,国家西部大开发对农村交通、电力、水利等基础设施投入的增加,必然将带动农村市场建设的发展,进一步改善农村的消费环境。

二、对启动农村消费市场的几点建议

(一)采取措施,增加农民收入。一是必须坚决落实好党和国家在农村的一系列方针政策,真正维护农民的利益。二是以市场为导向,以效益为中心,积极调整农村经济结构,使我市的农村经济结构得到优化。三是要加快农村第三产业发展步伐,增加农民的收入来源,增强农民的购买能力。

(二)加强基础设施建设,改善农村消费环境。利用西部大开发之机,加快农村基础设施建设,降低农村电价,改善农村交通条件和电视收视效果等。同时应建立这样一种农村流通网络体制:一个中心、两个点、四个制度、五种结合。一个中心即:在县一级建一个商品配送中心。两个点即:在乡镇建立起一个比较规范的销售点和一个维修点。四个制度即:代理制、销售送货制、经营连锁制和服务责任制。五种结合即:网点建设与流通企业的改组、改造结合起来;工业品赊销与农副产品的收购结合起来;固定场所销售与流动销售结合起来;定点服务与巡回服务结合起来;全面试点与推广结起来。

(三)提供适销对路农民满意的商品。全市流通企业应深入农村认真调查研究,有针对地组织、提供货源。使供应的商品在结构、品种、档次和质量上适合农民消费。同时,还要注重产品质量和售后服务工作,严禁借开拓、启动农村消费市场之机发生坑农、害农、骗农现象。

(四)利用多种方式来引导农民消费观念的转变。全市各级部门和流通企业应积极行动起来,利用直接或间接方式,一步一步地引导和帮助广大农民改变重积累轻消费,把消费与积累对立起来的观念;改变把鼓励消费与勤俭节约对立起来的观念。其次,要引导农民改善消费结构,增加科技、文化、教育等方面的消费。第三,要建立和完善农村市场信息网络,及时发布商品信息,指导农民消费,增强农民消费的信心和欲望,推动全市农村消费市场的健康发展。

撰稿人:万启树

攀枝花市二000年农业生产概况

二000年是“九五”计划的最后一年，也是迈向新世纪的基期年。一年来，我市农业部门紧紧围绕促进农民增收的工作中心，立足市场调结构，依靠科技增效益，保持了农村经济的稳步发展。

一、农村生产条件进一步改善。

二000年我市乡村户数和乡村人口数为132728户和495816人，分别比去年增加2198户和6830人，乡村劳动力资源和从业人员比去年分别增加6707人和5493人，从乡村从业人员结构上看：第一产业所占比重有所下降，第二产业、三产业所占比重上升，农村人口向城镇非农业人口转移量逐年增加，农村转移出省的劳动力比去年增加621人。随着我市农村达小康进程的加快，农村基础设施大大改善，通汽车村数比去年增加18个，通电话村数比去年增加46个，分别增长4.79%和35.38%。年初实有耕地面积31565公顷，比去年略有下降，由于年内新开荒地面积减少幅度较大，但没包括退耕还林面积中的荒山地面积，同时国家基建占地也有所下降，年末实有耕地面积为31781公顷，比去年略有上升。

我市农村用电量为6787万千瓦小时，比九九年增加785万千瓦小时，增长了13.08%，反映了农村电气化程度逐年提高。我市乡村办水电站增加但发电量有所减少，主要是盐边力马乡水电站停止发电，但其装机容量较大。今年全市乡村办水电站装机容量比去年增长4.27%，而发电量则比去年下降0.14%。农药、农用化肥施用量有所减少，农用柴油使用量为3740吨，比去年增加251吨，增长7.19%，农业机械化作业水平逐年上升。

二、农业产品产量稳产保收。

2000年我市的无高温天气、降雨量丰沛的气候条件对粮食、蔬菜和水果生长有利，今年粮食产量为228463吨，比去年增产1546吨，增长0.68%。其中：小春粮食产量为44662吨，比去年增加1322吨，增长3.05%，增加的品种有小麦和大麦，碗豆、胡豆、洋芋均呈不同程度的减产；大春粮食产量为183801吨，比去年增加224吨，增长0.12%，其中薯类、豆类产量上升。

由于我市大力发展优质高产的经济作物，积极调整产业结构，粮食作物播种面积除胡豆、洋芋、大豆增长外，其余均下降，而主要经济作物的播种面积均呈上升趋势，产量均以20%以上的幅度增长，其中增幅较大的是烤烟、油菜籽、甘蔗、花生。经济作物的生产已成为我市发展特色农业的主功方向。蔬菜、瓜类由于受物价和市场环境的影响产量分别下降6.9%和28.66%。

茶叶、水果产量增加。随着我市农业综合开发力度不断增强，产业结构进一步调整优化，水果种植规模进一步扩大，大部分水果基地已初见成效，年末果园面积为7991公顷，比去年增加1385公顷，增长20.97%，其中葡萄园、柑桔园的面积增幅较大，分别比去年增加66.19%和49.5%，2000年全市水果产量为29960吨，比去年增产1181吨，增长4.1%，增产幅度较大的品种有芒果、柿子、柑桔、红枣。随着我市农业产业化进程的加快，市场进一步规范，世行项目的不断实施，适合我市气候特点的芒果、广柑、石榴等水果将有很大的发展潜力，特色农业的定位和发展已成为我市农业新的增长点和农民增收的重要途经之一。

三、畜牧业生产发展势头良好。

2000年我市在继续稳定生猪数量，不断提高质量的基础上，狠抓了以发展草食型、节粮型畜禽为重点的结构调整工作，并受到了一定成效。生猪出栏518185头，比去年增加8848头，增长1.74%；牛出栏12826头，比去年增加636头，增长5.22%；羊出栏118845只，比去年增加17790只，增长17.6%；家禽出栏1751572只，比去年增加264761只，增长17.81%；兔出栏15343只，比去年增加2971只，增长24.01%；肉类总产量为45368吨，比去年增加1762吨，增长4.04%。由于牛奶市场需求量不断增加，各养殖场扩大了生产规模,引进了优良品种,加强了内部管理,牛奶产量增长较快。全年牛奶产量为1359吨,比去年增加241吨,增长21.56%;禽蛋产量为1617吨,比去年增加206吨,增长14.6%,主要是由于家禽存栏增加,尤其是非农户养殖大幅增加产量增幅较大所致;今年蚕桑业发展受产业结构调整政策影响和市场收购价的推动,有较大的发展,全市蚕茧产量为1095吨,比去年增加127吨,增长13.12%。

年末畜牧业存栏除大牲畜和猪下降外,马、驴、骡、羊、家禽、兔均呈上升趋势。存栏形势好于去年。但母畜和仔畜减幅较大,其原因有:产业结构调整和退耕还林政策,一定程度上影响了畜牧业发展;科学技术的发展已经渗透到养殖业,市场价格疲软,肥猪和仔猪价格下跌较大,使农民认为养猪不如买猪划算,买猪价格不贵,品种又好。

综上所述,我市二000年农业生产取得了可喜的成绩,但我市农业基础设施薄弱,农业产业化水平低,农业结构不合理,市场建设滞后等因素,都将严重制约我市农业生产的发展和农民的增收。

撰稿人:孙彩凤

收入增加　消费拓宽
“九五”期间攀枝花城镇居民生活水平达小康

“九五”期间，全市上下认真贯彻执行中央实施积极的财政政策，扩大内需的方针，努力克服亚洲金融危机、投资逐年大幅度下降等不利因素影响，国民经济保持了持续健康发展，居民收入随着经济的发展继续提高。2000 年，城镇居民可支配收入达 6732 元，比 1995 年增加 1289 元，增长 23.68%。收入增加，消费领域拓宽，生活不断改善和提高，总体上已达到小康水平。

一、就业渠道拓宽，收入来源增多

“九五”期间，政府采取积极有效措施，鼓励大中专毕业生和企业分流人员多渠道就业，使城镇居民的就业渠道不断拓宽，收入来源进一步向多元化发展，国有经济单位职工收入的主导地位进一步削弱，其它收入来源增长幅度较快。从结构上看，国有经济单位职工收入占可支配收入的比重由 1995 年 76.77% 下降到 2000 年的 66.67%，城镇集体收入占可支配收入的比重由 1995 年 2.78% 下降到 2.47%，而其它劳动收入占可支配收入的比重由 1995 年的 0.43% 上升到 1.68%，转移性收入的比重由 1995 年 7.93% 上升到 23.12%。2000 年，个体经营者净收益，个体被雇收入，离退休再就业收入，其它就业者收入打破以往零的记录，占可支配收入的比重分别是 0.76%、0.86%、0.35%、0.09%。从收入来源看，城镇居民从事第二职业所得的其它劳动收入人均 112.86 元，增长 3.84 倍；财产性收入和转移性收入分别增长 7.79%、2.6 倍，转移性收入中离退休金人均 1250.01 元，比 1995 年增长 4.09 倍，赡养收入和赠送收入分别增长 22.93%、2.30 倍；城镇居民家庭副业生产收入增长 78.4 倍。

二、恩格尔系数下降，食品消费达小康标准

恩格尔系数是衡量人民生活质量提高的重要指标，按照通用的国际标准，恩格尔系数在 0.6 以上为贫困，0.5－0.59 之间为温饱，0.4－0.49 之间为小康，0.3－0.39 之间为富裕，0.3 以下为最富裕。2000 年，我市城镇居民人均食品消费 2417.77 元，占消费性支出的比重为 0.42，比 1995 年 0.54 下降了 0.12 个百分点，已达到小康标准的上线水平。说明我市城镇居民在经历了温饱消费革命和以家用电器为代表的第二次消费结构升级后，已进入小康生活阶段，部分居民开始向富裕型小康迈进。在居民的膳食结构中，传统的主副食消费量下降，如粮食、鲜菜、白酒的人均消费量为 104.32 公斤、158.09 公斤、4.42 公斤，比 1995 年分别下降 6.40%、1.97%、10.89%；而营养丰富有益健康的猪肉、牛羊肉、家禽、鲜瓜果及制品、鲜奶等人均分别消费了 33.80 公斤、2.37 公斤、11.36 公斤、56.43 公斤、4.89 公斤，比 1995 年增长了 4.77%、30.22%、46.20%、13.82%、64.09%。居民在外用餐也大幅度增加，2000 年居民在外用餐人均达 427.85 元，比 1995 年增长 70.04%，在外用餐支出占食品支出的比重由 1995 年的 5.74% 升至 17.78%。

三、住房面积增加 居住环境进一步改善

安居才以乐业，随着生活水平的提高，人们对居住提出了更高的要求。“九五”期间，以住房制度改革为契机，通过加大财政投入，鼓励职工集资建房等措施，使城镇居民居住条件得到了较大改善，居住面积不断增加。

2000 年，我市城镇居民人均居住面积为 8.45m^2，比 1995 年增加 0.42 m^2，增长 5.23%，辅助面积 8.35m^2，增长 54.34%，户均居住间数 2.10 间，人均居住面积在 4—8m^2 的家庭 44%，比 1995 年下降 4.35%；人均居住面积在 8—12m^2 家庭达 32.5%，比 1995 年下降 14.47%；人均居住面积在 12—14m^2 的家庭达 7%，比 1995 年增长 16.67%，人均居住面积在 14m^2 以上的家庭达 13.5%，比 1995 年增长 1.70 倍，人均不足 4m^2 以上的家庭仅有 1%，比 1995 年减少 3%，无房户减少 3%，拥挤户和不方便户大幅度减少。

住房设施齐全，室内结构更加合理。2000年，百户城镇居民居住单元式配套住宅达94户，其中购买房子的家庭达89户。在住房水平不断提高的同时，住宅配套逐步得到完善，住房设施齐全，有69%家庭住上了两居室的配套楼房，19%家庭住上了三居室的单元配套楼房，1%的家庭住上了4居室的单元配套楼房，4%的家庭住上了普通楼房和普通平房，自来水普及率和独用厨房户达96%，独用厕所户达93%，其中，厕所里带有浴室的占8%，管道煤气和液化气的使用率达84%，多数居民家庭住房都达到通水、通电、通气。

住房装饰成倍增长。居民在拥有自己的住房后，大多对房子进行改造和装修，使住房装饰成倍增长。2000年，平均每户家庭用于装饰的费用达606.78元，比1995年增长了8.30倍。室内装饰品增长了1.57倍，其中纺织装饰品增长1.23倍，灯具装饰增长1.58倍，挂毯、壁画等其它装饰品增长了2.37倍。同时，政府在规划、设计、建设住宅时，注重体现以人为本的思想，特别是一些新开发的住宅小区，不但注重室内的通风、采光和使用上的实用方便等，更注重周围的亮化、绿化、美化以及购物、休闲、娱乐等配套设施，使居民居住环境进一步改善。

四、交通通讯快速增长，成为新的消费时尚

生活水平的提高，不仅表现为生活得舒适，而且还要生活得方便。进入“九五”以来，我市在加大飞机场等对外交通建设的同时，多方筹集资金，加大了城市改造力度，加快了市内路桥等基础设施建设，使市内交通有了较大改善，遍布市内的公交车、出租车，方便了居民出行，在通讯方面，也加大了投资力度。到2000年底，全市电话交换机容量16万门，建成无线寻呼机站141个。加之相关政策优惠，如电话、手机、传呼机零售价和入网费（初装费）价格大幅度下调，刺激了消费的增长。“九五”期间，家用汽车已开始进入居民家庭，2000年，交通方面的支出人均达163.58元，比1995年增长1.12倍，其中交通费增长1.69倍。交通费中的出租汽车费增长15.51倍；每百户家庭拥有电话机72部，比1999年增加了32部，增长80%；移动通讯更是成倍增长，1998年，每百户只拥有3部，1999年增加到8部，2000年增加到19部，年均增长2.52倍。

五、文教娱乐显著增长，精神生活丰富多彩

随着吃、住、行等物质生活的稳步提高，人们更加追求和崇尚精神生活的多姿多彩。在教育上，一方面注重自身素质的提高，另一方面加强对子女的培养。2000年居民人均用于教育的支出376.58元，比1995年增长了40.44%。在娱乐用品上，2000年每百户居民购买彩电12台，影碟机2台，组合音箱2台，使每百户的拥有量分别达到115台、48台和17台。人均用于娱乐的耐用消费品支出218.86元，比1995年增长66.45%；文化娱乐消费144.38元，增长54.62%，其中文娱费增长1.72倍。娱乐的形式和内容也在悄然发生变化，外出旅游持续升温，成为带动吃、住、行、娱乐的消费亮点。随着各种文娱设施的逐步配套完善。群众文化活动丰富多彩，少年艺术操，青年迪士高、老年健身操以及书法、美术等各种有益于身心健康的文化娱乐活动在公园、广场、居民住宅小区广泛开展。

六、家庭设备不断更新，家政服务悄然兴起

伴随着小康生活水平的到来，是家庭设备的不断更新和现代化。2000年，我市每户家庭用于家庭设备的消费为339.23元，比1995年增长了1.71倍。除传统的电冰箱、洗衣机不断更新换代外，价值较高的空调器也开始较大规模进入普通家庭、住房双卫的配备和浴缸、浴霸等的安装掀起了一场“厕所革命”。厨柜的安装，微波炉、抽油烟机等各种设备的进入，使厨房成为家庭现代化的重要标志。

适应居民消费的需要，各种搬家公司、清洁公司应运而生，钟点工、临时工随叫随到。使许多居民从繁杂的家务劳动中解脱出来，有更多的时间用于工作、学习和休闲，同时，也拓宽了就业渠道，让更多的人走上工作岗位，为社会稳定做出了贡献。

我市城镇居民总体上达到小康水平，但各阶层居民收入增长不平衡，按可支配收入从高到低排列，10%最高收入户人年均可支配收入达

14918.95元,10%的最低收入户只有2177.55元,二者的差距由1995年的4.19:1扩大到6.85:1。所以,尽快建立健全社会保障制度,关注极少部分低收入者的生活,应该成为整个社会不可忽视的责任。

撰稿人:杨 军

二000年攀枝花市场物价综述

在国家不断扩大内需的宏观经济政策调控下,攀枝花市物价总水平在1999年创新低的基础上,2000年市场物价降幅减小,出现回升,但回升的速度缓慢,因此其总水平下降的趋势未能改变。与1999年相比,居民消费价格总指数为99.6,下降0.4%,降幅低于1999年1.4个百分点;商品零售价格总指数为96.7,下降3.3%,降幅高于1999年0.3个百分点。

一、市场物价运行的基本特点

*1.全年价格呈波浪型的变动态势。*进入2000年以后,攀枝花市物价改变了连续19个月下降的局面,二月份在学杂保育费价格大幅上调的拉动下,首次出现上升势头,五、六月份随着食品类降幅的进一步加大,价格又再度回落。

五、六月是全年降幅最大的两个月,均下降1.8%;而七月份是全年涨幅最高的一个月,上涨1.3%,上半年的降幅为0.5%,下半年的降幅为0.3%,上半年略大于下半年。

*2.食品类价格仍然是下降的"重头戏"。*2000年1—12月,食品类价格总水平全部下降,全年下降幅度最大的是5.6两个月份,分别下降11.1%和11%,因此这两个月也是全年价格总水平最低的两个月。降幅最小的元月份,也达到3.1%,全年食品类价格下降6.8%,是十多年来食品降幅最大的一年,其降幅高于1999年2.1个百分点,直接影响2000年消费价格总水平下降3.3个百分点。在食品类中,粮食类价格比去年同期下降18%,这也是食品类中下降幅度最大的品种。今年以来,"米袋子"的价格呈现出持续下滑之势,大米全年平均每公斤2.051元,而米价最低时每公斤仅为1.80元,因此大米的降幅已高达20.6%。近几年来,粮食连年丰收,农民手中余粮基数大,完成国家定购后仍有相当部分的余粮需要出售,按保护价敞开收购,收储企业库容严重不足,加之按保护价收购的粮食成本高,销售困难,粮食收储企业库存暴满,大量的余粮只能涌入市场。与产粮区的粮价相比,攀枝花的粮价还是有利可图的,于是外地和毗邻地区的大米便源源不断的进入攀枝花,致使攀枝花市"米袋子"价格创出新低,2000年肉禽蛋价格在1999年下降的基础上,价格继续低迷,与1999年相比,肉禽及其制品价格下降8.4%,蛋类下降18%,尤其是鸡蛋价格全年最低时每公斤仅为4.4元,也是十多年来的最低价。肉禽价格持续走低,还是受近几年全省生猪价格下降,而我市的生猪出栏数不断增加所致,而鸡蛋价格仍然是受外地蛋价低的影响,因为攀枝花市的鸡蛋主要靠外地。2000年在食品类中价格起伏最大的就是鲜菜,全年涨幅最高的是三月份,高达20.5%,其次是二月份,上涨16.3%,元月份,上涨15.1%,这主要是由于2000年年初,攀枝花市蔬菜基地遭受了霜冻和冰雹的袭击,致使2000年头三个月出现上市量锐减,价格陡升;去年攀枝花市的早市鲜菜由于受霜冻气温较低的影响,早市菜上市推迟了一个月时间,加之在品种,质量和外包装的原因,与外地鲜菜相比,已失去竞争能力,致使2000年早市菜外运极度萎缩,只能返销本市市场,造成鲜菜大量过剩,价格急剧下降,五月份,鲜菜降幅为23.5%,六月份降幅为17.4%,全年鲜菜出现了"涨幅高、降幅大"的显著特征,全年鲜菜同比下降2.4%。

*3.衣着等日用消费品价格平稳,家电产品价格继续下降,市场没有出现新的消费热点。*据统计,2000年1—12月份,攀枝花市社会消费品零售总额比1999年增长8.0%,这主要是由于个体和私营经济的涨幅带动所致,国有和集体经济累计呈下降之势。去年以来,虽然攀枝花市的龙头企业攀钢效益有所回升,而且全市亏损企业也较1999年有所减少,但整个市场销售还是趋于平淡,与1999年相比,衣着类上升0.1%;家庭设备及用品下降0.9%,受西药降价的影响,医疗保健类下降0.8%;交通和通讯工具下降8.9%;娱乐教育文化用品受家电产品价格下降影响,继续下降0.8%。

4.居住类价格持平,服务项目涨幅居高。

2000 年以来,由于攀枝花市在房租、水、电、煤气等生活必需品上没有出台新的调价措施,因此居住类价格与 1999 年持平。在服务项目中学杂保育费 2000 年高幅上涨,致使服务项目价格全年的涨幅高达 22.8%,是八大类调查品种之首,影响消费总指数上升 3.2 个百分点。因此 2000 年 2 月份在食品类保持相对平稳的基础上,由于调高了学杂、保育费的收费标准,致使连续下降 19 个月的物价首次出现了上升势头,因此 2000 年消费价格总水平有五个月出现上升,是与学杂、保育费大幅上调的拉动分不开的。

二、对当前物价持续走低的几点看法

从 84 年我们开始计算物价指数以来,攀枝花市物价到 1998 年止,全年价格总水平都呈上升之势,这期间的十多年中,有许多年的价格总水平都是以高于全省、全国的两位数的速度高幅上涨,经过这十几年的滚动上涨,物价已处在畸高的价位,据计算,1998 年与 1978 年相比,攀枝花市物价已上涨 6.8 倍,因此,两年来攀枝花市物价总水平持续下降,同全省、全国一样是处于畸高价位的物价向较低水平的合理回归,是物价从主要由政府决定到由市场决定,供求关系出现根本性转变的必然结果。物价是在高价位上的下降,而不是在低价位上的下降。这和市场供给一直充分,物价相对稳定、竞争激烈且物价处于较低价位条件下出现的物价总水平持续下降是不同的。从我国经济已经走出短缺状态的现实看,价格总水平急剧上升拉动经济增长的时期已经结束。

据多年来的经验测算,我国居民消费每增加 1 个百分点,就能拉动经济增长 0.6 个百分点以上,而社会投资每增加 1 个百分点,只能拉动经济增长 0.4 个百分点,因此居民消费对经济增长的拉动作用是不容忽视的。过去是靠价格上涨和强劲需求同时起作用,现在只有降低价格才会增加有效需求,而只有消费需求才是最终需求,因此市场只有不断增加有效供给将居民潜在的需求(如对住房、教育等的需求)转化为有效购买力,才能使进一步扩大内需成为启动经济的力量源泉。

撰稿人:刘锋

攀枝花市乡镇经济发展制约因素研究

乡镇经济发展包含一、二、三产业的发展，是县(区)乃至全市经济发展的重要组成部分，具有重要地位，是加快县(区)和全市经济增长，促进经济跃上新台阶的客观需要，是实现“两个根本性转变”的重要举措，是加大乡镇经济体制改革力度的首选目标。系统地分析研究攀枝花市乡镇经济发展当前所面临的制约因素，必将为全市乡镇经济的改革实践和理论探讨增加丰富而崭新的内容，为加快和实现全市乡镇经济追赶式、跨越式发展起到积极的作用。

一、攀枝花市乡镇经济发展现状

据攀枝花市乡镇信息系统资料统计：1999年末，全市建制乡镇78个，所辖居民委员会57个，村民委员会428个。乡镇总人口55.88万人，占全市总人口的54.9%，其中农业人口占85.1%。在乡镇从业人员中，从事第一产业的人员占77.5%，从事第二产业的人员占6.2%，从事第三产业的人员占16.3%，而外出务工的人员仅占乡镇总人口的0.96%。总耕地面积31008公顷，人均0.83亩。农业科技及服务单位294个，拥有中高级技术人员43人，农业机械总动力42.68万千瓦。粮食总产量22.52万吨，肉类总产量4.19万吨。乡镇企业17364个，实交税金12918万元，实现净利润17421万元。农民人均可支配收入2381元，乡镇财政收入18384万元。乡镇离县城所在地在10公里以内的占乡镇总数的14.1%，在11公里以上的占乡镇总数的85.9%。在村总数中，通公路的村占90.4%，通电的村占94.6%，通邮的村占64.5%。集贸市场57个，其中综合市场占98.2%。

二、攀枝花市乡镇经济发展制约因素

依据社会主义市场经济建设特别是全市经济增长方式转变的客观规律，通过对全市乡镇经济现存管理体制特点和问题的分析，剖析当前全市乡镇经济发展中的经验和教训，借鉴市外、省外乡镇经济产业化、市场化、规模化发展的特点，全市乡镇经济发展的主要制约因素有：

(一)流通体制改革滞后的制约因素

从全市分析，流通体制综合功能薄弱是全市乡镇经济整体运行质量和综合效益不高的首要因素。这是目前全市乡镇经济发展、经济增长中所具有的共同特征，这既与全市乡镇经济从生产、经营、管理长期以来受全市经济在以“攀枝花特区模式”这种高度集中的计划经济模式下建设和运行的缺陷有关，又与全市乡镇经济发展中的重政绩、轻效益，重数量、轻质量的目标相连，从而造成全市乡镇经济发展增长中存在的数量多、质量低，规模大、效益差的格局。随着改革和开放的不断深化，社会主义市场经济体制建立已大势所趋，以农产品、工业产品等为主体的流通体制改革滞后，它在阻碍全市乡镇经济发展中的负面作用更加明显。

目前，全市流通体制改革存在如下问题：

1.受计划经济体制和特重型工业的影响和制约，各级政府、行业管理部门重生产、轻流通的传统观念仍然存在，乡镇经济体制的进一步深化改革困难加剧，体制改革对促进乡镇产业综合生产能力的提高也只能是处于初级阶段，难以达到预期目的。各级政府、行业管理部门在探索具有各自特色的产品流通体制改革与创新模式上主动性不够。在相关政策设计和政策操作上更多满足于“上文下达”，动口多于行动，措施缺乏落实，甚至有的领导还具有一定的霸气，有抑制和扼杀创新机制的行为。

2.流通企业未能与生产企业结成相互依存、相互发展的利益共同体，流通对企业生产的导向和牵动功效不足，没能有效地利用在流通过程中获取的市场信息来指导企业组织管理和生产。贸工、贸农等一体化发展滞后，龙头企业的辐射作用有待进一步发挥。过去在贸易企业中占生产资料供给和产品销售主渠道地位的国合商业，其生存和发展受到了严峻的挑战，特别是各级层次的供销社已处于亏损、倒闭的境地，没有竞争活力，这是由于各自为战的管理体制，使流通企业未能与生产企业结成利益共同体,拓展生存、发展空间所致。流通企业自身发展能力十分有限,没能给全市乡镇经济的生产行为创造更多的发展机会。

3.基础设施建设差,市场发育不健全。由于全市地理环境差,交通运输基础设施发展滞后,乡镇公路网络等级较低,对外快速通道迟迟不能打通,严重制约乡镇一、二、三产业的快速发展,不能满足"方便、舒适、快捷、准时"的需要。消费品市场、生产资料市场、技术市场、劳动力市场、信息市场等发展缓慢,市场体系不健全,市场建设起步较低,管理水平不高,市场行为不规范,起不到调节经济发展的作用。

(二)产品市场竞争能力低下的制约因素

产品市场竞争能力低下,从而没有形成对乡镇经济较大的推动作用,是全市乡镇经济发展效果差的根本原因。走信息化、市场化、规模化、效益化的产品大流通战略是乡镇经济改革实践和创新突破的重要方向,是构成乡镇经济参与大流通、大循环、大竞争、大发展的必然之路。

全市产品市场竞争能力存在以下问题:

1.乡镇经济中有发展潜力、具有市场竞争能力的产品极少。随着产品告别供应短缺,步入买方市场格局之中后,产品质量问题就越显得日益重要起来,成为乡镇生产企业和经济持继发展的根本所在。攀枝花市乡镇各产业中,现有的产品质量与全省乃至全国发达地方相比,存在着较大的差距。加之如今产品更新换代的速度越来越快,现代产业对科学技术的要求越来越高。比如农业生产的水果、蔬菜、粮食等优质品种较少,规模生产不大,科技含量低,换代速度慢,并且绝大多数农产品都停留在鲜活原料产品供应上;工业企业生产的生丝、花岗石等属简单的粗加工,基本上是出卖原料产品。产品跟不上市场需求,不能很好适应消费的多样性特色,难于立足于市场,难以形成竞争优势。当前,攀枝花市乡镇产业中无论是农产品,还是工业产品,不是没有市场,而是产品内在质量低,不能适应市场。

2.产品科技含量低,竞争优势不突出。科学技术是企业开创新产品,增加产品功能,实现扩大内涵再生产,增强企业活力的关键所在。产品竞争说穿了就是科学技术的竞争,谁拥有先进的科学技术谁就拥有市场。全市乡镇经济中各支柱产业——农业、工业、建筑业等,基本上是"家家生火,户户冒烟"状态,没有一家是"企业+科研"之类的模式,不具有大规模竞争能力,都是些规模小,分布散,结构不合理,整体技术水平低,产品质量差,浪费资源较严重的高耗能、高污染企业,企业在产品的设计、发明、创新、推广上滞后,产品层次受限,用这样科技含量低企业生产出来的产品去闯荡市场,其劣势是不言而喻的。

3.无名牌产品,政策措施不配套。优质名牌产品是衡量一个产业科技含量水平和竞争实力的重要标志。创优质名牌就是走以市场为导向,以名优产品为龙头,依靠科技进步,大力推进产业化,着力开发出品种高档化、质量高级化、利润规模化的发展道路。经过近年来的努力,盐边县的生丝、仁和区大田石榴、平地李华干红葡萄酒、米易县一枝山白砂糖、普威雪梨和时令蔬菜等等至今具有一定的知名度,但终归未能形成上规模名牌,甚至已出现个别产品有退出市场的苗头。另外全市各级政府、行业管理部门对创立地方产品名牌认识、研究不够,至今未能制订出如《攀枝花市产品质量标准》、《攀枝花市优质产品评定方案》等配套的政策性导向、政策性扶持的有力的措施,培育和树立攀枝花市的优质名牌产品,参与市场竞争。

4.人才缺乏是产品市场竞争能力低下的又一关键因素。人才是决定企业实力的重中之重,谁拥有人才,谁就拥有参与市场竞争的资本,也就拥有了市场。在全市乡镇一、二、三产业从业人员中,不论是管理者,还是生产者,具有中等学历者寥寥无几,更谈不上高学历的懂管理、善经营的高级管理人才和有知识有技能的高素质劳动生产者。

(三)企业化生产经营能力弱的制约因素

企业化生产经营是乡镇经济发展的重要条件,就目前全市乡镇经济发展所面临的困难和问题看,企业化生产经营能力弱是全市乡镇经济增长缺乏活力的重要内因,也是乡镇经济效益不高的主要因素。所谓企业化生产经营是指企业的生产和经营突破粗放的简单再生产局限,按市场规律运作,以市场为导向的生产经营机制和社会资源的市场化重新组合和优化配置,从而形成一定的生产要素的最少投入和最大规模效益产出的生产经营模式。因此,企业化生产经营能力的提高是事关全市乡镇经济发展的重要因素。

乡镇经济中乡镇企业的异军突起和快速发展的成功实践,成为全市企业化生产经营行为开始的有力印证,以及个体私营经济的迅速发展在第三产业成功探索,已对第一产业的企业化生产经营起到了积极的推动和促进作用。但仍存在以下问题:

1.耕地的市场化流转机制尚未建立,懂技术、会管理的种养殖大户对土地规模经营能力受到限制,使农户企业化生产经营发展缓慢。农业产业化缺乏农户企业化行为主体的牢固支撑。农业社会化服务体系的不完善和功能作用严重残缺,农户企业化生产经营的需求被进一步压抑。农业剩余劳动力的有效转移能力下降,“在业失业”现象加剧,而农户企业化生产经营又缺乏合理的劳动力结构支撑,综合性人才支撑功能有待进一步培育和强化。

2.乡镇企业由于建设起点低,小打小闹、土法上马、内质差,缺乏先进技术和先进管理经验的运用,主要生产活动基本上是对资源的采掘、粗加工和出卖原材料。企业化生产经营能力相当弱,只能在狭小的市场范围内流通,与统一、开放、竞争的大市场不相适应,市场预测极度困难,生产经营难度大,发展生产倍受制约。

3.交通、通讯基础设施建设不能适应乡镇经济发展。全市乡镇地处山区,地理位置多呈半封闭状态,交通、通讯等基础设施建设难度大,行路难,通讯难始终是困绕人民生产、生活的主要问题。全市各乡镇通公路的路面等级比较低,通讯不方便,不能快速地同区域外进行沟通,尤其在当今信息社会形势下,交通、通讯对企业化生产经营和乡镇经济发展的制约作用就显得愈加明显。

4.集镇开发建设分散,投资效益低,没有达到提高乡镇各产业企业化生产经营能力的目的,它所具有的人力、资金、技术等要素聚集功能有待进一步提高。在促进集镇一、二、三产业的形成与协调,使集镇既是一、二产业的依托,又是二、三产业的辐射区,任重而道远。

(四)社会化服务体系建设滞后的制约因素

在建立社会主义市场经济体制的过程中,为乡镇经济发展服务的资金信贷、信息咨询、政策服务、法律服务、中介服务、科技服务等社会化服务体系建设的迫切性和重要性已已引起各级领导、社会各界的重视。同时,由于市场机制的逐渐规范和完善,社会化服务体系的建设面临着更多的挑战和机遇,存在着不少困难和问题,这都直接或间接影响着乡镇经济的持续稳定发展。

目前,全市社会化服务体系建设中存在的主要问题有:

1.社会化服务体系从业人员少,经济实力薄弱,资金严重短缺,不少服务组织处于亏损、关闭的困境。县(区)、乡(镇)、村和社会化服务组织如农技站、乡(镇)科协等的功能停留在产业的产中服务上,对产前、产后服务项目的拓展有名无实。

2.社会化服务体系发展的市场运行机制和管理体制的转换不适应全市乡镇经济发展的需要。社会化服务体系建设,不按市场机制去动作,如机构设置靠政府操作、动作经费靠拔付,造成经费拮据,待遇低下,工作积极性差,设备落后,沿袭了“输血”才服务的模式。

3.社会化服务项目的拓展及服务方式的创新滞后,致使社会化服务组织的专业化程度及市场化水平停留在低水平上,竞争能力不高,对全市乡镇经济的发展没起到应有的服务功能和促进作用。

三、攀枝花市乡镇经济发展对策与建议

为了增强攀枝花市乡镇经济参与市场竞争的能力,推动其向高层次、宽领域、纵深化方向健康稳定地发展,我们建议应做好以下工作:

1.积极培育和开拓市场。产品迅速通畅地进入流通领域,实现其价值,是乡镇各产业的最终要求。没有市场需求的拉动,各产业就无法进行。在抓好现有市场设施配套完善与扩大规模的基础上,兴建一批贯通城乡、辐射全市的中心集镇专业批发市场。改变政策独家办、独家管理市场的局面,鼓励各种投资主体独资或合资兴办市场,谁投资,谁受益。给予优惠政策,扶持发展状大,起到调节乡镇经济发展的作用。

2.调整产业结构,增强市场竞争能力。坚持以市场为导向,加快对乡镇现有产业结构而升级换代,推行现代企业运行机制,大力发展科技含量高、有市场竞争潜力的产业和产品,逐渐建立一批由小到大、由少到多、滚动发展,具有基础雄厚、内在质量高、辐射面广、带动能力强为特征的高附加乡镇产业群体。

3.加快社会化服务体系建设。不但现代产业具有对服务的多元化和社会化需求,而且社会化服务又是乡镇经济的发展中具有不可替代的作用。因此,要高度重视和发挥县(区)、乡(镇)、村各级服务组织的骨干作用以及民间专业协会、研究会等的服务作用,增强各种社会化服务组织的服务实力和功能,搞好产品的产前、产中、产后的配套服务工作,减少全市乡镇经济发展的风险性生产经营成本。

4.强化政策扶持和组织领导。乡镇经济的发展涉及一、二、三产业的各个领域,必须加强政策扶持,搞好组织协调。各级政府、行业主管部门要结合本地实际制定优扶政策,对列入优质名牌发展战略计划的主导产业、产品,推行一条龙办公,打破过去领导体制上的城乡分割、行业隔离状态,实行一个产业、一个规划、一套政策、一套实施办法,重点扶持一批主导产业上规模、上档次、上质量、创名牌,参与市场竞争,促进攀枝花市乡镇经济向前健康发展。

课题组组长:张玉会
副　组　长:黄玉梅、王世忠
课题组成员:范从伦、程全松、万启树
孙彩凤、邹　洁
执　　　笔:万启树

三　附　录

ADDENDUM

附－1　攀枝花市主要总量指标在全省的位次

单位:亿元

	国内生产总值(现价)				全部工业总产值(现价)				全部固定资产投资			
	实绩		位次		实绩		位次		实绩		位次	
	1992	2000	1992	2000	1992	2000	1992	2000	1992	2000	1992	200
成都市	300.66	1313.0	1	1	321.85	1 408.26	1	1	78.80	475.90	1	1
自贡市	44.12	152.96	11	8	48.32	151.98	7	8	9.01	28.20	12	16
攀枝花市	34.89	114.52	13	16	52.98	182.13	6	7	25.74	33.51	3	13
泸州市	48.42	165.50	9	7	35.13	128.25	11	11	10.50	53.96	11	3
德阳市	77.32	260.07	5	3	90.48	320.28	3	3	15.33	49.83	7	5
绵阳市	84.82	317.88	4	2	94.17	346.34	2	2	18.48	87.20	4	2
广元市	34.20	86.29	14	17	19.14	51.70	14	18	10.99	29.02	10	15
遂宁市	36.77	118.02	12	15	27.00	103.52	12	14	5.70	35.09	14	11
内江市	89.41	144.80	3	10	75.17	133.46	5	10	15.76	32.36	6	14
乐山市	94.57	146.02	2	9	76.46	184.40	4	6	28.43	48.07	2	7
南充市	59.68	176.78	6	6	38.27	141.81	9	9	16.89	48.47	5	6
宜宾市	49.37	200.65	8	4	37.76	215.29	10	5	11.09	52.67	9	4
达川地区	52.46	187.84	7	5	40.54	228.71	8	4	12.23	39.52	8	8
雅安地区	22.54	73.93	16	19	18.95	96.38	15	15	7.74	27.22	13	17
阿坝州	13.94	35.28	18	20	7.37	16.89	18	20	4.37	17.68	16	20
甘孜州	11.02	24.69	19	21	3.54	5.48	19	21	2.63	14.01	17	21
凉山州	44.35	144.55	10	11	22.41	87.95	13	17	5.48	34.78	15	12
广安地区	30.28	126.47	15	13	15.77	92.10	16	16		35.80		10
巴中地区	21.63	84.01	17	18	7.88	27.48	17	19		19.38		19
眉山地区		124.80		14		111.63		13		37.22		9
资阳地区		142.86		12		115.73		12		21.28		18

注:1992 年为乡以上工业。

附－1 续表 单位:亿元

	消费品零售总额				财政收入(一般预算)				城乡居民储蓄存款			
	实绩		位次		实绩		位次		余额		人均(元)	
	1992	2000	1992	2000	1992	2000	1992	2000	实绩	位次	实绩	位次
成都市	118.84	554.21	1	1	24.90	54.73	1	1	831.00	1	8 201	1
自贡市	19.34	41.27	10	13	4.61	5.47	9	11	88.32	12	2 804	7
攀枝花市	13.10	38.57	14	17	5.08	6.65	6	8	76.14	15	7 392	2
泸州市	21.17	53.76	9	8	4.13	8.01	11	5	119.46	6	2 576	8
德阳市	26.60	77.60	7	4	7.19	10.79	3	4	139.27	5	3 672	3
绵阳市	32.65	101.57	4	2	8.18	13.28	2	3	179.46	2	3 462	4
广元市	14.13	41.36	13	12	1.69	2.78	14	17	58.08	17	1 920	18
遂宁市	14.40	45.96	12	10	1.94	4.39	13	13	85.66	13	2 309	13
内江市	34.68	43.32	3	11	6.88	4.56	4	12	106.14	9	2 528	9
乐山市	37.06	61.19	2	7	6.56	6.34	5	9	112.19	7	3 243	6
南充市	31.48	79.41	6	3	5.07	6.73	7	7	154.76	4	2 182	14
宜宾市	21.34	68.24	8	5	3.99	138.86	12	2	97.89	11	1 925	17
达川地区	31.49	63.61	5	6	5.00	5.56	8	10	155.17	3	2 503	11
雅安地区	8.76	24.58	15	18	1.36	2.33	15	19	51.08	18	3 410	5
阿坝州	4.17	8.91	17	20	0.99	1.87	16	20	16.77	20	2 023	16
甘孜州	4.40	7.83	16	21	0.78	0.81	17	21	12.84	21	1 444	20
凉山州	14.67	40.31	11	14	4.26	7.90	10	6	70.35	16	1 748	19
广安地区		50.62		9		3.89		16	108.50	8	2 474	12
巴中地区		23.59		17		2.65		18	34.54	19	996	21
眉山地区		40.06		15		4.19		15	85.18	14	2 506	10
资阳地区		38.70		16		4.24		14	104.72	10	2 144	15

附－2 攀枝花市主要人均指标在全省的位次

(2000年) 单位:亿元

指标	四川省		攀枝花市					
			总计	位次		人平(元)	位次	
	总计	人平(元)		1997	2000		1997	200
国内生产总值(现价)	4010.25	4784	114.52	13	16	11184	2	2
工业总产值(现价)	2039.47	2433	156.43	5	7	15276	1	1
工业销售收入	2065.55	2464	156.41	4	4	15274	1	1
工业利税总额	66.80	79	13.16	7	5	1285	1	1
社会固定资产资额	1403.90	1675	33.51	2	13	3273	1	2
社会消费品零售总额	1523.80	1818	38.57	14	17	3766	2	2
地方财政收入	233.96	279	6.90	3	8	674	1	1

注:“工业利税总额”四川省用“利润总额”代替。

附－3 长江沿岸城市一览

(1999 年)

	年末总人口（万人）		非农业人口（万人）		土地面积（平方公里）	
	全市	市区	全市	市区	全市	市区
攀枝花	101.8	64.14	54.22	49.49	7434	2004
宜宾	504.08	74.39	80.00	29.26	13283	1123
泸州	461.45	135.91	68.71	37.54	12247	2132
重庆						
涪陵	110.13		24.49		2946	
万州						
宜昌	399.31	60.05	116.68	49.42	21084	448
枝城						
荆州						
石首						
岳阳	519.22	89.5	100.06	45.95	15019	1044
武汉	740.20	740.20	434.46	434.46	8467	8467
鄂州	103.86	103.86	30.59	30.59	1504	1504
黄石	249.36	64.18	86.95	56.86	4630	234
九江	448.35	50.30	92.91	36.58	18823	699
安庆	598.03	57.13	87.73	36.22	15398	466
铜陵	68.50	34.10	34.66	29.83	1113	227
芜湖	216.40	63.55	69.99	50.23	3317	230
马鞍山						
南京						
镇江						
扬州						
南通	785.78	64.62	250.74	46.91	8001	224
上海	1313.12	1127.2	969.63	923.19	6340.5	3924.2

附－3 续表1 (1999年)

	国内生产总值（万元）		农林牧渔业总产值（当年价）（万元）		年末实有耕地面积（千公顷）	
	全市	市 区	全市	市区	全市	市区
攀枝花	1083057	916023	126425		32	
宜 宾	1786358	620792	703462		257	
泸 州	1620138	765779	690546		230	
重 庆						
涪 陵	633374		160310		67	
万 州						
宜 昌	3451050	821002	918390		260	
枝 城						
荆 州						
石 首						
岳 阳	3312443	1400000	1256241		287	
武 汉	10856837	10856837	1211291		220	
鄂 州	932342	932342	212135		41	
黄 石	1780225	941164	264377	22169	80	2
九 江	1919469	826600	585127		232	
安 庆	2482255	665436	883606		270	
铜 陵	685354	537078	72309		24	
芜 湖	1931721	1039699	373952		93	
马鞍山						
南 京						
镇 江						
扬 州						
南 通	6704393	1348116	1279029	23310		
上 海	40349600	36155700	2069019		290.86	

附－3 续表2 (1999年)

市区	工业总产值(当年价)(万元)		固定资产投资额(万元)		社会消费品零售额(万元)	
	全市	市区	全市	市区	全市	市区
攀枝花	1313059	1187362	427818	356983	357070	311869
宜宾	1061242	806935	375577	218967	616189	243811
泸州	596292	388446	253417	161431	492313	259654
重庆						
涪陵	617812		241059		179278	
万州						
宜昌	2145066	756805	1873787	1426236	1262841	424527
枝城						
荆州						
石首						
岳阳	2119587	1506867	751440	376478	1157176	612076
武汉	7506085	7506085	4312456	4312456	5395504	5395504
鄂州	932447	932447	272370	272370	338124	338124
黄石	1387120	1027485	358288	187628	680260	362878
九江	1149551	827847	299623	163877	589259	240769
安庆	1519021	958575	326267	183852	821627	293578
铜陵	768881	726299	156363	143851	217935	174049
芜湖	1255391	1069284	460905	406187	659995	369904
马鞍山						
南京						
镇江						
扬州					1320357	456476
南通	11390435	2271364	2122386	492121	2298177	527180
上海	54529098	50525721	18567130	17168483	15903815	15129473

附－3 续表3 （1999年）

	民用运输车辆拥有量（辆）		公路客运量（万人）		公路货运量（万吨）	
	全市	市区	全市	市区	全市	市区
攀枝花	24692	22321	1538	1254.1	1659	1202
宜宾	49347	26082	6016	908	1727	377
泸州	11316	6450	7675	3619.7	1406	619
重庆						
涪陵	4250		1180		378	
万州						
宜昌	53906	20996	6345	710.64	2857	712
枝城						
荆州						
石首						
岳阳	30007	14956	10069.38	7155.1	1847	1692
武汉	140671	140671	6967.2	6967.2	6791	6791
鄂州	5265	5265	1865	1865	1150	1150
黄石	18418	11290	2825	1194	3984	3311
九江	20488	10328	3491	1561.6	1138	357
安庆	21843	9641	1910	506	2115	699
铜陵	9395	6713	1131	251	1378	1208
芜湖	20717	14191	1339.66	832.62	766	472
马鞍山						
南京						
镇江						
扬州						
南通	52481	17257	6954	3362.6	5093	1148
上海	425463	425463	2178	2178	27171	27171

附－3 续表4 (1999年)

	铁路客运量（万人）		铁路货运量（万吨）		邮电业务总量（万元）	
	全市	市区	全市	市区	全市	市区
攀枝花	155	125.98	1410	1378	27479	24934
宜 宾	94	90.2	22	19	41169	22594
泸 州	0	0	77	77	41411	
重 庆						
涪 陵					18886	
万 州						
宜 昌	149.63	124.22	283	100	59548	32658
枝 城						
荆 州						
石 首						
岳 阳	589.31	381.01	656	490	78083	36500
武 汉	2256.70	2256.7	4749	4749	419553	419553
鄂 州	11.79	11.79	1466	1466	17759	17759
黄 石	43	18	756	460	43101	32308
九 江	274.80	159.08	303	214	44297	20391
安 庆	82.38	27.6	144	105	60230	27468
铜 陵	92.25	95.25	144	144	20989	19628
芜 湖	244.86	162.96	114	34	57372	48521
马鞍山						
南 京						
镇 江						
扬 州						
南 通					184829	67766
上 海	2906	2906	996.7	996.7	1689900	1689900

附－3 续表5 (1999年)

	年末邮电局(所)数(处)		年末电话机数(部)		全年用电量(万千瓦小时)	
	全市	市区	全市	市区	全市	市区
攀枝花	184	82	110000	100000	228680	214247
宜　宾	256	40	190000	70000	263990	135415
泸　州	280	43	140000	80000	153584	
重　庆						
涪　陵	85		75930			
万　州						
宜　昌	228	38	360000	140000	423258	113398
枝　城						
荆　州						
石　首						
岳　阳	349	63	340000	140000	231738	128018
武　汉	316	316	1100000	1100000	1024472	1024472
鄂　州	37	37	80000	80000	135589	135589
黄　石	118	25	230000	140000	370697	297654
九　江	220	29	330000	230000	158467	104653
安　庆	381	35	320000	90000	213856	149699
铜　陵	63	36	90000	70000	151320	141214
芜　湖	110	27	220000	150000	168330	87898
马鞍山						
南　京						
镇　江						
扬　州						
南　通	536	24	875142	161140	580477	214627
上　海	579	579	4840000	4840000	5012000	5012000

附-3 续表6 (1999年)

	中央财政预算内收入（万元）		地方财政预算内收入（万元）		地方财政预算内支出（万元）	
	全市	市区	全市	市区	全市	市区
攀枝花	55255	51602	87486	78412	116982	97656
宜 宾	72834	55896	102356	63841	158206	78163
泸 州	58396	7687	93922	16303	126113	24828
重 庆						
涪 陵			43499			
万 州						
宜 昌	78345	26733	163205	65597	229961	79000
枝 城						
荆 州						
石 首						
岳 阳	52345	39777	112395	58332	175876	83842
武 汉	513945	513945	604658	604658	736416	736416
鄂 州	18231	18231	36988	36988	48849	48849
黄 石	35754	26639	110018	71683	96638	54033
九 江	83712	68408	98492	48024	228771	68485
安 庆	91251	73931	135572	49702	185498	60817
铜 陵	29034	26093	47932	39104	54869	42294
芜 湖	157938	147443	84069	54200	120507	80112
马鞍山						
南 京						
镇 江						
扬 州						
南 通	182850	80665	233398	93875	304364	105252
上 海	9523600	9523600	4318500	4318500	5463800	5463800

附－3 续表7 (1999年)

	年末金融机构存款余额（万元）		年末金融机构各项贷款余额（万元）		保费收入（万元）	
	全市	市区	全市	市区	全市	市区
攀枝花	1115807	961044	1222668	1029471	18678	16934
宜宾	1446943	803301	1306876	630097	21089	8460
泸州	1445853	607258	1139485	521979	16200	4365
重庆						
涪陵	569093		628535		11901	
万州						
宜昌	2638274	1608084	3292022	2021151	58467	26913
枝城						
荆州						
石首						
岳阳	1631801	1031080	2003368	1203300	30548	14540
武汉	14631945	14631945	12564489	12564489	236465	236465
鄂州	480442	480442	645985	645985	7785	7785
黄石	1068859	786502	1116399	832117	20426	15618
九江	1628175	868140	2039271	917169	116360	10309
安庆	1593938	645164	1784933	772823	26732	11099
铜陵	493360	415199	841835	763893	10872	8856
芜湖	1369534	1019575	1196750	883471	28134	19944
马鞍山						
南京						
镇江						
扬州						
南通	6981158	2082403	3772101	1345532	87723	39860
上海	70971900	70971900	54247500	54247500	1029200	1029200

附－3 续表8 (1999年)

	居民储蓄年末余额(万元)		居民人均可支配收入(元)		居民消费价格指数(以上年为100)	
	全市	市区	全市	市区	全市	市区
攀枝花	717650	616298		6676		98.2
宜宾	862660	363205		5307		97.9
泸州	1012097	429480		5894		99.1
重庆						
涪陵	317882			5357		
万州						
宜昌	1322194	627914		5479		101.5
枝城						
荆州						
石首						
岳阳	1099228	699200		6541		99.9
武汉	5748055	5748055		6262		96.1
鄂州	356292	356292	5330	5330	99.6	99.6
黄石	703718	488371		5093		94.7
九江	1088459	470313		4583		98.1
安庆	1091402	379748		5320		97.2
铜陵	304704	244968		5511		99.1
芜湖	764551	510596		5588		97.8
马鞍山						
南京						
镇江						
扬州						
南通	5009217	1069762		7416		97.6
上海	25971200	25971200		10932		101.5

主要统计指标解释

综合

国民生产总值 是按市场价格计算的国民生产总值总称。它是我国所有常住单位一定时期内生产活动的最终成果。它等于国内生产总值加上来自国外的劳动者报酬和财产收入减去付给国外的劳动者报酬和财产收入。与国内生产总值不同,国内生产总值是一个生产概念,而国民生产总值是一个收入概念。

国内生产总值 是指一个国家或一个地区在一定时期内(通常为1年)所生产和提供的最终产品(包括服务)价值之和,反映一定时期内生产活动的最终成果(简称GDP)。它是各部门总产出减去中间消耗后的增加值之和。它包括固定资产折旧、劳动者报酬、生产税净额(即生产税减去生产补贴)和营业盈余之和。它的使用表现为投资、消费和净出口。

三次产业 第一、第二、第三次产业,是根据社会生产活动历史发展的顺序对产业结构的划分。它大体反映了人类生活需要、社会分工和经济活动发展的不同阶段,基本反映了有史以来人类生产活动的历史顺序,以及社会生产结构与需求结构之间相互关系,是研究国民经济的一种重要方法。

产品直接取自自然界的部门称为第一产业,即农业,包括种植业、林业、牧业、渔业;对初级产品进行再加工的部门称为第二产业,即工业(包括采掘工业、制造业、自来水、电力、蒸气、热水、煤气)和建筑业;为生产和消费提供各种服务的部门称为第三产业,即除第一、第二产业以外的其他各业。根据我国的实际情况,第三产业可以分为两大部门:一是流通部门,二是服务部门。

当年价格、可比价格、不变价格 当年价格指报告期的实际价格,如工厂出厂价格、农产品的收购价格、商业的零售价格等。使用当年价格计算的数字,是为了使国民经济各项指标互相衔接,便于考察当年社会经济效益,便于对生产和流通、生产和分配、生产和消费进行经济核算和综合平衡。可比价格指在不同时期的价值指标对比时,扣除了价格变动的因素,以确切反映物量变化。按可比价格计算有两种方法:一种是直接用产品产量乘某一年的不变价格计算;另一种是用价格指数换算。不变价格指用同类产品的某一时期的平均价格作为固定价格,来计算各个时期的产品价值,消除了价格变动因素,不同时期对比可以反映生产的发展速度。

国有经济单位 指生产资料归国家所有的各种企业、事业单位,以及各级国家机关、人民团体等单位。

集体经济单位 指生产资料归公民集体所有的各种企业、事业单位。包括农村各种经济组织经营的农、林、牧、副、渔业,乡、村经营的企业、事业单位;城市、县、镇以及街道举办的集体经济性质的企业、事业单位。

私营经济单位 指生产资料归公民私人所有的单位。包括私营独资企业、私营合伙企业和私营有限责任公司。

联营经济单位 指不同所有制性质的企业之间或者企业、事业单位之间共同投资组成新的经济实体。包括紧密型联营企业、半紧密型联营企业和松散型联营企业。

股份制经济单位 指全部注册资本由全体股东共同出资,并以股份形型式投资举办企业。主要包括股份有限公司和有限责任公司。

外商投资经济单位 指外国投资者根据中华人民共和国有关涉外经济的法律、法规,以合资、合作或独资的形式在中国大陆境内开办企业。包括中外合资经营企业、中外合作经营企业和外资企业。

港、澳、台投资经济单位 指港、澳、台地区投资者参照中华人民共和国有关涉外经济的法律、法规,以合资、合作或独资的形式在大陆举办企业。包括合资经营企业、合作经营企业和独资企业。

平均每年增长速度 在我国计算平增长速度有两种方法,一种是习惯上经常使用的"水平法",又称几何平均法,是以间隔期最后一年的水平同基期水平对比来计算平均每年增长(或下降)速度。另一种是"累计法",又称代数平均法或方程法是以间隔期内各年水平的总和同基期水平对比来计算平均每年增长(或下降)速度。

在一般正常情况下,两种方法计算的平均每年增长速度比较接近,但在经济发展不平衡,出现大起大落时,两种计算的结果差别较大。

本《年鉴》内所列的平均增长速度,除固定资产投资是用"累计法"计算外,其余均用"水平法"计算。从某年到某年平均增长的速度的年份,均不包括基期年在内。如"八五"期间的平均发展速度是以1990年为基期计算的,则写为1991-1995年平均增长速度,其余类推。

货(客)运量 指运输业实际运送的货物(旅客)数量。货运按吨计算,旅客按人计算。货物不论运输距离长短,货物类别均按实际重量统计;旅客不论行程远近或票价多少,均按一人一次作为客运量统计。半价票、小孩票也按一人统计。货(客)运量是反映运输业为国民经济和人民生活服务的数量指标,也是制定和检查运输生产计划、研究运输发展规模和速度的重要指标。

货物(旅客)周转量 指运输业运送的货物(旅客)数量与其相应的运输距离的乘积之总和,通常以吨公里和人公里为计算单位。计算货物(旅客)周转量通常按发出站与到达站之间的最短距离,也就是计费距离计算。它是反映运输业生产或成果的重要指标,也是编制和检查运输生产计划、计算运输效率、劳动生产率以及核算运输单位成本的主要基础资料。

邮电业务总量 指以货币表现的邮电部门为用户传递信息和提供其它邮电服务的总量。它用各种邮电分类业务量,如函件件数、电报份数、长话张数、市内电话和农村电话的年均户数、订销报刊累计份数等,分别乘以相应的平均单价(不变价格)加总后再加上出租电路和设备的收入、代用户维护电话交换机和线路等设备的收入、其他业务收入求得。邮电业务总量综合反映了一定时期邮电工作的总成果,是研究邮电业务量构成和发展趋势的重要指标。

人口数指一定时点、一定地区范围内的有生命的个人的总和。

年度统计的年末人口数是指每年12月31日24时的人口数。年度统计的全国人口总数内未包括台湾省和港澳同胞以及海外华侨人数。

非农业人口 是相对农业人口而言。指从事农业以外的职业维持生活的人口以及归他们抚养的人口。

出生率(又称粗出生率) 指在一定时期内(通常为一年)平均每千人所出生人数的比率,一般用千分率表示。计算公式:

出生率 = 年出生人数/年平均人数 × 1000‰

出生人数是指活产婴儿,即胎儿脱离母体时(不管怀孕月数),有过呼吸或其它生命现象。

平均人数是年初、年底人口数的平均数,也可以用年中人口数代替。

死亡率(又称粗死亡率) 指在一定时期内(通常为一年)一定地区的死亡人数与同期平均人数(或期中人数)之比,一般用千分率表示。计算公式:

死亡率 = 年死亡人数/年平均人数 × 1000‰

人口自然增长率 指在一定时期内(通常为一年)人口自然增加数(出生人数减死亡人数)与该时期内平均人数(或期中人数)之比,一般用千分率表示。计算公式:

人口自然增长率 =(本年出生人数 - 本年死亡人数)/年平均人数×1000‰

人口自然增长率 = 人口出生率 - 人口死亡率

医院 指名称为医院,设有固定床位能收容病人住院并能为病人提供医疗、护理服务的医疗机构。包括县及县以上医院、农村乡卫生院、其它医院三部份。按所属性质分为卫生部门、工业及其它部门,集体经济单位三类。其中县及县以上医院按业务性质分为综合医院和专科医院。

卫生技术人员 指卫生事业机构支付工资的全部固定职工和合同制职工中现任职务为卫生技术工作的专业人员。包括中医师、西医师、中西医结合高级医师、护师、中药师、西药师、检验师、其它技师、中医士、西医士、护士、助产士、中药剂士、西药剂士、检验士、其它技士、其它中医、护理员、中药剂员、西药剂员、检验员、其它初级卫生技术人员。

医生 指经卫部门审查合格,从事医疗工作的专业人员。分为中医医生和西医医生。包括卫生技术人员中的中医师、西医师、中西结合高级医师、中医士、西医士、和其它中医。

从业人员和职工工资

从业人员 各单位的从业人员是指在各级国家、政党机关,社会团体及企业、事业单位中工作,并取得劳动报酬的全部人员。包括:在岗职工、再就业的离退休人员、民办教师以及在各单位中工作的外方人员和港澳台人员、兼职人员、借用的外单位人员和第二职业者。不包括离开本单位仍保留劳动关系的职工。

在岗职工 指在本单位工作并由单位支付劳动报酬的职工。包括由单位派出学习、劳务及病伤产假且仍由单位支付劳动报酬的人员。

离开本单位仍保留劳动关系的职工 指由于各种原因,已经离开本人的生产或工作岗位,并且不在本单位从事其他工作,但仍与用人单位保留劳动关系的职工。

内部退养职工 指接近正常退休年龄但因各种原因退出工作岗位,并办理了内退手续,在正式办理退休手续前,由单位按月发给一定生活费的职工。

从业人员劳动报酬 指各单位在一定时期内直接支付给本单位全部从业人员的劳动报酬总额,包括职工工资总额和本单位其它从业人员劳动报酬部份。

职工工资总额 指各单位在一定时期内直接支付给本单位全部职工劳动报酬总额。目前工资总额只对在岗职工进行统计,不在岗职工生活费另作统计。

工资总额计算原则应以直接支付给职工的全部劳动报酬为根据。各单位支付给职工的劳动报酬以及其它根据有关规定支付的工资,不论是计入成本还是不计入成本的,不论是按国家规定列入计征奖金税项目的,还是未列入计征奖金税项目的,不论是以货币形式支付的还是以实物形式支付的,均包括在工资总额内。

其它从业人员劳动报酬 指各单位在一定时期内直接支付给本单位其它从业人员的全

部劳动报酬。

职工平均工资 指企业、事业、机关单位的职工在一定时期内平均每人所得的货币工资额。它表明一定时期职工工资收入的高低程度,是反映职工工资水平的主要指标。计算公式为:

职工平均工资＝报告期实际支付的全部职工工资总额/报告期全部职工平均人数

农业

农林牧渔业增加值 指各种经济类型的农业生产单位和农户在一定时期内(通常为一年),从事农业生产经营活动所提供的社会最终产品的货币表现。增加值的计算方法有两种,一是生产法:农林牧渔业增加值＝农林牧渔业总产出－农林牧渔业中间消耗;二是分配法:农林牧渔业增加值＝固定资产折旧＋劳动者报酬＋生产税净额(生产税－生产补贴)＋营业盈余。

农林牧渔业总产值 以货币表现的农林牧渔业全部产品的总量,它反映一定时期内农业生产的总规模和总成果。农、林、牧、渔业的计算范围是:

(1)农业,包括粮、棉、油料、糖料、麻类、烟叶、蔬菜、瓜类、药材、饲料、绿肥和其他农作物,以及桑园、果园等的生产经营和其他农业。

(2)林业,包括林木的栽培(不包括茶园、果园和桑园的栽培、管理和收获等活动)、林产品的采集和村及村以下合作组织和农户的竹木采伐。

(3)牧业,包括除渔业养殖以外的一切动物饲养和放牧以及捕猎野兽、野禽。

(4)渔业,水生动物的养殖和捕捞。

工业

工业总产值 是以货币表现的工业企业在一定时期内生产的已出售可供出售工业产品总量,它反映一定时间内工业生产的总规模和总水平。它包括:在本企业内不再进行加工,经检验、包装入库(规定不需包装的产品除外)的成品价值,工业性作业价值,自制半成品、在产品期末期初差额价值。工业总产值采用"工厂法"计算,即以工业企业作为一个整体,按企业工业生产活动的最终成果来计算,企业内部不允许重复计算,不能把企业内部各个车间(分厂)生产的成果相加。但在企业之间、行业之间、地区之间存在着重复计算。

轻重工业总产值的划分也是按"工厂法"计算的,即一个工业企业在正常情况下生产的主要产品的性质属于轻工业,则该企业的全部总产值作为轻工业总产值;一个工业企业生产的主要产品的性质属于重工业,则该企业的全部总产值作为重工业总产值。

工业增加值 是指工业行业在报告期内以货币表现的工业生产活动的最终成果。

固定资产原价 固定资产原价指企业建造、购置、安装、改建、扩建、技术改造某项固资产时所支出的全部货币总额。它一般包括买价、包装费、运杂费和安装费等。

固定资产净值 是指固定资原价减去历年已提折旧额后的净额。

利税总额指企业利润总额、产品销售税金及附加和应交增值税之和。

产品销售收入 指企业销售产品的销售收入和提供劳务等主要经营业务取得的业务总额。

利润总额 指企业实现的利润。

应交增值税 指企业在报告期内应交纳的增值税额。

总资产 指企业拥有或控制的全部资产。包括流动资产、长期投资、固定资产、无形及递延资产、其他长期资产、递延税项等,即为企业资产负债表的资产总计项。

(1) 流动资产:指企业可以在一年内或者超过一年的一个生产周期内变现或耗用的资产合计。包括现金及各种存款、短期投资、应收及预付货款、存货等。

(2) 固定资产:指企业固定资产净值、固定资产清理在建工程、待处理固定资产损失所占用的资金合计。

(3) 无形资产:指企业长期使用而没有实物形态的资产。包括专利权、非专利技术、商标权、著作权、土地使用权、商誉等。

总负债 指企业承担并需要偿还的全部债务。包括流动负债和长期负债、递延税项等,即为企业资产负债表的负债合计项。

(1) 流动负债:指企业在一年内者超过一年的一个营业周内需要偿还的债务合计,其中包括短期借款、应付及预收款项、应付工资、应交税金和应交利润等。

(2) 长期负债:指企业在一年以上或者超过一年的一个生产周期以上需要偿还的债务合计,其中包括长期借款、应付债务、长期应付款项等。

所有者权益 指企业投资人对企业净资产的所有权。企业净资产等于企业全部资产减去全部负债后的余额,其中包括投资者对企业的最初投入,以及资本公积金、盈余公积金和未分配利润,对股份制企业即为股东权益。

固定资产投资

全社会固定资产投资 固定资产投资是社会固定资产再生产的主要手段。通过建造和购置固定资产的活动,国民经济不断采用先进技术装备,建立新兴部门,进一步调整经济结构和生产力的地区分布,增强经济实力,为改善人民物质文化生活创造物质条件。这对我国社会主义现代化建设具有重要意义。

固定资产投资额是以货币表现的建造和购置固定资产活动的工作量,它是反映固定资产投资规模、速度、比例关系和使用方向的综合性指标。全社会固定资产投资包括国有经济单位投资、城乡集体经济单位投资、其它各种经济类型的单位投资和城乡居民个人投资。按照我国现行计划管理体制,全社会固定资产投资总额分为基本建设、更新改造、房地产开发投资和其它固定资产投资四个部份;城乡集体经济单位投资包括城镇集体所有制单位投资和农村集体所有制单位投资;其他各种经济类型单位投资包括联营经济、股份制经济、中外合资经营、中外合作经营、外资、与大陆合资经营、与大陆合作经营、港澳台独资及其他经济单位投资。城乡居民个人投资包括城市、县城、镇、工矿区所辖范围内的个人建房和农村个人建房及购买生产性固定资产的投资。

投资率 通常是指一定时期(年度)内,总投资额占国内生产总值(GDP)的比率,其计算公式为:

投资率=总投资额/GDP×100%

基本建设投资 基本建设是企业、事业、行政单位以扩大生产能力或工程效益为主要目的新建、扩建工程及有关工作。包括(1)列入中央和各级地方本年基本建设计划的建设项目,以及虽未列入本年基本建设计划,但使用以前年度基建计划内结转投资(包括利用基建设备材料)在本年继续施工的建设项目;(2)本年基本建设计划内投资与更新改造计划内投资结合安排的新建项目和新增生产能力(或工程效益)达到大中型项目标准的扩建项目,以及为改变生产力布局而进行的全厂性迁建项目;(3)国有单位既未列入基建计划,也未列入更新改造计划的总投资在5万元以上的新建、扩建、恢复项目和为改变生产力布局而进行的全厂性迁建项目,以及行政事业单位增建业务用房和行政单位增建生活福利设施的项目。

更新改造投资 更新改造是指企业、事业、单位对原有设施进行固定资产更新和技术改造,以及相应配套的工程和有关工作(不包括大修理和维护工程)。包括:(1)列入中央和各级地方的本年更新改造计划的项目,和虽未列入本年更新改造计划,但使用上年更新改造计划内结转的投资在本年继续施工的项目;(2)本年更新计划内投资与基本建设计划内投资结合安排的对企、事业单位原有设施进行技术改造或更新的项目,和增建主要生产车间、分厂等其新增生产能力(或工程效益)未达到大中型项目的标准的项目,以及由于城市环保和安全生产的需要而进行的迁建工作;(3)国有企、事业单位既未列入基建计划也未列入更新改造计划、总投资在5万元以上的属于改建或更新改造的性质的项目,以及由于城市环境保护和安全生产的需要而进行的迁建工程。

房地产开发投资 包括各种经济类型的房地产开发公司、商品房建设公司及其它房地产开发单位统一开发的包括统代建、拆迁还建的住宅、厂房、仓库、饭店、宾馆、度假村、写字楼、办公楼等房屋建筑物和配套的服务设施、土地开发工程,如道路、给水、排水、供电、供热、通讯、平整场地等基础设施工程的投资。包括非房地产企业实际从事房地产开发和经营活动,不包括单纯的土地交易活动。

其它固定资产投资 全社会固定资产投资中未列入基本建设、更新改造和房地产开发投资的建造和购置固定资产的活动。包括:

(1)国有单位按规定不纳入基本建设计划和更新改造计划管理,总投资在五万元以上的以下工程:①用油田维护费和石油开发基金进行的油田维护和开发工程;②煤炭、铁矿、森工等采掘采伐业用维简费进行的开拓延伸工程;③交通部门用公路养路费对原有公路、桥梁进行改建的工程;④商业部门用简易建筑费建造的仓库工程。

(2)集体经济单位固定资产投资:包括城镇集体经济单位和农村集体经济单位建造和购置固定资产计划总投资在五万元以上的项目。农村集体经济单位固定资产投资为农村抽样调查总队根据抽样调查资料推算。

(3)联营经济、股份制经济、外商投资经济、港澳台投资经济及其它经济类型的企、事业单位建造和购置固定资产其计划总投资在5万元以上的、未列入基本建设计划和更新改造计划的项目。

(4)城镇和工矿区私人建房投资和农村个人投资。城镇和工矿区私人建房包括市、县城、镇、工矿区所辖范围内的全部私人建房,不论卿房主是否系本地的常住户口均应包括;农村个人投资包括农村个人建房及购置生产性固定资产的投资。农村个人固定资产投资为农村抽样调查总队根据抽样调查资料推算。

新增固定资产 指通过投资活动所形成的新的固定资产价值。包括已经建成投入生产或交付使用的工程价值和达到固定资产标准的设备、工具、器具的价值及有关应摊入的费用。它是以价值形式表示的固定资产投资成果的综合性指标,可以综合反映不同时期、不同部门、不同地区的固定资产投资成果。

固定资产的交付使用率 指一定时期新增固定资产与同期完成投资额的比率。它是反映各个时期固定资产动用速度,衡量建设过程中投资效果的一个综合性指标。

未完工程占用率 指年末未完工程累计完成投资额占全年实际完成投资额的比率。它反映未完工程的相对规模,并可从资金占用的角度反映固定产投资效果。由于未完工程是指已经开工,但尚未建成交付使用的工程,有个跨年度问题,因此未完工程占用率会出现大于1的情况。

建筑业

建筑业总产值(即自行完成施工产值) 指建筑业企业或附营建筑施工单位自行完成的按工程进度计算的建筑安装生产总值。建筑业产值包括:

1.建筑工程产值:指列入建筑工程预算内的各种工程价值。

2.设备安装工程产值:指设备安装工程价值。

3.房屋、构筑物修理产值:指房屋、构筑物修理所完成的价值,但不包括被修理房屋、构筑物本身的价值和生产设备的修理价值。

4.非标准设备制造产值:指加工制造没有定型的、非标准的生产设备的加工费和原材料价值,不论是现场还是附属加工厂为本单位承建工程制造的非标准设备的价值,都应计算产值。

自有机械设备年末总台数 指归本企业(或单位)所有,属于本企业固定资产的生产性机械设备年末总台数。包括施工机械、生产设备、运输设备以及其它设备。

自有机械设备年末总功率 指本年企业(或单位)自有施工机械、生产设备、运输设备以及其它设备等列为在册固定资产的生产性机械设备年末总功率,按设定能力或查定能力计算。包括机械本身的动力和为该机械服务的单独动力设备,如电动机等。计算单位用千瓦,动力换算可按1马力=0.735千瓦折合成千瓦数。电焊机、变压器、锅炉不计算动力。

工程结算收入 指企业(或单位)按工程的分部分项自行完成的建筑产品价值并已与甲方在报告期内办理结算手续的工程价款收入,以及向甲方收取的除工程价款以外的按规定列作营业收入的各种款项,如临时设施费、劳动保险费、施工机械调迁费等以及向甲方收取的各种索赔款。

工程结算利润 指已结算工程实现的利润。如为亏损以“-”号表示。其计算公式为:

工程结算利润=工程结算收入-工程结算成本-工程结算税金及附加

企业总收入 指与企业生产经营直接有关的各项收入,包括工程结算收入和其它业务收入,即:

企业总收入=工程结算收入+其它业务收入

商业

社会消费品零售额 指各种经济类型的批发零售贸易业、餐饮业、制造业和其它行业对城乡居民和社会集团的消费品零售额。这个指标反映通过各种商品流通渠道向居民和社会集团供应的生活消费品,是研究人民生活,社会消费品购买力货币流通等问题的重要指标。社会消费品零售额包括:(1)售给城乡居民作为生活用的商品和修建房屋用的建筑材料;(2)售给机关、团体、学校、部队、企业、事业单位的职工食堂和旅店(招待所)附设专门供本店旅客食用,不对外营业的食堂的各种食品、燃料;企业、单位和国营农场直接售给本单位职工和职工食堂的自已生产的产品;(3)售给部队干部、战士生活用的粮食、副食品、衣着品、日用品、燃料;(4)售给来华的外国人、华侨、港奥台同胞的消费品;(5)居民自费购买的中、西药品、中药材及医疗用品;(6)报社、出版社直接售给居民和社会集团的报纸、图书、杂志、集邮公司出售的新、旧纪念邮票、特种邮票、首日封、集邮册、集邮工具等;(7)旧货寄售商店自购、自销部份的商品;(8)煤气公司、液化石油气站售给居民和社会集团的煤气灶具和罐装液化石油气;(9)农民售给非农业居民和社会集团的商品。不包括售给国民经济各部门企业、事业单位(包括国有经济的农场)生产经营用的各种原材料、燃料、设备、工具等和售给批发零售贸易业、餐饮业作为转买用的商品、旧货寄售商店受托寄售卖出的商品、服务业的营业收入、邮局出售邮票的收入、自来水、电力、煤气生产(供应)单位的产品供应收入,也不包括农民之间的商品销售。

批发零售贸易业商品购、销、存总额 指以各种经济类型的批发、零售贸易业为总体的商品购、销、存。

商品购进总额 指从本企业(单位)以外的单位和个人购进(包括从国外直接进口)作为转卖或加工后转卖的商品。这个指标反映批发零售贸易业从国内、国外市场上购进商品的总量。商品购进总额包括:(1)从工农业生产者购进的商品;(2)从出版社、报社的出版发行部门购进的图书、杂志和报纸;(3)从各种经济类型的批发零售贸易企业(单位)购进的商品;(4)从其它单位购进的商品,如从机关、团体、企业、单位购进的剩余物资,从餐饮业、服务业购进的商品,从海关、市场管理部门购进的辑私和没收的商品,从居民收购的废旧商品等;(5)从国(境)外直接进口的商品。不包括企业(单位)为自身经营用和未通过买卖行为而收入的商品以及销售退回、商品损益等。

商品销售总额 指对本企业(单位)以外的单位和个人出售(包括对国(境)外直接出口)的商品。这个指标反映批发零售贸易业在国内市场上销售商品及出口商品的总量。商品销售总额包括:(1)售给城乡居民和社会集团消费用的商品;(2)售给工业、农业、建筑业、运输邮电业、批发零售贸易业、餐饮业、服务业等作为生产、经营使用的商品;(3)售给批发零售贸易业作为转买或加工后转卖的商品;(4)对国(境)外直接出口的商品。不包括:出售本企业(单位)自用的废旧包装用品,未能过买卖行为付出的商品,经本单位介绍,由买卖双方直接结算,本单位只收取手续费的业务,购货退出的商品以及商品损耗和损失等。

批发零售贸易业年末库存 指年末各种经济类型的批发零售贸易企业(单位)已取得所有权的商品。它反映各地区、各批发零售贸易企业(单位)的商品库存情况,和对市场商品供应的保证程度。期末库存包括:(1)存放在批发零售贸易业经营单位(如门市部、批发站、经营处)仓库、货场、货柜和货架中的商品;(2)挑选、整理、包装中的商品;(3)已记入购进而尚未运到的本单位的商品,即发货单或银行承兑凭证已到而货未到部份;(4)寄放他处的商品,如因购货方拒绝承付而暂时存放在购货方的商品和已办完加工成品收回手续而未提回的商品;(5)委托其它单位代销(未作销售和调出)尚未售出的商品;(6)代其它单位购进尚未交付的商品。不包括所有权不属于本单位的商品、拨付除批发零售贸易业以外的其它行业所属独立核算加工厂等加工生产尚未收回成品的商品、代国家物资储备部门保管的商品等。期末库存总额计算方法是:农副产品采购单位按购进价计算,批发单位按进货价计算,零售单位按什么价格核算就按什么价格计算。

城乡集市贸易成交额 指在农村集市和城市集市上买卖双方(包括农民、非农业居民、机关、团体、工商企业、个体商贩)成交的全部商品金额、是反映集市贸易规模的综性指标。

人民生活和物价

城市住户家庭可支配收入 指被调查的城市住户家庭在支付个人所得税之后,所余下的实际收入,计算公式为:

可支配收入=实际收入-个人所得税-家庭副业生产支出-记帐补贴。

农村居民可支配收入是指农村居民获得的收入经过初次分配与再次分配后形成的收入。可支配收入可用于农民最终消费非义务性支出以及储蓄。其计算公式为:

可支配收入=总收入-家庭经营费用支出-税费支出-生产用固定资产折旧-财产性支出-转移性支出-调查补助

农民纯收入 是农民总收入扣除相应的各项费用性支出后,归农民的所有收入。它可以用于生产、非生产投资,改善物质和文化生活,以及用于再分配的支出和结余的收入。这个指标用来观察农民实际收入水平,以及农民扩大再生产和改善生活的能力,通常准确计算农民平均每人年纯收入,为党和政府部门提供决策咨询数据。计算公式为:

纯收入=总收入-家庭经营费用支出-生产用固定资产折旧-税收-上交集体承包任务-调查补助-集体提留及摊派。

城市居民消费价格指数 是反映一定时期内城市居民家庭所购买的生活消费品和服务项目价格变动趋势和程度的相对数。编制城市居民消费价格指数,可以观察分析消费品的零售价格和服务价格变动对城市居民实际生活费用(消费)支出的影响程度,作为研究职工生活、确定工资政策的依据。

住房居住面积 通常住房有四种面积(即住房建筑面积、住房售房面积、住房使用面积和住房居住面积)各有各的用途。住房居住面积是指住房使用面积中专供居住用的房屋面积,不包括客厅、厨房、浴室、卫生间、储藏室、阳台以及各室之间走道等辅助设施面积,它是按居住用房的内墙线计算。通常用人均居住面积:平均每一家庭每个常住人口实际拥有房屋居住面积。其计算公式为:

人均居住面积=家庭居住面积/家庭常住人口

注:人均居住面积指标的统计目前有建设部门的城市建设统计和国家统计局的城市社会抽样调查统计两种渠道。

中国统计出版社最新资料书简目

中国统计年鉴－2001
中国统计摘要－2001
中国城市统计年鉴－2000
中国农村统计年鉴－2001
中国劳动统计年鉴－2001
中国人口统计年鉴－2001
中国社会统计年鉴－2000
中国市场统计年鉴－2001
中国建筑业统计年鉴－2001
中国固定资产投资统计年鉴－2001
中国价格及城镇居民家庭收支调查统计年鉴－2001
国际统计年鉴－2001
中国对外经济贸易统计年鉴－2000
中国商品交易市场统计年鉴－2001
中国基本单位统计年鉴－2000
中国食品工业统计年鉴－2000
中国民政交易市场统计－2001
如何使用统计年鉴
北京统计年鉴－2001
天津统计年鉴－2001
河北经济年鉴－2001
山西统计年鉴－2001
内蒙古统计年鉴－2001
辽宁统计年鉴－2001
吉林统计年鉴－2001
黑龙江统计年鉴－2001
上海统计年鉴－2001
江苏统计年鉴－2001
浙江统计年鉴－2001
安徽统计年鉴－2001
福建统计年鉴－2001
江西统计年鉴－2001
山东统计年鉴－2001
河南统计年鉴－2001
湖北统计年鉴－2001
湖南统计年鉴－2001
广东统计年鉴－2001
广西统计年鉴－2001
贵州统计年鉴－2001
云南统计年鉴－2001
海南统计年鉴－2001
四川统计年鉴－2001
重庆统计年鉴－2001
西藏统计年鉴－2001
陕西统计年鉴－2001
甘肃年鉴－2001
青海统计年鉴－2001
宁夏统计年鉴－2001
新疆统计年鉴－2001
新疆生产建设兵团统计年鉴－2001
石家庄统计年鉴－2001
唐山统计年鉴－2001
廊坊统计年鉴－2001
邯郸统计年鉴－2001
衡水统计年鉴－2001
张家口统计年鉴－2001
邢台经济统计年鉴－2001
太原统计年鉴－2001
临汾年鉴－2001
呼和浩特经济统计年鉴－2001
沈阳年鉴－2001
大连统计年鉴－2001
吉林市社会经济统计年鉴－2001
四平统计年鉴－2001
延吉统计年鉴－2001
哈尔滨统计年鉴－2001
齐齐哈尔经济统计年鉴－2001
双鸭山社会经济统计年鉴－2001
黑龙江垦区统计年鉴－2001
牡丹江统计年鉴－2001
上海浦东新区统计年鉴－2001
宝山年鉴－2001
南京统计年鉴－2001
苏州统计年鉴－2001
无锡统计年鉴－2001
常州统计年鉴－2001
徐州统计年鉴－2001
南通统计年鉴－2001
盐城统计年鉴－2001
连云港统计年鉴－2001
杭州统计年鉴－2001
宁波统计年鉴－2001
绍兴统计年鉴－2001
嘉兴统计年鉴－2001
台州统计年鉴－2001
舟山统计年鉴－2001
金华统计年鉴－2001
温州统计年鉴－2001
福州年鉴－2001
厦门经济特区年鉴－2001
福州经济开发区年鉴－2001
南昌统计年鉴－2001
九江统计年鉴－2001
宜春统计年鉴－2001
济南统计年鉴－2001
青岛统计年鉴－2001
潍坊统计年鉴－2001
泰安统计年鉴－2001
德州统计年鉴－2001
日照统计年鉴－2001
郑州统计年鉴－2001
洛阳统计年鉴－2001
开封统计年鉴－2001
三门峡统计年鉴－2001
平顶山统计年鉴－2001
南阳经济统计年鉴－2001
武汉统计年鉴－2001
宜昌统计年鉴－2001
广州统计年鉴－2001
深圳统计信息年鉴－2001
惠州统计年鉴－2001
珠海统计年鉴－2001
东莞统计年鉴－2001
南宁统计年鉴－2001
南宁地区统计年鉴－2001
桂林经济社会统计年鉴－2001
柳州经济统计年鉴－2001
柳州地区统计年鉴－2001
贵阳统计年鉴－2001
海口统计年鉴－2001
成都统计年鉴－2001
广安统计年鉴－2001
攀枝花统计年鉴－2001
西安统计年鉴－2001
兰州年鉴－2001
西宁统计年鉴－2001
乌鲁木齐统计年鉴－2001
巴音郭楞统计年鉴－2001
吐鲁番统计年鉴－2001
石河子统计年鉴－2001
伊犁统计年鉴－2001
巴州年鉴－2001
河北农村统计年鉴－2001
广东农村统计年鉴－2001
福建农村统计年鉴－2001
湖北农村统计年鉴－2001
河南农村统计年鉴－2001
山东城市统计年鉴－2001
湖北工交统计年鉴－2001